JN269421

新時代の博物館学

全国大学博物館学講座協議会西日本部会 編

芙蓉書房出版

はじめに──刊行の意義について

　本書は平成21年4月の博物館法施行規則の一部改正に伴う、博物館学芸員課程のカリキュラム改訂により、作成したものである。

　大きな変更点は修得すべき単位数が現行の8科目12単位から9科目19単位になったことである。また従来、科目によって1単位・2単位・3単位と異なっていたが、博物館実習3単位をそのままにして、その他はすべて2単位に統一された。

　開講科目にも変更・追加が見られる。博物館資料に関し、既設の「博物館資料論」に加えて、新たに「博物館資料保存論」「博物館展示論」が設けられた。従来の「博物館情報論」と「視聴覚教育メディア論」を合わせて「博物館情報・メディア論」が新設され、また「教育学概論」が「博物館教育論」となった。

　上記のような今回の改正は、学芸員資格取得を目指す学生が「博物館について知識理解を深めるのみならず、専門職員たる学芸員としてのスタートが切れるだけの基本的な素養を身に付ける」ことを目標としたためといえる。すなわち「大学における学芸員養成教育を博物館のよき理解者・支援者の養成の場と位置づけるのではなく、学芸員として必要な専門的な知識・技術を身に付けるための入口として位置づける」ためである（これからの博物館の在り方に関する検討協力者会議「学芸員養成の充実方策について」平成21年2月）。

　前記の報告には開講科目のねらいと内容が列挙されている。

　「生涯学習概論」では社会教育主事及び司書との共通科目で、生涯学習及び社会教育の本質と意義を通じて、社会教育機関としての理解を深める。

　「博物館概論」では博物館学の目的・方法・構成や博物館の定義・歴史・現状等の基礎的知識を理解する。

　「博物館経営論」では博物館の管理と運営について理解し、博物館経営に関する基礎的能力を養う。

　「博物館資料論」では資料に関する調査研究・収集・整理・活用等についての知識・技術を習得する。

　「博物館資料保存論」は資料の保全方法やその科学的な保存環境等に関する知識を習得する。

　「博物館展示論」では展示の意義・製作法・解説等に関する知識・技術を習得する。

「博物館情報・メディア論」では博物館活動の情報化を通じ、その意義・活用方法等に関して学習する。

　「博物館教育論」では博物館教育の意義・実践と博物館の利用実態等に関する知識と方法を習得する。

　以上のような改訂の必要性は、学芸員が「資料の収集、保管、展示、調査研究、教育普及活動等の多様な博物館活動の推進のために重要な役割を担っており、今後、博物館が人々の知的関心に応える地域文化の中核的拠点として、人々の生涯学習の支援を含め博物館に期待されている諸機能を強化していく観点から、」学芸員の資質向上が重要であり、「その養成及び研修の一層の充実が求められている」ためである（中央教育審議会答申「新しい時代を切り拓く生涯学習の振興方策について」平成20年2月）。

　　　　　　　　　　　　　　　全国大学博物館学講座協議会西日本部会　部会長
　　　　　　　　　　　　　　　　　　　　　　　　　　　芳井　敬郎

新時代の博物館学●目次

はじめに　　　　　　　　　　　　　　　　　　　　　　芳井　敬郎　　1

第1章　博物館学概論

第1節　博物館とは何か
1．博物館の定義と目的　　　　　　　　　　　　　　　岡田　芳幸　　14
(1)国際博物館会議（The International Council Of Museum）／(2)ユネスコの定義／(3)アメリカ・イギリス等の博物館協会の定義／(4)我が国での「博物館法」の定義
2．博物館学とは何か　　　　　　　　　　　　　　　　岡田　芳幸　　16
(1)博物館学の定義・目的／(2)博物館学の体系化
3．博物館の基本的機能と学芸員の役割　　　　　　　　印南　敏秀　　20
(1)資料の収集／(2)資料の整理・保存／(3)資料の調査・研究／(4)資料の展示・教育
4．博物館の種類　　　　　　　　　　　　　　　　　　植野　浩三　　21
(1)資料による分類／(2)機能による分類／(3)博物館法による分類／(4)設置者（設立母体）による分類／(5)その他の分類
5．博物館を支える仕組み　　　　　　　　　　　　　　植野　浩三　　23
(1)博物館法と関係法令、諸制度／(2)博物館の国際的な機構・規約
6．博物館組織と博物館を支える人々　　　　　　　　　植野　浩三　　27
(1)博物館の組織と館員の役割／(2)モノ・ヒト・バとしての博物館

第2節　博物館の歴史
1．博物館の起源　　　　　　　　　　　　　　　　　　末永　　航　　30
2．欧米の博物館の歴史　　　　　　　　　　　　　　　末永　　航　　31
(1)近世以前の博物館／(2)近・現代の博物館
3．日本の博物館の歴史　　　　　　　　　　　　　　　岡田　芳幸　　35
(1)近代以前の博物館／(2)近・現代の博物館

第3節　現代社会と博物館
1. 学校教育と博物館　　　　　　　　　　　　　　大國　義一　42
2. 生涯学習と博物館　　　　　　　　　　　　　　印南　敏秀　44
   (1)生涯教育機関としての博物館／(2)地域社会と博物館の役割
3. 文化財保護と博物館　　　　　　　　　　　　　印南　敏秀　46
   (1)文化財と博物館／(2)世界遺産と博物館

第4節　博物館の現状と課題
1. 博物館の現状と行政改革　　　　　　　　　　　末永　　航　49
2. 期待される博物館　　　　　　　　　　　　　　大國　義一　51

第2章　博物館経営論

第1節　博物館経営の意義と方法
1. 博物館経営の意義　　　　　　　　　　　　　　岡田　芳幸　56
   (1)博物館の経営（ミュージアム・マネジメント）の必要性／(2)ミュージアム・マネジメントの考え方／(3)市民社会の成熟過程と博物館の役割／(4)経営とは組織の自立した意志である
2. 博物館運営方法の制度的な変化（国立・公立・私立）　岡田　芳幸　58
   (1)国立館—独立行政法人制度／(2)公立館—PFI・指定管理者制度／(3)私立館（財団運営の一部公立館を含む）—新公益法人制度
3. ミュージアムマーケティングと博物館評価　　　岡田　芳幸　61
   (1)ミュージアムマーケティング／(2)博物館評価

第2節　博物館の制度と組織
1. 博物館の法と制度　　　　　　　　　　　　　　緒方　　泉　64
   (1)生涯学習の理念／(2)国及び地方公共団体の任務／(3)博物館運営の評価及び改善
2. 国・地方自治体の博物館行政　　　　　　　　　緒方　　泉　66
   (1)社会教育調査から博物館の現状を知る／(2)国民一人当たりの利用状況は年1回程度／(3)ボランティアと共創する博物館を目指す／(4)地方教育費調査にみる公立博物館の財政状況／(5)博物館教育活動が人々と博物館をつなぐ
3. 博物館の運営組織　　　　　　　　　　　　　　緒方　　泉　69
   (1)指定管理者制度と来館者サービス／(2)専任学芸員数の減少／(3)博物館は「コミュニティの機関」である

第3節　博物館施設の運営と管理
1. 博物館の建築と設備　　　　　　　　　　　末永　航　72
2. 博物館の管理体制　　　　　　　　　　　　末永　航　74

第4節　博物館と社会連携
1. 博物館の広報活動　　　　　　　　　　　　高木久史　76
2. 博物館の学習支援　　　　　　　　　　　　高木久史　78
3. 博物館のネットワーク活動　　　　　　　　高木久史　80
4. 博物館のホスピタリティー・サービス　　　高木久史　82

第5節　博物館経営の実際／課題
1. 博物館経営の実際　　　　　　　　　　　　岩崎竹彦　84
   (1)博物館から生まれた文化施設の経済効果／(2)経済効果の測定／(3)だれにでもできる経済効果の測定
2. 博物館経営の課題　　　　　　　　　　　　岩崎竹彦　87
   (1)「フルセット主義」による博物館建設／(2)地域密着型の運営に取り組む近年の博物館／(3)個性の乏しい公立の歴史博物館が整理対象に／(4)現代的課題と博物館

第3章　博物館資料論

第1節　博物館資料とは何か
1. 博物館資料の条件　　　　　　　　　　　　井上一稔　94
2. 資料の諸相　　　　　　　　　　　　　　　井上一稔　95

第2節　博物館資料の収集・整理
1. 収集の理念と方法（人文系）　　　　　　　印南敏秀　97
   (1)収集の理念／(2)収集の方法
2. 収集の理念と方法（自然系）　　　　　　　阿部正喜　100
   (1)資料の収集／(2)収集のモラル
3. 関連法規　　　　　　　　　　　　　　　　門田誠一　102
   (1)博物館資料に関する法律／(2)文化財としての博物館資料／(3)博物館資料の法的運用・管理
4. 分類の方法（人文系）　　　　　　　　　　印南敏秀　103
   (1)一次資料と二次資料／(2)学問領域による分類
5. 分類の方法（自然系）　　　　　　　　　　阿部正喜　106

6．整理の方法（人文系）　　　　　　　　　　　　　　　　印南　敏秀　108
　　(1)資料の受入／(2)収蔵資料原簿の作成／(3)配架と目録
 7．整理の方法（自然系）　　　　　　　　　　　　　　　　阿部　正喜　110
　　(1)資料化の過程：資料の受け入れから収納まで

第3節　博物館資料の調査・研究

 1．博物館における調査・研究（人文系）　　　　　　　　　竹谷　俊夫　113
　　(1)調査・研究の意義／(2)資料の調査・研究／(3)資料以外の調査・研究
　　／(4)館外における調査・研究
 2．博物館における調査・研究（自然系）　　　　　　　　　西　源二郎　115
　　(1)自然史博物館／(2)飼育栽培系博物館／(3)理工系博物館
 3．資料自体の調査・研究（人文系）　　　　　　　　　　　竹谷　俊夫　117
　　(1) 短期の調査・研究／(2)長期の調査・研究／(3)調査・研究の方法
 4．資料自体の調査・研究（自然系）　　　　　　　　　　　西　源二郎　120
　　(1)自然史博物館／(2)飼育栽培系博物館／(3)理工系博物館
 5．資料活用法の調査・研究（人文系）　　　　　　　　　　印南　敏秀　122
　　(1)展示以外の特別利用／(2)子どもむけの教育普及事業／(3)情報資料の
　　公開／(4)デジタル化と博物館資料
 6．資料活用法の調査・研究（自然系）　　　　　　　　　　西　源二郎　124
　　(1)自然史博物館／(2)飼育栽培系博物館／(3)理工系博物館

第4節　博物館資料の取り扱い

 1．美術系資料　　　　　　　　　　　　　　　　　　　　　井上　一稔　127
 2．考古・民族系資料　　　　　　　　　　　　　　　　　　竹谷　俊夫　129
　　(1)考古資料とは／(2)考古遺物の取り扱い方／(3)遺跡・遺構の取り扱い
　　方／(4)民族資料の取り扱い方
 3．古文書・アーカイブズ資料　　　　　　　　　　　　　　小倉　　宗　131
　　(1)古文書／(2)アーカイブズ資料
 4．自然系資料　　　　　　　　　　　　　　　　　　　　　阿部　正喜　133
　　(1)保存形態による生物資料の種類

第5節　博物館資料の保存・修復

 1．博物館における資料の保存・修復　　　　　　　　　　　門田　誠一　137
 2．博物館資料の保存・修復の基本　　　　　　　　　　　　門田　誠一　137

第6節　博物館資料と情報

 1．博物館資料の変容　　　　　　　　　　　　　　　　　　宇治谷　恵　139
 2．情報化と共有化　　　　　　　　　　　　　　　　　　　宇治谷　恵　139

第7節　博物館資料の可能性
1. 博物館資料の再評価　　　　　　　　　　　　　井上　一稔　*141*
2. 博物館資料の可能性　　　　　　　　　　　　　井上　一稔　*142*

第4章　博物館資料保存論

第1節　博物館における資料保存の意味と目的
1. 博物館資料保存の基本的理念　　　　　　　　　門田　誠一　*146*
   (1)博物館資料保存の理念／(2)博物館資料保存の目的／(3)博物館資料保存の意義／(4)博物館資料保存を基軸とした博物館の役割
2. 博物館資料保存をめぐる法的・社会的環境　　　門田　誠一　*148*
   (1)博物館資料保存に関連する法規／(2)博物館資料保存の現状と社会的義務／(3)博物館資料保存と地域

第2節　博物館資料の保存と修復
1. 博物館資料の種類と保存方法　　　　　　　　　植野　浩三　*150*
2. 人文系資料の保存と方法　　　　　　　　　　　植野　浩三　*152*
3. 自然系資料の保存と方法　　　　　　　　　　　阿部　正喜　*154*
4. 博物館資料の修理・修復と二次資料　　　　　　門田　誠一　*156*
   (1)博物館資料修理・修復の基本と事前調査／(2)実物資料とレプリカ／(3)博物館資料の製作と創出／(4)レプリカの展示・保管・収蔵

第3節　博物館資料の保存と環境
1. 収蔵・展示施設と保存環境　　　　　　　　　　徳澤　啓一　*159*
2. 科学的保存の技術と方法　　　　　　　　　　　徳澤　啓一　*161*
   (1)原状の確認（聴き取り、目視、検査）／(2)経過観察／(3)クリーニング・燻蒸／(4)修復／(5)保存処理／(6)復元／(7)保存
3. 資料保存の諸条件と劣化　　　　　　　　　　　鐘ヶ江賢二　*163*
4. 生物被害に対する保全と保存　　　　　　　　　阿部　正喜　*166*
   (1)被害をもたらす生物／(2)生物被害の防止
5. 資料の梱包と運搬方法　　　　　　　　　　　　植野　浩三　*169*
   (1)資料の梱包／(2)資料の運搬

第4節　博物館資料保存の実態と実際
1. 人文系博物館における資料保存の実態と事例　　植野　浩三　*172*
2. 自然系博物館における資料保存の実態と事例　　籔本　美孝　*174*

  3．宗教関係資料に対する信仰と保全・保存　　　　　門田　誠一　*176*
   (1)信仰対象・宝物と文化財・博物館資料／(2)博物館資料と寺社所蔵文化財／(3)寺社所蔵文化財の保全・保存

第5節　博物館資料の保存と活用の課題
  1．地域資源としての博物館資料の保存と活用　　　　平野　裕子　*179*
   (1)世界遺産とリビング・ヘリテージ／(2)遺産と地域住民の関わり／(3)変革される住民意識と遺産の保護と活用への関与形態
  2．災害と博物館資料　　　　　　　　　　　　　　　門田　誠一　*181*
   (1)博物館の防災設備／(2)博物館・博物館資料の被災の実例と課題／(3)博物館における防災対策／(4)文化財に対する国・自治体等の防災対策・対応／(5)資料に対する地域の防災および復旧・保存ネットワーク
  3．環境保護と博物館の役割　　　　　　　　　　　　阿部　正喜　*184*

第5章　博物館展示論

第1節　展示の目的とその歴史
  1．展示とは何か　　　　　　　　　　　　　　　　　明珍　健二　*188*
   (1)博物館展示のあり方／(2)博物館におけるモノとヒトの関係
  2．展示の歴史　　　　　　　　　　　　　　　　　　門田　誠一　*189*
   (1)近代以前の展示に類する行為／(2)近代における博覧会と展示／(3)近代以降における商業施設での展示／(4)博物館における展示と現代的課題

第2節　資料収集から展示製作施工まで
  1．展示資料の調査と収集　　　　　　　　　　　　　門田　誠一　*192*
   (1)展示資料調査の目的と意味／(2)展示資料の調査／(3)展示・展示解説・図録作成に関する調査
  2．展示の構想と企画　　　　　　　　　　　　　　　明珍　健二　*194*
   (1)博物館資料とは／(2)展覧会の形態／(3)展示構成別分類／(4)展示ストーリー
  3．展示の設計・施行　　　　　　　　　　　　　　　明珍　健二　*196*
   (1)博物館の設立／(2)博物館設計の留意点／(3)展示設計の留意点／(4)進化する展示
  4．展示と法令　　　　　　　　　　　　　　　　　　明珍　健二　*200*
   (1)博物館の立地／(2)博物館の建築／(3)博物館と文化財保護法／(4)その

他関係法令

第3節　展示作業と解説
　1．展示の環境と設備　　　　　　　　　　　　　　　竹谷　俊夫　202
　　(1)展示室の環境／(2)展示ケース／(3)展示室の消火
　2．展示作業　　　　　　　　　　　　　　　　　　　竹谷　俊夫　204
　　(1)展示作業の準備／(2)開梱作業／(3)展示作業
　3．展示の照明と音響　　　　　　　　　　　　　　　湯澤　　聡　206
　　(1)展示の照明／(2)展示の音響
　4．展示と解説　　　　　　　　　　　　　　　　　　湯澤　　聡　210
　5．展示解説書(カタログ)の作成　　　　　　　　　　門田　誠一　212
　　(1)展示解説書（展示カタログ）の内容と機能／(2)展示解説書の構成／
　　(3)博物館等における展示解説書の意味

第4節　人文系と自然系の展示
　1．人文系の展示　　　　　　　　　　　　　　　　　植野　浩三　215
　　(1)歴史系博物館／(2)考古学博物館／(3)民俗（民族）博物館／(4)美術博
　　物館（美術館）
　2．自然系の展示
　　(1)自然史博物館　　　　　　　　　　　　　　　　籔本　美孝　219
　　(2)動物園　　　　　　　　　　　　　　　　　　　西　源二郎　222
　　(3)水族館　　　　　　　　　　　　　　　　　　　西　源二郎　224

第5節　展示のあり方
　1．展示の社会性と中立性　　　　　　　　　　　　　湯澤　　聡　227
　　(1)展示テーマの設定／(2)展示内容について／(3)展示の対象者／(4)展示
　　テーマと集客力
　2．展示の評価　　　　　　　　　　　　　　　　　　阿部　正喜　229
　　(1)博物館展示を通したコミュニケーション／(2)来館者調査／(3)展示評
　　価／(4)調査の方法

第6章　博物館情報・メディア論

第1節　情報と博物館——博物館から博情報館へ
　1．デジタルアーカイブの構築へ向けて　　　　　　　明珍　健二　234
　2．多様な博物館資料と情報　　　　　　　　　　　　明珍　健二　235
　　(1)一次資料と二次資料／(2)博物館情報と発信／(3)博物館情報の提供

3．整備された情報と活用手段　　　　　　　　　宇治谷　恵　237
     (1)資料と情報／(2)情報の作成／(3)情報の体系化と質／(4)情報作成の技
     術／(5)情報の共有——インターネットとデータベース
   4．マルチメディアと博物館　　　　　　　　　　宇治谷　恵　239
     (1)マルチメディア・データベース／(2)空間メディアの博物館／(3)多様
     な活用
   5．管理情報と研究情報——蓄積情報の体系化　　宇治谷　恵　241
     (1)資料整理と管理情報／(2)資料の研究情報

  第2節　博物館資料のドキュメンテーションとデータベース
   1．資産としての情報　　　　　　　　　　　　　宇治谷　恵　243
     (1)ドキュメンテーション／(2)資産としての情報
   2．情報化の経費と収益性　　　　　　　　　　　宇治谷　恵　244
     (1)収益性／(2)必要な経費／(3)情報入力の経費
   3．データベースの構築と情報展示　　　　　　　宇治谷　恵　246
     (1)データベースからメタデータへ／(2)情報空間とデータベース
   4．検索と語彙の概念——シソーラス　　　　　　宇治谷　恵　247
     (1)資料の検索／(2)シソーラスの作成

  第3節　情報の公開とその体制
   1．情報伝達手段としてのメディア媒体　　　　　宇治谷　恵　249
     (1)情報伝達空間／(2)モノと人の対話空間
   2．博物館における情報展示とは何か　　　　　　明珍　健二　251
     (1)博物館情報の種別／(2)情報展示の意義
   3．博物館内情報展示の実際　　　　　　　　　　宇治谷　恵　252
     (1)情報展示の近況とマルチメディア／(2)館内情報サービスの実際と
     今後の動向
   4．博物館外への情報サービスの実際　　　　　　宇治谷　恵　254
     (1)館外情報サービスの近況／(2)ホームページを利用した情報サービス

  第4節　情報・メディアの活用と博物館の体制
   1．博物館における情報公開と個人情報の保護　　岩崎　竹彦　257
   2．モノとの対話——展示解説と説明　　　　　　明珍　健二　260
   3．展示情報の手法——メーカーとの連携　　　　宇治谷　恵　261
     (1)コンピュータの導入と運用／(2)メーカーとの役割分担
   4．権利関係の処理——著作権・使用権・肖像権等　岩崎　竹彦　263
     (1)知的財産と知的財産権／(2)著作権とはなにか／(3)博物館活動と著作
     権／(4)映像資料の利用と肖像権

第5節　博物館情報・メディアの今後の課題と展望　　　宇治谷 恵　269

第7章　博物館教育論

第1節　博物館教育史
1. 近代教育史における博物館の教育的役割　　　皿田 琢司　272
2. 世界水準の博物館教育　　　緒方 泉　275
   (1)PISAショック／(2)フィンランド教育は「為すことで学ぶ」を重視／(3)「構成主義」に基づく博物館
3. 学芸員の教育的役割　　　井島 真知　277
   (1)「自由な学びの場」としての博物館／(2)利用者を知る／(3)専門職としてのエデュケーター
4. ボランティアの養成　　　宇治谷 恵　279
   (1)ボランティアとは／(2)事例紹介と養成

第2節　博物館教育の目的
1. 博学連携　　　高木 久史　281
2. 生涯学習　　　明珍 健二　283

第3節　教育の方法
1. 展示と展示解説　　　明珍 健二　285
   (1)資料の多様性／(2)展示とは……／(3)展示解説
2. ワークショップ　　　宇治谷 恵　287
   (1)博物館のワークショップ／(2)ワークショップと情報展示
3. ハンズ・オン　　　徳澤 啓一　288
4. アウトリーチ　　　宇治谷 恵　290
   (1)アウトリーチ活動／(2)開発と体制／(3)将来への展望

第4節　子どものための博物館
1. 子どものための展示　　　徳澤 啓一　293
2. 各種館園における展示
   (1)歴史博物館　　　高木 久史　295
   (2)自然史博物館と科学館の展　　　小川 義和　296
   (3)動物園　　　髙橋 亮雄　298
   (4)水族館の実践事例　　　高田 浩二　300
3. 子どものための展覧　　　丸尾 いと　302

(1)ミュージアム・スタート・キャンペーン／(2)鑑賞力の育成／(3)子どものための展覧会企画の留意点

第5節　教育目標と計画、評価
 1．中教審答申と学校教育支援　　　　　　　　　　　緒方　泉　306
 2．新学習指導要領は博物館との連携を促進させる　　緒方　泉　306
 3．共通理解がなければ「指導計画」はできない　　　緒方　泉　307

第6節　博物館教育の課題と展望　　　　　　　　　　大國　義一　309

【資料】博物館関連法規
 1 博物館法（抄録）　　　　　　　　　　　　　　　　　　　　　314
 2 博物館法施行令（抄録）　　　　　　　　　　　　　　　　　　317
 3 博物館法施行規則（抄録）　　　　　　　　　　　　　　　　　317
 4 博物館の設置及び運営上の望ましい基準　　　　　　　　　　　322
 5 学芸員補の職に相当する職等の指定　　　　　　　　　　　　　325
 6 文化財保護法（抄録）　　　　　　　　　　　　　　　　　　　326
 7 生物の多様性に関する条約（抄録）　　　　　　　　　　　　　342
 8 自然環境保全法（抄録）　　　　　　　　　　　　　　　　　　344
 9 鳥獣の保護及び管理並に狩猟の適正化に関する法律（抄録）　　347
 10 自然公園法（抄録）　　　　　　　　　　　　　　　　　　　　353
 11 絶滅のおそれのある野生動植物の種の保存に関する法律（抄録）　359
 12 絶滅のおそれのある野生動植物の種の国際取引に関する条約（抄録）　361
 13 動物の愛護及び管理に関する法律（抄録）　　　　　　　　　　361
 14 世界の文化遺産及び自然遺産の保護に関する条約（抄録）　　　362
 15 渡り鳥及び絶滅のおそれのある鳥類並びにその環境の保護に関する日本国政府とアメリカ合衆国政府との間の条約（抄録）　　　　363
 16 特に水鳥の生息地として国際的に重要な湿地に関する条約（抄録）　363

執筆者一覧　　　　　　　　　　　　　　　　　　　　　　　　　　365

第1章 博物館学概論

第1節　博物館とは何か

1. 博物館の定義と目的

　私達の周辺には有形・無形を問わず様々な情報があり、その情報は過去・現在・未来を通じ人類に多大な影響を与えている。これらの情報を資料として蓄積しつつ、人類の果たした役割をあらゆる方面より検証し、よりよい未来社会を構築する多様な無限の可能性を探るための施設の一つが博物館施設である。では博物館はこれまでどう定義され、その目的は何であろうか。幾つかの代表的な定義を掲げてみたい。

（1）国際博物館会議（The International Council Of Museum）
　国際博物館会議（イコム）は1946（昭和21）年11月に設立されたユネスコのもとにある非政府機関である。発足後幾度か博物館の定義について改正を重ね、定款中で発表している。このイコム定義の進化は鷹野光行氏により以下のようにまとめられている。
　①対象が「個人社会」→「社会とその発展」と広く社会的になった。
　②従来の建物博物館に加えて→野外博物館→環境博物館、という形が加わった。
　③資料は「あるべきところにあらしめよ」の原則の確認
　④「現象」や「機能」も博物館の資料であること
　⑤基本的機能の再確認として research と communicate をあげる。
　⑥それらの変化のなかで、ただひとつ変わらないのは non-profitmaking であること
　また、2001（平成13）年の定義では、非営利の美術展示ギャラリー・博物館の団体・公的機関・博物館の研究団体ほかが加わり、より広く博物館仲間に範囲を拡げるような傾向となっている。

（2）ユネスコの定義
　ユネスコでは、1960（昭和35）年第11回総会（パリ）で「博物館をあらゆる人に開放する最も有効な方法に関する勧告」が採択された。この勧告による博物館の定義は次の通りである。

第1章　博物館学概論

本勧告の趣旨にかんがみ「博物館」とは、各種方法により、文化的価値を有する一群の物品ならびに標本を維持・研究かつ充実することを特にこれらを大衆の娯楽と教育のために展示することを目的とし、全般的利益のために管理される恒久施設、即ち、美術的・歴史的・科学的及び工芸的収集、植物園、動物園ならびに水族館を意味するものとする。

（3）アメリカ・イギリス等の博物館協会の定義

①アメリカ博物館協会「博物館の倫理規定」（Code of Ethics for Museums 2000）
博物館は、世界の事物を収集、保存し、意味づけて公開することによって、公衆に対して独自の貢献をしている。歴史的には博物館は知識を増進し、人々の精神を豊にするために、生物、無生物にかかわらず、自然物や人類がつくりだしたあらゆるものを所蔵し利用してきた。今日の博物館が関心を持つ範囲は、人類の想像力を反映したものである。博物館の使命には、収集や保管のみならず、自館の収蔵品や借用品、製作物を用いた展示や教育活動も含まれている。博物館には、公立および私立をあわせて、人類学や美術史、自然史の博物館、水族館、樹木園、アートセンター、プラネタリウム、科学館、そして動物園が含まれるアメリカの博物館界には、収蔵品をもつ機関も、もたない機関も含まれている。各機関の使命はそれぞれ多様であるが、共通しているのは、非営利の組織であるということ、そして、公衆への奉仕に従事していることである。収蔵品、もしくは借用品、製作物は、調査研究や展示、公衆の参加を促すようなその他の諸活動の基本となる。

②イギリス博物館協会「博物館の倫理規定」（Code of Ethics for Museums 2002）
博物館は、人々が知的刺激や学習、楽しみを目的に、収蔵品を探求できるところである。博物館は、社会から付託された資料や標本を収集し、保護し、アクセスできるようにする施設である。

このように博物館の定義は、国ごとに博物館の範疇を狭く規定したり、範囲は広くしつつ、非営利・公衆への奉仕を義務づけ、このほかフランスのようにコレクションをより重視する内容の定義を設けている場合も見られ、それぞれの博物館に対する国民性が反映されている。次に我が国の「博物館法」の定義を見てみることとする。

（4）我が国での「博物館法」の定義

「博物館法」1951（昭和26）年12月　第2条
この法律において「博物館」とは、歴史、芸術、民俗、産業、自然科学等に関する資料を収集し、保管（育成を含む。以下同じ。）し、展示して教育的配慮の

下に一般公衆の利用に供し、その教養、調査研究、レクリエーション等に資するために必要な事業を行い、あわせてこれらの資料に関する調査研究をすることを目的とする機関(以下略)

　このような、国際的機関や各国博物館の定義を概観しつつ、改めて博物館の定義と目的について資料、機能、役割の観点等から考えると以下のような定義となろう。
　博物館とは、有形無形を問わず、人間の生活及び環境に関する資料やその情報を収集し、保存し、資料や博物館に関する調査研究をおこない、展示や教育活動によってその成果を示すとともに、人々に学びの場や楽しみの場を提供する非営利の常設の機関である。(鷹野光行氏の定義)　　　　　　　　［岡田芳幸］

【参考文献】
鷹野光行・西源二郎他編『新編博物館概論』(同成社、2011年)。

2．博物館学とは何か

(1) 博物館学の定義・目的

　博物館を対象にした学問として博物館学がある。博物館学の用語使用は黒板勝美による「西遊弐年　欧米文明記」(1911年、明治44年)を初出とし、その後、棚橋源太郎が表題に博物館学を冠した書(『博物館学提要』1950年、昭和25年)を著している。しかるに、博物館学の目的・方法・構成をはじめとする体系等については論じられていないのが当時の水準であった。博物館学が学問としてその姿を表すのは、目的に言及した鶴田総一郎『博物館学概論』(1956年、昭和31年)を嚆矢とする。その後博物館学については多くの定義が展開されているが、その代表的な定義について紹介し、考えてみたい。

①鶴田総一郎(『博物館学総論』『博物館学入門』(社)日本博物館協会編、1956年、昭和31年)

　博物館学とは、一言に尽くせば、博物館の目的とそれを達成する方法について研究し、あわせて博物館の正しい発達に寄与することを目的とする科学である。

②倉田公裕(『博物館学』東京堂出版、1979年、昭和54年。倉田公裕・矢島國男『新編博物館学』東京堂出版、1997年、平成9年)

　博物館学(Museology)は語義からいって、博物館(Museum)の論理学(Logic)ということで、博物館の科学的理論付けである。言い換えれば「博物館とは何か」を科学的に追求する学問である。例えて言えば、博物館学は、その学問の対象とする博物館を料理する包丁である。(中略)
　すなわち、博物館学とは、「博物館とは一体何であるか」を明らかにする学問であると共に、また、博物館の目的、内容、方法、組織はいかにあるべきか

を探求する学である。(中略) 博物館学の究極の目的は、良い博物館 (good museum) の、あるいは良い博物館活動の確立にあることは言うまでもない。

③新井重三(「博物館学(理論)と博物館実践学」『博物館学総論』博物館学講座Ⅰ、雄山閣出版、1979年、昭和54年)
　博物館学は博物館論理学と博物館実践学の両者より構成される科学とみることができる。すなわち、博物館論理学は「博物館とは何か、博物館はいかにあるべきか」という課題を追求する学問分野であり、一方、博物館実践学は、博物館論理学から結論づけられた学説にたって、その具体化を実践するために必要な方法論や技術論について研究し記録する記載科学的分野である。

④加藤有次(『博物館序論』、1977年、昭和52年。「Ⅰ博物館学とは」『博物館ハンドブック』、1990年、平成2年。『博物館学総論』雄山閣出版、1996年、平成8年)
　今日に存在する「博物館」をより科学的に、そして人類社会の求める博物館像を確立することにある。要するに現代博物館の目的をより科学的に達成するための博物館学が厳存するといえる。

⑤大國義一(「博物館学とは何か」『概説　博物館学』全国大学博物館学講座協議会西日本部会編、芙蓉書房出版、2002年、平成14年)
　「博物館」を科学的に追求することによって、社会が求める博物館像や、人類にとってより望ましいと考えられる博物館像をつくり出すことである。

⑥大堀哲(「博物館学論」『博物館学教程』東京堂出版、1997年、昭和52年)
　博物館の本質はどのようなものであり、博物館活動の独自の方法は何かといったことなどを研究する学問であり、このような博物館学の理念をしっかり把握し、科学的、論理的に究明しながら、良い博物館、良い博物館活動を展開すること、博物館の理想的な運営を構築していくことが、博物館の目的ということになろう。

　このような先行研究により考えられる博物館学の目的とは博物館をその研究対象とし、一には「博物館学とは何か」「博物館とは何か」という博物館論理学的(狭義の博物館学)視点からの研究であり、他方では博物館実践学・博物館技術学・博物館工学のような「博物館とはどうあるべきか」博物館の目的・内容・方法・組織等について実践的に探求される科学であり、この二領域を包有し組み合わせた学問領域より成り立っている。

(2) 博物館学の体系化

　博物館学の領域は、きわめて多岐の分野に亘っているのが特徴である。それら個々の学術には、それぞれに方法論が確立されており、博物館学は、これら既成の学術分野におけるあらゆる方法を、教育学・情報学・心理学・生理学等を基盤として

総合的に融合し、再編成することであり、このような博物館学的研究の在り様を「博物館学の体系化」と呼ぶ。

博物館学の学問体系には、博物館論理学（Museology）的視点と博物館実践学（Museogrphy）・博物館工学（Museum Technology）的視点の二方向性があり、これは博物館学の理論化と実践とも云うことができる。

博物館論理学では主に博物館史、博物館経営論、博物館資料論、博物館教育論等が主な研究領域であるが、これらに隣接する諸科学として歴史学・法学・経営学・教育学・社会学等の研究成果を取り入れることが必要である。資料論では、統計学・分類学・情報学等の方法や成果と共に、資料に関する専門的な研究者が不可欠であり、その専門的知識がなければ資料論そのものが成立せず、博物館の根幹をゆるがすことにもなりかねない。

博物館実践学においては、理論的研究を博物館活動の中で実践してゆくものであるが、社会学・心理学・情報工学といった隣接諸科学の成果が必要であることはいうまでもない。また、博物館工学では、博物館の建物の設計、展示製作、展示室・収蔵庫等の環境整備等、建築学・化学・物理学・生物学・デザイン工学等が挙げられ、専門家に任せられることが多いが、学芸員も常にこうした分野への関心を持ち続ける必要がある。加えて今後の博物館学で見落としてならないことは「利用者」に対する視点からの研究である。博物館学が博物館のあり方を考察してゆくとき「利用者」は避けては通れない。また「利用者」の視点から博物館学そのものが大きく変貌する可能性が大きいことも指摘されている。　　　　　　［岡田芳幸］

【参考文献】
鷹野光行「博物館の定義」（『新編博物館概論』鷹野光行・西源二郎・山田英徳・米田耕司編、同成社、2011年）。
大堀哲監修、鈴木眞理編集『改訂　博物館概論』（樹村房、2004年）。
黒沢浩「博物館学とは何か」（『新しい博物館学』全国大学博物館学講座協議会西日本部会編、芙蓉書房出版、2008年）。

3．博物館の基本的機能と学芸員の役割

（1）資料の収集

博物館法の「博物館の事業」には、「実物、標本、摸写、模型、文献、図表、写真、フィルム、レコード等の博物館資料を豊富に収集し、保管し、及び展示すること」と最初に書かれている。博物館法の「館長、学芸員その他の職員」には、「館長は、館務を掌理し、所属職員を監督して、博物館の任務の達成に努める」とあり、「学芸員は、博物館資料の収集、保管、展示及び調査研究その他これと関連する事業についての専門的事項をつかさどる」とある。博物館活動は、資料の収集、整理

第1章　博物館学概論

・保存、調査・研究、展示・教育が4本柱で、理念にそった博物館資料によるコレクション作りには専門知識を持った学芸員があたる。博物館資料と学芸員は、博物館活動の両輪なのである。ただし、今日のように博物館への地域民などの期待が多様するなか、それを実現し、持続的で安定した館運営をおこなうには、統括者としての館長の役割がますます重要になっている。日本の現状では、博物館の理念を実現する強い意志と豊かな経験を持った館長は少ない。

博物館資料には「どんなものでも」なる可能性がある。まずは、学芸員が事前に調査して、博物館資料とするにふさわしい学術的・教育的価値があるか、所属する博物館の理念にふさわしいかを判断する必要がある。なにを博物館資料とするかは、その後の博物館活動にとって重要で、事前に収集方針を決めておく必要もある。資料を評価するために第三者をまじえた評価委員会を組織することもある。ことに美術・工芸資料は資料を購入することが多く、真贋や購入価格などが後で問題になる可能性があり慎重に検討すべきである。なにを博物館資料とするかは博物館ごとで一様ではないが、長期的・総合的な判断のうえで計画的に収集する必要がある。

（2）資料の整理・保存

収集した博物館資料は「だれでもが利用」できるように、可能な限り早く整理する必要がある。ただし、博物館ごとに設備や人的条件、資料も多様で、整理・保存の条件は違ってくる。資料の整理・保存で大切なことは、モノと情報を一体として整理し、良好な状態で将来に伝えるために保存までを総合的に管理することである。

モノと情報の調査・研究、整理・保存、展示・教育に、今やコンピューターは欠かせない。コンピューターによって整理した情報（目録・画像）を公開することで、学芸員相互の情報交換や地域民の要望にも応えられるのである。

（3）資料の調査・研究

新たに博物館を建設する場合は、4本柱のなかで「調査・研究」を中心に活動をはじめるのが理想的である。基礎的な調査・研究を重ねたうえで、新たに博物館がはたすべき理念を練り、基本計画を作成する。開館後も調査・研究を中心にすえて、資料についての学術的研究、展示・教育のための教育学的研究、保存・管理のための科学的研究を展開する（図2）。調査・研究の上に基盤が形成されれば、学芸員が交代しても博物館活動は継続するし、新たな課題への対応も可能となる。

（4）資料の展示・教育

博物館法には「博物館とは、歴史、芸術、民俗、産業、自然科学等に関する資料を収集し、保管（育成を含む）し、展示して教育的配慮の下に一般公衆の利用に供

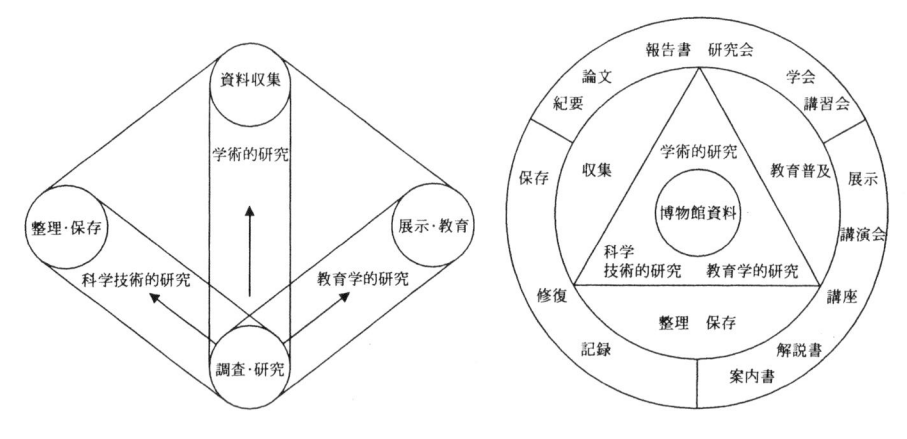

図1 博物館の4本柱と「博物館学研究」　　図2 博物館資料の調査研究と
　　　　　　　　　　　　　　　　　　　　　　博物館活動成果の研究

し、その教養、調査研究、レクリエーション等に資する」とある。博物館内は、原則非公開の整理・保管（収蔵庫）、調査・研究（研究室）、管理・事務の空間、原則公開の展示・教育（学習・体験）に分かれる。博物館の展示・教育は、地域民にとっては博物館と直接かかわれる数少ない機会である。博物館にとっては日頃の活動の成果を発信し、子供から大人にまで興味と関心、感動をあたえる最大の機会でもある。学芸員は、展示計画の立案から、資料の借用と返却に立会い、展示パネルの原稿や作成、実際に展示し、関連の講演会や講座を企画し、展示図録等の出版物やポスターなどの広報活動まですべての中心になる。

　展示は、限られた空間のなかで、博物館資料を利用して最大の効果をあげるためさまざまな工夫をおこなう。ただし、展示技術は、屋内と屋外（野外）の展示場所や博物館の種類や性格でも大きく異なり多様である。1982年には、展示の理論と実践を総合的に研究するため日本展示学会が設立された。

　博物館での教育は実物を見せて解説する展示を中心におこなってきた。生涯学習時代となり、子供を対象としたモノ作り等の体験学習や自然観察会が盛んになる。ただし、私の学芸員時代の経験では、体験学習での事故防止のため博物館側が御膳だてしすぎて、体験の感動を損なうこともあった。近年は子供から大人にまで広がり、参加者が主体となったワークショップが盛んになった。さらに学芸員と参加者との関係が持続し強まるなかで、非公開のはずの整理・保存や調査・研究への参加、展示・教育の支援など、学芸員と協働する博物館も多くなってきた。［印南敏秀］

【参考文献】
全国大学博物館講座協議会西日本部会編『概説博物館学』（芙蓉書房出版、2002年）。
神奈川県立博物館協会編『学芸員の仕事』（岩田書院、2005年）。

第1章　博物館学概論

4．博物館の種類

　今日私たちのまわりにはたくさんの資料館や博物館がある。その種類は様々であり、特色ある内容の博物館も多く存在する。こうした博物館は、基本的に次のように大きく4つに分類することができる。

（1）資料による分類
　博物館が収集・保管・保存し活用する主な資料の内容と、その対象分野による一般的な分類方法として「資料による分類」がある。それには、「総合博物館」、「人文系博物館」、「自然系博物館」があり（「公立博物館の設置および運営に関する基準」1973年文部省告示164号）、人文系・自然系博物館は総合博物館に対して専門博物館の位置づけとなる。
　総合博物館は「人文科学及び自然科学の両分野にわたる資料を総合的な立場から扱う博物館」であり、比重の違いはあるが両分野の資料を複合的に扱った博物館である。かつては同一の敷地や建物内に各分野の展示室が独立して設置され、全く連携のない展示が多くあったが、今日では明確な主題をもって各分野の資料を関連づけて行う体系的な展示が重要視されている。1996年に開館した琵琶湖博物館は、「湖と人」を主題とし、各展示室では常に琵琶湖と人との関わりや暮らしの中の琵琶湖が表現されており、人の営みと自然との関わりに焦点を当てている。
　人文系博物館は、資料の性格によって考古・歴史・民俗などを扱う歴史系博物館と、美術品を扱う美術博物館（美術館）に分けられる。歴史系博物館は、地域の文化や生活などの歴史を明らかにするために、自ずとして説示的な展示手法がとられることが多い。一方、美術館では鑑賞を主とする提示型の展示手法が一般的である。歴史系博物館には各自治体が建設した歴史民俗資料館が含まれるため、全国の博物館園数の約半数をしめる。次に美術館が約2割の館数となり、日本では人文系博物館の割合が非常に高くなっている。美術館には古美術のほかに、近・現代美術や演劇・映画・漫画、建築等の多彩な資料を扱う施設もあり、社寺の宝物館も美術館に分類されることが多い。
　自然系博物館は、自然界を構成する資料を主に扱う自然史系博物館と、科学技術に関する資料を扱う理工学系博物館に分けられる。自然史系博物館には、自然史博物館・動物園・植物園・水族館や昆虫館、地質・化石・鉱物等の博物館もある。理工学系博物館は科学技術博物館（科学館）や産業・農業・天文博物館がある。

（2）機能による分類
　博物館は、博物館の基本的機能に従って活動を行うが、これはすべての面におい

21

て必ずしも均等ではなく、博物館の設立趣旨や方針によって重点をおく部門が異なる場合もある。こうした「機能による分類」には、①保存機能型、②研究機能型、③教育機能型の3つの基本型があり、これらの中間型も存在し得る。

　保存機能型は、所蔵している資料を確実に保存し後世に伝えていく使命を優先させた施設である。社寺の宝物館や個人のコレクションを有する美術館、個人の記念館の他、地域の古建築を活用した歴史民俗資料館もこれに含まれることもある。

　研究機能型は、充実した博物館組織をもつ国立系博物館、中規模以上の博物館が該当する。それはあくまでも博物館活動や機関としての調査研究が基本であり、その成果は調査報告書等にまとめられ、展示に反映されることになる。千葉県立中央博物館、琵琶湖博物館、兵庫県立人と自然の博物館等では、研究体制の整備と活発な研究活動が展開されている。

　教育機能型は、展示・公開に重点をおく博物館である。今日の博物館は一様に生涯学習機関としての役割を担っており、講演会や各種の体験学習行事、そしてサークル活動等に取り組んでいる館も多いが、加えて一層の展示室の工夫や充実をはかり、その機能を発揮させている博物館である。

（3）博物館法による分類

　「博物館法による分類」では、同法に明示されている登録博物館および博物館相当施設、そして法によらない博物館類似施設の3つに分類することができる。

　博物館法では「登録を受けたものを博物館とする」という大前提があり、一定要件の審査を受けて原簿に登録される。公立博物館は、教育委員会所管であることが明記されており、他部局の所管や国立の博物館は登録することが出来ない。一方、博物館相当施設は、登録博物館に準じる施設として同様の審査を経て指定されるが、こちらは教育委員会所管でなくてもよい。国立系博物館や首長部局所管等の著名な公立博物館も多く存在し、制度の矛盾も指摘されている。

　博物館法では触れていないが、文部科学省の社会教育調査では、登録と相当施設以外のものはすべて博物館類似施設として一括している。博物館法によらない博物館といえる。こうした類似施設は博物館園の4分の3にも及んでいる。

（4）設置者（設立母体）による分類

　国立・公立・私立に大別できる。国立は東京国立博物館のような大規模館の他に、印刷局記念館のような各省庁所管の資料館もある。また国立大学に附属する大学博物館もこの範疇である。公立には都道府県や市町村立、その他がある。私立は個人や企業、会社によって設立された財団法人、そして宗教法人や学校法人等により設立されたものである。

(5) その他の分類

　博物館を歴史的に捉えて、第一世代を資料の保存、第二世代を資料の公開、第三世代を参加・体験を基軸とした世代として分類するものがある。その他には大学博物館・子供博物館のような利用対象者別分類、地域型・全国型、観光型のような対象地域と活動方法による分類、エコミュージアムや屋外・野外の展示場所の区分、そして都市型・郊外型のような立地による分類もある。　　　　　［植野浩三］

5. 博物館を支える仕組み

　様々な博物館活動は、法的な支えの上になり立っている。それには、国内の法令と国際博物館会議等による国際的な規則、共通認識がある。

(1) 博物館法と関連法令、諸制度

　博物館を奨励し支援する基本的な法律は博物館法である。博物館法は、1947年制定の「教育基本法」（「国及び地方公共団体は図書館、博物館、公民館等の施設の設置、学校の施設の利用その他適当な方法によって、教育の目的の実現に努めなくてはならない」）、そして1949年制定の「社会教育法」（「図書館及び博物館は、社会教育のための機関とする」）が基本にあり、棚橋源太郎等による熱心な働きかけによって1951年にやっと制定された。

　「博物館法」は5章29条で構成され、行政が奨励・支援すべき博物館の定義が明記されている点が重要である。イコムの規約を基本にして、博物館の目的・使命、博物館の範囲（教育機関、登録博物館・相当施設）を明らかにしている。そして実際に行う事業内容が記述されており、博物館活動の法的根拠になっている。ついで、学芸員、公立博物館、私立博物館の定義と内容、そして登録博物館や相当する施設の制度について記している。登録博物館の優遇措置は、私立博物館にとっては特に意味のある存在になっている。

　博物館法を支える法令には、政令や省令、自治体の定めた条例の他に、通知、通達、諸規則等があり、多岐にわたって内容が定められている。

　「博物館法施行規則」は、主に学芸員資格に必要な科目・単位と学芸員の資格認定、そして博物館に相当する施設の指定について記している。学芸員資格については博物館法に基本が記されているが、ここには修得する科目名や単位数が細かく記されている。大学おける学芸員養成課程のカリキュラムはすべてここに起因する。大学以外で行われる学芸員の資格認定には、試験認定と無試験認定があり、その手続き等の詳細も明記されている。相当施設の指定では、登録博物館の要件（博物館法）に準じる手続き・審査内容が記されている。

「公立博物館の設置及び運営上の望ましい基準」は、1973年に告示された「公立博物館の設置及び運営に関する基準」を規制緩和の流れの中で2003年に改訂したものである。「公立博物館の設置及び運営に関する基準」が告示された当時は、文化財保護意識の高まりや公立博物館建設の増加により、一定の水準を保った博物館づくりが求められた。旧基準には、博物館に必要な施設・設備、施設面積、資料数、展示方法、教育活動、職員数等の具体的な記述があり、多くの博物館はこの基準を根拠として博物館建設を行い、一定水準の維持・向上に貢献してきた。しかし、1998年の生涯学習審議会の答申による「弾力化の方向」での見直しが行われ、具体的な数量はすべて削除された。

　「望ましい基準」は、博物館の設置、資料（一次資料、二次資料の定義と収集・保管・展示等）、展示方法、施設・設備、開館日、職員等の主要な項目について記しているが、すべてにおいて地域の実情において設置・運営する（努める）という柔軟な方向性（努力目標）が示され、かなり曖昧な表現になっている。

　しかし同基準には、学習活動のあり方や情報提供の推進、学校・家庭・地域社会との連携や努力項目が新たに加わり、職員研修の機会の充実と参加への推進、事業の自己評価の実施と公表も付加された。これらは時代の要請に対応したものである。

　博物館資料（文化財）の保存・公開に密接に関係する法律に「文化財保護法」がある。文化財保護法（1950年制定）は、言うまでもなく文化財の定義、各文化財の指定・保護、そして公開について記したものである。博物館法の中には、第3条8に「当該博物館の所在地又はその周辺にある文化財保護法の（中略）適用を受ける文化財について、解説書又は目録を作成する等一般公衆の当該文化財の利用の便を図ること」とある。これによれば、各博物館は指定された文化財には一定の配慮が必要であり、施設内で保管・展示される有形文化財のみならず、野外にある記念物（史跡、名勝、天然記念物）や文化的景観、伝統的建造物群等にも、常に利用の便がとれるような体制を保っていなくてはならない。そして多くの博物館では、指定や指定外を問わず文化財に類する博物館資料を扱う場合が多いため、博物館と文化財は密接に関係しているといえるのである。

　また文化財保護法では、重要文化財の公開の勧告を行い（第47～51条）、定期的に公衆の観覧に供することを促進している。このうち「所有者以外の者による公開」では、公開の諸手続きを簡素化するために、あらかじめ適合した施設として承認を受ける「公開承認施設」の制度（第53条）がある。

　その他、「美術品の美術館における公開の促進に関する法律」は、あらかじめ公開可能な美術品を登録してもらい（登録美術品制度）、要請があった場合には順次展示・公開を行う制度である。この制度で公開できる博物館は、登録博物館と相当施設という制限がある。また、登録者には相続税減免等の優遇措置もとられている。

第1章　博物館学概論

　2001年に制定された「文化芸術振興基本法」には、「国は、美術館、博物館、図書館等の充実を図るため、これらの設置に関し、自らの設置等にかかる施設の整備、展示等への支援、芸術家等の配置等への支援、文化芸術に関する作品等の記録及び保存への支援その他の必要な施策を講ずるものとする」とあり、美術館・博物館の一層の充実を目指しているものの、現実とのギャップは大きい。

（2）博物館の国際的な機構・規約

　1945年に設置された国連教育科学文化機関・ユネスコ（UNESCO）の第1回総会において、「教育と文化の発展に果たす博物館の役割」が認められた。これに協力して博物館を進歩発展させるために、1946年にはユネスコ内に国際博物館会議（The International Council of Museums）・イコム（ICOM）がつくられた。

　イコムは、博物館学等の全ての分野における「利益を発展させるために設立された博物館と博物館職員の国際的な非政府機関」であり、専門的な国際機構、専門組織である。2011年現在110ヵ国の加盟国があり、会員数は約14,000名である。

　イコムの目的は次の5項目であり、いずれも博物館の進歩・発展を支援している。
　　①あらゆる種類の博物館の設立、発展、専門的運営を奨励し支持する。
　　②社会とその発展に貢献する博物館の性格、機能、役割に関する知識と理解を推進する。
　　③各国の博物館及び博物館専門職相互の協力と援助を組織する。
　　④あらゆる種類の博物館専門職の利益を代表し支持し推進する。
　　⑤博物館の管理と運営に関する博物館学をはじめとするすべての分野における知識の向上と普及に努める。

　加盟国内には国内委員会が設けられ、イコムとの連絡や国内関連事業の援助・協力を行っている。イコムには国内委員会とは別途に「視聴覚と新技術」や「教育と文化活動」、「各種博物館のコレクション」といった29の国際委員会があり、会員はいずれかの委員会に所属することができる。各委員会では専門的な会議やワーキンググループ等の活動が行われている。

　イコムの本部はパリにあり、3年ごとに総会が開かれて重要な決議がなされる。日本は1952年に正式加盟し、現在は日本博物館協会内に事務所が置かれている。毎年5月18日は「国際博物館の日」であり、共通テーマを掲げて各国で行事が行われる。こうした案内や促進も国内委員会事務所が行っている。

　国際博物館会議規約（1989年に採択）は30条からなっており、上記の目的の他に、会員・組織・構成・総会・委員会等の詳細な記載がある。また同規約では、以下のような定義が明示されており、国際的な共通認識となっている。

　　「国際博物館会議規約」第2条

1．博物館とは、社会とその発展に貢献し、研究・教育・楽しみの目的で人間とその環境に関する物質資料を取得、保存、研究、伝達、展示する公共の非営利常設機関である。
（a）上記の博物館の定義はその管理体制の性格、地域の特性、機能構造、又は収集方針によっても制限されない。
（b）上記機関に加えて次の機関を博物館と見なす
　（ⅰ）自然、考古学、民族学上の遺物、遺跡、史跡、及び人間とその環境に関する物的資料を取得、保存、伝達する博物館の性格を有する場所
　（ⅱ）植物、動物の生物標本を収集・展示する機関、すなわち植物園、動物園、水族館、ビバリアなど
　（ⅲ）科学センター及びプラネタリウム
　（ⅳ）図書館及び公文書センターの常設保存研究所及び展示ギャラリー
　（ⅴ）自然保護地
　（ⅵ）諮問委員会に意見を求めた後、執行委員会が下記のごとく考える機関
　　・部分的又は全体的に博物館の特性を備えている。
　　・博物館学研究、教育又は研修を通し博物館と博物館専門職を支持している。
　2．博物館専門職とは、第2条第1項で定義された博物館に該当する機関の職員で、博物館の管理と運営に関連する分野に於ける何らかの研修を受けたか同等の実質的経験を有する者、或いは個人的に又は自営で博物館学上の専門職に従事しこの規約に添付されたICOM職業倫理規定を重んずる者である。

　博物館資料は「人間とその環境に関する物質資料」として幅広く定義し、博物館は「公共の非営利常設機関」として規定している。また博物館専門職は、次に述べる「ICOM職業倫理規定を重んずる者」として、公正な姿勢を求めている。
　ICOM職業倫理規定は、博物館及び博物館専門職が遵守すべき最低限の倫理について細かく記している。同規定は、当時全世界を取り巻いた諸遺産の略奪や破壊、そして不正取引等が問題となり、20年余をかけて論議され1986年に採択されたものである。規定の内容は、①定義に続いて、主に②博物館の倫理、③専門職の倫理の二本柱で構成されている。
　博物館の倫理では、1)博物館管理の基本原則、2)博物館コレクションに関する取得、3)コレクションに関する処分、についての項目がある。基本的に博物館は「コレクションとサービスの全ての面において倫理的義務を有する」とし、規約・財務・土地建物・職員に関すること、教育活動、利用者の便宜、営利企業からの支援、ミュージアムショップと商業活動、国際法等の法的義務の確認、に至る全ての活動にわたるとしている。特にコレクションの取得と処分については、不法取引や疑わしい取引をめぐる倫理義務の重要性を説いている。

第1章　博物館学概論

　専門職の倫理は、1)博物館専門職の倫理義務、2)コレクションに関する個人的責任、3)公衆に関する個人的責任、4)専門職同士および専門職としての個人的責任、の項目に分かれている。博物館専門職はどんな博物館であっても「公共に対して大きな責任を有する。（中略）すべての活動に誠実で最も厳格な倫理原則と最も高い倫理基準を以てあたらなければならない。」とし、博物館の倫理に準じる形でコレクションや一般公衆に対して、また専門職としての個人的な責任について明記している。特に不正取引の関与や賄賂の禁止、秘密の厳守等の個人に及ぶ厳格な倫理義務について記している。

　この倫理規定は「一般的規定であり、博物館専門職として最小限度必要とされる事柄を扱っている」として、各国によってさらに展開・強調されることを推進するとある。しかし、現在においては国内規定はなく、この倫理規定を規範にしているのが現状である。　　　　　　　　　　　　　　　　　　　　　　　　　［植野浩三］

6．博物館組織と博物館を支える人々

(1) 博物館の組織と館員の役割
　博物館組織の基本型は、館長（総括者）を頂点として、事務系職員で構成される管理運営部門と学芸員を配置する学芸部門に分かれる。そして館長の諮問機関（博物館協議会・評議委員会等）や副館長などの役職・他が加わることもある。
　図は琵琶湖博物館の組織図であるが、管理運営部門に該当する総務部には博物館行事にかかわる企画調整課が置かれ、学芸部門には研究部と展示担当や資料活用担当（資料の収集・保管・借用等の資料全般）、交流担当（利用者の受け入れやネットワークづくり、情報システム・他）を担う事業部が配置されている。館の規模にもよるが、このように管理運営部門と学芸部門の中間に専門部門（教育普及・広報

琵琶湖博物館の組織図（2011年4月1日現在　同館HPより作成）

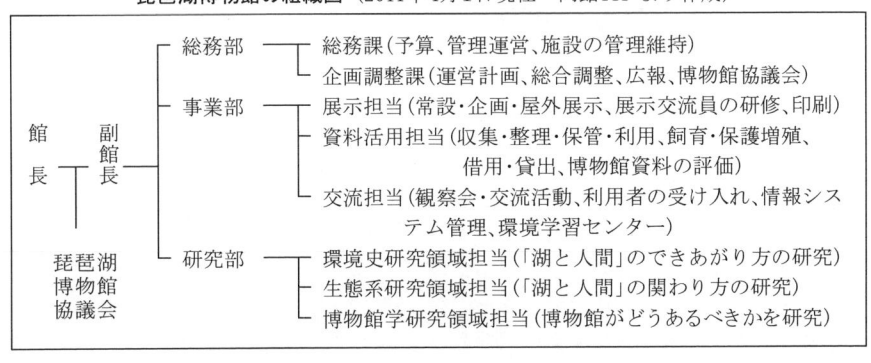

```
館　副　総務部 ── 総務課（予算、管理運営、施設の管理維持）
長　館         └─ 企画調整課（運営計画、総合調整、広報、博物館協議会）
　　長　事業部 ── 展示担当（常設・企画・屋外展示、展示交流員の研修、印刷）
　　　          ├─ 資料活用担当（収集・整理・保管・利用、飼育・保護増殖、
　　　          │                借用・貸出、博物館資料の評価）
　　　          └─ 交流担当（観察会・交流活動、利用者の受け入れ、情報シス
　　　                        テム管理、環境学習センター）
　琵琶湖
　博物館　研究部 ── 環境史研究領域担当（「湖と人間」のできあがり方の研究）
　協議会         ├─ 生態系研究領域担当（「湖と人間」の関わり方の研究）
                 └─ 博物館学研究領域担当（博物館がどうあるべきかを研究）
```

・情報を含む）を設置したり、学芸部門を細分して専門部局を置き、横との連携を深めて効率性を高めている組織も多くある。

　館長は言うまでもなく、博物館を代表する顔であり、管理運営部門や学芸部門のすべてを総括・監督する役割を担う。調査・研究面におけるリードに限らず、博物館の運営・経営面のおけるリーダーシップも期待されており、名誉的な館長では対応できないことも多くなってきている。

　管理運営部門は総務・経理等の事務系職員が担当する場合が多いが、専門的な職員を必要とする場合も多い。学芸部門は各分野の専門知識を学習した学芸員が担当する。言うまでもなく、学芸員の役割は収集、保管、調査研究、展示・教育の多岐にわたるが、管理運営部門での仕事や中間的部局での分担もあり得るし、各部門をこえた横断的連携が必要である。そこには、博物館運営や理念の共通認識、館員相互の協力体制・連携の必要性を構成員すべてが理解しておかなくてはならない。

　公立博物館には博物館協議会をおくことができる。適正な博物館運営を行うために各分野の有識者や地元代表者、そして利用者（一般公募もあり）、行政関係者を含めた委員会を構成する。形骸化したものではなく、博物館の改善を意識した議論がなされなくてはならない。その他、設置者によって名称・種類は異なるが、評議委員会、運営委員会等を設置する場合もある。また、将来計画やリニューアル、あるいは資料収集のため委員会（価格検討委員会）など、その都度必要な委員会もつくられる。また近年では、自己点検・自己評価が義務づけられてきており、評価に関する委員会が設置されることもある。

　博物館はこうした組織や人々によって支えられている。それは、第一に館長を含めた博物館館員（関連業者を含む）であり、第二には行政等の設置者や各種委員会等の関係者である。第三には地域関係者や利用者（ボランティアやサークル活動を含む）等の外部の人たちであり、多くの人に支えられて活動をしている。

（2）モノ・ヒト・バとしての博物館

　博物館活動の大部分を担うのは博物館員であるが、その活動の基本要素として欠かすことができないものは、博物館資料（モノ）と入館者・利用者（ヒト）、そして施設（バ）であり、博物館活動の基本3要素と言われている。

　博物館資料（モノ）は言うまでもなく、博物館活動の根幹をなすものである。博物館資料を持たない博物館は無いし、収集・保管・調査研究、展示・活用の博物館機能のすべてに亘って資料が関係しており、最も基本的な要素といえる。

　博物館は生涯学習機関の役割を担っている。展示活動に限ってもみても、利用者に焦点を当てて行われ、利用者があっての展示といえる。また、展示以外でも市民を対象した様々な教育普及活動が展開されており、まさしく利用者「ヒト」が主役

第 1 章　博物館学概論

といえる。博物館は研究所ではなく、市民の利用があってはじめて存在価値がある。したがって利用者も基本要素の一つとすることができる。「ヒト」には博物館員を含めることも可能であるが、やはり主体は入館者・利用者である。

　収集された資料は事務室・研究室等で管理・登録され、調査研究され、収蔵施設で保管され、展示室で公開される。当然のことながらこうした施設（バ）は博物館活動に不可欠である。そして、利用者・入館者との接点の「バ」であることを忘れてはいけない。展示室は勿論のこと、図書室や研修室、サークル活動やボランティアの控室、さらにはミュージアムショップやレストランなど、「バ」は利用者と博物館を結ぶ重要な場所であり、コミュニケーションをはかる「バ」でもある。

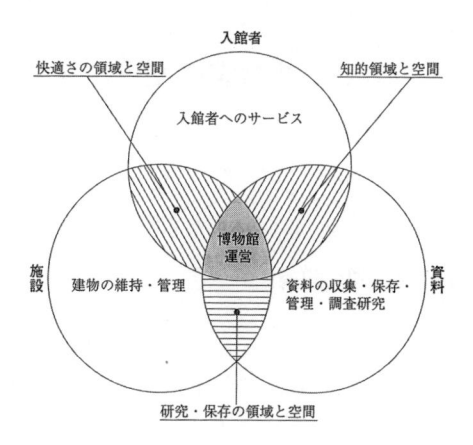

博物館活動模式図
（鈴木眞理編『改訂博物館概論』樹村房、2011年より）

　以上のように、モノ・ヒト・バは博物館にとって重要な構成要素であり、それぞれが重なり合い作用している。ヒトとモノを結びつけるにはバが必要であり、バにはモノが保管・展示され、様々な出会いがある。図は博物館活動を描いた模式図であり、3つの要素は重複しながら各領域・空間を構成している。すべての機能が重複する図の中心部が多岐に亘る博物館運営と理解できよう。　　　　　　［植野浩三］

第2節　博物館の歴史

1．博物館の起源

　「博物館」は英語のミュージアム（museum）、フランス語のミュゼ（musée）、イタリア語のムゼオ（museo）、ドイツ語のムゼウム（Museum）の訳語だが、これらの語のもとになったのは、古代ギリシア語のムセイオン（museion）である。
　ギリシアではもともと学芸の女神であるムーサたちの神域を指し、アテナイではアクロポリスの南西にある伝説上の詩人ムサイオスが葬られたとされる山をムセイオンと呼んでいた。しかしやがてこの語は広く学問研究や教育を行う場所を意味するようになり、ギリシア文化の末期であるヘレニズム時代にはさまざまな場所にムセイオンがつくられた。
　特によく知られているのは、エジプトのプトレマイオス王朝が、もとはアテナイの政治家で哲学者でもあったバレロンのデメトリオスの勧めで紀元前283年頃に設立した首都アレクサンドリアのムセイオンで、物理学者アルキメデスや数学者エウクレデス（ユークリッド）はじめ、地中海世界の各地から集まった学者、芸術家が税を免除され、共同生活をおくりながらここで研究や創作に励んだ。数十万巻の書物を備えた図書館、天文観測施設、薬草や解剖学の研究所、動物園、植物園などが整備されていた。
　有名な女王クレオパトラ7世を最後にプトレマイオス朝が滅び、ローマ帝国領に編入されてもアレクサンドリアは帝国第二の都市として繁栄し、紀元前47年、戦火によって図書館の蔵書を一時焼失したが後に回復、ローマ皇帝の庇護を受けてムセイオンも活発な活動をつづけた。しかしローマ末期、キリスト教が国教化されると392年、狂信的なキリスト教信者によって完全に破壊される。
　また、美術品の収集・展示に関しては、アテナイのアクロポリスに絵画館（ピナコテケ）があったことが知られているが、ヘレニズム時代には現在のトルコ小アジア地方で栄えたペルガモン王国の初代アッタロス1世が、支配した地域から彫刻や絵画を精力的に集め、首都ペルガモンにそれらの展示施設を設けた。ここでは美術家たちが作品を見て学べるように配慮されていたといわれる。　　　　［末永　航］

第1章　博物館学概論

2．欧米の博物館の歴史

（1）近世以前の博物館

　ヨーロッパ世界が成立した中世には、古代にみられた博物館の芽生えは引き継がれることがなかった。しかしキリスト教が文化の中心となったこの時代、キリスト教会がさまざまな物を収集し展示した。神の家である教会には原則として誰でも入ることができたから、この展示は一般に公開されていたともいえる。

　当時は字を読める人が非常に少なかったから、民衆に教義を説くため、聖堂は聖書の物語や聖人の伝記を表したモザイク画や壁画、ステンドグラス、石や木の彫刻などで満たされていた。ほかにも説教壇や椅子、儀式のための道具など教会の備品には工芸品として優れた物が多い。

　初期に長い間迫害を受けたキリスト教では、キリストをはじめとして信仰のために多くの人々が殺害された。こうした殉教者や宗教上大きな働きをした人々を教会は聖人として敬うが、そのよすがとして聖人の遺体の一部や身につけていたとされる物を、もっとも重要な宝物として収集した。聖遺物によって教会の格式は上がり、信者や巡礼者が増え、祭礼を行うこともできる。教会と所在地の都市や国家にとって聖遺物の獲得は、ときには最大の関心事となった。

　14世紀末イタリアで始まった、古典文化の復活を目指した運動であるルネサンスの時代に入ると、ムセイオンもまた甦る。

　聖職者ではなく、市民や貴族・王侯が教養を身につけてギリシア・ローマの古典文化を学ぶようになり、人文主義者と呼ばれる文人・学者が数多く生まれたこの時代、個人の趣味や好奇心によってさまざまな物を収集する、今日的な意味でのコレクションが始まった。そしてルネサンス文化とともにイタリアからアルプスの北の国々に広がっていく。

　収集の対象となったのは、古代の彫刻、碑文、貨幣やその断片などの古代遺物、コロンブスのアメリカ到達後ヨーロッパにもたらされた新大陸の珍しい工芸品や動植物の標本、同時代の美術家の作品であるルネサンス絵画や彫刻、そして写本や印刷本などだった。

　こうした収集は書斎の一隅に飾られたり、15世紀、ミケランジェロがそれを見て彫刻を学んだというメディチ家の古代彫刻コレクションのように建物の中庭に置かれたりしていたが、やがて来客に見せることを意識した展示が行われるようになり、ストゥディオーロやキャビネットなどと呼ばれた。しかし古代のアレクサンドリアのムセイオンもよく知られていて憧れの存在であったため、知的活動全体の場を意味するこの語こそふさわしい呼び名だと主張する者もいた。

　コレクターが君主の場合は国の威信を示す外交の道具としても利用されたが、そ

の場合でもそれぞれの個性が現れた特色のあるものが多い。フィレンツェの大公フランチェスコ1世は1581年、新しい政庁の別館上階にガッレリアと呼ぶ美術展示室を設け、これが最古の美術館といわれるウフィッツィ美術館の始まりとなった。

また16世紀後半以降、ドイツ語圏の君主たちは「驚異の部屋 Wunderkammar」と呼ばれる陳列室をつくって珍奇なものを収集した。たとえば16世紀半ばのフランドルの医師キッヒェベルクは、パトロンであるバイエルン公のために、公の栄光を讃える部屋、人工の産物・自然の産物・道具・絵画、それぞれの部屋の5つを構想し、この全体で「知恵の劇場」と呼ぶ小宇宙を完成させようとした。

同好の人たちの間ではヨーロッパ全体で情報が行き渡り、学者や君公の陳列室を見ることを目的とした旅行も盛んになる。ボローニャ大学の教授だったウリッセ・アルドロヴァンディのように大部のカタログを刊行する場合もあった。

しかしこの時期の陳列室は、あくまで選ばれて客となった人にだけ開かれていたもので、誰でもが見られるよう公開されていたわけではなかった。

（2）近・現代の博物館

収集・保存・調査・展示・教育などの要素を兼ね備えた今日の意味での博物館が生まれたのは、18世紀から19世紀にかけて革命の時代を経て市民中心の社会を実現し、工業化をいち早く成し遂げたヨーロッパの国々、ことにイギリスとフランスでのことだった。

しかしこの時期のヨーロッパ諸国は、内に向かっては民主的な社会をつくりながら、外に向かってはアジア・アフリカや域内の他の国を侵略し収奪する帝国主義国家としての一面ももっていた。博物館は市民に開かれた存在となる一方で、国家の威信を体現し、他の地域から奪い取った品々を陳列する場所ともなっていく。

フランスでは、王政の時代から王室の所有する美術品を美術家養成に利用したり、一般に公開したりする計画が進められていたが、革命後は国民全体の財産として利用するために公開することになった。1792年王権が停止されると翌月には王宮を公共の美術館とする法令が発布され、パリのルーヴル宮殿に集められた美術品は翌年公開された。1サイクル10日間のうち5日は美術家が模写や見学をする日、一般の公開日は3日で、残り2日が展示作業や清掃に当てられていた。

ルーヴル美術館は移り変わる政権によって名称を変更しながらも発展をつづけ、ナポレオンの遠征によって獲得された古代エジプトの遺品など収蔵品も増加、1882年には学芸員や研究者を養成するエコール・デュ・ルーヴルを設置するなど博物館運営の点でもつねにヨーロッパの中心でありつづけている。

イギリスでは、博物学者・作庭家で旅行家でもあったトラデスキャント父子が収集した、動植物鉱物などの標本その他、当時最大の「驚異の部屋」的なコレクショ

第1章　博物館学概論

ンを引き継いだ弁護士で骨董通のアシュモールが、自分の収集も加えてオックスフォード大学に寄付し、早くも1683年、大学付属のアシュモレアン博物館が開館している。

　さらに1753年、ニュートンの次にロイヤル・ソサエティーの会長を務め、王室の侍医でもあったハンス・スローンが一括保存を遺言した膨大な写本・書籍、古貨幣、動植物鉱物標本を国家が買い取り、ハーリーとコットンの書籍収集と合わせてブリティッシュ・ミュージアム（大英博物館）が開館した。買い取りの費用は宝くじを発行することで賄われた。しばらくは既存の建物を利用したが、やがて1848年、イオニア式列柱をもつギリシャ神殿のような現在の建築が完成する。

　イギリスではピューリタン革命の時に王室の絵画などを外国に売り払ったことや、王室自体が存続していることもあり、国王の財宝を公開するという形の博物館は少ない。しかしそれだけに、ブリティッシュ・ミュージアムのように、近代国家が公共のために設立し、博物館のために計画された専用の建物をもつことも早くから実現した。しかし1810年頃までは研究者の利用が優先され、一般の見学には多くの制限をつけられていた。

　イギリスの代表的美術館であるナショナル・ギャラリーは、1824年、銀行家の収集品を国が買い取って発足したが、当初の収蔵品は38点しかなかった。約2,300点と数は少ないながら、ヨーロッパ絵画史を最高の作品で一望できる現在の優れたコレクションは、すべてその後の収集活動によって形成された。館名のナショナルという語には、王立ではなく国民のものだという意味が込められている。

　1897年、ナショナル・ギャラリーから分離する形で生まれたイギリス美術の美術館は開館後、自分のコレクションを寄付し、館の費用を援助し続けた砂糖王ヘンリー・テートの名前で呼ばれるようになった。

　19世紀から20世紀はじめは産業博覧会の時代でもあった。博覧会は一時的な催しだが、新しい技術や珍しい物産を展示するという点で博物館と共通する部分もあり、博物館設立の契機となることも少なくなかった。

　産業革命をいち早く経験したイギリスでは、1851年にロンドン万国博が開かれ空前の成功を収めたが、これを機に工業振興協会会長のコールが技術やデザインの向上を目指して設置を働きかけたのが、1857年に開館し、後の1909年、ヴィクトリア・アンド・アルバート博物館とロンドン科学博物館に分かれることになるサウス・ケンジントン博物館だった。こうしたデザイン、応用美術に関する博物館はその後欧米各地につくられるようになる。

　統一が遅れたドイツでは、近代的な博物館設立もやや遅れるが、1871年のドイツ帝国成立後は急速な充実をみせた。ことにベルリン美術館総局長を務めたフォン・ボーデが主導した「美術館島」地域には5つの美術館が建ち並び、20世紀初頭には

ヨーロッパでも有数の博物館群となった。ボーデは厳密な学問的検討を加えながら増大する国力を背景に重要な美術品をつぎつぎと獲得し、世界の美術を網羅する大コレクションを築き上げた。

また1925年フォン・ミラーによってミュンヘンに開館したドイツ博物館は科学技術史の総合博物館として、その後多くの国の同種の博物館に大きな影響を与えた。

19世紀以降ヨーロッパに匹敵する経済力を示すようになるアメリカでは多くの富豪が生まれたが、アメリカの博物館のほとんどは、国家や王侯ではなく、こうした個人のコレクションや資金の寄付によって成り立っている。

1829年に死去したイギリス人の実業家スミスソンの寄付金をもとに、1846年に設立されたスミソニアン・インスティテューションは、1856年国立博物館を開館したが、その収蔵品はフィラデルフィア博覧会で展示された自然史の標本などだった。今日スミソニアンの傘下にはナショナル・ギャラリー、動物園、自然史博物館、航空宇宙博物館、アメリカ美術館、フリアー美術館など主として首都ワシントン周辺にある数多くの博物館があって、天文観測所や多くの科学研究所、舞台芸術施設も属しており、アメリカ独特の巨大な組織を形成している。

収蔵品のないところから始めたアメリカの博物館は、当初から一般に公開され、博物館の教育面を重視することが伝統となっている。

最後に近年の欧米の博物館の動向について、簡単に触れておく。

フランスでは国立美術館の整理が行われて18世紀以前はルーヴル美術館、19世紀はオルセー美術館（1986年開館）、20世紀はポンピドゥー・センター（1977年開館）と収集が分担されるようになり、民族芸術のケ・ブランリ美術館（2006年開館）が新設された。

各国とも博物館運営の上で収益が重視される傾向は強まり、収蔵品の効率的利用や地域との連携を目的に外国や地方に分館を配置する美術館が増加してきた。アメリカのグッゲンハイム美術館は1997年、フランク・ゲイリーの設計でスペインのビルバオに分館を設置、観光客が激増する成功を収め、これ以降有名建築家に特徴的な建築を依頼することは新設博物館に必須の要件と考えられるようになった。

ボストン美術館は名古屋に分館を開設（1999年）、フランスではポンピドゥー・センターがロワール地方のメスに2010年に開館、ルーヴル美術館が北部の小都市ランスに2012年開館を予定（当初は2009年の予定）、中東アブダビにも計画している。イギリスではテート美術館が1988年にリヴァプール、1993年にセント・アイヴスに分館を設置、さらに2000年ロンドンに現代美術のテート・モダンを開設した。しかしこうした分館展開は最近の景気低迷もあって必ずしも計画通り進捗していない。

近年増えた博物館の種類としては現代美術館、デザイン博物館、企業博物館が挙げられる。また欧米だけでなく、中東やアジア、とくに中国で大規模な博物館がつ

第1章　博物館学概論

ぎつぎと生まれていることも最近の潮流である。　　　　　　　　　［末永　航］

【参考文献】
高橋雄造『博物館の歴史』(法政大学出版局、2008年)。
クレイン編著『ミュージアムと記憶』(伊藤博明監訳、ありな書房、2009年)。
ポミアン『コレクション』(吉田城・典子訳、平凡社、1992年)。
フィンドリン『自然の占有』(石井朗・伊藤博明訳、ありな書房、2005年)。
松宮秀治『ミュージアムの思想』(白水社、2003年)。
Macdonald ed. *A Companion to Museum Studies*, Chichester, 2011.

3．日本の博物館の歴史

(1) 近代以前の博物館

　我が国の博物館の歴史を考えると、収集・保管など博物館的機能の初期的役割を果たしたのは、飛鳥・奈良時代の寺院や神社である。『日本書紀』や現存する宝物などから、仏教伝来（538年）以来、仏像・仏画・仏教用法具等が聖徳太子ゆかりの四天王寺、秦寺（現在の広隆寺）、法興寺をはじめ、奈良時代以降には興福寺や唐招提寺等の諸寺院に献納されている。また古くより各地の神社では神宝の奉献等がなされ、祈願や報謝のための武器・武具や工芸品類・絵画等、多岐にわたる宝物類が奉納され保管されてきた。これらのなかには美術品や工芸史の基準作ともされる貴重なものも多く、現在では近世以降に設立された社寺の宝物館・宝物殿等に保管され一般公開されている。しかし、奉納当初においては、宝物は献納による「収集」の機能は見受けられるが、「公開・展示」等がなされていた形跡は確認できていない。

　奈良時代を代表する保存施設としては東大寺正倉院があげられる。正倉とは国家に収められた正税を保管するための蔵のことであり、正倉院は宝庫群を意味する。校倉造りの建築技法には優れた収蔵機能があり、8世紀の天平文化の精華を伝えている。正倉院の宝物は、光明皇后（聖武天皇后）による聖武天皇の遺愛品の献納（756年）に始まり、大仏開眼会（752年）使用の儀式用具、種々の薬類、人びとが大仏に献納した品々など9,000余点、数十万点に及んだともいわれる。正倉院と宝物に関し、「保存・管理」では世界最高水準にあり、加えて宝物類の「分類・調査・研究」においても、由緒に従い整理分類されており、「管理」も787年以降曝涼（虫干し）と開検（点検）がたびたび行われていた。さらに「展示・公開」も一部でなされ、これらから博物館の前身として高く評価することができる。

　奈良時代は朝廷に図書館の機能や博物館の一部機能を備えた図書寮があり、図書や絵画等の公開・貸出等が行われていた。さらに、典薬寮という医学・薬学部門の役所には薬園師の職が設けられており、薬園の運営が行われていた。

35

一方、社寺には奉納された絵馬を掲示し参拝者に展観する、絵殿・絵馬堂・絵馬殿が設けられた。絵馬は生きた馬を神社に献進する行事が次第に形式的な馬形となり、さらに板に馬の絵を描いた絵馬に変化したもので、奈良時代頃にはじまり平安時代にひろまった。室町時代末には大型化と画題の多様化が進み、扁額絵馬として奉納された。京都の北野天満宮、八坂神社、清水寺、香川の金刀比羅宮、広島の厳島神社等の絵馬堂はよく知られていた。物を見せる観点から博物館的機能の一端を有していたと理解できる。

　平安時代には絵画等の作品が住居の内側を飾るようになり、美術品が普通に調度品として用いられた。平安後期から末期には末法思想の流行に伴い、極楽浄土の様子を絵画・彫刻、庭園の造営等により表現しようとする動きが起こった。これらは公開され、人々の間に信仰心を目覚めさせ高める働きをした。また、現存する絵巻物の多くがこの時期に製作されている背景ともなっている。

　鎌倉時代には武家時代の質実剛健の気風から、派手さはないものの実用的な表現が好まれ、住居では書院造りに「床の間」が出現し、新しい室内装飾が発達した。書院は禅僧の書斎のことで、これが武家の住宅に取り入れられた。床の間には、書画・美術工芸品が飾られ、来客の鑑賞に供された。床の間は仏壇を略式化したものと考えられ、床棚は律令時代の兵士の甲冑を納めた場所の名残といわれている。床の間は茶の湯の流行と共に大きく発展した。茶の湯の流行は室町から桃山時代にかけ美術品の収集や保存、制作にも力が注がれることとなり、茶会はそれらを鑑賞する場となった。これは博物館の役割の先駆的要素ともいえよう。また、足利6代将軍義教の同朋衆（どうぼう）である能阿弥（1397～1471）は和漢の書画工芸の目利き（鑑定家）として活躍した。能阿弥・芸阿弥・相阿弥の父祖三代が仕えた義政（8代将軍）の時代には、義満（3代将軍）以来収集された足利将軍家所蔵の宋元画を中心に鑑定の上で分類した目録『君台観左右帳記』が著され、これに添えられた相阿弥の「御飾記」には、付書院や床・棚の座敷飾りが図示されている。限られた空間に道具類を整然と配置する点、博物館での列品配置の展示手法と見ることができる。

　江戸時代には町人の台頭と共に次第に娯楽として「見ること」「見せること」が一般化した。そのはじまりは芝居や見世物の出現、社寺における「開帳」・「縁日」などである。「開帳」（とばり）とは帳を開いて平生拝観できない仏像や宝物などを奉拝させ霊験を崇敬者に伝えることで、鎌倉時代頃よりはじまり、文化・文政年間（1804～1829）以降各地で開催された。宗教目的による行事であったが、社寺の造替・修理のための臨時収入を得る手段ともなった。開帳には「居開帳」と「出開帳」（ぞうたい）があり、法会や曝涼の機会に公開する前者と、他所に持ち出して開催される「出開帳」があり、今日の移動展といえよう。開催場所は江戸・京・大坂が中心で、なかでも江戸は特に多い。また、神社には奉納された宝物類を納める宝庫或いは神庫が設けられ、

神事としての曝涼（虫干し）が年中行事として行われていた。名古屋の熱田神宮では、神事の後、宝物を本殿や宝庫より境内の一隅に搬出し、宝物と台帳の読合（点検）や手入れを行い、崇敬者の一部に奉拝や宝物の写生等を許すなど、博物館における保存と公開がシステム化されていたようである。さらに、一部の学者に対しては宝物の修理を条件に熟覧を許し、調査研究、保存修理の初歩が実施されていた。これは文化財保護思想の前駆的な事象と位置づけられよう。

　薬物や植物の研究を行う「本草学」は中国において独自の発達をとげ、我が国でも分類や観察、薬園経営（植物園の前身）という形で新たな学問の発達を促進した。また、動物学や鉱物学の方面でも、分類や収集・観察などが学問の発展につながり、自然史関係の基礎資料を形成するのに貢献している。このような素地に基づき物産会、本草会、薬品会と称される会合が催された。物産会は単なる見せ物ではなく、主催者である会主が収集した標本や古物などを展示し、知的な情報交換をする場であった。1753（宝暦7）年、本草家村田藍水は江戸で薬品会を開き、1762（宝暦12）年に平賀源内（1729～79）が開いた第5回東都薬品会には、全国から動物・植物・鉱物など約1,300余種が出品された。源内は全国28ヶ所に取次所を設け出品の便宜を図っており、これは博物館が各所より資料を借用して特別展覧会を開催することと類似している。翌年、平賀源内編『物類品隲』が刊行された。各種物産会の出品物から360種を選び、産地、栽培方法等を解説したもので、今日の展覧会目録（カタログ）にも通じるものである。物産会は江戸に限らず名古屋・京都・大坂（阪）など各地で本草学者を中心に開催された。これは自然科学博物館の教育研究・展示活動の先駆的なものと考えられる。また、このような物に対する視線は本草学者を中心に、近江の木内石亭や大坂の木村蒹葭堂のような収集家達も出現させた。石亭は本草家で同時に石の収集家でもあり、同好の人々と奔石社を組織し、相互に資料交換や情報のやりとりをおこなった。収集品中には奇石・珍石以外に勾玉や鍬型石等、考古学上の遺物も含まれており、収集品に関する考察をまとめ『曲玉問答』『雲根誌』等を著した。収集家は大名から町人まで幅広く見られ、松平定信は古書画・古器物・古式道具の実測図・模写図・縮尺図を作成・収集のうえ、内容別に10種類に分類した『集古十種』を1800（寛政12）年に刊行している。これは資料の収集・熟覧・観察・分類・整理、研究成果の公開であり、資料に対する科学的研究の芽生えとして位置づけられる。幕府は1792（寛政4）年、柴野栗山・住吉内記（画工）等に命じ畿内、特に大和・山城を中心に古社寺の宝物調査（中世まで）を実施した。成果は『寺社宝物展閲目録』として刊行されている。

（2）近・現代の博物館

　近代博物館は、幕末から明治初年にかけておこなわれた欧米の博物館視察と万国

博覧会への参加により推進された。1860（万延元）年、日米修好通商条約の批准のため新見豊前守正興を正使とする使節団は、ワシントンでパテント・オフィス（Patento Office）とスミソニアン研究所（Smithonian Institution）を訪問した。1862（文久2）年には竹内保徳を長とする幕府遣欧使節団が欧州6ヵ国を訪れ、各地でそれぞれの国の代表的博物館施設等を見学している。一行はロンドンで大英博物館や第2回ロンドン万国博覧会を見学した。この使節に通訳として随行した福沢諭吉は、帰国後『西洋事情』（初編1866年・外編1868年）を著し、訳語「博物館」を創出した。本書は多くの人々に読まれ、この言葉が定着する基となった。また、博物館とは何か、その種類や教育的意義と必要性が説かれ、博物館や博覧会について広く紹介された。

　明治政府は1870（明治3）年物産局を設置し、翌年5月、「物産会」が東京九段坂上で開催された。5月23日には町田久成、田中芳男により起草された「古器旧物保存ノ布告」が公布された。これは文化財保護を政府が法律化した先駆をなすものである。

　博物館の建設は1871（明治4）年博物局の設置にはじまる。翌5年には、ウイーン万国博覧会（開催は明治6年）出品資料の国内での展覧のため博覧会が開催され大好評をはくした。博覧会終了後、収集された資料（万博出品品、返却物を除く）の一部が、1・6の日（官吏の休日）に一般に公開された。常設展示の始まりである。博物館は1875（明治8）年、内務省（当初、太政官）所管、文部省所管の2つに分離された。当時は「富国強兵」（民族の独立）「殖産興業」（産業の近代化）が政府の急務であり、その推進のための「博覧会」を内務省系博物館が担い、文明開化による「学校教育」の実施を支援するための教育博物館を文部省系博物館が担うこととなった。この2系統の博物館は、その後幾多の変遷の後、東京国立博物館・国立科学博物館として今日に至っている。相前後して全国にも博物館・物産陳列場が設けられたが、博覧会・物産会・博物館の未分化のもので、物産陳列場は1887（明治20）年代以降全国的に一般化した。明治30（1897）年代には産業の改良発展を目的とする施設として変質を遂げた。博物館・博覧会・物産陳列場は相互に関連しながら発達するが、次第に博覧会・物産陳列場が産業の育成を、博物館は学術・芸術・教養に資するという性格が鮮明となるに至った。

　1881（明治14）年農商務省が設置されると、内務省博物局（博物館）は、農商務省博物局となり、殖産興業の博物館から美術館的博物館への方向性が示された。1885（明治18）年宮内省が設置され、博物館は正倉院と共にこの管轄下に入り、1889（明治22）年5月帝国博物館と改称された。同年初代総長九鬼隆一は天産資料を文部省の博物館へ移管し、歴史・美術・美術工芸を主とする現在の東京国立博物館へ発展した。一方文部省は1875（明治8）年に湯島聖堂に改めて博物館を設置し、東

第 1 章　博物館学概論

京博物館と称した。この館には所蔵品がなく標本収集に努め、1877（明治10）年上野公園内に教育博物館を設立した。文部省系博物館もその後、幾度も名称変更しながら現在の国立科学博物館に発展している。

　1882（明治15）年我が国最初の動物園として上野動物園が開園している。以後、京都、大阪、名古屋に教育・研究・育成・娯楽の機能を有した動物園が開園している。小石川植物園は江戸幕府が開いた小石川の薬草園にはじまり、1875（明治8）年文部省の教育博物館附属植物園として開園し、明治10年には東京大学理学部附属博物館として現在に至っている。水族館は1897（明治30）年第2回水産博覧会に開設された神戸の和田水族館といわれ、本格的な館は1903（明治36）年大阪の内国勧業博覧会の時に開館した大浜水族館（堺水族館）である。

　明治後半には靖国神社遊就館（明治15年）、伊勢神宮（神苑会開設）の農業館・同工芸館（後、徴古館　明治27年）、郵便博物館（後、逓信博物館と改称　明治35年）等各地に専門博物館や社寺の博物館がつくられた。1897（明治30）年「古社寺保存法」が制定され、多くの社寺の建造物、宝物が国宝（旧国宝）に指定され、文化財保護思想の普及と海外流出防止が図られた。大正時代の博物館は、デモクラシーの発達と資本主義経済の進展にともない動・植物園や水族館など娯楽型の博物館が多く作られ、また、名所旧跡の観光が増え、大正から昭和にかけ各地に多くの社寺の宝物館建設が続いている。旧家のコレクションを公開する私立の美術館が開館するのもこの時期である。公立博物館で最古のものは、1879（明治12）年に函館市により設立された函館博物館で、郷土博物館的展示がなされ、各地で公立博物館が開館している。明治末年から1910（大正元）年前後は第1次博物館ブームであった。

　1928（昭和3）年、昭和天皇の即位の大礼が挙行された。その事業の一環に博物館振興に関する事項も含まれており、「博物館事業促進会」（昭和5年日本博物館協会と改称）が博物館思想の普及と博物館建設の促進を目的に棚橋源太郎らにより設立された。また、京都には大礼記念京都美術館が設立された。1929（昭和4）年「国宝保存法」が制定され、社寺に限らず個人や地方公共団体の所蔵品も指定の対象となり、展示が義務づけられた。同年文部省内に社会教育局が新設され、社会教育課が博物館を所管するようになった。博物館はその後順調に発展してゆき、昭和5年には海外事情参考室（現、天理大学附属天理参考館）が、その後、鎌倉国宝館、國學院大學考古学資料室、早稲田大学坪内博士記念演劇博物館、大原美術館、永平寺宝物館、明治大学刑事博物館など多くの博物館が開館した。1930（昭和初期）年前後は第2次博物館ブームと呼ばれている。その後、アジア・太平洋戦争（大東亜戦争）が始まり、戦時中、全国の博物館は次々閉館し、多くの貴重な資料が散逸した。1945（昭和20）年8月終戦となり、早くも2年後には200余館の博物館施設中、約86％の博物館が開館したと言われている。いかに人々が文化に対し渇望していた

かが判る。戦後「社会教育法」（昭和24年）、文化財保護法（昭和25年）等、博物館に関係する法律も整備され、1951（昭和26）年12月「博物館法」が公布された。この法律は社会教育法の精神に基づき、博物館の設置・運営に関する必要事項を定めたものである。また、日本博物館協会は翌年2月国際博物館会議（ICOM）に加盟、国際的に復帰し内外共に博物館活動が再開された。1968（昭和43）年、文化財保護委員会と文部省文化局が統合され、博物館を含む文化行政を所管する文化庁が設置され、国が責任を負う文化行政を実施推進する体制が整えられた。

昭和30（1955）年代後半から博物館は飛躍的に増加した。1968（昭和43）年は明治百年にあたり好景気と節目が重なり、この慶節を名目として国立歴史民俗博物館（昭和58年）・北海道開拓記念館（昭和46年）・兵庫県立近代博物館（昭和45年）・群馬県立近代美術館（昭和49年）が建設された。また、これ以前に大学共同利用機関としての性格を持つ国立民族学博物館（昭和52年）が開館している。後に国立歴史民俗博物館も加わった。1970～80年代（昭和45～平成元年）は地方の公立博物館の建設や、各地に特色あるすぐれた私立博物館も陸続として誕生した。このため、1960年代後半から70年代は第3次博物館ブームと位置づけることができる。1980年代後半にも高度経済成長のなか、県・市町立・区立の公立博物館や企業博物館、個人の私立博物館が数多く誕生し、1990年代（平成2～平成11）には2,800余館園を超える博物館が設置された。その後も増加し、文部科学省の『社会教育調査報告』（平成20年度版）によれば、5,775の館園数が記載されている。

2000年代以降、施設のリニューアルや教育普及活動の重視、ボランティアの活用、ワークショップの充実などが図られた。また、ハンズ・オンなど参加体験型の展示や活動が重視されるようになり、ミュージアム・マネージメントの視点を導入した市民に開かれ共に考える博物館が求められるようになった。驚くべきは、2007（平成19）年1月開館の国立新美術館のような、所蔵の資料を持たず借用品による特別展を活動の主体とする博物館が出現したことは、現代における「博物館とは何か」を問い直す特徴的動きである。21世紀初頭の博物館の最大の変革は、博物館の運営上の変革である。国立の博物館が「独立行政法人化」し、公立博物館施設には「指定管理者制度」が導入され、2013（平成25）年から私立の博物館施設に「新公益法人法」が適用され、博物館の運営形態が従来の運営形態から大きく変化したことである。これらの新形態はそれぞれにメリットがある一方、芸術文化の育成や、文化財の保護など博物館の基本的立場を揺るがせかねない問題も多く内包しており、現在も博物館関係者をはじめ反対の意見は多い。また、2008（平成20）年には「博物館法」の一部改正が行われ、資料に電磁的記録を加える。事業に学習成果を活用した教育活動等の提供とその奨励が加えられた。また学芸員・学芸員補の資格や資質向上のための研修の実施。博物館運営に評価等の視点の導入と情報の開示を求める

こと。博物館協議会の委員に家庭教育活動の従事者を加える等、現代の社会状況を踏まえた改正となっている。翌年4月30日には「博物館施行規則」も一部改正され、主に大学における学芸員養成の科目の増加と内容の充実がはかられた。

　このような、我が国における博物館の歴史を踏まえ、博物館施設に対する入館者が何を求めているのか、博物館は入館者に対し何を供給すべきかを検証を通じ明らかにし、博物館の目的を改めて問い直すことが必要ではなかろうか。［岡田芳幸］

【参考文献】
原田佳子「日本の博物館史」（『新しい博物館学』全国大学博物館学講座協議会西日本部会編、芙蓉書房出版、2008年）。
水藤　真「博物館の歴史」（『博物館を考える』山川出版社、1998年）。
中村　浩「博物館の歴史」（『博物館学で何がわかるか』芙蓉書房出版、1999年）。
椎名仙卓「日本の博物館の歴史と現状」（鷹野光行・西源二郎他編『新編博物館概論』同成社、2011年）。

第3節　現代社会と博物館

1．学校教育と博物館

　学校教育は、教え育てることを主眼として、教師が一定期間、生徒が一人の人間として生きていくうえで身につけておくべき知識や技術を教え込む場となっている。学校では学ぶ目的や目標が教科ごとに決められていて、教師はそれを達成するために詰め込み教育をしがちである。加えて、受験競争が厳しい現代社会では、学生は受験に勝ち抜くためには多くの知識を習得し、受験技術を身につけなければならない。

　ところがこの時期は、青少年が自然界のいろいろな造形物を見たり触れたりして新しい発見をして感動をおぼえたり、また私たちの祖先が作り出したさまざまな「もの」を見て、美しいとか素晴らしいと感じる感性を磨き、情操豊かな人となるための人格形成期でもある。人は昔から自然体験や社会体験を通して多くのことを学んできた。自然は厳しいものであり、未知なることも多い。人間の力では到底解決できないと思えるものにも、人は生活体験を通じて考え、行動して、自然との接し方を身につけてきた。また、人は誰かの役に立つことによって喜びや生き甲斐を感じるのであるが、青少年がこうした体験をする機会は非常に少ない。

　文部科学省もこれまでの知識重視の教育がもたらした弊害を十分認識していて、ゆとり教育を掲げて小・中学校の週休2日制を実施したり、小学校では総合学習や地域学習を義務づけたり、中学校では社会体験ができるよう指導している。しかし、幼少の頃から自発的学習をしたことのない生徒に大きな成果を求めるのは無理である。こうした折、博物館の教育普及活動に熱い視線が向けられるようになった。博物館は人類にとってかけがえのない大切な「もの」を収集し、それを調査研究して、社会のあらゆる人たちに対して教育的配慮のもとにその利用に供する機関である。学芸員は来館者がこの「もの」に接して何かを感じたり、新たな発見をしたり、疑問をおぼえたり、そして自ら考える行為を支援する人たちである。

　わが国では学校教育の場で自然に直接接したり、また「もの」に触れて学ぶ機会は非常に少ない。あったとしても、感動したり、触れてみたり、新たに何かを発見したりする対象物ではなく、それらについての知識を高めるために使われている。

第 1 章　博物館学概論

　くり返し述べるが、大切なことは自らの意思で自然に接すること、「もの」に触れることである。未知なるものに出会って驚いたり、感動したり、種々の疑問に遭遇した時、私たちは感性を刺激され、心を踊らせ、疑問に感じたことには今までの経験を活かしながらいろいろと考えをめぐらせる。この行為こそが生涯学習なのである。

　博物館の教育普及活動は、学校と連携・融合することによって一層効果を挙げることができる。学校と博物館の双方が役割を熟知して、常に話し合いの場をもち、連絡を密にして博物館を利用するならば、少年時代に生涯学習の基礎を築くことができる。これまでも学校と博物館はさまざまな形で関わってきたが、生涯教育の基礎を築き、生涯学習のトレーニングを行うという視点が欠けていた。

　学校側は、教育の一環として博物館を利用していた。一方、博物館側は子供の頃から博物館を知ってもらって、成人してからも博物館に足を運んでもらいたい、つまり観客を増やすということが主たる目的であった。幼稚園や小学校が遠足の行き先に博物館を選んだり、小学校や中学校が歴史や美術の学習の一環として博物館を見学していた。その場合の多くは、学校もしくは博物館が作成したワークシートを使って学習するか、あるいは学芸員が「もの」を見せて説明するのを聞いてレポートにまとめるといった方法がとられた。近年、学芸員が「もの」を持参して学校で話をするといった出前授業もよく行われるようになった。こうした努力にもかかわらず、生徒には「もの」を通じて何かを感じ、発見し、いろいろと考えてみるという自発的学習の態度は身についておらず、博物館についても、教えてもらう所と思っている。小・中学校が週休2日制となり、博物館側もその日は小・中学生の入場料を無料にしているところも多く、博物館に行きやすい条件は整っているが、生涯学習の基礎ができていないため効果があがっていないのが現状である。

　こうした現状を少しでも改善しようと取り組んでいる例をいくつか紹介しよう。大阪府の柏原市立歴史資料館は十数年前から、小学校の郷土学習で「大和川のつけ替え」について学ぶ時期に合わせて、毎年「大和川のつけ替え」を企画展として開いている。内容から考えると文献展示が多くなりがちであるが、ジオラマや地図、写真などを増やして生徒が興味を持つよう工夫している。担当教員と学芸員が事前に詳細に打合せをしたうえで見学に訪れていて、生徒が自主学習できるよう心がけている。市内のみならず近郊の小学校とも綿密に連絡をとり見学を受け入れている。

　学校と博物館の連携については、平成19年（2007年）にオープンした島根県立古代出雲歴史博物館は開館以前から積極的に取り組んでいる。学校と博物館の連携を有効に行うために企画作成委員会を立ち上げた。企画作成委員会には15名の小・中・高の教員が加わり、学習指導案や学校側が必要と考える情報を盛り込んで「授業に役立つ古代出雲歴史博物館―活用の手引き」を作り上げた。Ａ４判で168頁に及

ぶこの冊子には学校が博物館を利用する時のノウハウがぎっしり詰まっていて、近郊の学校はこれを活用して授業を進めている。今後、大いなる成果が期待されている。

　最後に、従来の博学連携よりもう一歩踏み込んだ例を紹介しよう。姫路市立美術館が学校と連携事業を始めたのは平成6年（1994年）頃からで、当初は美術館職員と学校の教員の交流により実施する教育事業であった。美術館行事に学校が参加したり、学校行事に美術館職員が関わる「出前授業」などが行われていた。特筆すべきは、さらに発展して美術館と学校が共同プロジェクトを組み展覧会を企画するようになったことである。初めは美術館職員と教職員の共同企画であったが、平成22年（2010年）には高校生学芸員による展覧会が実施されるまでになった。その内容については第7章第6節「博物館教育の現状と課題」のところで少し詳しく説明する。

[大國義一]

「授業に役立つ古代出雲歴史博物館—活用の手引き」

2．生涯学習と博物館

（1）生涯教育機関としての博物館

　戦後、開かれた民主主義教育のため、1947年に教育基本法、1949年に社会教育法、1951年に博物館法ができて社会教育の法整備がなされる。

　「生涯学習」という教育概念は、1965年にパリにあるユネスコの成人教育に関する会議にはじまる。変化の激しい今の社会では学校教育だけではなく、人生を通じて様々な領域での教育が必要という「生涯教育」の概念が提起された。

　1971年に、日本でも社会教育審議会から、急激な社会変化に対応するため、家庭・学校・社会教育の有機的統合による生涯教育の必要性が答申された。社会教育施設の博物館も、日本の未来の産業、文化、生活を創造する学習の場として組み込まれた。1981年に、中央教育審議会から、自己の充実や生活の向上のため、自発的意思にもとづいて、自分にあった手段や方法を選んでおこなう生涯教育が答申された。1984年から3年間におよぶ臨時教育審議会の議論のなかで、生涯教育は生涯学習という表現にかわる。1988年に、文部省は社会教育局にかえて「生涯学習局」を新設し、1990年に、社会教育法に加えて生涯学習振興整備法を制定した。そして、生涯

第1章　博物館学概論

学習を振興する中核施設として、博物館の学校教育との関係重視や教育活動の充実が位置づけられた。

博物館での学校教育との本格的な関わりは、1971年に北海道開拓記念館が体験学習室を開設して、民族資料やおもちゃを使ってハンズオンしたのが最初という。以後、博物館にも子供のための体験学習施設が併設されるようになる。

博物館での教育活動は、展示と展示に関連する教育、展示以外の教育の3つに分かれる。展示以外の教育は1990年代から盛んになる。その背景には博物館側の積極的な取り組みと地域民の学習意欲の高まりがある。

生涯学習としての活動は、講演会、講座、観察会、採集会、見学会、地域の環境調査、実験教室、工作教室、ワークショップ、アウトリーチ活動、研修、研究会、シンポジューム、自由研究相談、友の会活動、ボランティア活動等多様である。日本にくらべて欧米は博物館での教育活動が盛んで、ことに博物館の歴史が新しく、資料の蓄積が少ないアメリカで活発である。日本でも博物館を中核とした生涯学習が今後ますます重要になるため、博物館教育の専門家であるミュージアム・エデュケーターなどの採用が望まれる。

（2）地域社会と博物館の役割

伊藤寿朗は、博物館を目的によって3つに分類した。国立博物館など教養的目的で貴重な資料を見せる中央型、地域の希少価値のある資料を見せる観光型、地域民の課題に博物館の機能を通して応える地域型である。1960年代以降、地域型をめざす大阪市立自然科学博物館（現、大阪市立自然史博物館）や横須賀市博物館（現、横須賀市自然・人文博物館）ができ、地域的課題に取り組みはじめた。1960年代は、日本で高度経済成長が実現し、都市への人口集中と地方の過疎化、公害や環境破壊が深刻化するなど地域社会が大きく変化しはじめた時代だった。

1976年開館の平塚市博物館は地域型のモデルとされ、地域のさまざまな課題を軸に、分野別の研究成果を総合化して新しい価値を発見した。たとえば自然科学と人文・社会科学の学際的研究を「地域」で結びつけた。さらに平塚市博物館は、学芸員と地域民が一体となって博物館を作りあげるという活動面でもリードする。たとえば「漂流物を拾う会」は、地域民が海岸の漂流物を拾って分類し『打ち上げ図鑑』を作った。その成果を特別展「砂浜の発見」として展示に展開した。「相模川を歩く会」は、河口から山中湖までの120キロを歩き、民俗・地質・生物学の調査をして『相模川事典』を出版した。博物館と地域民との協働は、1996年開館の琵琶湖博物館などにもみられ、開館前から地域民と協働で調査・研究をはじめた。滋賀県内の小学生から70歳までの140人をフィールドレポーターとして登録し、ツバメの巣、蛍、案山子（かかし）などの身近な自然や生活文化について報告してもらった。続くデ

ーター集約にも参加してもらい、発見をとおして環境問題への関心を深めてもらった。こうした博物館では、地域民が主体的に楽しみながら学ぶ場所を提供し、学芸員の役割はマネージメントが中心だという。

地域民主導の愛知県新城市の鳳来寺山自然科学博物館は、1950年頃に設立された地域民グループ「東三河の地質と鉱物の会」の活動にはじまる。1963年に、会のメンバーが中心になり、自然の宝庫である鳳来山に博物館を建設した。開館後は、会のメンバーが学術委員として、学芸員に代わって調査・研究や教育普及活動をおこなった。1988年には、博物館活動を活性化するため本格的に友の会の育成に取り組み、1994年には家族会員制を導入し、2003年にはグループ会員制を導入した。そのため約100人の会員が6～9倍に増え、館には大切なサポータやリピータとなり、楽しみなパートナーに発展しつつある。

一部の博物館では、地域民との直接的な関係が強まると、それだけ職員の負担が大きくなると敬遠した時期があった。今は、観光やまちづくりなど博物館への期待が増える一方で、経費や人員の削減により従来の博物館活動が難しくなっている。こうした状況のなかで、地域民と博物館が協働する「対話と連携」は今後ますます重要で、地域型の博物館がリードしてきた、地域民主体の場づくりを継承、発展させるべきであろう。　　　　　　　　　　　　　　　　　　　　　［印南敏秀］

【参考文献】
石森秀三『改訂版博物館概論』（放送大学教育振興会、1999年）。
加藤有次他編『新版博物館学講座10生涯学習と博物館活動』（雄山閣出版、1999年）。
伊藤寿朗『市民のなかの博物館』（吉川弘文館、1993年）。
川添登編『地域博物館への提言』（ぎょうせい、2001年）。

3．文化財保護と博物館

（1）文化財と博物館

文化財保護法には「文化財を保存し、且つ、その活用を図り、もって国民の文化的向上に資するとともに、世界文化の進歩に貢献することを目的とする」とある。文化財には有形文化財・無形文化財・民俗文化財・記念物・文化的景観・伝統的建造物群があり、学術的な価値などで重要文化財や国宝などに選ばれる。

博物館法の「博物館の事業」には「当該博物館の所在地又はその周辺にある文化財保護法の適用を受ける文化財について、解説書又は目録を作成する等一般公衆の当該文化財の利用の便を図ること」とあり、文化財の価値を教育・普及する拠点と位置づける。同時に博物館は文化財を保存し公開する施設で、文化財保護法には条件や規制をもうけたうえで、国立博物館などでの文化財の公開をうながしている。

近年は地域の文化や歴史に対する関心が高まり、次第に優品だけを優先的に評価

する方向が変化しはじめている。それをうけて伝統的建造物群保存地区や民俗技術、文化的景観など、新たな文化財の枠組みが登場した。1975年に制度が発足した伝統的建造物群保存地区は、2010年には86地区と増え続けている。豊田市足助は2011年に伝統的建造物群保存地区となり、本格的な建造物の保存・整備とまちづくりがはじまった。伝統的建造物群保存地区は建造物が古いだけではなく、そこには人が住み、観光で訪れた人々に出会いという貴重な思い出をのこすのである。

　1996年にはじまる文化財登録制度は、急速な開発などで消えゆく近代を中心とした建造物を、活用しながら緩やかに保護しようとする。登録建造物は内装の改修や外装の一部変更は届け出しなくてよいが、修復の補助金は重要文化財にくらべてうすい。2004年から登録制度は建造物以外の有形文化財や有形民俗文化財、記念物でもはじまった。新たな文化財がふえて保護の対象範囲は広がったが、登録建造物についてみると修理技術者や活用について助言できる人材の養成が遅れている。

　近年、文化財制度をさらに充実させて、文化資源による地域の活性化につなげる動きがある。2007年に、「文化審議会文化財分科会企画調査報告書」で提言された「歴史文化基本構想」である。これまでの種別ごとではなく、地域の文化財をより広範で網羅的にとらえてすそ野を広げる。地域の文化財の多様性を総合的に把握していくなかで、新たな価値の発見をめざす。さらに多様な文化財や価値を、行政だけでなく地域民や民間のNPO法人などと連携して継承をはかる。こうした価値の発見や継承活動を通じて地域の魅力が増し、文化財行政とまちづくり行政の協働が可能となる。文化財についての情報をもち、保護と活用を続けてきた博物館は、協働の活動拠点としてますます重要になる。

（2）世界遺産と博物館

　世界遺産（世界の文化遺産および自然遺産の保護に関する条約）は、1972年に第17回ユネスコ（国際連合教育科学文化機関）総会において採択される。世界遺産はその条約のもとで世界遺産リストに登録された、文化遺産（記念工作物・建造物群・遺跡）、自然遺産（鑑賞上・学術上・保存上、顕著な普遍的価値を有している地形・生物・景観などをふくむものや地域）、両方を併せ持つ複合遺産にわかれる。

　2010年6月で、世界遺産は151ヵ国に911件、なかで文化遺産が704件、自然遺産が180件、複合遺産が27件で、文化遺産の半数以上が西ヨーロッパ諸国にある。アフリカは全部で78件、文化遺産が42件、自然遺産が32件、複合遺産が4件と少なく、分布には地域的なかたよりがある。

　無形文化遺産（無形文化遺産の保護に関する条約）が、2003年の第32回ユネスコ総会において採択された。無形文化遺産は、口承による伝統及び表現（無形文化遺産の伝達手段としての言語を含む）、芸能、社会的慣習、儀礼及び祭礼行事、自然

及び万物に関する知識及び慣習、伝統的工芸技術をいう。無形文化遺産は、2008年から3年で18件が登録された。無形の遺産の重要性が認識されたことで、世界遺産の分布の南北格差が正される方向にある。2010年に、フランス料理、地中海料理、メキシコ料理がはじめて食文化の無形文化遺産に登録された。日本でも「日本料理」での登録をめざしている。

　日本が世界遺産条約を批准し加盟締約国になったのは1992年で、133番目と遅かった。批准後は、翌年の「法隆寺地域の仏教建造物」「姫路城」「屋久島」「白神山地」をはじめとして登録が続いている。現在、文化遺産が11件、自然遺産が3件、複合遺産が0件で、1996年に登録された「原爆ドーム」は近代の戦争遺跡として、アウシュビッツ強制収容所と共に平和のシンボル、負の遺産として登録された。

　1992年からは歴史的文書などを「ユネスコ記憶遺産」として登録をはじめた。世界的な記憶遺産の保存とデジタル化による普及を目的としている。日本では2011年に「山本作兵衛コレクション」（山本作兵衛氏の炭鉱の記録画並びに記録文書）がはじめて登録された。2011年には、国宝の『御堂関白記』と「慶長遣欧使節関係資料」が推薦される。

　世界遺産は高い価値を持つ文化・自然遺産だけに、優れた観光資源として保護よりも活用が優先することがある。観光や開発などから保護するため、危機遺産リストに記載することもある。日本でも世界遺産を訪ねる観光客は多いが、世界遺産と周辺の博物館との連携はほとんどない。博物館が入館者数の減少で厳しい現状にあるだけに、世界遺産の保護をはかるためにも、その価値を教育・普及させる役割にもっと重きをおくべきだろう。　　　　　　　　　　　　　　　　　　　[印南敏秀]

【参考文献】
奈良大学文学部世界遺産を考える会編『世界遺産学を学ぶ人のために』（世界思想社、2000年）。
吉田憲司『改定新版博物館概論』（NHK出版、2011年）。

第4節　博物館の現状と課題

1. 博物館の現状と行政改革

　2008年の社会教育調査によると、日本の博物館数は登録博物館・博物館相当施設が1,248、博物館類似施設が4,527だった。館数は一貫して増加しており、ことに近年は類似施設の伸びが大きく、1987年の約3倍になっている。これは公立施設の設置がほぼ一巡して成熟期を迎え、その一方で類似施設など博物館が多様化していることの結果でもある。

　しかし、博物館法の対象となる博物館が全体の5分の1にすぎない事態は望ましいことではなく、新しい博物館の枠組みが必要になってきているのも事実である。2008年の博物館法改正はこの点に触れなかったので、今後できるだけ早い是正が望まれている。

　また博物館の利用者数をみると、2008年度一年間で登録博物館・相当施設が1億2,416万人、類似施設が1億5,570万人でほぼ横ばいで推移している。しかし館の種類別にみると総合博物館、歴史博物館ではやや減少しており、全体でも館数が増えた分だけ1館当たりの入場者は年々減っている。

　さらに近年の景気低迷やそれにともなう税収の落ち込みによって博物館の運営費も削減されており、2003年度の調査では公立博物館の半分以上で資料・作品の購入予算がまったくなく、100万円以下を加えると全体の4分の3にのぼるという厳しい状態にある。

　2001年、行政の効率化を目的とした組織改革として、公的部門の民営化と公務員総数の削減を狙いとした独立行政法人制度が発足し、国立の博物館にはまっさきにこれが適用されることになった。東京・京都・奈良・九州（2005年新設）の国立博物館は「国立博物館」（2007年文化財研究所と合同して「国立文化財機構」と改称。2010年アジア太平洋無形文化遺産研究センターを堺市博物館内に増設）、東京国立近代美術館（フィルムセンターを含む）、京都国立近代美術館、西洋美術館（東京）、国際美術館（大阪）、国立新美術館（東京、2007年新設）は「国立美術館」、科学博物館は「科学博物館」、国立民族学博物館と国立歴史民俗博物館は「大学共同利用法人人間文化研究機構」、現在はそれぞれが4つの法人に所属している。

独立行政法人化によって、各館は比較的自由な運営が可能になったが、収益を重視する必要にも迫られた。日本東洋の古美術を展示してきた京都国立博物館が2003年、人気の高い映画シリーズを対象とした「アート・オブ・スター・ウォーズ展」を開催して議論をよんだが、その後、異分野の展覧会は減少し、おおむねそれぞれの得意な分野で観客サービスを強化しながら集客力のある展覧会を開催している。2009年、東京国立博物館の「国宝阿修羅展」は95万人を動員、この年の一日あたり観客数で世界一といわれた。

　また各分野のナショナル・センターとして、地域の博物館学芸員などの技能向上にも取り組んでおり、科学博物館のように「サイエンスコミュニケーター」という新たな資格を設けたところもある。

　公立博物館については、自治体が出資した財団などに管理委託することが行われていたが、2003年地方自治法が改正され、自治体が民間団体を指定管理者として指定し、管理を代行させることになった。従来公共的団体にしか認められなかった管理が一般の企業やNPO法人にも許され、入館料などを指定管理者の収入とする利用料金制度も利用でき、管理者はより自由な経営ができるようになった。

　しかし数年ごとに管理者を公募する方法では、運営の継続性が危ぶまれるうえに、直接収益につながらない保存や研究が疎かにされるおそれもある。足利市立美術館のように指定管理者制度を導入したが市の直営に戻した館、長野県信濃美術館のように管理者の公募をやめて同じ団体に運営を任せたところもでてきている。

　指定管理者を導入する博物館は増加しているが、2008年の社会教育調査でも公立博物館の26.3％に留まっている。このうち、ほとんどが学芸と管理業務全体を指定管理者に委ねているが、都道府県立の博物館に限ると、導入館の3割が管理部門だけを指定管理者の業務としている。継続的に博物館を運営すべき学芸員は県などの職員として残し、管理部門は企画、管財、展示、旅行、物販などいくつかの企業が集合した企業体、あるいは総合的に運営できる専門会社が担うという形が広がりつつある。

　また指定管理者制度の欠点を補うため、大阪市は公立博物館も地方独立行政法人が運営できるよう、政府に改革特区提案を行った。全国博物館大会（日本博物館協会）もこれを支持する決議をするなど支持も広がったが、国は2009年、指定管理者でも方法を工夫すれば継続性を保つことができるとしてこの提案を認めなかった。大阪市は翌年、市立の博物館を管理する財団を統合、すべての管理を財団法人大阪市博物館協会に一元化することで行政法人にやや近い運営を図っている。

　このほか、2006年には公益法人制度改革法案が成立、2008年から施行されたために、私立博物館でも税制上の優遇を受けるためにはこれまでよりも厳しい条件を満たした新しい公益財団法人になることが求められるようになった。

第1章　博物館学概論

　こうした新しい体制の中では、博物館も計画・実行・評価・改善という循環をできるだけ外部からも見える形で実施する必要がある。2009年改正の博物館法では、博物館は「運営状況について評価を行う」と明記され、2003年に文部科学省が示した「公立博物館の設置及び運営上の望ましい基準」では「各年度の事業の状況について、博物館協議会等の協力を得つつ、自ら点検及び評価を行い、その結果を公表する」とされている。すでに国公立館の3分の2程度が評価を実施しており、外部評価も加えたさらに充実したものが必要とされている。　　　　　［末永　航］

2．期待される博物館

　わが国の博物館園数は、平成22年3月31日現在で4,040館（日本博物館協会調べ）を数える。博物館法に則って分類すると、登録博物館が912館、博物館相当施設が359館、それ以外が2,769館である。これら全ての博物館が設立の趣旨や運営方針を定め、その目標をしっかり達成することがまずは重要である。館設立の趣旨は多様であり、活動のやり方も同じではない。現代のように、生活観や価値観が多様化する社会にあっては、多様な博物館が存在することは望ましいことである。
　しかし一方では、社会は常に変化して行くので、現代の社会のニーズに応えられる博物館や、将来を見通すことのできる博物館も求められている。博物館は現在直面しているさまざまな今日的課題、例えば自然や環境、複合的文化領域、平和と戦争、スポーツと健康・医療といったことを考える場ともなっている。これらの課題を日常生活の視点で捉える場を提供するところとして、博物館が重要な役割を果たすべき時が来ている。
　かつて博物館は博物館資料の収集・保管、そして資料の調査・研究を主たる業務とし、その成果を公開・展示することによって社会還元ができると考えていた。その時の展示は非日常的体験の場を提供することが多く、博物館を訪れる人は観客として捉えられていた。博物館の教育普及活動が活発化するにしたがって、博物館の利用者は次第に主体として捉えられるようになった。博物館は利用者の要望に応え、利用者が積極的に参加できる機会を持つように変化してきている。一時話題となった金沢21世紀美術館や旭山動物園はこうした流れをいち早く実践した博物館であった。
　昭和40年代（1960年代後半）からおよそ30年間にわたって地方自治体は地域社会に密接に結びついた博物館を各地に建設した。明治百年を契機にまず都道府県立の博物館が建てられ、ついで市町村立の博物館建設へと波及していった。日本では高度経済成長が続き、地方は急速に都市化が進んだ。失われていく自然や生活文化財の消失を少しでも防ぐため、また開発に伴う埋蔵文化財の散逸を防ぎ、保管のため

に地域博物館はつくられた。地方の首長が選挙対策の一つとして、ハコモノ行政といわれる、眼に見える文化施設をつくったケースも多く見られた。設立の動機はどうであれ、いま地域博物館の存在価値が見直され、その役割は大きくなりつつある。都市化の進展は働く場と生活の場を分離させ、職業や階層を急激に分化させる一方で、メディアの発達により、生活のパターンは画一化していく。それゆえ地域に対する帰属意識は希薄となってきている。

　平成23年3月11日に起こった東日本大震災の折、東北地方の被災地域で人びとがお互いに助け合い支え合って災害を乗り越えようとする姿を見て、全国民が日本の地域社会が持つ大きな役割を再認識した。地域博物館はその地域固有の自然や文化を知り、地域の個性を伝える場である。日々の生活に追われて自分の住んでいる地域を振り返る時間のない人も、地域の博物館で自分の生きている場を認識できるに違いない。今ほど住民が地域博物館に主体的に関わる状況をつくりだすことの必要性が高まっている時はない。地方財政が疲弊して財政的に問題を抱えているが、地域博物館が本来の姿に立ち戻って、住民が主体と成って地域博物館を発展させることが望ましい。住民主体の活動は生涯教育の推進にも大きく寄与するのである。

　アメリカでは子供博物館の歴史は古い。子供博物館は五感の開発をテーマに、子供たちが自発的にものを見て、触れて、また試してみて理解することを目指して企画展示をしている。そこではわかりやすく、おもしろく体験できる展示が志向されている。また、ある館では科学技術の成果を展示する中で、子供が科学について興味を持つように工夫を凝らしている。日本では児童福祉施設として児童館がつくられることが多いが、近年アメリカ型の教育施設としての性格を持つ児童館がつくられるようになってきた。生涯学習の必要性が高まり、幼児期から博物館体験ができることが望ましい。子供たちが最初に歴史や文化、自然や社会などに出会う体験の場として子供博物館が拡充されることが望まれる。

　従来の博物館の概念を越えて拡張されたのがエコミュージアム（Human Ecology Museum）である。1960年代フランスのジョルジュ・アンリ・リヴェールが中央集権から脱却して地方文化を再認識することを提唱した。エコミュージアムは、コア、サテライト、ディスカバリートレイルで構成される。コアとは、地域の中心となる博物館である。サテライトは、その地域に点在する自然・文化・産業などの遺産、つまり人びとが生活している地域を形成するものが資料である。ディスカバリートレイルとは、発見の小径をいう。この3つの要素を有機的に組織することによってエコミュージアムが成立する。地域に住む住民が地域の遺産の重要性を自覚して自らが主体となって地域の発展につないでいく活動である。こうして築かれたエコミュージアムが観光資源として見直され、他地域から多くの人たちが観光に来れば地域の活性化につながることにもなる。

第 1 章　博物館学概論

　博物館は今まで社会的弱者にあまり配慮をしてこなかった。近年、多くの博物館で車椅子での来館者に対してスロープやエレベーターを設置したり、バリアフリーに改修したりして対応してきている。しかし、展示台が高くて車椅子に座っている人の目線では見づらかったり、照明が眼に入ったりして十分に鑑賞できない場合もある。目の不自由な人のために触れられる展示などの工夫をしている館は非常に少ない。

　社会的弱者といってもその種類は多様である。肢体が不自由な人、視覚障害のある人、聴覚障害のある人、知的障害のある人などさまざまで、博物館はそれぞれの障害に対応しなければならない。今後早急に、博物館を利用する障害者の立場に立った研究が進められ、その研究成果が博物館側で実践される必要がある。

［大國義一］

第2章
博物館経営論

第1節　博物館経営の意義と方法

1．博物館経営の意義

（1）博物館の経営（ミュージアム・マネジメント）の必要性

　一般的に経営とは「人」を動かし、あるいは「人」を配置して一定の成果をあげ、その成果として商品やサーヴィスの向上により、よりよい満足を与え利益をあげることを目的とする営利目的の事業を行うことである。

　一方、博物館の経営は前記視点に対する認識は重要であるが、広範な人々とのコミュニケーションを図り、ネットワークを組みながら、いろいろな人達を動かして博物館自体を活性化させてゆくことであり、基本的には営利を目的とするものではない。このため博物館経営には博物館が社会的存在である点を常に念頭に置くことが重要である。社会的存在とは、社会に対し開かれていること、社会とのコミュニケーションがとられていることである。実際、博物館の場合は、経営という言葉や概念になじまないという傾向は強く、博物館の経営に関しては管理・運営とか、全体を総称するマネージメントの用語が用いられる場合が多い。しかし、近年 NPO 法人に代表される非営利組織の活動も一般化し、行財政改革の流れにより自治体の運営にも経営視点が取り入れられる（NPE ＝ニュー・パブリック・マネジメント等）ようになり、一部、設置や経営理念が開館当初より確立している一部の私立博物館を除けば、非営利組織内における経営あるいはマネジメントの考え方や手法について、一定の理解を示す環境が求められているとも言えよう。

（2）ミュージアム・マネジメントの考え方

　ミュージアム・マネージメントは諸岡博熊氏の定義によれば、次のようになる。

　　社会環境の変化を予測して、博物館の持つ経営資源を組み合わせ、環境に適応し、利用者の満足を創出し、市民生活の豊かさに資することを目的とする科学。

　この定義は、博物館経営のための要素が述べられているとも言えよう。その要素とは創造的営為を経営側から行い、予知しうる流れの方向性を把握する。経営資源を活用しながら市民社会の文化的ニーズの変化の方向性を探り分析し（マーケティングリサーチの手法を用いる）て、時代の変化の流れに乗り、利用者のニーズに答

第2章　博物館経営論

えることで、利用者の共感を得やすくし、併せて満足を創出する。これらの要素を地域住民や市民と共有しながら活用することにより、結果として地域や市民に還元し、文化の向上を図るための一助となり、博物館が地域や市民にとり不可欠な存在となるための在り様を考えることと理解されよう。

（3）市民社会の成熟過程と博物館の役割

　このような変化が求められる背景には市民社会の意識変化が考えられる。環境や資源に配慮した循環型の経済構造や福祉・教育サーヴィスへの比重の高まり等により、市民社会自体に社会的影響力が高まり、生涯学習社会の実現が求められ、NPO法人等の認可が制度化されたのも時代的要望によるものであった。

　ところが、我が国では私立以外の博物館の設置は1951（昭和26）年の博物館法制定以来、主として行政主導で進められ、1980（昭和55）年以降に数多くの公立博物館が設置された。そのため、市民社会の台頭と意識変化に対しては新しい考え方が必要となり、その対応過程に経営やマネジメント視点の導入が求められているのが現状である。

　公立博物館設置の目的は、社会教育施設として機能することであり、このため設置条例等の規定には形式的目的が掲げられるのみで、実態に即した具体的な事柄は記載されず、図書館・公民館等他の社会教育施設との複合化や、美術館では他の芸術分野との一体化を図る文化芸術施設として位置づけられることも多く、また、自然科学分野を有する総合博物館や科学館等では、科学教育の観点から学校との連携が強い傾向にあり、同じ社会教育施設でありながら、それぞれの社会的機能が異なる方向へ発展することとなった。さらに1980年代末には生涯学習社会に向けての立法化がなされ、社会教育の方向性から生涯学習社会の振興を目指すこととなった。

（4）経営とは組織の自立した意志である

　昨今の博物館組織に経営的視点の導入が求められるに至った背景には、博物館施設の設置目的に対する感覚と認識のずれが見受けられる。市民に開放された市民本位の博物館を目指すためにはミッション（使命）が問われているのはこのためである。条例や規定による概念上の目的ではなく、具体的なかたちによる、博物館の存在が市民生活にいかに活用され、またどのようなサーヴィスが提供されるのかが問い直されているのである。これが博物館の経営・運営の議論と直結していることは言をまたないことである。

　このような社会的な要望に応えるため、博物館施設が市民社会における自らの使命を問い直した時、従来からの行政主導による設置手続きに依拠した博物館の存在は、市民にとっては不十分であり、市民参加ないしは市民と協働しながら実施され

ることが望ましく、施設に課せられた課題や特性に応じた専門的な判断を要する場合においても、市民や個々の利用者のニーズに配慮しながら、より利用しやすい施設として機能させなければならない。

　非営利組織にあっては、利潤に代わる目的はサーヴィスの常なる向上と、その結果として得られる利用者の満足であり、経営・運営の目的は満足度の充足にほかならない。今日の博物館施設が直面している問題は、必ずしも利潤をあげることではないが、市民や利用者の満足を得るという目的を達成するためには、経営の視点は不可欠なのである。このため博物館施設は個々に自立した意志を持つことが前提となろう。自立した意志なくしては、使命を達成し市民や利用者の満足を得る、一貫した経営（運営）方針を貫くことは極めて難しいからである。　　　　　　［岡田芳幸］

2. 博物館運営方法の制度的な変化（国立・公立・私立）

　21世紀にはいると、我が国では公共事業における一層の規制緩和が実施され、行政改革の推進とあいまって、あらゆる分野において民間への事業移管と参入が積極的に行われるに至った。これは、米・英等アングロサクソン系の国々において先行導入されていたニュー・パブリック・マネジメントの考え方が紹介されたことに起因している。この考え方は、小さな政府による地方自治の強化、官から民への移行という新手法での行政改革であった。

　これをうけミュージアムの運営制度にも急激な変化がもたらされるに至った。第1には国立・公立館に対する独立行政法人制度、「PFI（Private Finance Initiative）」「指定管理者制度」「市場化テスト」などの導入、第2には公益法人（財団法人）に対する制度改革である。前者は従来国立や公立の博物館施設では直営によるもの、民間や地方公共団体が外郭団体として設立した財団法人に運営を委託する方式が主流であった形態の見直しであり、後者は私立の博物館施設の主流を占める財団法人等の公益法人に対する制度改革である。これら諸改革の実施により博物館運営は、制度的にも大きな影響が生じているのが現状である。新運営制度の導入状況と問題点について「国立」「公立」「私立」に分け、以下に解説する。

（1）国立館—独立行政法人制度

　2001（平成13）年4月より行政改革の一環として独立行政法人化が推進された。独立行政法人とは、国の行政機関のうち企画立案部門以外の分野で、国が直接事業を行う必要がなく、民間に委ねることも適切ではない業務を実施し、省庁から独立した法人のことである。その目的は、公務員数を減らし行政をスリム化することが目的であった。このため、予算は交付金として国より支給されており、国税の軽減

と効率よい予算の使用が求められている。国が直営であった場合、認められなかった収益を収入として計上することが許されたり、単年度予算ではなく、年度を超えて収益を繰り越すこともできる制度としても考えられていた。

設置当初は、①国立科学博物館（単独法人）、②独立行政法人国立博物館（国が設置している博物館。東京国立博物館、京都国立博物館、奈良国立博物館、九州国立博物館〔平成17年10月より〕）、③独立行政法人文化財研究所（文化財保護のための研究を行う研究施設。東京文化財研究所、奈良文化財研究所）、④独立行政法人国立美術館（国が設置している美術館。東京近代美術館、京都近代美術館、西洋美術館、国際美術館〔平成19年1月より〕）であったが、第1期中期計画の見直しにより、②③は統合され2007（平成19）年4月からは「独立行政法人国立文化財機構」となった。

この制度は、3～5年の期間に亘る中期目標が設定されており、その達成度を総務省や主務官庁（多くは文部科学省）の評価委員会により評価検証するもので、短期間での目標達成が要求される。このため、制度導入前より、高階秀爾氏や平山郁夫氏等からは、効率性の追求が文化の衰退につながるとの懸念が声明として出されたが、規制改革・民間開放推進会議等からは反批判も出されている。さらに、事業収益の増加に対しては交付金が減額されるため、国立博物館の常設展示などでは入館料値上げ（平成18年10月）が実施された。入館料値上げは元来常設展の無料が原則の「博物館法」の目的に相違するもので遺憾である。このように、独立行政法人制度は真の意味で国民のためになっているか、今後も慎重に検証していく必要があろう。

（2）公立館—PFI・指定管理者制度

公立館も一連の制度改革の影響を受け、PFI（Private Finance Initiative）、指定管理者制度、市場化テスト等、地方自治法の改正や新立法による新しい制度が導入された。その要因は、不景気からの打開策（バブル経済の崩壊）としての民間ビジネスチャンスの拡大を図る、税収の低下による地方自治団体の予算不足に基づくものであり、民間の行政サーヴィスへの参入すなわち「公」から「民」へのシフトという公共事業の変革が博物館施設にも波及したものである。

PFIとは、民間資金を導入して社会資本整備などの公共サービスを行うことで、1999（平成11）年に「民間資金等の活用による公共施設等の整備等の促進に関する法律」（PFI法）が制定され導入された。神奈川県の新江ノ島水族館等で導入されている。指定管理者制度は、従来の地方自治法では、PFIの事業者は公施設の管理受託者にはなれないとされていたものを、2003（平成15）年「地方自治法」第224条2項の改正により、地方公共団体の指定を受けた「指定管理者」により事

業が行えるようになり、急速に浸透していった。
　この制度も導入前より多くの問題点が指摘されていた。第1には職員の雇用に関わる問題であり、正規職員ではなく非常勤や嘱託職員が増加する懸念や、学芸業務には収蔵資料の熟知や保存環境の確保等、長期的視点は不可欠であるが、指定管理者制度のもとで長期的雇用が確保できるか否か。第2には資料の充実等ミュージアムの使命や設立目的・理念等との確執があげられる。博物館倫理や「博物館法」に基づく使命が達成できるかどうか。また、利益を追求しながら公益性（本来の目的、資料の収集・保存・活用）が維持できるのか。第3には指定管理者としての期間の限定があげられる。法令上の期間制限はないが、通常3〜5年程度の期間が契約期限とされている場合が多い。
　以上のような問題点を抱えながら営利性と公共性の両立に関する充分な議論と根本的な検証は実施されず、総務省指導の聖域なき行政改革の掛け声のもと早急な導入がはかられた。生涯学習施設では、建物等の清掃・維持管理、事務作業や受付業務等は指定管理者制度も機能しうると考えられるが、生涯学習（教育）機関としては、そぐわない面も窺える。このため博物館側からも直営でなければならない理由を明確化し、市民や地域と協働しうる博物館の果たす役割と事業内容を理解してもらうための努力が不可欠となる。運営には効率的観点を導入し、館の質を維持するためには有能な人材（学芸員を含む館員）の確保は不可欠である。現状では多くの自治体で本制度が導入されており、問題点を克服しながら、一定の成果を収めている館（長崎市立博物館等）も見受けられるが、今後は、この制度以外にも地方独立行政法人制度等、公立館の経営方法の多様化も図られる必要があると思われる。

（3）私立館（財団運営の一部公立館を含む）—新公益法人制度

　私立博物館（一部公立館も含まれている）には、財団法人により運営されている博物館施設が多数存在している。財団法人とは民法第34条に基づき民間や地方公共団体により設立された法人で、公益法人と位置づけられている。「博物館法」第2条（博物館の定義）には「私立博物館とは民法第34条の法人（以下略）」と規定している。公益法人の在り方については、明治の民法制定以来、公益法人の認可が行政の裁量で行われたため、近年所轄官庁の天下りの温床となっているとの批判が強く叫ばれるようになり、一定手続きによる準則主義の適用、すなわち法律要件を充当している場合には一定手続きにより主務官庁の許可や認可を必要とせず公益法人を設立することができるようにする。また、課税強化も眼目とされている。
　この新制度は2008（平成20）年12月より導入され、第三者機関「公益認定委員

会」により公益性の有無、組織の透明性が審査され公益性の高い法人（公益社団・財団法人）と公益性の低い法人（一般社団・財団法人）に分けられ、公益法人には従来以上の公益性と運営の透明性が求められ、税制上は固定資産税等についての優遇措置が設けられている。他方一般法人には税制上の軽減税率はなく一般企業と同様の税率が課せられることとなった。このため財団により運営されている博物館では二者択一を迫られ、経営はより厳しい状況にさらされることとなった。この制度は5年間の移行期間が設けられており、2013（平成25）年より完全実施される。
　　　　　　　　　　　　　　　　　　　　　　　　　　　　　［岡田芳幸］

3．ミュージアムマーケティングと博物館評価

（1）ミュージアムマーケティング

　博物館の経営を考える場合、博物館の有する経営資源の組み合わせと活用がこれにあたる。ビジョン（目的意識）、アイデンティティ、マーケティング（市場活動）、アドミニストレーション（業務管理）であり、長期的な組織の在るべき姿を明確に打ち出し、組織の目的に対する課題を重点的に解決する努力を行い、博物館情報を発信し、博物館の個性をいかに見せるかが、市民・地域社会と博物館との最も大きな接点であり、このため具体的作業実施のための課題と目標が設定され、実施計画の樹立により計画が実施（展開）されるのである。これら一連の流れのなかで、具体的作業への分析や計画実施のための検討・分析がマーケティングといえよう。
　マーケティングの活動は、市場分析（マーケティング・リサーチ）と市場創造活動（戦略）に大別される。市場分析は戦略をたてるための基礎的データを提供するものとして重要であり、市場創造活動は、顕在需要を満たし、顕在需要を掘り起こし充足させる活動である。このような、博物館のマーケティングには4つの視点が考慮される必要がある。
　①無形性と不可分性
　博物館の提供するサーヴィスは無形性（展覧会・ワークショップ）で、購入前の体験が困難であること。博物館は施設と不可分の関係（資料に基づく活動）にあり、立地・サテライトの検討が重要な戦略となる。
　②多様な顧客関係と資源獲得の必要性
　利用者は市民・地域住民等とは限られてはおらず、資源配分先は利用者、資源提供先は市民・地域住民というように、顧客が誰かははっきりしていない。また、運営は利用者の入館料のみでは難しく、様々な資金獲得を模索しなけらばならな

いという多者間交換の場である。これはマーケティング活動を行ううえで重要なポイントとなる。
　③情報公開と地域住民からの監視
　生涯学習施設に位置づけられる博物館施設では、公益のための経営が期待されており、事業内容と成果が広く公開されることが要求され、利用者や市民・地域住民等の第三者により経営状況が常にをチェック（博物館評価）されることが必要である。
　④非財務的目標の優位性
　設置目的や使命が地域社会にもたらす社会的利益が大きく評価されるべきにもかかわらず、現実では収益の増大や入館者数の増加が予算等の運営資金獲得の重要要件となされている。収益が最も重要な目標とは決してならないため、博物館を含め非営利組織のマーケティングは「ソーシャル・マーケティング」と呼ばれている。

（2）博物館評価

　2008（平成20）年6月に改正された「博物館法」には、運営状況の評価・改善と運営に関する関係者への情報提供に努めることが明記された（第9条の2項）。また、(財)日本博物館協会は2006（平成18）年3月に「博物館の経営・運営指標（ベンチマーク）づくり報告書」を公表し、博物館の運営改善の道具として、館の状況を点検する際の視点を示した。このような評価は自己（点検）評価といわれるもので、実施主体である各館が実施するアンケート形式のものである。常磐大学大学院作成の『ミュージアム自己点検アンケート』（使命、計画、資料収集・保管、調査研究、展示・普及、情報発信・公開、市民参画）や、静岡県立美術館の評価指標の設定に基づく評価等がある。
　この他に評価には外部評価委員会が行う第三者によるもの（東京都写真美術館、静岡県立美術館他）がある。また、利用者による利用者サーヴィスを評価対象とするもの、ミュージアムランキング等雑誌やインターネットでの評価もあるが、これらの手法は博物館の使命や目的は除外されており、議論は成り立ちにくい。一般的に博物館では自己評価と外部評価の組み合わせにより実施される場合が多い。
　　　　　　　　　　　　　　　　　　　　　　　　　　　　　［岡田芳幸］

【参考文献】
端　信行「博物館経営の意義」（『新しい博物館学』全国大学博物館学講座協議会西日本部会編、芙蓉書房出版、2008年）。
諸岡博熊「ミュージアム・マネジメント」（『博物館経営・情報論』石森秀三編、(財)放送大学教育振興会、2000年）。
井上　敏「博物館経営の方法」（『新しい博物館学』全国大学博物館学講座協議会西日本部会

第2章　博物館経営論

　編、芙蓉書房出版、2008年)。
佐々木亨「博物館経営とマーケティング」(『新しい博物館学』全国大学博物館学講座協議会
　西日本部会編、芙蓉書房出版、2008年)。
大堀　哲「ミュージアム・マネージメントの必要性」(『博物館経営論』大堀哲他編輯、樹村
　房、1999年)。
佐々木亨「博物館経営とその評価」(『新しい博物館学』全国大学博物館学講座協議会西日本
　部会編、芙蓉書房出版、2008年)。

第2節　博物館の制度と組織

1．博物館の法と制度

（1）生涯学習の理念

　本節では、博物館の形態面と活動面における適切な管理・運営について理解し、博物館経営についての基礎的な能力を養う意味から、まず生涯学習社会における博物館がいかなる組織に位置づけられているかを法や制度から整理してみたい。

　2006年、ほぼ60年ぶりに教育基本法（2006年法律第120号）が改正された。この改正ではわが国の生涯学習社会における博物館の位置づけを考える上で、いくつかのポイントを指摘することができる。

　第一に、第3条で「生涯学習の理念」を初めて法で定めたことだ。

> 第3条　国民一人一人が、自己の人格を磨き、豊かな人生を送ることができるよう、その生涯にわたって、あらゆる機会に、あらゆる場所において学習することができ、その成果を適切に生かすことができる社会の実現が図られなければならない。

　この条文からもわかるように、生涯学習は文字どおり「生涯」の様々な発達段階における「あらゆる機会」の学習活動の総称であり、「あらゆる場」ということから興味や関心に基づいた個人の学習活動のみならず、学校及び博物館や図書館等で行われる組織的な学習活動も含まれることになる。

　また、第12条では生涯学習社会の実現に向けて国及び地方公共団体の任務を明示した。

> 第12条　個人の要望や社会の要請にこたえ、社会において行われる教育は、国及び地方公共団体によって奨励されなければならない。
> 2　国及び地方公共団体は、図書館、博物館、公民館その他の社会教育施設の設置、学校の施設の利用、学習機会の提供及び情報の提供その他の適当な方法によって社会教育の振興に努めなければならない。

（2）国及び地方公共団体の任務

　こうした教育基本法の改正に伴い、博物館に関係する社会教育法及び博物館法の

一部改正（2008年法律第59号）も連動して行われた。
　ところで社会教育法（1949年法律第207号）の一部改正箇所を述べる前に、改めて第2条の「社会教育の定義」を確認しておきたい。
　　第2条　この法律で「社会教育」とは、学校教育法（1947年法律第26号）に基づき学校の教育課程として行われる教育活動を除き、主として青少年及び成人に対して行われる組織的な教育活動（体育及びレクリエーションの活動を含む。）をいう。
　さらに、図書館や博物館について第9条で「図書館及び博物館は、社会教育のための機関とする。」と定めている。つまり教育とは学校教育と社会教育から成り立ち、博物館は社会教育を推進する組織的な教育活動の場として位置づけられ、人々が学習する場、そして学習した成果を生かす場として存在することを念頭におく必要がある。
　さて、一部改正箇所に話を戻すと、改正社会教育法の第3条に「国及び地方公共団体の任務」として次のような第2項が追加された。生涯学習に寄与する環境醸成のための事務内容として「学習機会の提供及びその奨励を行うこと」を明示している。
　　第3条　国及び地方公共団体は、この法律及び他の法令の定めるところにより、社会教育の奨励に必要な施設の設置及び運営、集会の開催、資料の作製、頒布その他の方法により、すべての国民があらゆる機会、あらゆる場所を利用して、自ら実際生活に即する文化的教養を高め得るような環境を醸成するように努めなければならない。
　　2　国及び地方公共団体は、前項の任務を行うに当たつては、国民の学習に対する多様な需要を踏まえ、これに適切に対応するために必要な学習の機会の提供及びその奨励を行うことにより、生涯学習の振興に寄与することとなるよう努めるものとする。
　従って博物館においても、国及び地方公共団体は人々がどのような学習ニーズを有しているかを把握し、そのための学習機会の提供や奨励に努めなければならないということである。その責務は博物館の職員である学芸員にも課せられるのである。

（3）博物館運営の評価及び改善

　続いて博物館法（1951年法律第285号）だが、第1条「この法律の目的」で、この法律が社会教育法の精神に基づいていることを定めている。
　　第1条　この法律は、社会教育法（1949年法律第207号）の精神に基き、博物館の設置及び運営に関して必要な事項を定め、その健全な発達を図り、もつて国民の教育、学術及び文化の発展に寄与することを目的とする。

今回の一部改正では、生涯学習の振興に寄与する博物館の運営能力の向上を推進するため評価及び改善並びに人々への情報提供について第9条で明示した。
　　第9条　博物館は、当該博物館の運営状況について評価を行うとともに、その結果に基づき博物館の運営の改善を図るため必要な措置を講ずるよう努めなければならない
　　2　博物館は、当該博物館の事業に関する地域住民その他の関係者の理解を深めるとともに、これらの者との連携及び協力の推進に資するため、当該博物館の運営の状況に関する情報を積極的に提供するよう努めなければならない。
　このように、1947年に制定された教育基本法は「科学技術の進歩」「情報化」「国際化」「少子高齢化」「核家族化」「価値観の多様化」など教育を取り巻く環境の大きな変化に合わせ、「人々が、生涯のいつでも、自由に学習機会を選択して学習することができ、その成果が適切に評価される」ような生涯学習社会の構築をめざし、2006年にほぼ60年ぶりに改正された。それに伴い社会教育法及び博物館法も合わせて一部改正が行われた。その内容は社会教育行政の体制の整備等を図るため、社会教育に関する国及び地方公共団体の任務、教育委員会の事務、博物館の運営等に関する規定を整備するものであった。しかし法と制度が整っても、博物館が動かなければ何も変わらない。「先ず展覧会ですよ。そのための作品研究の時間をください」「教育活動ですか？　私はコミュニケーションは苦手なので……」という向きの学芸員も多いかと思う。しかし、事態は切迫している。
　これまでどうしても「敷居が高い、特別な場」と考えられる傾向にあった博物館を「地域の人々の生涯学習活動を日常的に支える博物館」にしていくためにも、国、地方公共団体、博物館関係者だけに任せるのではなく、来館する人々、博物館の周辺に居住する人々、さらには博物館学を学ぶ皆さんを含め、今後ますます博物館の評価・改善の議論を幅広く重ねていく必要がある。　　　　　　　　　　［緒方　泉］

2．国・地方自治体の博物館行政

(1) 社会教育調査から博物館の現状を知る

　文部科学省は1955年からほぼ3年に一度、社会教育行政の基本事項の調査を行うため、社会教育調査（都道府県、公民館、図書館、博物館などを含む）を実施している。我が国の社会教育に関する最も重要な統計調査である。
　博物館の調査内容は、①名称及び所在地、②博物館の種別、③設置者及び管理者に関する事項、④職員に関する事項、⑤施設・設備に関する事項、⑥事業実績に関する事項、⑦施設の利用状況、⑧ボランティア活動に関する事項、⑨博物館協議会等の設置状況、と9項目に分かれる。

第2章　博物館経営論

　ここでは2008年度に実施した社会教育調査からわが国の博物館行政を概観していきたい。
　全国には博物館が5,775館（館種：総合博物館、科学博物館、歴史博物館、美術博物館、植物園、動物園、水族館、野外博物館及び形態：登録博物館、博物館相当施設、博物館類似施設）あり、前回の2005年度調査より161館増加していた。形態別では博物館（登録博物館・博物館相当施設）が1,248館、博物館類似施設が4,527館ある。館種別で特に注目したいのは歴史博物館（歴史民俗資料館、郷土資料館などを含む）が3,327館で、全体の57.6％を占めている。全国には1,746（2011年8月1日現在）の市町村があるので、国立や県立等の歴史博物館を除いても、じつに1市町村に2館近くの歴史博物館が存在する計算になる。歴史博物館は規模の大小はあるものの、人々にとって地域の歴史文化を網羅的に学べる身近な社会教育施設であり、地域の総合学習センター的機能を有している。

（2）国民一人当たりの利用状況は年1回程度
　2007年度中に博物館と博物館類似施設の入館者数はそれぞれ1億2,416万5,000人と1億5,570万6,000人を数え、社会体育施設4億8,235万1,000人、公民館2億3,661万7,000人、図書館1億7,135万5,000人に次いだ。しかし、国民一人当たりの利用状況をみると、社会体育施設が年3.8回、公民館が1.9回、図書館が1.3回となる。博物館類似施設は1.2回、博物館は1.0回に過ぎない。人々にとって日常的な学習の場になり得ていない博物館及び博物館類似施設に対して、学芸員は真摯にこの数字を受け止め、現状分析を徹底的に行い、適切な方策を考えていかなければならない。また大学における学芸員教育においては、担当教員は将来にわたっての「博物館のよき理解者」を育てるというスタンスで授業に臨むことも忘れてはなるまい。

（3）ボランティアと共創する博物館を目指す
　社会教育施設におけるボランティア登録者数は60万6,000人（うち女性38万人）と過去最高の数字になった。各施設の登録者数をみると、生涯学習センター33.2人、図書館31人、女性教育施設26.3人、博物館23.7人、青少年教育施設20.2人、文化会館15.5人、公民館15.1人、博物館類似施設10.2人である。
　博物館法第3条9では「社会教育における学習の機会を利用して行つた学習の成果を活用して行う教育活動その他の活動の機会を提供し、及びその提供を奨励すること」とし、博物館活動への人々の参画を促している。
　学芸員が人々とともに歩む地域博物館として知られる平塚市博物館は、2008年度に夏季特別展「こだわりの100選」を開催した。考古、民俗、歴史、天文、地質、生物などの専門学芸員が地域の環境、歴史文化に焦点を絞り、地道に調査研究を続

けてきた成果を展覧会に結びつけた。挨拶文には「博物館の大事な役割のひとつは、資料を集め、後世に残すことです。そしてそれを折に触れて眺めることが、展示にあたります。それはちょうど、家の大切な写真アルバムに似ています。よその家のものでは置き換えられません」と記している。

　ボランティア登録制度はできたが「何をしてもらおう？」と悩む学芸員も多い。
　今まさに、博物館行政を推進するためにはボランティアとの共創なくしては始まらない。「よその博物館のものでは置き換えられない」それぞれの博物館の特色ある資料をボランティアと共に調査研究しながら、学芸員が地域の総合学習センターとしての博物館づくりを進めていくことに期待したい。

（4）地方教育費調査にみる公立博物館の財政状況

　文部科学省は、毎年学校教育、社会教育並びに教育行政に係る経費並びに地方教育行政機関の組織等の状況を明らかにし、国・地方自治体を通じた教育諸施策を検討立案する基礎資料を得るために地方教育費調査を実施している。ここでは公立博物館の財政状況を知るため、2008年度の調査結果をみてみたい。
　2008年度に支出した地方教育費（学校教育費、社会教育費、教育行政費、首長部局による生涯学習関連費）総額は16兆2,168億円で、消費的支出（人件費、管理費、教育活動費等）をはじめとする全ての支出項目で減少し、2007年度と比べ3,479億円減少（対前年度伸び率マイナス2.1％）し、12年連続の減少となった。学校教育費（学校とは教育委員会が所管する幼稚園、小学校、中学校、高等学校、専門学校等をいう）は13兆5,570億円（総額の83.6％）で、消費的支出の減少により、平成19年度と比べ2,506億円減少（対前年度伸び率マイナス1.8％）し、7年連続の減少となった。また社会教育費（教育委員会が所管する博物館、図書館をはじめとした社会教育施設に要する経費）は1兆7,109億円（総額の10.6％）で、消費的支出をはじめとする全ての支出項目の減少により、2007年度と比べ923億円減少（対前年度伸び率マイナス5.1％）し、12年連続の減少となった。その内博物館費は1,727億円（社会教育費の10％）で2007年度に比べ409億円減少（対前年度伸び率マイナス2.1％）し、7年連続の減少となった。
　こうした厳しい予算状況は博物館の根幹となる資料収集・保管に関する予算措置をみると端的に分かる。（財）日本博物館協会「平成20年度日本の博物館総合調査報告書」によると、2008年度の資料購入費は「予算なし」が56.6％、「100万円未満」が20.6％で全体の7割強を占めている。資料は博物館活動の基礎になるものである。そこに対して予算が配分されない事態は博物館活動の根幹を揺るがすものである。従って今後もこの傾向が一挙に変わることが見込まれないことから、「購入」以外の「寄贈」「寄託」による資料収集や他館とのネットワークにより今ある資料を有

第2章　博物館経営論

（5）博物館教育活動が人々と博物館をつなぐ

　国・地方公共団体の予算削減、人員削減など厳しい情勢の中で「博物館も冬の時代にある」と言われる。しかし、地域の人々は決して博物館を忘れているわけではない。生涯学習活動の拠点として活用していることは、2008年度の社会教育調査でも伺える。博物館が開催する学級・講座（一定期間にわたって組織的・継続的に行われる学習形態、例えば文化財講座、芸術講座、科学講座など）は、2005年度調査に比べ博物館では16.5％の伸びで20,586件（1件平均16.5人）、博物館類似施設では20.5％の伸びで25,032件（1件平均5.5人）となった。また諸集会（1日の単発的に行われる学習形態で、講演会、シンポジウム、映画会、自然観察会、ワークショップなど）は、2005年度に比べ博物館では18.2％の伸びで13,593件（1件平均107.1人）、博物館類似施設では8.7％の伸びで19,862件（1件平均166.6人）に達した。このように博物館は人々の組織的な学習活動を支える場として機能している。しかし、ここで蓄積された学習をうまく博物館活動へ活用する、つまり「人々の学習成果を生かした博物館活動」までに至っていないことがわかる。

　これからの学芸員に求められる専門性について、2007年6月にまとめられた「新しい博物館制度の在り方について」（これからの博物館の在り方に関する検討協力者会議）では資料の調査研究、保管管理、展示はもちろん「高いコミュニケーション能力を有し教育活動等を展開できる能力」、「住民ニーズの的確な把握と住民参画の促進、これに応える事業等の企画・立案から評価、改善まで、一連の博物館活動を運営管理できる能力」をあげている。つまり、これからの学芸員には博物館と人々をつなぐコーディネーター能力が必要になってくるのである。この資質向上のため、文化庁は2011年度からの新規研修に「ミュージアム・マネージメント研修」及び「ミュージアム・エデュケーター研修」を加えている。　　　　　　［緒方　泉］

3．博物館の運営組織

（1）指定管理者制度と来館者サービス

　近年博物館においても「官から民へ」の流れが及び、指定管理者制度を導入するところが増加している。この制度は地方自治法の一部改正（2003年6月13日公布、同年9月2日施行）により、博物館、図書館、保育園、公園、スポーツ施設など、地方自治体が設置する「公の施設」の管理運営を民間組織やNPOなど「民」の団体に広く委任するものである。

　公立の博物館、博物館類似施設への指定管理者の導入について、2008年度の社会

教育調査をみると、26.3%で平成17年度調査の16.2%よりほぼ10%増加している。この制度は「多様化する住民ニーズに対して、より効果的、効率的に対応するために民間の能力を活用する」ことを目的に創設された。一回の指定管理期間が3年から5年であるため、制度導入から日が浅く、いまだそれを総括するに至っていないが、博物館の展覧会のように地域の文化財を地道に調査研究し、その成果を公開していく仕事の場合、事業評価により管理者が短期間に変更する可能性があり、来館者サービスのために必要不可欠な継続調査による専門性の確保や人材育成、地域密着の面から配慮に欠けた状況を生み出す懸念がある。「平成21年度図書館・博物館等への指定管理者制度導入に関する調査研究報告書」でも「博物館の運営においては、企画を担当する良質な学芸員を確保することが重要である。とりわけ、博物館独自の資料・情報や地域の特性を理解した学芸員の確保、及びそれに基づく良質なサービス提供の継続性の担保が課題である」と指摘している。

（2）専任学芸員数の減少

　ところで、全国の博物館、博物館類似施設には学芸員がどれだけ働いているのだろうか？　今回の社会教育調査では博物館の学芸員が3,990人、2005年度から52館増加していることもあり、当然2005年度の3,827人より163人増加しているが、専任学芸員の割合は84.9%から81.4%に減少している。これは博物館類似施設ではさらに顕著で、専任学芸員の割合が52.4%（2005年度は53.1%）にしか過ぎない。

　指定管理者制度が導入されることにより、専任職員ではなく非常勤職員の割合が高くなったのではないかという心配も生まれる。地域文化を継続的に調査研究していく学芸員の専門性を勘案した場合、身分的に不安定な非常勤学芸員の増加は博物館の人的基盤を脆弱にするもので極めて憂慮すべき状況であろう。しかし、もっと深刻なことは長崎県のように、県内166館のうち72%の館に学芸員が配置されていない（2010年12月、文化環境研究所調査）という実態であり、博物館運営に学芸員の専門性は必要としないのかということを改めて問い直さなければなるまい。

（3）博物館は「コミュニティの機関」である

　経営学者 P.F.ドラッカーは、「クリーブランド美術館＊が世界最高の美術館になったのは、その館長が優れた作品を見つける類まれな目利きだったからでなく、彼が『偶然の人』、たとえば雨をさけてちょっと立ち寄っただけの人々を後援者に変えてしまうことに長けていたからである。彼は、美術館の成果を計る尺度として、『再訪度』という概念を使った。彼の考えたように、この再訪度が高くなるにつれて、常連客の数も増え、美術館は、たんに何かを一時的にしのぐ場所ではなく、まさしくコミュニティの機関となったのである」と記している。今後わが国の博物館

第2章 博物館経営論

でも「再訪度」、つまり「また来よう」という動機づけを確保するための方策を「博物館経営」という視点で議論していかなければならない。そのためにもドラッカーが言うように、博物館とは雨宿りの場という、博物館関係者と来館者相互に交流し学び合えるような「コミュニティの機関」に成長していくことを期待したい。

［緒方　泉］

＊アメリカ・オハイオ州に所在、1913年開館の総合美術館、日本美術コレクションでも有名。

【参考文献】
博物館に関する法令や調査研究書等については文部科学省、文化庁及び日本博物館協会のホームページを参照すること。
「平成21年度図書館・博物館等への指定管理者制度導入に関する調査研究報告書」(株式会社三菱総合研究所、2010年)。
P.F.ドラッカー「非営利組織の経営」(ダイヤモンド社、1991年)。

第3節　博物館施設の運営と管理

1. 博物館の建築と設備

　近代の博物館は、パリのルーヴル美術館のように王侯の所蔵品を城や宮殿で公開したところから始まり、博物館のための建物をつくるようになっても国家や都市の威信を示す文化の「殿堂」として、記念的な意味をもつ豪華な建築が多い。
　近代では重要な建築家の代表作には、たいてい博物館の建築があり、博物館を抜きに近代建築史を書くことはできないほどだが、また博物館にとっても建築はその館のイメージを決定づけることすらある重要な要素となってきた。
　たとえば日本の国指定重要文化財の建築に限っても、博物館はかなりの部分を占める。現存する最古の博物館建築である北海道大学植物園博物館本館（旧札幌博物場）、帝室博物館として建てられた京都・奈良の国立博物館、東京国立博物館本館と表慶館、また国立科学博物館上野本館、国立西洋美術館などは当初から博物館として建てられた。
　そのほか重要文化財を博物館に利用することで保存活用している場合も多い。石川文学館・石川四高記念館（旧第四高等中学校）、東京大学総合博物館小石川分館（旧東京医学校本館）、東京国立近代美術館工芸館（旧近衛師団司令部）、岡崎市郷土館（旧額田郡公会堂・物産陳列所）、新居浜市広瀬歴史記念館（旧広瀬邸）、神奈川県立博物館（旧横浜正金銀行本店）などがその例である。
　最近では、長崎歴史文化博物館（長崎奉行所）、三菱一号館美術館のように一度失われた建物を復元して博物館に利用する場合もある。
　戦後日本の博物館建築の歴史は終戦の年に完成した岩国徴古館（佐藤武夫）に始まる。1950年代は鎌倉の神奈川県立近代美術館（坂倉準三）、広島の平和記念資料館（丹下健三）、60年代は長崎二十六聖人記念館（今井兼次）、東京国立近代美術館（谷口吉郎）、70年代は兵庫県立近代美術館（村野藤吾）、奈良国立博物館新館（吉村順三）、埼玉県立博物館（前川國男）などモダニズム建築の指導的建築家がつぎつぎと博物館建築を手がけたが、70年代には群馬県立近代美術館（磯崎新）、国立民族学博物館（黒川紀章）など次世代の建築家の作品も登場する。
　ポストモダンといわれた80年代以降はさらに多彩な建築が登場する。渋谷区立松

第 2 章　博物館経営論

濤美術館（白井晟一）、釧路市立博物館（毛綱毅曠）、田崎美術館（原広司）、水戸芸術館（磯崎新）、谷村美術館（村野藤吾）などが80年代に現れた。90年代には、八代市立博物館（伊東豊雄）、三重県の「海の博物館」（内藤廣）、ミホ・ミュージアム（I.M.ペイ）、細見美術館（大江匡）などが開館する。21世紀に入ると、長崎県美術館（隈研吾）、金沢21世紀美術館（妹島和世・西沢立衛）、富弘美術館（ヨコミゾマコト）、青森県立美術館（青木淳）、国立新美術館（黒川紀章）、横須賀美術館（山本理顕）、ホキ美術館（山梨知彦）などが注目を集めてきた。

　建築家の名前がブランド化した80年代以降、新設の博物館、ことに美術館では、著名な建築家が設計することが集客の重要な手段と考えられるようになり、こうした斬新な建築がつぎつぎと生まれた。なかでも、姫路文学館、成羽町美術館、大阪府立狭山池博物館など多くの博物館を手がけ、一般にも最もよく知られている安藤忠雄と、資生堂アートハウス、丸亀市猪熊弦一郎現代美術館、東京国立博物館法隆寺宝物館、豊田市美術館など端正な美術館の傑作を生みだし、ニューヨーク近代美術館新館も担当した谷口吉生の果たした役割は大きい。

　また、伊丹潤（韓国済州島の二つの手、水、風、石の美術館）、妹島和世・西沢立衛（ルーヴル美術館ランス別館）、坂茂（ポンピドゥー・センター、メス分館）、遠藤秀平（広州文化展覧センター）など日本の建築家が海外の博物館を設計する例も近年増加している。

　しかし博物館建築の場合、重要な利用者である観覧者が設計段階で参加することがなく、機能面での学芸部門の要望がしばしば反映されずに建物が完成し、自然光の処理や展示壁面の形態など、後に問題となる場合が多いのも事実である。

　博物館建築の備えるべき機能がどのようなものかを次に確認しておこう。

　文部科学省が1998年に改正した「公立博物館の設置及び運営に関する基準」では、博物館は次のような施設を備えるべきだとしている。

　　　　資料の保管：収蔵庫、技術室、作業室、荷解き室、消毒設備、集約収蔵設備
　　　　　　等
　　　　資料の展示：展示室、準備室、視聴覚機器、展示用機器照明設備等
　　　　集会その他の教育活動：集会室、教室、図書室、研究室、会議室、視聴覚機
　　　　　　器、巡回展示用運搬自動車、教育研究用自動車、資料貸出用設備等
　　　　調査及び研究：図書室、研究室、実験室、作業室、実験設備等
　　　　利用者の休憩：休憩室、救護室等
　　　　事務の管理：事務室、宿直室等
　　また動物園、植物園については次のように定めている。
　　　　動物園：動物飼育展示施設、仮収容施設、動物診療施設、検疫施設、調飼用
　　　　　　施設、飼料庫、汚物・汚水・塵芥処理施設等

植物園：圃場、育種室、腊葉（押し葉）庫、病理施設、園内特別植物管理施
　　　設等
　　　水族館：展示水槽、放養及び飼養池、予備水槽、循環装置、治療施設、調飼
　　　用施設等
　建物の延べ面積については、都道府県・政令指定都市の博物館は6,000㎡、政令指定都市以外の市町村の博物館は2,000㎡、動物園は20㎡に平均同時利用者数を掛けた面積が標準とされる。植物園は建物ではなく敷地20万㎡、水族館も敷地4,000㎡が基準である。
　また、利用者の安全を確保するため、防災上及び衛生上必要な設備を備えるとともに、資料を保全するために「耐火、耐震、防虫害、防塵、防音、温度及び湿度の調節、日光の遮断又は調節、通風の調節並びに汚損、破壊及び盗難の防止に必要な設備を備えるように努める」としている。
　さらに青少年、高齢者、障碍者、乳幼児の保護者、外国人等の利用の促進を図るために必要な施設及び設備も必要とされており、いわゆる「バリアフリー化」のための点字ブロック、障碍者用便所、外国語での表示、エレヴェーターや手すりなどの整備も近年進んできている。
　これらは公立博物館に関するもので、小規模な私立博物館などではすべてを満たすことができない場合もあるが、現代の博物館に必要な施設・設備の標準として考えることができる。
　これ以外にも、レストラン、カフェ、ミュージアム・ショップなどが博物館の魅力を高める施設として重視されるようになってきた。これらは一般に開放したロビーなどとともに、入館料を必要としない区域に設置される傾向にある。

　　　　　　　　　　　　　　　　　　　　　　　　　　　　　　　［末永　航］

【参考文献】
並木誠士・中川理『美術館の可能性』（学芸出版社、2006年）。
奥平耕造ほか『図書館・博物館の設計』（新建築学大系30、彰国社、1983年）。
van Uffelen, *Contemporary Museums -Architecture, History, Collections*, n. p.,(Braun), 2011.

2．博物館の管理体制

　近年では博物館の管理部門のほとんどの仕事は外部委託される場合が多いが、それだけに各専門業者の選定や連携に館の側が留意する必要がある。具体的には以下のような管理業務が博物館を支えている。
　まず監視・案内業務がある。展示場の監視員は委託業者から派遣されていることが多いが、ボランティアに依頼している館もあり、琵琶湖博物館の「展示交流員」

のように案内や展示の解説、イベントの司会など直接観客とふれ合いながら交流をめざす職員と位置づけている場合もある。

　また最近では受付、入場券の販売、ショップの運営などを一体的に担う女性を中心とする職員を配置する場合もあり、館の印象を左右する業務であるため、軽視することはできない。

　つぎに施設・機械の運転・点検業務がある。博物館には特殊な施設・機器もあり、非常用の設備を含めて日常の点検が欠かせない。

　情報管理も重要な業務だが、公立博物館の中には予算の関係からインターネットへの対応が不十分なままになっている館が意外に多く、今後の充実が求められている。

　警備業務は貴重な館蔵品の保管を担うが、入館者の多い施設では適切な誘導などにも重い責任がともなう。

　清掃も館の印象を決定する大切な業務だが、不十分であれば思わぬ事故を誘発する場合もある。

　博物館は不特定の観客を集める集客施設であり、さまざまな資料を保存する保管施設であり、またそこに働く人々にとっての職場でもある。

　博物館に関わる危機としては、地震・風水害・火山噴火・雷害、火災、停電などの設備故障・事故、周辺施設・環境の事故、アスベストなどによる健康被害、感染症・食中毒、不審物・不審者・放火・盗難、情報漏洩・風評被害、また日照や害虫・黴あるいは事故などによる資料の破損など多彩なものがあるが、これらから来館者、資料、職員を護るために適切な博物館におけるリスクマネージメント（危機管理）が欠かせない。

　さまざまな事態に備えて設備を整え、マニュアルを作成しておくことがまず必要だが、それら予防措置を説明会・講習会で周知徹底し、さらに実地訓練を定期的に繰り返し実施して、マニュアル自体の改訂も常につづけなければならない。訓練の項目としては、消防・消火、避難・誘導、応急救護、徒歩参集、夜間停電対応、緊急・情報連絡、被災状況確認、資料対応、設備操作、館内放送・点検など多岐にわたる。

　また地域や館の種類などによって博物館ネットワークを組み、また地域のいろいろな団体との連携を深めて、非常事態の時に助け合う体制をつくることも有効である。　　　　　　　　　　　　　　　　　　　　　　　　　　　　［末永　航］

【参考文献】
『博物館における施設管理・リスクマネージメントガイドブック』基礎編・実践編・発展編（文部科学省・三菱総合研究所、2007～09年）。
半澤重信『博物館建築』（鹿島出版会、1991年）。

第4節　博物館と社会連携

1. 博物館の広報活動

　本項では経営論の観点から博物館の広報の内容面について述べる（媒体等の広報の方法面については第6章第3節）。
　広報とはPR（public relations）の訳語であり、さらに直訳的に定義すれば、社会一般との関係の構築ならびにその機能、といったあたりになろう。企業が行う広報を例にとると、目的別に、商品広報といわゆる企業広報とに分けることができる。おおまかに言えば、商品広報とはマーケティング活動の中の財・サービス等、提供する商品の情報提供を指す。企業広報とはその企業体そのものに関する情報開示を指す。企業そのものの知名度の上昇や、企業そのものへの社会からの理解の深化等を目的とする。
　博物館の広報活動に即して整理すればどうなるか。商品広報にあたるものに、利用者確保を第一目的とするもの、例えば展覧会や各種イベントなどの催事情報がある。新聞・テレビ等のパブリシティの形態や駅等の掲示ポスターで見た経験のある人も多いだろう。利用者数の多寡のみをもって博物館事業の評価を行う風潮には疑問を感じるが、利用者数の多寡が博物館事業の評価基準の最大の要素の一つであるのもまた現実である。事業評価云々はともかくとしても、事業成果が人々に還元されないイベントは、予算と時間の無駄遣いであり、それはそれで問題である。博物館事業が公益の達成を目的とするのならば、その成果をなるべく多くの人に還元するためにも、広報を軽視して博物館事業はできない。
　次に、企業広報にあたるもの。催事以外の博物館の事業成果やさまざまな活動の情報に接した経験はないだろうか。例えば博物館の研究成果の発表のニュースがマスメディアでしばしばとりあげられる。マスメディア以外にも、その博物館が発行している目録・紀要・図録等によって研究成果の発表がされている。
　博物館の存在そのもの・存在意義に関する情報提供も重要である。博物館の事業が、ミクロな観点で言えば利用者に、マクロな観点で言えば社会に、どう利益があるのか、を積極的に広報する必要がある。その点でいうと、2008年の博物館法改正で、博物館事業に関する地域住民その他関係者の理解深化のため館の運営状況に関

する積極的な情報提供に努めるべき旨が規定された（第9条2）。とくに公立館であれば、地域住民≒納税者への広報は、上場企業の投資家向け広報に準ずるものとして位置づけられる。地方交付税が交付されている地方自治体が設置する博物館であれば、その活動は全国民の税金によって支えられている、という意識を持つことは容易である。極端な話、（言葉は悪いが）金の出所＝全国民へ情報を提供して説明責任は達成できる。また事業成果を還元することも必要である。例えば研究成果など博物館で生産された情報は、成果の周知等の形で、納税者へ還元すべきである。こういった説明責任を、行政・博物館サイドは負っており、情報公開に積極的な姿勢が求められる（ただし公開に慎重であるべき情報もある。人権侵害の恐れがあるものなど）。

　以上のように利用者増そのものを必ずしも第一義としない広報も、地味ではあるが重要である（企業でも企業広報が近年重要視されているのも同様の文脈である）。また集客を第一義としない情報提供が結果的に集客に繋がることはありうるし、そうありたい。ともかく、展覧会の告知だけが広報ではない。博物館で何をやっているのか、事業・活動の実際を発信し続けることが求められる。

　顧みるに、そもそも博物館がどういうことをしているのかあまり知られていないのもまた事実である。博物館学芸員と聞いて「展示室で座っている人ですよね。ヒマでいいですよね。」と答える人は少なくない、という話がしばしば語られる。学芸員の仕事を世間が知らないのは、情報が伝わっていないからだ。博物館は何をしているのか、その活動の現状を社会に認知してもらうこと、またそのための情報の発信は、博物館の存在意義への認識の深化のためにも必要だろう。首都圏など大都市圏の大規模博物館の展覧会の盛況ぶりが報道される一方で、都市圏如何に関わらず廃館・休館如何が問題になっている博物館もまた多い。博物館を存続させたいと学芸員が思うのであれば、その存在意義を明確に語ることが必要である。

　最後に、広報とは一方的な情報提供ではなく双方向コミュニケーション活動とされる点について触れておく。広義には双方の利益の達成とされるが、狭義－具体的な現象面ではどうか。例えば満足度調査等のアンケートを行っている博物館をしばしば見受ける。その結果や、アンケートで出された要望への館の対応等につき、広報を行うことも求められる。また情報の提供は結果的に新たな情報の獲得にえてしてつながる。卑近な例では、私の学芸員時代、地域史に関する研究成果を報道発表した後、関連する新たな情報を地域住民から得ることがしばしばあった。そういった点でも広報は利用者との関係深化・博物館事業の展開につながる。

　身近なところに博物館の広報は存在する。市町村設置の博物館であれば市町村の広報紙に活動情報が載っているだろう。スマートフォンの普及でウェブサイトの閲覧もさらに容易になった。博物館はどのような広報をしているのか。自分の眼で見

てみよう。　　　　　　　　　　　　　　　　　　　　　　　　　［高木久史］
【参考文献】
佐々木亨「博物館とそれを取り巻く人々・社会」(『新訂博物館経営・情報論』放送大学教育振興会、2008年)。

2．博物館の学習支援

　本項では、学校教育支援以外の学習支援事業について述べる（学校教育支援については第7章第2節1「博学連携」で述べる）。
　2008年の博物館法改正で、博物館の事業の一つとして「社会教育における学習の機会を利用して行った学習の成果を活用して行う教育活動その他の活動の機会を提供し、及びその提供を奨励すること」が規定された（第3条9）。かつて博物館利用と言えば、社会見学による強制的観覧すなわち受動的利用がつとに言われた。一方近年は、利用者の学習意欲の喚起・具体的学習行動の促進等、自発的生涯学習活動における利用を重要視する向きがある。お説ごもっともだが、言説に少々啓蒙的な感がある。利用者の知的好奇心が充足されればまずは成功では、と思う。
　博物館が生涯学習の場であるとして、さまざまな主体による学習活動への貢献、ならびに利用者満足の充足が求められる。とはいえ学習主体の目的・内容・実施時間等は多様である。ではその多様性に博物館はどう対応するか、博物館はいかに効果的に支援ができるか、他の機関でなく博物館だからこそできる学習支援はなにか、等の問題を考えなければならない。
　では博物館特有の機能は何か。まずは資料の存在・展示という方法にあろう。資料を活用（保存との両立に配慮した上で）した支援活動や文字情報以外の提供、そこに研究成果の還元を組み込み、さらには娯楽性を担保する、といったところが、学芸員の腕の見せ所である。
　具体的な学習支援プログラムの実践例には様々なものがある。まずは展示そのものが学習のための情報をまさに提供している。ギャラリートークや参加・体験系展示は、従来型の静的展示の鑑賞をこえる学習の場を利用者に提供する。文字媒体であればリーフレット・ワークシート・ガイドブック等の紙ベースのものやウェブサイト等デジタルベースでの情報提供もある。その他教育事業では講演・シンポジウム、講座・教室・研修会・ワークショップ・体験学習プログラム、コンサート・民俗芸能の上演等、様々な形の実践がある。それぞれの具体的な内容には本書別項でも言及があるものもある（第7章第3節）。
　利用者ニーズの多様性への対応を求める博物館学的言説がある。とはいえ全ての利用者のニーズへの完全な対応は現実的に不可能である。だとしてその博物館を利用するのはどういう主体なのかを明確に認識することがまずは必要だろう。想定さ

れる利用者に提供するにふさわしい、かつ人員・予算等その博物館の有する資源で提供可能な学習支援プログラムは何か、という発想の方が現実的だろう。

　さて博物館の学習支援活動のうち近年重視されているのがレファレンスサービスすなわち利用者からの照会への対応である。具体的には資料同定・鑑定、学習相談（古文書判読等）対応や個別学習の支援、質問窓口の設置、その他個別質問への対応、などがある。対応方法も、直接対面によるものや、近年であればＥメール等ネット環境を活用するものもある（博物館によってはウェブサイトにレファレンス対応ページを設けている）。こういった双方向コミュニケーションができるのは、学芸員がいるからこそである（単に音声ガイドを貸し出して終わり、といった単方向的情報提供ではない）。卑近な例では、私が勤務した博物館は非常に小規模だったが、その分、利用者からの照会にこまめに対応できた。

　アウトリーチ（ここでは館外活動一般を指す）もまた近年重視されている（第7章第3節4）。見学会など館内講座の延長のような事業のほか、移動博物館・出前講座や市民主体の館外活動への協力など、資料・人を派遣する形での学習支援活動の様々な試みがある。要するに、館内のみならず館外においても様々な実践がある。

　博物館そのもの・利用方法に関する学習支援というメタな部分に関する活動もある。バックヤードツアー等が具体例として挙げられる。学芸員による講座も、単に展示や研究活動の還元だけでなく、（守秘義務等に抵触しない範囲で）日常業務の話をもっと組み込んでもよいのでは、と思う（大学の博物館学の講義で学生が食いついてくるのは、えてして学芸員時代の苦労話だったりする）。これら活動を通じて効果的活用方法を周知することもまた、利用者・博物館双方にとって有益である。メタな点と言えば、博物館には学習支援機能がある、ということを社会一般に知ってもらうことがそもそも必要かもしれない。

　今後の課題であるが、ミュージアムティーチャ・博物館教育専門職の設置を主張する向きがある。教育事業担当の学芸員を配置する博物館が増えてきたようだが、必ずしも専従ではなく、また全ての博物館ではない現状からすれば、先の提案は現実的には難しい。学芸員が学習支援事業を行いやすい現場管理がまずは求められる。

　学習支援等は知的所有権の使用にあたるのだから対価をとるべしという意見もある。私は、公益達成という観点からすれば、知識の提供を惜しむ必要はないと考える。逆に言えば、大学の聴講料並の費用負担無しに大学の授業並の情報を得ることができる、博物館ってすごい施設だ、という意識転換があってもよい、と思う。

　学習支援をはじめ教育普及にかかるさまざまな活動につき、経験・情報の共有ならびに理論化がなされないまま個別的に実践が蓄積される現状を嘆く博物館学的言説がある。とはいえ、さまざまな実践が現場でまさに今なされているのもまた現実であり、大学の博物館学研究者が知らない実践はいくらでもある。様々な学習支援

事業に参加し、現場を見よう。博物館学とは、博物館の現場で何をすべきかを考える学だと、私は思う。全ては現場から始まる。　　　　　　　　　　［高木久史］

3．博物館のネットワーク活動

　ある博物館と外部組織との協力というと、例えば他館の展覧会のために資料を貸与する、といったどちらかというと単方向的な協力活動がある。一方、博物館が外部の組織・個人とネットワークを形成して行う相互協力活動（連携活動－自館だけでは困難な活動等にかかる資源等の相互利用・共有）にもさまざまな種類がある。以下羅列的に述べる。
　博物館と他の博物館との連携。巡回展など展覧会の共催や共同研究など事業の共催・協働はしばしば見られる。外国の博物館や関係諸機関との連携もあるが、事業として国際交流を行うような館は相対的に大規模なところだろう。
　博物館以外の教育・研究機関等関係機関との連携。図書館・公民館・文書館とは、研究・展示・教育普及等の様々な事業で連携が行われている。学校との連携については第7章第2節1を参照されたい。大学との連携では、教育面では博物館実習受け入れや、研究面では資料の調査研究等が主であった（参考として、博物館との連携に限定されないが、神戸大学大学院人文学研究科地域連携センターの事業）。一方近年は学生による展覧会企画・実施の試み（これは研究・教育双方の性格を持つ）や、学習プログラムの開発や博物館経営そのものに関する共同研究の模索もある。また利用面での連携も進んでいる。例えばメンバーシップ制度等と呼ばれているものがある。例えば私が勤務する大学は「公益財団法人ひろしま美術館キャンパスメンバーズ」制度に入会しており、学生・職員は学生証・職員証の提示によりひろしま美術館の常設展・特別展を無料で観覧できる。
　各教育委員会との連携では、事業の後援等のほか、文化財保護行政での協働がある（第1章第3節3）。いわゆる連携とは若干異なるが、博物館と文化財保護担当部局との人事交流や人員の兼任という形で現象する場合もよく見られる。
　企業との連携。かつてバブル華やかなりしころはメセナ・協賛などといった、企業の社会貢献活動としての博物館事業への支援がよく見られた。また新聞社等マスメディアによる展覧会の主催（資金提供・広報への協力等）は現在もよく見かける。この方法による事業に対しては、博物館の自主性を損ねる等の点で批判もある（相応の規模の館でないとマスメディア主催の展覧会は不可能だから、声がかかるだけマシという考え方もあるが）。資金提供とまでいかなくとも、マスメディアに展覧会の名義後援を依頼し、パブリシティの形での広報の協力を求めることはよくある。観光業者と連携した博物館を組み込んだ旅行プランの策定も近年よく見られる。

第2章　博物館経営論

　市民一般との連携。近年重視されているのが地域連携活動である（第1章第3節2も参照）。2008年の博物館法改正で、博物館事業に関する地域住民の理解の深化と地域住民の連携・協力の推進に関する文言が盛り込まれた（第9条2）。博物館資料・情報を活用したまちづくり・地域活性化への貢献は、とくに地方自治体設置博物館（とくに市町村立博物館）にとっては、納税者への事業成果還元という観点からも、積極的に取り組むべき課題である。例えば観光開発への寄与がある。人口減少社会において、交流人口の確保が各自治体の課題としてしばしば挙げられる。観光施設としての地域活性化への貢献も博物館に期待されることは、一般的にも想定できることであろう。

　地域に所在する文化財（美術工芸品や建造物・伝統的建造物群等）を活用したまちづくり事業でも、その前提となる調査研究において博物館は貢献できる（文化財保護事業とも関連する）。地域に密着した研究事業とその結果生産された情報の公開、その結果としての地域住民の地域に対する認識の深化、またそのことによる新たな情報の博物館への提供、その情報の資料調査や展示事業へのフィードバック、というサイクルは、各地の博物館ですでになされている。まちづくりが博物館の唯一無二の事業目的ではないが、例えば地方自治体設置博物館であれば、まちづくりへの寄与を無視することは今後できないだろう。関連して、近年注目されているものにエコミュージアムがある（第1章第4節2）。エコミュージアムとは一般に人文・自然環境全てを含め地域すべてを博物館と認識する活動であり、博物館にはそれらに関する情報ハブとしての機能が期待されている。博物館情報論でよく語られるところだが、情報ハブとしての機能を、地域連携の観点ならびにアーカイブの国策的推進にも関連させて重要視する向きもある。

　事業運営そのものへの市民参画の試みもまたなされている。従来、市民活動における博物館利用といえば、活動の場の提供の文脈が主であった。一方近年では単発イベントの運営にとどまらず、市民による展示企画（市民学芸員と称されることもある）や住民参加による運営システムの導入（指定管理者制度の導入に伴うNPOによる運営等）など、地域住民と博物館との協働・共同活用の実践もある。

　地域連携の具体例については、歴史学と博物館のありかたを考える会編集・発行の雑誌『歴史学と博物館』（2005年～）に、歴史系博物館の数々の活動が紹介されている（博学連携の事例も多く話題に含む）。ぜひ参照されたい。歴史系博物館は地方自治体設置のものが多く、研究活動等で地域との連携が必須であることもあり、地域連携に関する課題意識は一般に強い。

　思いつくままいろいろ述べたが、そもそも、他館の学芸員をはじめどれだけの人脈を築けるか－個人ネットワークの存在如何が学芸員の円滑な業務遂行を左右する。博物館と外部組織との連携といっても、動くのは人である。ありがちなオチで恐縮

だが、いかに人と連携できるかが、学芸員に求められる。　　　　　　　　　［高木久史］

4．博物館のホスピタリティ・サービス

　ホスピタリティとは一般に「もてなし」と訳される、相手の立場にたっての思いやりからくる心遣い・行動を指す。宿泊・旅行業等接客業で語られることが多い語である。現象面では、適切な態度・表情・言葉遣い、スマイルとアイコンタクト、清潔・上品・ひかえめなみだしなみ、清掃の徹底、等の必要が語られる。本項では人的接遇サービス一般の文脈で語る。

　近年、博物館事業に関しホスピタリティの必要性が語られるようになった。なぜか。博物館は事実上観光施設としての側面を持つ点で、ホスピタリティ産業の一部を構成しているから、という回答があろう。また博物館は公益を目的として社会へ奉仕すべき機関だから、利用者満足の充足・利用者サービスの向上が課題として挙げられ、その対応の一環としてホスピタリティの充実が求められる、という博物館学の正統的回答もあろう。博物館は堅苦しい・敷居が高いというイメージがあった（展示資料に触れるな、といった行動制限的規定が博物館には多いこともその要因の一つだろう）との博物館学的言説が、博物館のホスピタリティの必要性が喧伝されるようになった前提にあろう。さらに言えば、かつてホスピタリティの欠如を糾弾される立場だった官公庁が、ホスピタリティの充実を近年自らアピールしている。そのためホスピタリティという語が、逆にお役所言葉になりつつある観がある。とはいえ主張は悪くない。もてなそう、ということだ。

　ホスピタリティ論では顧客満足から「個客満足」への発展の必要性を語る言説がある。利用者一人一人固有の満足をはかるべきである、という主張である。利用しやすい環境を担保するためバリアフリー対応やユニバーサルデザインの導入等のハード整備が進んでいる（本章第3節）。とはいえハードを整備すればそれで終わり、それ以上何もしなくともよい、というわけではない。ややもすれば、館設置自治体の議員や利用者からの予想されるクレームに対し、「当館はバリアフリー新法に対応しているので責任は十分に果たしている」という言い訳作りを第一義としてハード整備をするきらいはないか。身体障がい者のニーズも多様である。利用環境に関する全てのニーズにハードだけで対応することは予算や空間等の制限上不可能である。ハード整備は必要条件であって十分条件ではない。ハードによる対応に限界があるならば人的対応－博物館のスタッフの臨機応変の対応が必要となる。

　バリアフリー対応という点に関して、多言語サービスがある。一般には展示キャプションやリーフレットによる対応が行われているが、学芸員など館スタッフによる直接対応が理想である。研究分野によっては日本語以外の言語の習得が必須であ

ろうから、その種の学芸員にとってはさほど難しい要求ではない。そうでなくとも展示の概要を最低でも英語で語れるぐらいにはなりたい（学芸員時代、私は片言ではあったが英語による展示案内を行っていた）。

　接遇業務を委託された業者の社員やボランティア等に利用者接遇を依存する館もままある。しかし学芸員にその機能がなくて良いわけではない。また接遇するスタッフによって対応が異なったり、対応が遅ければ、利用者は不満を抱く。利用者満足のためその館でとるべき人的対応に関する共通認識を、学芸員をはじめパート・ボランティア等を含めた館スタッフ全員が持つ必要がある。

　ホスピタリティの結果は口コミで伝わる。「博物館に行った思い出」という題目で学生にアンケートをとると、えてして「学芸員が展示室にたまたま出ていて、解説をしてもらって感激した」「ショップの店員さんの笑顔が素敵だった」という回答がある。そういった積み重ねがその館に対するイメージを形成する。

　ホスピタリティに関連する概念として、アメニティという言葉がある。心地よさ、快適さ、またそのための設備・環境、と訳される。その博物館は利用者にとって快適だろうか。室内環境等ハード面もさることながら、人的対応もまたアメニティに対する利用者評価を左右する。その検証・評価・フィードバックが求められる。

　話は戻って、一昔前の博物館学の本を読むと、ホスピタリティに対する学芸員の消極性を糾弾する向きがある。一方、わざわざ利用者に不親切に応対しようと思っている学芸員はいない、との主張もある。後者に共感する。私の知る限りの学芸員は利用者に丁寧な対応をしている。なぜか。思いつく理由に、心血を注いだ展示等コンテンツを楽しんでほしいと思っているから、というのがある（少なくとも私はそう考えていた）。サービス精神がさほど旺盛でない学芸員は少なからずいるかもしれないが、人と接するのが大嫌いという学芸員はあまりいないはずだ（そういう人は、そもそも学芸員として業務を遂行できないだろう）。

　「対話と価値創造」等のたいそうな言葉で博物館経営を語る博物館学的言説がある。これまたお説ごもっともだが、その実現のために現場のスタッフがなすべきことは何か。目の前の利用者を満足させることである。利用者満足なしに対話や価値創造はありえない。そのための第一歩として、ホスピタリティある態度が求められる。ホスピタリティは博物館事業の必要条件であって十分条件ではないが、ともかく利用者満足のためには必須の要素だろう。だとして、博物館事業の他の側面でもしばしば語られる結論であるが、ホスピタリティの要素を含め、博物館経営なるもの、結局はマンパワーである。

　　　　　　　　　　　　　　　　　　　　　　　　　　　［高木久史］

【参考文献】
水藤真『博物館を考える』Ⅲ（山川出版社、2003年）。

第5節　博物館経営の実際／課題

1．博物館経営の実際

（1）博物館から生まれた文化施設の経済効果
　文化施設の経済効果に着目し、研究の端緒を開いたのは国立民族学博物館（以下民博）の初代館長をつとめた梅棹忠夫である。梅棹は、文化はカネにならない、持ち出し一方でカネばかり食うという人々への反論として、文化活動自体が一つの経済活動にもなっていることを明らかにしようとした。いうなれば文化が地域経済に与える活力を数量的に解明しようという試みであった。関係方面からは極めて冒険的な試みであり、梅棹の目論見は失敗に終わるのではないかと危惧されたものの、この研究は「国立民族学博物館をモデルにした文化施設の経済効果」として、昭和55年3月に総合開発研究機構が大阪のシンクタンク会社エー・エー・ピーに委託する形でスタートした。

（2）経済効果の測定
　経済効果を測定するに当たり、以下の目的が設定された。
　①民博の建設、運営費支出と来館者の消費行動が大阪府内の生産、消費経済にどのように寄与したかを明らかにする。
　②民博という文化施設の運営がどのように消費者の文化的満足度をもたらしたか、経済的価値に置き換えて明らかにする。
　①では大阪府経済の産業連関分析表を用いて、民博の建設と運営に要した総費用を一般道路や公園、住宅建設に投資した場合の経済波及効果と比較する手法を採った。②は昭和55年6月から7月にかけて来館者などへ行ったアンケート調査をもとに、入館料評価、印象評価、文化施設への税負担意思による経済評価額を算出し、民博の建設及び運営コストと比較した。産業連関分析とは、ある産業に対して需要を発生させると直接的な効果だけでなく間接的に別の産業の需要も派生する、この直接的効果と間接的効果の両方を合計してはかるという方法である。
　分析の結果、①については民博の建設と運営投資が大阪府経済に及ぼす効果は総体として住宅や道路などの公共投資プロジェクトと何ら見劣りしない規模の生産を

第 2 章　博物館経営論

誘発し、雇用創出効果をもつという結果が出た。さらに近畿地方を単位とした産業連関表で計算すると、道路よりも少し高い数値が出たという。住宅や道路と比較しても遜色なしという結果からは、文化施設の経済効果は思いのほか高いということができよう。しかし、これは民博というわが国を代表する博物館をモデルにした結果であり、一般的な公立博物館には当てはまらないかもしれない。とはいえ、少なくとも持ち出しだけでなく、規模に応じた経済効果を与えていると考えることはできよう。

　次に②について印象評価からみていこう。アンケート調査の設問は「民博を観て、その内容はどの程度の値打ちだと思いますか。もっとも近いもの1つに○をつけて下さい」であり、選択肢は、①喫茶店へ行ってコーヒーを飲むくらい（300円くらい）、②文庫本を1冊買うくらい（400円くらい）、③映画を見るくらい（1,200円くらい）、④観劇や音楽会へ行くくらい（3,000円くらい）、⑤一泊旅行をするくらい（10,000円くらい）であった。そして回答比率にしたがって加重平均をすると、印象評価の平均値は3,274円という数字が出た。

　入館料評価の設問は「民博を観て、その内容を考えた場合、入館料はどの程度支払う値打ちがあると思われますか？　現行の入場料は大人200円ですが、それを基準にお答え下さい」である。選択肢は、①100円くらい、②200円くらい、③300円くらい、④500円くらい、⑤1,000円くらい、⑥2,000円くらい、⑦5,000円くらい、⑧10,000円くらいの8つである。同様に加重平均すると、入館料評価の平均値は605.4円となった。

　税負担については「御存知のように国立民族学博物館は国民の税金によってまかなわれています。いま仮に国立民族学博物館がまだ建設されておらず、これから新しく建設されるとした場合、あなたのご家族全体では、どの程度の税負担ならその建設に賛成ですか。税負担の単位を1口千円と考えてお答え下さい」という設問を準備した。選択肢は、①負担したくない、②1口、③2口、④3口、⑤4口、⑥5口、⑦10口、⑧20口、⑨30口、⑩50口、⑪100口、⑫それ以上（　口）の12通りである。税負担意思のアンケート調査は来館者と非来館者の双方で実施しており、加重平均は来館者3,248円、非来館者2,818.5円であった。来館者のほうがいくぶん高額の税負担意思をもっていたことからも、利用後の満足度は高かったことが分かる。

　「国立民族学博物館をモデルにした文化施設の経済効果」の研究におけるアンケート項目はほかにもあり、入館料評価、印象評価、文化施設への税負担意思についてもより詳細な分析を行っているが、ここでは世間一般で考えられている以上に文化施設の経済効果はある、ということを理解しておきたい。

（3）だれにでもできる経済効果の測定

　産業連関分析は様々な資料が必要であり、経済学を専門に学んでいなければ理解すら困難であろう。歴史系の学芸員であれば数式を見ただけで拒絶反応を起こすに違いない。アンケート調査にしたところで、厳密にやろうと思えば分析にかなりの時間と労力を要する。おそらく展示や普及活動の合間にできる仕事ではないだろう。しかし、博物館がおかれている昨今の状況を考えると、やはり何らかの手を打つ必要がある。

　博物館の事業に市民が参加することで、当然のことながら様々な消費活動が派生する。もっとも分かりやすいのは交通費である。参加者がどのような交通手段を用いて博物館に来ているか。公共交通機関やタクシーを利用する人、マイカーやバイクでやってくる人もいるだろう。あるいは自転車、徒歩といった人もいる。公共交通機関等であれば運賃が明確に分かる。マイカーやバイクであってもガソリンを消費するし、駐車料金も必要になるだろう。また、帰りがけにどこかで食事をしたり、外出したついでにショッピングを楽しむかもしれない。こうしたことは博物館が事業を行っているからこそ起きるのである。そして民博の印象評価のように、事業の値打ちを喫茶店でコーヒーを飲むくらい、文庫本を1冊買うくらいというように置き換え、そこに平均的な値段を設定しておけば当該事業の価値が数値化できる。

　このような内容を盛り込んだアンケート調査を教育普及活動等の折に実施してはどうだろう。博物館に許されている教育普及活動1回あたりの事業費は微々たるものである。間接的効果を含め費用対効果を考えるとそれなりの経済効果は生まれているであろうし、1回あたりの参加者もそれほど多くないことから、分析にさほどの時間と労力はかからない。学芸員にとっては円単位で数値が出るから、自身が担当した事業内容を向上させる上で励みにもなるだろう。ただし、こうした数値は他の学芸員が担当した事業との比較や学芸員の査定に用いられるべきでなく、あくまで担当学芸員個人の意欲向上のために利用すべきである。

　博物館では展覧会等の折にアンケート調査を行っているが、内容は20年前、30年前とほとんど変わることがない。長期的な動向を把握するという観点ではそれは当然のことであろう。しかし、もう少し工夫があってもよいのではないか。観覧料や展観内容について、「高い、やや高い、適当、まあまあ安い、安い」「満足、まあ満足、普通、やや不満、不満」といった選択肢では利用者側も慣れてしまっていて、あまり考えることなく回答するのではないだろうか。たとえば観覧料については金額を提示する、展観内容の満足度は他の娯楽消費に要する費用と置き換えたものを準備する。こうした選択肢を加えることで博物館体験の価値を具体的に捉えることも可能となる。

　いまかりに1時間程度の時間つぶしが必要になったとしよう。その場合、喫茶店

に入るよりも博物館へ行く方が豊かで充実した時間を過ごせることは言うまでもない。1時間はざっと博物館を見学するのに適当な長さであろうし、入館料を支払ったとしてもコーヒー1杯分の値段とさほど変わらない。しかも冷暖房が完備されていて、飲料水の自動販売機や休憩用のソファがあれば申し分ない環境といえる。このように考えると博物館はとてもリーズナブルな場所であり、こうしたイメージで博物館利用を捉えてもらうことも必要であるのかもしれない。

梅棹の研究は文化経済学の発端につながり、斯学では文化施設の経済効果研究が盛んに行われている。博物館界では滋賀県立琵琶湖博物館の『施策としての博物館の実践的評価—琵琶湖博物館の経済的・文化的・社会的効果の研究—』はあるものの十分に活かされているとは言い難い。人も予算も少ない博物館で同様の研究を行うことは困難であるにせよ、博物館は文化活動だけでなく、経済活動にも少なからず貢献していることを積極的にアピールすべきではないだろうか。　　［岩﨑竹彦］

【参考文献】
梅棹忠夫監修『文化経済学事始め—文化施設の経済効果と自治体の施設づくり—』（学陽書房、1983年）。
梅棹忠夫編『博物館と情報』（中公新書、1983年）。

２．博物館経営の課題

（１）「フルセット主義」による博物館建設

文部科学省は3年ごとに社会教育調査を行っており、平成20年度調査の対象となった博物館及び博物館類似施設は5,775館（登録・相当1,248館、類似4,527館）であった。社会教育調査が博物館類似施設を調査対象に含めた昭和62年度は2,311館（登録・相当737館、類似1,574館）だったから、21年間で3,464館の増加、およそ2.5倍になったことがわかる。それ以前の昭和50年代から60年代にかけての増加も著しく、背景には地方公共団体による「フルセット主義」の影響の大きかったことが指摘されている。

地方公共団体の「フルセット主義」はマスコミなどからハコもの行政と揶揄され、利用率や費用対効果の低い場合は税金の無駄遣いと指摘を受けるなど厳しい批判にさらされている。とくに博物館は他の文化施設と比較しても建設費とその後の維持管理費用がかさみ、集客力も乏しいことから槍玉にあげられることも少なくない。

博物館が維持管理に相当の費用を要することは資料の保存管理上やむを得ない事柄であり、本来は利用率と切り離して考えられるべきである。利用者数も館種や個々の博物館の規模、立地条件等を踏まえ、妥当な数値が示された上で議論されるべきであろう。交通の便が悪い郊外に建設し、学芸員は1人か2人、しかも特別展や企画展にさける費用はほとんどない、このような状況であれば利用者を増やせとい

うのはどだい無理な話と言わざるを得ない。

（２）地域密着型の運営に取り組む近年の博物館

　とはいえ、公立博物館も過去においては公立ゆえの経営の甘さに加えて、市民のニーズへの対応や地域との連携を深める努力が不足していたことも否めない。ただ、『日本の博物館総合調査研究報告書』（財団法人日本博物館協会編、平成21年3月）によると、自館の問題点として「市民のニーズに応えられていない」（平成9年52.4％、同16年43.1％、同20年40.4％）、「地域との関係が希薄である」（平成9年45.9％、同16年39.5％、同20年35.3％）と回答した館の割合が平成9年から同20年までの11年間で10ポイント以上も減少しており、そこからは市民のニーズに対応した地域密着型の運営に取り組んでいるさまがうかがえる。また、文部科学省科学技術政策研究所第2調査研究グループが平成17年度に日本科学館めぐりのウェブサイトに登録されている623館の科学系博物館（このサイトには科学博物館だけではなく、総合博物館、美術館、歴史博物館なども登録している）を対象として行ったアンケート調査（「地域における博物館・科学館における取り組みに関する調査」）の報告書『科学館・博物館の特色ある取組みに関する調査―大人の興味や地元意識に訴える展示及びプログラム―』（平成19年7月）によると、回答館（368館）の66.3％にあたる館がなんらかの「地域の特色を活かした展示・プログラムがある」と回答していた。しかも、そうした展示・プログラムは増加傾向にあると回答した館の割合が、減少傾向にあるとした館の割合よりも上回っていた。そして地域の特色を活かした展示では「地域の自然・動物・植物・昆虫・鉱物など」を題材・テーマとしたものが59.1％、「地域の歴史・遺産・街の移り変わり」が12.7％、「地域の産業・科学技術・道具・農業・伝統工芸」が11.0％、「地域のシンボル・地域固有の文化」が4.2％、「地域の科学・地図など」が2.5％、「生活に使用されている科学技術」が2.1％であった。地域の特色を活かしたプログラムでは「地域の自然・動物・植物・昆虫・鉱物など」を題材・テーマとしたものが65.7％、「地域の産業・科学技術・道具・農業・伝統工芸」が11.6％、「地域の歴史・遺産・街の移り変わり」が6.4％、「星・天体」が4.7％、「生活に使用されている科学技術/最先端の科学技術」が4.1％であった。展示・プログラムとも「地域の自然・動物・植物・昆虫・鉱物など」を題材・テーマとしたものが圧倒的に多いが、これは調査対象が科学博物館主体であったことによるのであろう。この調査結果においても博物館は地域密着型のさまざまな展示・プログラムを提供していることがわかる。

　地域博物館にとって地域の特色を活かした展示・教育プログラムを提供することは活動の基本にすえられるべきものであり、継続することで博物館は着実に地域社会へ根を張っていく。たとえ目に見える形での成果は上がっていなくとも、長期的

第2章　博物館経営論

な視点に立てば博物館振興の根幹を成す方策であるに違いない。しかしながら、それだけでは市民が納得できる形で博物館の存在意義を示すことは難しいのかもしれない。いまは博物館が地域社会に存在する意義をより明確に示す活動、あるいは工夫が求められているのであろう。

（3）個性の乏しい公立の歴史博物館が整理対象に

　日本の博物館（類似含む）を設置者別にみると公立館の割合が7割を超え、館種別では歴史博物館が6割近くを占めている。平成の市町村合併で統合や閉館の対象となったのはこれら公立の歴史博物館であった。隣接地域だけに展示内容が似ていて、館ごとに特色の見られないことが整理の理由とされたようだ。

　たしかに日本の博物館は個性に乏しい。理由は準備段階で学芸員を配置せず、必要な調査も行わず、おまけに基本理念や展示コンセプトを業者に丸投げするという、設置者の博物館に対する認識不足に求められよう。その結果として個性の乏しい平均的な博物館が大量に生み出されたのである。ただし、自然・文化環境を共通にしていれば似るのは当然であり、隣接地域であればなおのことであろう。とくにかつて農村だった小都市の歴史博物館は、開発によって発掘された考古資料や高度経済成長期以前の民俗資料が展示の中心とならざるを得ない。民俗資料は生活道具や生業用具など暮らしに基づくものであり、生活基盤が同じなら多少広域であっても顕著な差異は認められない。そのため同じような資料の展示になることもある程度はいたしかたない。行政の整理理由がそこにあったなら、それもまた認識不足だったといえよう。民俗資料は同種のものが多数存在することに意義があり、それらを比較することで国民生活の推移が明らかとなる。文化は同質性と異質性の両面から分析されねばならない。その際、同質性の理解から見えてくる異質性もあろう。博物館資料には美術工芸資料など一品主義に基づく価値を有するものばかりでなく、だれもが当たり前のように使っていたいわば普遍性に価値が認められるものもある。今後はこうした観点から展示に工夫をこらし、同種のものが多数存在することの意義を伝えていくことも求められよう。

　ところで、平成20年度の社会教育調査によれば、博物館資料総数は1億6,301万4,038点（登録・相当：6,385万7219点、類似：9,915万6,819点）にも及ぶ。その中には理念なき収集によって収蔵されたものもたくさん存在するだろうが、行政の積極的な博物館建設が資料収集を促し、資料の増加につながったことは疑いない。博物館の構成要素は「物（資料）、人（組織、職員）、場（施設、設備）」であるとされる。どのような形であったにせよ、「フルセット主義」が地方の小都市や山間部の町村にまで「物」と「場」を提供し、わずかであろうが「人（学芸員）」の配置にも貢献した。そのことがなければ世間でガラクタのような印象を持たれている民具

の大半は粗大ごみとして捨てられていたかもしれない（平成20年度の社会教育調査によると、民俗資料の総数は672万7,597点。内訳は登録・相当が251万4,571点、類似が421万2,936点である）。博物館運営にとって資料の保存と活用は極めて重要な課題であり、組織や行政の枠を超えた対応がこれからの博物館に求められる事柄であるに違いない。

（4）現代的課題と博物館

　今日の博物館は社会的な出来事を展観活動で扱うことはほとんど見られない。そのことは『学習機会提供を中心とする広域的な学習サービス網の充実について―新たな連携・協力システムの構築を目指して―』（平成6年9月20日、生涯学習審議会社会教育分科審議会施設部会報告）においても「社会教育施設等の事業の現状を見ると、現代的課題（略）にかかる学習の機会が少ない」と指摘されており、対応策として『地域における生涯学習機会の充実方策について』（平成8年4月24日、生涯学習審議会答申）では「現代的課題に対する学習機会の充実」を生涯学習振興方策の一つに取り上げてもいる。

　大正期には棚橋源太郎が東京教育博物館で「通俗天覧会」を開催したことが知られており、大正5年から10年にかけて実施した10本の展覧会（「虎列垃病予防通俗展覧会」「大戦と科学展覧会」「食物衛生経済展覧会」「天然痘予防展覧会」「廃物利用展覧会」「家事科学展覧会」「災害防止展覧会」「生活改善展覧会」「『時』展覧会」「鉱物文明展覧会」）の入館者総数はおよそ86万8,600人だった。棚橋の「通俗展覧会」には否定的な見解もあるとはいえ、社会的な事象を博物館が取り扱った最初の特別展覧会であり、多くの人々に利用され大成功をおさめたことは事実である。そして生活に密着した身近な出来事を扱った展覧会であったがゆえに、博物館の必要性を訴えることができたのであり、結果として博物館振興に繋がった点は大いに評価されるべきであろう。

　現代社会に目を向けると解決しなければならない課題が山積している。高齢者の認知症対策もその一つであり、回想法という心理療法が認知症の予防や進行の遅延に効果があると考えられている。回想法は各自が過去を振り返り、懐かしい思い出を語ることを基本とする。その際、民具や古写真などを利用すると高齢者の豊かな回想につながり、民俗資料などを収蔵している博物館と福祉施設との連携が進んでいる。

　こうした連携は、生涯学習の振興のための施策の推進体制等の整備に関する法律（平成2年6月法律第71号）の第2条「国及び地方公共団体は、この法律に規定する生涯学習の振興のための施策を実施するに当たっては、（略）社会福祉等に関し生涯学習に資するための別に講じられる施策と相まって、効果的にこれを行うよう努

めるものとする」の理念とも適っている。博物館は教育、認知症対策は医療や福祉といった縦割り行政的な考え方を捨て、現代社会が避けて通ることのできない、しかも生活に密着した身近な問題と対峙する博物館の姿勢を示すことから、博物館が地域社会に存在する意義をより明確に示すことができるのではないだろうか。

第3章 博物館資料論

第1節　博物館資料とは何か

はじめに

　博物館は、資料がなければ成り立たないことは言うまでもない。博物館において資料は、一般的に展示という形で公開され、人々にその価値が共有されてゆく。博物館の目的はここにあると言ってよい。学芸員はこの目的のために、博物館における資料に関する様々な考え方を学び、またそれぞれの現場で応用的に活用していかなければならない。

　本節では博物館資料の特徴や実態について述べ、以下第2節で収集と分類・整理の理念と方法、第3節で博物館での調査研究の意義や内容、第4節では基本になる資料の扱い方、第5節では資料の保存や修復、第6節では資料から得られた情報の発信のあり方、第7節では資料の再評価に関わる問題と新しい活用例が述べられている。このように博物館資料について学ぶべきことは多様であり、保存論・情報論や展示論とも関わる内容を含んでいるが、ここではそれらが資料の視点から論じられている。

1．博物館資料の条件

　博物館資料は、自然界に存在するすべてのモノ、人間の作り出したすべてのモノが博物館資料となる可能性をもち、それらの中から、各博物館がその設置目的に沿って収集したものであると定義されることがある。このように収集された上でさらに、博物館の蔵される資料がただちに博物館資料と呼称されるものではなく、当該資料にたいして整理・調査・研究という情報引き出し手段が講じられてはじめて博物館資料となり得るものであるとも言われる。

　このような博物館資料に対する考えは認められるが、ここに加えるべきは、展示されるという条件が加えられよう。上記したように博物館は展示によりその使命を果たす機関だから、資料と展示の関係は密接である。展示されない資料も存在するが、それらは何らかの形で展示を支えるものと位置づけられよう。

　因みに博物館資料が「モノ」で総称されることは学術的に認められているが、各分野で独特の呼称がある。「モノ」の他に、人文系では「文化財」「資料」「史料」、

美術・工芸の分野では「作品」「品」「宝物」などと呼ばれることがある。これらの用語自体に、博物館資料の多様性が現れている。さらにこれらは同意語であることを超えて、資料そのものに対する異なる特別な感情を含んでいる。ゆえに、現場で使用する場合には尊重されなくてはならないと思う。例えば、仏像に「モノ」「資料」は使わないし、土器の破片を「作品」とは言わない。

2．資料の諸相

　『博物館法』第3条1項には「実物、標本、模写、文献、図表、写真、フィルム、レコード等の博物館資料を収集し、保管し、及び展示すること。」とし、『公立博物館の設置及び運営に関する基準』第6条1項および4項には、実物又は現象に関する資料を一次資料とし、一次資料に関する図書、文献、調査資料その他必要な資料を二次資料というとして、一次・二次資料ともに収集し、保管することを規定している。
　『博物館法』の条文は、博物館資料はすべてのモノが対象となり得ることに対応して、実物をはじめとして様々なジャンルに及んで列記され、さらに最後に「等」を付している。博物館の種類や目的だけ、博物館資料はあり得ることになるし、博物館の扱う資料の範囲が拡大し続けることにもなるだろう。
　一次・二次資料の分類に関しては研究者の間で相違もあるが、それは第2節で述べられるので、ここでは資料論であまり触れられない寄託資料について言及しておこう。これまで述べた博物館資料は、館蔵品を念頭においている。寄託資料とは、館蔵品ではなく他の所有者から預かっている資料のことをいう。特に国公立博物館を中心に、程度の差はあるものの展示品には寄託資料が含まれ、寄託資料がないと展示が貧弱になる場合もある。
　寄託資料は館蔵品と同様に保全に努めなければならない。そして保全を全うする上で、所蔵者との十分な意思疎通が必要である。例えば、他博物館の特別展などに寄託品を出陳しようとする計画がある場合、寄託されている博物館は、寄託品の保存状態等によって所蔵者の意向にかかわらず出陳を承諾しないことがある。また寄託資料が売買に関わるものである場合には、その価格に影響を与えることがあるのも注意を要する。
　館蔵品が学芸員の個人的な判断のみで収集されないように、寄託資料も所有者との協議を踏まえた上で、館外の有識者を含む会議等よって受入れを決定することが望ましい。

おわりに

　最後に、日本博物館協会が「博物館の所有する資料は人類共有の財産であり、そ

の資料を探求して次世代に伝えていくことが博物館の社会的責務である」（日本博物館協会『博物館の望ましい姿』平成15年3月）とする定義に触れておこう。ここに博物館資料を人類共有の財産とするのは魅力的であるが、これは博物館資料の価値を説明し広く受け入れられて、はじめて共有の財産になることは自明であろう。ゆえに学芸員は、展示・研究を通じてこれまで明らかにされてきた価値を確認・継承し、あるいは新たな価値を見出して、それを広めていかなくてはならない。この活動を通じて、博物館資料はただしく次世代に継承されよう。　　　　　［井上一稔］

【参考文献】
加藤有次・椎名仙卓編『博物館ハンドブック』（雄山閣出版、1998年）。
有元修一編『博物館資料論』（樹村房、1999年）。他

第 3 章　博物館資料論

第2節　博物館資料の収集・整理・

1．収集の理念と方法（人文系）

（1）収集の理念

　「博物館資料をもたない博物館に、将来はない」といわれる。博物館の理念にもとづいた博物館活動を持続するには、活動の原動力となる博物館資料が必要である。そして理念にもとづく収集方針を決定して、博物館資料を持続的に収集する必要がある。理念にもとづいて博物館資料を持続的に収集して、優れたコレクションを作るのである。
　京都府立丹後郷土資料館では、丹後地方の藤織りや裂き織りなどの用具とその製品を「丹後の紡織用具及び製品」として国の重要有形民俗文化財の指定にこぎつけた。平成22年の指定まで、博物館と学芸員、地域民が一体となり、約30年にわたって調査研究を持続し、計画的に収集した成果といえる。その間、紡織習俗についての総合調査を実施したほか、展示や体験教室などにより教育普及活動もしてきた。優れたコレクションは博物館の顔であり、コレクションを軸とした今後の多彩な活動が期待されている。
　計画的なコレクション作りとは反対に、地域博物館には地域民から歴史や文化を物語る資料の寄贈の申しこみがある。博物館資料とするには、収集から整理、調査研究によって学術的・教育的価値をあきらかにし、どう活用するかを決めるまで専門的知識と労力が必要である。計画的なコレクションとは違い、すぐに成果は期待できないが無理してでも収集すべきだろう。たとえば「ローカルエリアにおける博物館活動のあり方」には、「当館のように、郷土文化が集約され、また発信される拠点となる施設においては、地元から寄贈される資料のひとつひとつが唯一無二の貴重な情報源です。そのため資料を受け入れる一連の作業が、地域の調査研究の現場となるのです」とあり、収集が博物館と地域を結ぶ調査研究の起点になっているとある。
　これまで博物館や行政サイドでは、自分たちのできる範囲内で収集を考えてきた。これからは広く地域民にたいして、自己教育力を高め地域文化を創造するチャンスだと働きかけてはどうだろうか。計画的なコレクションが博物館の骨格だとすれば、

後者は博物館活動の多様性をうみだし、支持者の裾野をひろげることにつながるはずである。

　学芸員は収集から展示までを主導し、学問的価値を発見し、所有者と交渉して文書のやり取りをおこなう。旧所有者とは資料整理後の資料目録の送付、展示の案内や図録の送付など関係を持続する必要がある。地域民との密接なつきいあいが、地域社会との結びつきを深め、さらなる収集や調査研究に発展する。学芸員には専門的知識とあわせ、地域民から信頼される人間性も求められる。

　学芸員がまとまった仕事をするには少なくとも10年は必要だといわれていた。現在は学芸員の人員が削減され、短期間の雇用が増えている。日本の博物館の将来を考えたとき、効率性を追うのではなく、理念にもとづく計画的なコレクション作りと幅広い収集、地域民との関係強化といった長期的な収集活動がのぞましい。

（2）収集の方法

　博物館資料の収集は人文系と自然系で性格が大きくことなる。以下では人文系資料（広義の歴史資料）の、考古資料、民俗資料、文献資料、美術資料などの収集についてのべる。

　歴史資料は資料をうみだした歴史的背景、伝来の経緯、所在した地域など、多様な要因に囲まれて存在し、地域と切り離してとらえられない。古くは中央の博物館や大学の研究機関に地域の歴史資料が流出しがちだったが、近年は現地保存の考えが定着して地域の博物館で保存されるようになった。

　また、歴史資料は、他の同種や異種の資料と関連した資料群として存在することが多い。文献資料は伝来してきた旧家の多様な資料と、考古資料は遺跡や遺構、一緒に出土した他資料と、有形民俗資料（民具）は他の地域や家の民具などと深い関わりをもって存在している。つまり博物館の歴史資料は、それを取り巻く歴史的背景、資料をうみだした地域の状況、生活の実態などの情報を記録し、総合的に研究を進めることではじめて学術資料としての博物館資料になるのである。

　民具では、資料収集とあわせフィールド調査がことに重要となる。以前山口県周防大島で国の重要有形民俗文化財に指定された「久賀の諸職用具」に関連して石工調査をしたことがある。久賀で石積みの棚田が発達したのは、石工が多いからだと思っていた。ところが棚田を歩くと石積み用具が棚田横の作業小屋のどこにでも置いてあった。久賀では棚田の石積みや修理の多くは玄人の石工ではなく、棚田を所有者する農家が行っていた。農民の半玄人の石工技術が、棚田の維持と玄人石工の人材を支えていたのである。さらに民具がどこに、どのような状態で置いてあるかを生態学的に記録することで、民具の機能だけでなく、家族の行動パターンや家や地域の癖まで理解できるのである。

第3章　博物館資料論

図表10　収集のシステム

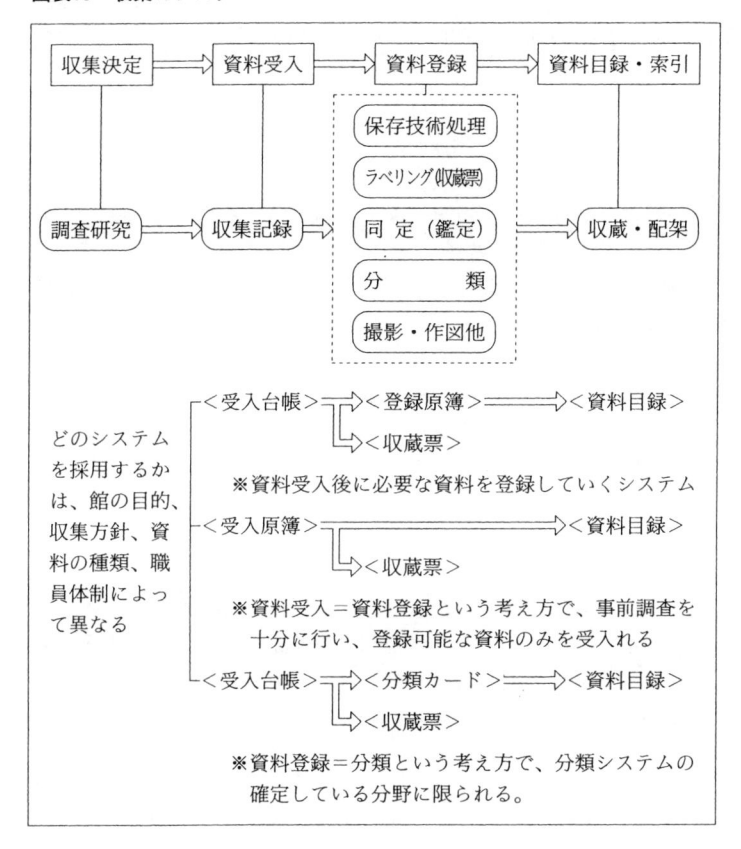

```
収集決定 → 資料受入 → 資料登録 → 資料目録・索引
                      ┌─────────────┐
                      │ 保存技術処理 │
                      │ ラベリング(収蔵票) │
調査研究 → 収集記録 →  │ 同定(鑑定) │ → 収蔵・配架
                      │ 分　類 │
                      │ 撮影・作図他 │
                      └─────────────┘
```

どのシステムを採用するかは、館の目的、収集方針、資料の種類、職員体制によって異なる

　<受入台帳> ⇒ <登録原簿> ⇒ <資料目録>
　　　　　　 ↳ <収蔵票>

※資料受入後に必要な資料を登録していくシステム

　<受入原簿> ⇒ <資料目録>
　　　　　　 ↳ <収蔵票>

※資料受入＝資料登録という考え方で、事前調査を十分に行い、登録可能な資料のみを受入れる

　<受入台帳> ⇒ <分類カード> ⇒ <資料目録>
　　　　　　 ↳ <収蔵票>

※資料登録＝分類という考え方で、分類システムの確定している分野に限られる。

収集のシステム（伊藤寿朗『市民のなかの博物館』より）

　事前調査から収集までの経緯は、収集記録としてまとめておく必要がある。収集記録があれば後で所蔵者との間で問題がおきても、いつ、どこで、だれが、どのような方法で集めたかがわかれば対処できる。

　事前調査で収集が決まった資料は、所有者と相談して収集方針を決め、所定の手続をへて収集する（図参照）。博物館の収集区分は、採集（採取）、発掘、購入、寄贈、寄託、交換、借入、製作などがある。型取り模型などの資料製作は、他の収集と手順は違うが博物館における博物館資料の収集の一方法として位置付けられる。

　博物館資料には、以上のような収集資料のほかに、保存のため持ち込まれる保管資料もある。保管資料は、調査研究や展示において制限をうけるが、所有者の理解を得ることができれば博物館資料として活用できる。　　　　　　［印南敏秀］

【参考文献】
伊藤寿朗『市民のなかの博物館』(吉川弘文館、1993年)。
四国ミュージアム研究会編『博物館が好きっ』(教育出版センター、2007年)。
加藤有次・椎名仙卓編『博物館ハンドブック』(雄山閣出版、1990年)。

2. 収集の理念と方法(自然系)

　自然系博物館には、自然史博物館、理工学博物館、動物園、植物園、水族館等が含まれるが、ここでは自然史博物館における「収集の理念と方法」を中心に概説する。
　自然史博物館における収集活動は、調査研究活動と一体となって行われるものである。千地(1978、1998)はそれぞれ、以下のように述べている。「博物館の社会的役割をふまえて、博物館は何を調査研究し、何を収集すべきかを見極める上で、調査研究と資料収集とを不可分の一体のものとして機能させなければならない。」、「自然史博物館の資料収集は学芸員自らの調査研究を通じてなされることが基本でなければならない。自然史博物館が資料収集の手段を購入に頼ったり、寄託や寄贈を当てにしているのでは、学芸員の学問的力量や研究能力の向上は望むべくもない。そのことは、その館の展示、普及活動の衰退を意味し、コレクションの質の低下を招き、生涯学習社会における市民へのサービスという社会的責任を放棄することになる。」資料収集においては、「いかなる目的で、いかなる対象を、いかなる場所から、いかなる方法で」集めるのか、博物館の目的を検証しながら、将来的な活用方法を考えて、短期、長期計画のもと実施されるべきものである。
　柴田敏隆(1979)をもとに、収集方法並びにそのモラルについて解説する。

(1) 資料の収集

　採集：現地にて直接的に資料を入手する方法。採集は、分類群ごとにその方法、技術、用具が異なる。収集対象物の諸特性を十分に把握する必要がある。例えば、昆虫であれば、分布、生活史など、事前に文献による調査研究が必要である。
　発掘：埋蔵考古資料の採集行為を発掘と呼ぶが、大型化石の採取にも使用する。
　購入：所有者から直接、購入する場合と業者から購入する場合がある。購入した資料は、博物館の備品として永久にその保管責任が問われる。その資料が博物館の性格に適するか否か、よく検討する必要がある。
　寄贈：所有者の自発的な意志によって、博物館が無償で入手した資料を寄贈として扱う。寄贈の条件は「無条件」である。
　交換：博物館と資料所有者が相互に理解の上、取り替える。
　製作・繁殖・育成：博物館職員が製作した博物館資料を受け入れること。動物が子供を生じた場合は「繁殖」、植物・動物体の一部が成長したものについては「育

成」の文字をあてる。

寄託：寄託とは博物館が所有者から保管を依頼され、契約を結んで預かる資料である。博物館収蔵品と同様に扱われ、公開や研究用に使用される。

借入：博物館の必要に応じ、所有者の同意のもとに、一定の期間、館内に持ち込まれ、展示または研究に利用されること。所有権は所有者側にあるので、資料の取り扱いや保管の責任などに関して取り決めが必要となる。

ここで、採集・標本製作・保存・整理・保管といった一連の言葉の意味を定義しておきたい。自然物から必要なものを選択することを採集といい、それのもつ情報の量と質を固定させる作業を標本製作という。この標本製作は、採集の瞬間から始まる。つくられた標本の情報の量と質を継続させている状態が保存であり、これもまた、標本作製のときから始まる。以上の過程が円滑に進行できるようにしたり、管理・検索システムへ入った状態が保管である。また、標本の収集とは狭義には採集を、広義には上記の全過程を指している（柴田保彦、「博物館学講座6、資料の整理と保管」所収）。

（2）収集のモラル

法的な手続き：資料収集が、採集、発掘、捕獲などの方法で行われる場合には、法的規制にかかわることが多い。細心の注意を払って正式の許可を得て収集にあたって欲しい。収集において注意を要する関係法規には、自然環境保全法、自然公園法、鳥獣保護及び狩猟ニ関スル法律、絶滅のおそれのある野生動植物の種の保存に関する法律、森林法、都市公園法、文化財保護法、自治体の条例、植物防疫法などがある。海外から持ち込む場合は、ワシントン条約（絶滅の恐れのある野生動植物の種の国際取引に関する条約）などの国際的な取り決め、そして各国の国内法に留意する必要がある。各国には独自の自然史資料持ち出しに伴う規制がある。

所有権：所有権は、物件そのものにかかわるものと、漁業権や入会権のような、それに準じた権利がある。その権利所有者に了解をとらねばならない。

道義上のモラル：いくら法的に規制がなく、権利所有者もない場合でも、特にその地域の伝統・文化に関連しているものは、住民感情に配慮し、収集は控えるべきである。そのような博物館資料は現地あるいはその近い場所に保存されることが望ましい。学術研究の美名のもとに、強引な収集を行うことは文化的略奪に他ならない。また、他の博物館や研究者が収集活動を行っているとき、あるいは収集活動をする意志表示を示しているときは、それが完全に終了するまで手をつけてはならない。研究者の重要なモラルである。

乱獲：生物多様性保全の立場からすれば収集は必要最小限に止める。収集することによってその特性が著しく損なわれるものは、原則として現地保存をはかるべき

である。写真撮影、計測などにより関連のデータを収集して二次資料を作成する。

謝礼と地元への還付：発見、届出、寄贈、採集などの資料収集に協力してくれた個人や団体に対してすみやかに礼状を送り、謝意を表明する。重複した資料やレプリカのような複製を地元に送るなどの還付することも大切である。　　［阿部正喜］

【参考文献】
柴田敏隆『自然史博物館の収集活動』（日本博物館協会、1973年）。
柴田敏隆『博物館学講座6、資料の整理と保管』（雄山閣出版、1979年）。
千地万造『博物館学講座5、調査・研究と資料の収集』（雄山閣出版、1978年）。
千地万造『自然史博物館－人と自然の共生をめざして』（八坂書房、1998年）。

3．博物館関連法規

(1) 博物館資料に関する法律

　博物館資料について、一義的に規定しているのは博物館法である。すなわち、博物館法に博物館資料とは「博物館が収集し、保管し、又は展示する資料（電磁的記録（電子的方式、磁気的方式その他人の知覚によっては認識することができない方式で作られた記録をいう。）を含む。）をいう」（第1章総則第2条の2）と記されている。

　また、「歴史、芸術、民俗、産業、自然科学等に関する資料を収集し、保管（育成を含む。以下同じ。）し、展示して教育的配慮の下に一般公衆の利用に供し、その教養、調査研究、レクリエーション等に資するために必要な事業を行い、あわせてこれらの資料に関する調査研究をすることを目的とする」（第1条）と規定されている博物館の目的達成のために、「実物、標本、模写、模型、文献、図表、写真、フィルム、レコード等の博物館資料を豊富に収集し、保管し、及び展示すること」（第3条の2）と記載されている。このほかにも「博物館資料に関する専門的、技術的な調査研究」「博物館資料の保管及び展示等に関する技術的研究」「博物館資料に関する案内書、解説書、目録、図録、年報、調査研究の報告書等を作成及び頒布」「博物館資料に関する講演会、講習会、映写会、研究会等を主催し、及びその開催の援助」などがあげられており、博物館資料が博物館の事業や目的の根幹をなしていることがわかる。

(2) 文化財としての博物館資料

　博物館法では博物館の事業や活動のなかで博物館資料を位置づけているのに対し、同じ資料を文化財として保存や保護の目的で規定しているのが文化財保護法である。文化財保護法で規定される文化財には建造物・絵画・彫刻・工芸品・書跡・典籍・古文書・考古資料などの有形文化財、演劇、音楽、工芸技術などの無形文化財、衣

食住・生業・信仰・年中行事等に関する風俗慣習・民俗芸能・民俗技術及びこれらに用いられる衣服・器具・家屋その他の民俗文化財、遺跡・庭園・山岳・海浜・動植物等の生息地などの記念物、地域の風土により形成された景観地である文化的景観を形成して歴史的風致を形成している伝統的な建築群である伝統的建造物群があり、これらは博物館での人文系・社会科学系・自然系の資料を包括しており、まさに博物館資料の総体がここに含まれているといえる。

（3）博物館資料の法的運用・管理

以上のように博物館法は資料の運用、文化財保護法は資料の保存と保全について、それぞれ規定しており、博物館の事業や活動は、これらにのっとって行わなければならない。

これら以外にも、二次的資料の作成や使用に関しては著作権などに関わる法律が適用されることがあり、学芸員等の博物館を運営する者はそれぞれの事象に関連する法律を熟知しておく必要がある。　　　　　　　　　　　　　　　　［門田誠一］

4．分類の方法（人文系）

（1）一次資料と二次資料

博物館資料の分類は、収集から整理、調査研究、収蔵に至るまでの博物館活動全体に及ぶ基本的な問題である。博物館資料のどこに基準をおくかで、幾通りものわけ方がある。

1973年の文部省告知による「公立博物館の設置及び運営に関する基準」では、博物館資料は、実物資料（直接資料）の一次資料と、実物資料を記録した資料（間接資料）の二次資料にわけられる。実物資料の一次資料が優先されるが、記録資料の二次資料も博物館資料として重要で優劣はつけにくい。優れた実物資料でも二次資料の有無によって資料的価値を損なうことすらありえる。さらに収集から収集後の整理におよぶ調査研究によって実物資料の価値が高まることにもつながる。調査研究を博物館活動の基盤に置く意味がここにもある。

二次資料には複製・模造・模型・模写・写真・拓本・実測図・文字記録などがある。これらに求められる評価の基盤は客観性にある。なかで型取り模造や拓本は実物資料の実寸記録で客観性が高い資料といえる。写真は情報量が大きいが、縮尺がかわり法量は前者より客観性におとる。実測図・模写・文字記録などは、誰が作成するか技量で差があり、主観がはいる可能性もある。三次元資料を立体的に記録できるのは模型と模造だが、模型は客観性にかけている。模造には型取り模造と計測模造があり、記録の客観性では型取り模造が優れている。

なお、一次資料と二次資料の区分は、所蔵する博物館の性格によってかわることもある。実物資料を記録した写真は二次資料だが、芸術表現を目的に撮影された写真は一次資料となる。また、写真を中心においた写真博物館に収蔵された写真は一次資料となる。

さらに、上記の一次資料と二次資料をあわせ「モノ」資料、報告書・研究書・学術図書・伝承などを「コト（情報）」資料と分ける考えかたもある。「公立博物館の設置及び運営に関する基準」では、図書資料や音声などの調査資料も二次資料に含まれていた。ただし、図書資料は実物資料の記録とするにはふさわしくなかった。その後情報化がすすんで図書資料や調査資料が充実し、博物館資料としてモノ資料と同等に位置づけできている。

博物館資料の分類

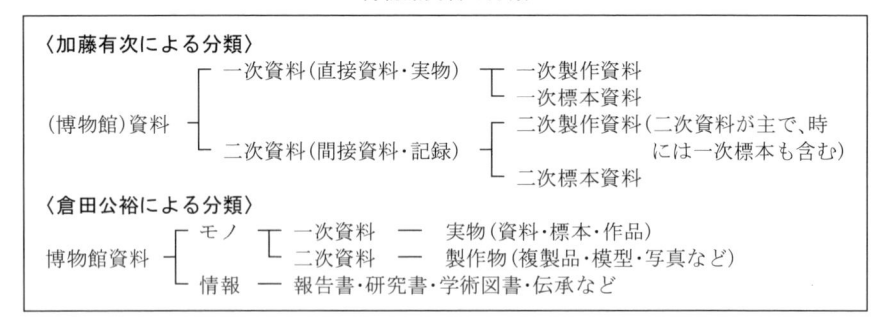

```
〈加藤有次による分類〉
                   ┌ 一次資料（直接資料・実物）── ┬ 一次製作資料
                   │                               └ 一次標本資料
(博物館)資料 ──┤
                   │                               ┌ 二次製作資料（二次資料が主で、時
                   └ 二次資料（間接資料・記録）── ┤            には一次標本も含む）
                                                    └ 二次標本資料
〈倉田公裕による分類〉
                   ┌ モノ ┬ 一次資料 ── 実物（資料・標本・作品）
博物館資料 ──┤      └ 二次資料 ── 製作物（複製品・模型・写真など）
                   └ 情報 ── 報告書・研究書・学術図書・伝承など
```

（2）学問領域による分類

博物館資料は学問領域により、人文系資料と自然系資料に大きくわかれる。各学問領域には基本となる分類があるが、博物館ごとに理念や活動方針に差があり、それに対応して分類は多様となっている。特色ある活動をしている博物館ほど、活動にあわせて独自の分類によって運営していることが多い。

人文系資料は、歴史資料・考古資料・民俗資料・美術資料などにわかれる。人文系資料は広義の歴史資料ともとらえられ、通史展示では考古資料を中心にした原始時代から、美術資料中心にした古代・中世、民俗資料を交えた近世・近代、理工系（産業）資料が主体の近現代の展示が多い。さらに絵画などは、美術資料と位置づけることも、歴史資料と位置づけることも可能である。それぞれの博物館の性格や、場合によっては担当する学芸員の専門分野などでもかわる可能性がある。

歴史資料は、文書や記録の文献資料を対象としてきた。文書は、発信者と受信者がわかるもので、手紙や命令書などである。なかで近代以降の役所と市民の間、上級官庁間の書類は公文書ともよばれる。記録は、記録として残されたメモ類や編纂

第3章　博物館資料論

物、日記などで、近代以降に役所で出した統計書や白書、パンフレット類は行政資料とばれる。

　文書・記録は紙に墨や鉛筆などで、和紙や洋紙に書いたものである。文書や記録は、書かれた内容に学術的な価値がある。ただし文献資料は一般の入館者にはなじまず、展示資料としても地味である。

　考古資料は、遺跡や遺物の埋蔵資料を対象としてきた。遺跡には、貝塚、集落跡、宮殿・官衙跡、寺院跡、城館跡、生産遺跡、墳墓、祭祀跡などの土地とつながったところをいう。遺構は、遺跡を構成する一部をさしていう。遺物は、石器、土器、木器、漆器、骨角器、鉄器、青銅器など、土地からはなして持ち運べるものをいう。

　遺跡や遺構、遺物は一緒に発掘され、測量図・実測図・拓本・写真・観察記録などによって調査記録がつくられる。遺跡と遺構の層位学的方法や、遺物の型式学的研究をあわせて相対的な年代をわりだし、過去の人間生活を具体的にあきらかにする。近年は自然科学的な成果をもとに、絶対年代測定も可能になった。研究対象の時代で先史考古学、原始考古学、歴史考古学、分野で環境考古学、水中考古学、トイレ考古学、実験考古学などもある。実験考古学は、遺物などと同じものを作って実際に使ったりするもので、博物館の体験学習などで人気がある。

　民俗資料は、有形と無形の民間伝承を対象としてきた。博物館でよく利用される『民俗文化財の手引き』では、衣・食・住、生産・生業、交通・運輸・通信、交易、社会生活、信仰、民俗知識、民俗芸能、競技・娯楽・遊戯、人の一生（通過儀礼）、年中行事、口頭伝承にわかれる。

　博物館で収集・保存されている民俗資料は、有形の民俗資料で民具とよばれる。民具のなかでも、人々の日常生活に必要な衣・食・住や生産・生業の用具が中心になっている。地域博物館での民具研究は、悉皆調査による生態学的研究や地域比較が代表的である。無形の民俗資料は報告書など情報としてこれまで蓄積されてきた。近年は、民俗芸能などを映像で記録保存することが盛んになっている。

　美術資料は、歴史のなかでうみだされた美術に関する資料で美術品をさす。美術館が対象としているのは、絵画、彫刻、書跡、建築、工芸（陶芸、金工、染織、木工、漆工、ガラス、紙など）、デザイン、写真、映像（コンピュータグラフィック）、複合作品などがある。

　アフリカの仮面や彫刻から、仏像や民芸品までふくみ、技法や素材も多彩で、古代から現代まで時代も幅広く多様である。さらにオリジナル作品のほかの、模造、模型、模写、拓本、写真、図面などのほか、制作用具、日記、書簡、メモなどの作家に関する資料を一次資料とする美術館が多い。

　なお、博物館資料の分類には活用形態で、展示資料・研究資料・普及資料などにわけることもある。

〔印南敏秀〕

【参考文献】
『新版博物館学講座5博物館資料論』(雄山閣出版、1999年)。
大堀哲監修『博物館学シリーズ2博物館資料論』(樹村房、1999年)。
文化庁内民俗文化財研究会『民俗文化財の手引き』(1979年)。

5. 分類の方法（自然系）

　収蔵スペースが限られる博物館においては、まず、保存形式（第4節「博物館資料の取扱い4．自然系資料」を参照）の違いにより整理・分類されるのが一般的である。次に分類体系に従って分類群ごとに整理される。担当者が変わっても誰もが「目的とする標本」を調べることができるように、その整理・分類・登録方法に一貫性をもたせ、検索方法を整えるべきである。また、研究の目的によっては、国、島嶼、都道府県・州、地域ごとに整理・分類されたり、採集日ごと、収集者・コレクションごとに整理・分類されることもある。資料研究の進展に伴い、その方法は変化する。現在では、コンピューターを利用して、受入カード記載事項や登録記載事項のデータベースを作成し、博物館資料の管理・検索が行われている。ここでは、整理の基本となる生物の分類と学名の形式について概説する。

　生物種は、国、民族、あるいは地方によってその呼称は異なる。国際的に通用するように規約によって定められたのが学名である。生物資料の整理分類において学名の基礎的な知識が必要不可欠となる。セイヨウミツバチ（*Apis mellifera*）を例に、その所属する動物界、節足動物門、昆虫綱の関係について説明しよう。Margulis & Schwartz（1982）に従えば、世界の140万種は大きく5つのグループ、すなわち、モネラ界（Monera）、原生動物界（Protoctista）、動物界（Animalia）、菌類界（Fungi）、植物界（Plantae）に分けられ、セイヨウミツバチは動物界に含まれる。さらに、動物界は32のグループ（門）に分けられ、セイヨウミツバチは節足動物門（Arthropoda）に含まれる。さらに、節足動物門は、内田（1965）によれば8つのカテゴリー（綱）に分けられ、セイヨウミツバチは昆虫綱（Insecta）に含まれる。さらに、昆虫綱は30のグループに分けられ、セイヨウミツバチはハチ目（Hymenoptera）に含まれる。このように、地球上に生存する150万の記載された生物種は、界（kingdom）から順を追って、門（phylum）、綱（class）、目（order）、科（family）、属（genus）、種（species）に細分され、その所属と類縁関係が明らかにされる。分類の実際においては、対象によっては、上記に加えて、亜門、亜綱、亜目、上科、亜科、族、亜族、亜属、亜種などの階級（ランク）が用いられる。これらの階級は、それぞれ分類可能な分類群となる。その1つ1つの分類群を分類単位（単数：taxon、複数：taxa）といい、これらの1つ1つの分類単位につけられたものが学名である。表1に示すように、種を表す学名（the scientific name of a species) は2語の組み合わせである二名式、そして種以上の分類単位の学名は1語からなる一名式である。通常、種名と属名はイタリック体（斜体）で表記される。

種名は、前述したように2語の組み合わせである二名式による。セイヨウミツバチは *Apis mellifera* Linnaeus, 1758 と表記される。最初の *Apis* は属名（generic name）であり、*mellifera* は種小名（specific name）であり、Linnaeus, 1758 は著者名と発表年である。すなわち、*Apis mellifera* はリンネが1758年に命名したものである。しかしながら、Linnaeus, 1758 は学名の一部ではなく、付記しなくてもよい。また、「L.」と略記することもできる。

表1 分類の主要カテゴリーと学名の例（平嶋、1989）

界（亜界）	Plantae 植物界	Procaryomycota 原核菌類（亜界）	Animalia 動物界
門	Chlorophyta 緑色植物界	Bacteriomycota 細菌門	Arthropoda 節足動物門
綱	Angiospermopsida 被子植物綱	Eubacteriomycetes 真正細菌綱	Insecta 昆虫綱
目	Graminales イネ目	Eubacteriales 真正細菌目	Hymenoptera 膜翅目
科	Gramineae イネ科	Bacillaceae 芽胞細菌科	Apidae ミツバチ科
属	*Oryza* イネ属	*Bacillus* 枯草菌属	*Apis* ミツバチ属
種	*Oryza sativa* イネ	*Bacillus thuringiensis* 枯草菌	*Apis mellifera* セイヨウミツバチ

研究の検証や他の研究目的から博物館資料を調査研究する場合がある。研究の再現性から考えれば、研究に使用した標本の永久的な保管が望まれる。特に、分類学の分野においては永久に保管されることが必要不可欠で、新種記載に使用したタイプ標本は厳重な保管が求められる。タイプとは学名を適用する基準となるものである。学名には科群名（科名、亜科名、族名）、属群名（属名、亜属名）、種群名（種名、亜種名）などがある。科のタイプは一つの属であり、属のタイプは一つの種であり、種のタイプは（1個の）標本である。種のタイプには完模式標本（holotype）、等価模式標本（syntype）、選定模式標本（lectotype）、新模式標本（neotype）などの区別があるが、通常は新種の発表の際に指定される1個のタイプ標本すなわち完模式標本が基準となる。この完模式標本は将来にわたって学名の安定をはかるための重要な標本となる（平嶋義宏「昆虫の分類」、『新応用昆虫学』所収）。これらのタイプ標本は、将来にわたって継承される安全な保存環境で、いつでも研究者の照会に対応できるように、タイプ標本であることがわかるようにラベルされ、整理・保管される。　　　　　　　　　　　　　　　　　　　　　　　　　　［阿部正喜］

【参考文献】

内田　亨『動物系統分類学第7巻上節足動物Ⅰ』(中山書店、1965年)。
斎藤哲夫他『新応用昆虫学』(朝倉書店、1986年)。
平嶋義宏『学名の話』(九州大学出版会、1989年)。
平嶋義宏『生物学名命名法辞典』(平凡社、1994年)。
平嶋義宏『生物学名概論』(東京大学出版会、2002年)。

6. 整理の方法（人文系）

（1）資料の受入

　資料の整理は、現地で資料の現状を注意深く観察し、記録することからはじまる。現地での現状記録にもとづいて、その後の搬入のための梱包方法や整理方法などが決まるからである。

　博物館に搬入された資料は、荷解きしてからクリーニングがはじまる。資料はほこりで汚れていたり、素材が木・紙・布などの場合は害虫やカビが付着している可能性がある。付着したほこりは清掃したり洗浄してきれいにするが、素材や傷みの程度で方法をかえる。考古資料の土器や石器は必要ないが、文献資料や民具は害虫やカビがほかの資料に移動しないよう、一時保管庫などで隔離しておいてから燻蒸庫で燻蒸する。新しい博物館では搬入から整理までがスムーズにおこなえるよう、搬入口の近くに荷解室・燻蒸庫・整理作業室を配置して、資料の移動を少なくする工夫をしている。

　資料は、クリーニングが終わった段階で受入原簿に記載して、受入番号をはやく決める必要がある。民具のように同じ物が多い場合は、どこから収集したのかがわからなくなる。一般的に民具は、現地で荷札などに寄贈者と名称などを記入して、直接括り付けて搬入する。民具の荷札をはずすときは受入番号をペイントなどで直接書きこんでいく。受入番号を書き終えるまでは、荷札が取れないか心配である。民具は、羽釜と蓋のように一セットで利用する場合が多い。一セットで一点（件）と数え、個体ごとの受入番号の後に枝番をつけてセット関係を表す必要がある。

　文献資料は、未整理のまま一度に収集されるため、家分けで整理をはじめて整理後に正式な資料名称や点数を決めることも多い。これは考古資料などもおなじで、遺跡名ごとの一括資料で整理をはじめるのである。

（2）収蔵資料原簿の作成

　受入番号が決まると、本格的な資料整理がはじまる。資料の写真撮影や計測などの基礎データを作成し、資料鑑定をして学術的な価値を客観的に評価する。考古資料は錆などで表面から見ただけではわからない場合もあり、X線などによる文字や模様などの調査もある。基礎データや鑑定結果は、一点ごとに収蔵資料原簿（カー

調査カードの調査項目

	歴史資料	考古資料	民俗資料
0 番号	番号	番号	番号
1 名称	名称	遺物・遺構名	標準名、地方名、種別
2 ひと	所有者名(住所)	所有者名(住所)	旧所有者名(住所)
	保管者名(住所)	保管者名(住所)	保管者名(住所)
	作者	発掘者名	使用者名
3 ところ	発掘地	遺跡名	採集地、所用地、製作地
4 とき	時代	時代	採集年月日、製作年代
			使用年代
5 もの	法量、品質、形状	寸法	寸法、重量、材料
	銘文、奥書	遺物の現状	使用法
		遺跡の概要	
		伴出遺物	
6 由来	伝来		採集経過、分布、由来
7 写真	写真拓本		(写真貼付)
8 指定	指定の有無	指定の有無	
9 その他	備考	参考文献、備考	備考

ド)に集約する。さらに、資料の傷み具合によっては修理・修復したり、鉄製品には椿油をぬるなど、破損がすすまないように処置をほどこす必要もある。

　収蔵資料原簿に記載する項目は、学問領域にかかわらず共通する項目と異なる項目とがある。共通する項目は、資料の名称、受入先、点数、法量、収集方法の種類、収集年月日、写真番号、収蔵番号、調査者などである。民具の場合は、地方名と標準名の記入欄をもうけるのが普通で、東西日本で地方名が大きくわかれるが『日本民具辞典』などを標準名とすることが多い。

　収蔵資料原簿への記載は、最初の資料整理だけでは終わらず繰り返しおこなわれる。誰による、いつの記載かがわかるように、その都度記入する必要がある。

　収蔵資料原簿の体裁は、学問領域ですべて違う場合と、共通項目は一緒で、違う項目だけを変える場合とがある。たとえば仏像調査に特化した収蔵資料原簿は、仏像の各部分の比率がわかるように細かな項目が並び、比率によって何時の時代かが推定できるようになっている。

　収蔵資料原簿は、古くはパンチカードを使って、情報検索できるようにしたこともあった。現在は調査資料原簿に記載する内容はコンピューターに入力するため検索は容易にできる。収蔵資料原簿は共通項目だけきめて、その他の記載項目の書式は自由にすることもある。

（3）配架と目録

　収蔵資料原簿への情報整理が終わると、収蔵庫への配架となる。文献資料の場合は定形の箱に入れて、棚に収納するので整理は容易である。立体的な考古資料や美術資料、民具は棚に収まらない資料が多く、収蔵庫の容量とのかねあいでどう配置するかが問題となる。さらに考古資料や美術資料、民具は素材の種類が多く、資料保存のために素材に適した温湿度で収蔵する必要がある。さらに貴重品は、通気性に優れ、軽量で、保存性に優れた桐箱に収納する。収蔵庫内の配架は単純ではないため、収蔵資料原簿に配架場所を収蔵番号で記載して、容易に取り出せるようにする。

　収蔵庫内に資料を配架して資料整理が終わると、館外者に収蔵資料を公開する必要がある。かつては新収蔵資料展で毎年紹介したり、一定量の資料点数がたまると収蔵資料目録を刊行して、寄贈者や館外者に情報提供していたが、今は博物館では収蔵資料原簿をデータベースに掲載して、管理・運営するようにかわってきた。データベースを使うことでネットワーク上で情報を公開でき、誰にでも、いつでも、どこでも情報を提供することが可能になった。そのため情報公開にともなう知的財産権保護などの新たな問題が博物館の重要な課題となっている。

　国立歴史民俗博物館の「データベースれきはく」は「日本の歴史や文化の研究に資するデータベースを、学術調査・研究を目的とする方に広く提供する」ことを目的に、登録申請が必要でないもの、事前に登録申請が必要なもの、登録したうえで来館して利用できるの3段階にわかれている。利用規定も掲載されていて、「データベースれきはく」を利用したことの明示や、国立歴史民俗博物館への刊行物の提出などが定められている。

　学芸員には、専門知識とあわせてコンピュータ技術の習得、著作権などの法律についての新たな知識が求められている。　　　　　　　　　　　　［印南敏秀］

【参考文献】
加藤有次・椎名仙卓編『博物館ハンドブック』（雄山閣出版、1990年）。
『新版博物館学講座5博物館資料論』（雄山閣出版、1999年）。

7. 整理の方法（自然系）

　自然系博物館には、自然史博物館、理工学博物館、動物園、植物園、水族館等が含まれるが、ここでは自然史博物館の整理・登録について概説する。

（1）資料化の過程：資料の受け入れから収納まで（図1参照）

　「もの」が資料になるためには次のような過程を経なければならない。博物館に集められた「もの」は、①博物館に受け入れるため事務的手続きがとられ、②その

第3章 博物館資料論

「もの」についての収集記録がつくられ、③調査・研究がなされ、④保存技術的処理（例えば薫蒸、消毒、殺菌など）が施された上で、⑤資料として登録され、⑥整理分類され、⑦記録とともに保管されて、はじめて博物館資料となる（千地、1978）。

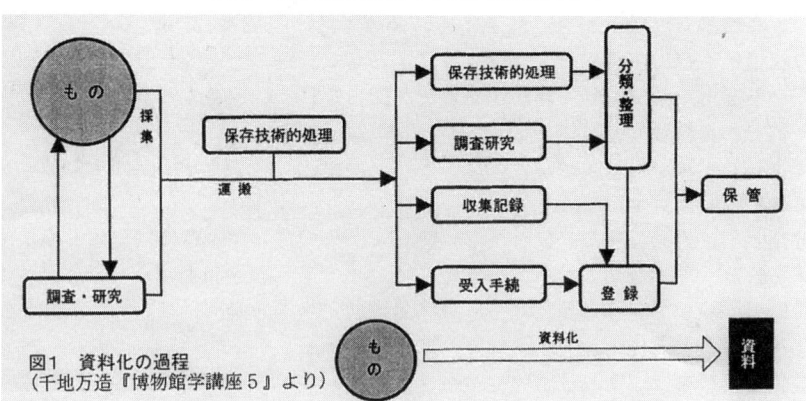

図1　資料化の過程（千地、1978より）

図1　資料化の過程
（千地万造『博物館学講座5』より）

受入カードの記載事項：「いつ、何が、どのくらいの法量で、どこから、どうやって入ったか」を記載する。記載事項：受入番号、受入年月日、件名（そのものの物件名や資料名）；法量（数量、法量、点数：計測可能な数値）；受入方法：採集、発掘、購入、製作、寄贈、交換、寄託、借入など；受け入れ先（採集地、発荷先）；所属部門（物品が処理される館内の部門、例えば、地学、動物、植物など）；担当学芸員名；事務担当者（館内でその物件を資料として処理に当たる学芸員、検証した事務職員）；礼状・受領書発行の有無；処理状況（例えば、クリーニング中、同定待ち、同定終了、教育または研究資料として消耗、破棄、返却など、資料が登録されるまでその都度学芸員が記入）；登録番号；備考。借入と寄託は別の専用台帳で処理する場合、製作は受入カードではなく、直接登録する場合がある。

マウント：マウントとは、受入の終わった資料について、①「その資料の持つ属性（情報）を多量に、しかも的確によみとりやすくする。」②「資料の受入以降の取り扱いが容易に、しかも永久保存が保証されるような処置をする。」、この一連の作業をいう。この作業は取り扱われる資料により、あるいはその専門分野によって異なる。どのような目的や意図のために、どの方式でマウントを行うか、選択する必要がある。その資料が有する属性のどの部分が研究にとって必要であるかによってマウントの扱い方が変わってくる。学芸員は、マウントの手法に習熟するとともに、絶えず、新技術を産み出すべく創意工夫を行う必要がある。

クリーニング並びに標本作製についても、資料の性質によって、その方法が異な

る。詳しくは既刊の『博物館実習マニュアル』第4章「実習の基礎作業」第3節「自然科学標本の作製」を参照していただきたい。

　ラベリング：マウントの終わった資料は、それにラベルがついてはじめて、博物館資料として基本的な条件をそなえる。ラベルのない資料は極論すれば無価値に等しい。各種番号（受入番号、登録番号、個体番号、整理番号、標本番号）、収集者名、収集年月日、収集場所。ラベルは原則として資料と一体不可分である。別に標本カードを用意してこれに詳述する方法が採用される。標本カードは登録カードと同一物である場合もある。

　同定：ラベルが付けられた資料は、専門家の手によって正式の学問上の名称を与えられる。

　分類：同定の過程あるいは終了した時点で、その博物館資料には分類上の地位が与えられる。この分類とは、生物学の系統分類のような学問上のものでなく、その博物館の機能上の各種分類である。自然分類別、学問分野別、地域別、生態・生息域別、ヒトとの関係別、コレクション別などがある。

　登録：資料を受け入れ後、マウント、整理、同定と作業が進み、その資料についての価値づけが終了したならば登録する。登録原簿に記載し、登録番号を付け、その番号を記載したラベルが、資料につけられてはじめて、その博物館の所蔵となる。登録台帳記載事項：分類・登録・標本番号、名称（資料の名称を標準的な和名、学名）、場所、収集年月日、収集者、受入類別（採集、発掘、購入、寄贈、交換、製作、寄託、借入など）、法量、所在（収納場所：収蔵庫の種別、収納架）、登録年月日、備考（品質形状：さく葉、液浸、プレパラートなど）。

　現在では、コンピューターを利用して、受入カード記載事項や登録記載事項のデータベースを作成し、博物館資料の管理・検索が行われている。詳しくは、第3章「博物館情報論」第2節「博物館活動における情報」1.「収集・作成・整理・保存」を参照されたい。　　　　　　　　　　　　　　　　　　　　　　　［阿部正喜］

【参考文献】
全国大学博物館学講座協議会西日本部会編『概説博物館学』（芙蓉書房出版、2002年）。
全国大学博物館学講座協議会西日本部会編『博物館実習マニュアル』（芙蓉書房出版、2002年）。
千地万造『博物館学講座5、調査・研究と資料の収集』（雄山閣出版、1978年）。

第3節 博物館資料の調査・研究

1. 博物館における調査・研究（人文編）

（1）調査・研究の意義

　日本で「博物館とは何か」と問えば、多くの人はモノを収集し、展示する施設と答えるだろう。博物館には、それぞれに設立の目的があり、その目的を達成するために様々な活動を行なっている。その一つがモノの収集であるが、人間の諸活動に関わるすべてのモノを収集することはできない。みずからの目的を達成するために必要なモノだけを選択的に収集している。この収集には幅広い知識が必要で、収集品を展示できる段階にまで引き上げるためには、更にそのモノについての研究がなされなければならない。モノを収集し、展示するには、それ相応の研究なくしては、成り立たないのである。

　博物館での研究は、モノだけにとどまらない。資料の保存、温湿度、修復、展示、ケース、デジタル利用など、時代と共にその領域は益々増加する傾向にあり、欧米に比べて数少ない学芸員が、寝る間も惜しんで、博物館の研究活動を支えている。調査・研究は、大学や研究所だけの独占物ではなく、博物館にとっても、大切な仕事の一つである。

　博物館法第2条では、登録を受けた博物館は、「歴史、芸術、民俗、産業、自然科学等に関する資料を収集し、保管（育成を含む。以下同じ。）し、展示して教育的配慮の下に一般公衆の利用に供し、その教養、調査研究、レクリエーション等に資するために必要な事業を行い、あわせてこれらの資料に関する調査研究をすることを目的とする機関」であると定義され、これを受けて、博物館の事業として、「博物館資料に関する専門的、技術的な調査研究を行うこと」（第3条4）、「博物館資料の保管及び展示等に関する技術的研究を行うこと」（第3条5）が明記されている。もちろん、研究は登録博物館だけで行われるものではなく、博物館相当施設や博物館類似施設においても同様である。

（2）資料の調査・研究

　ここでは、人文系の博物館における調査・研究を、館内と館外に分けて考えて見

よう。館内の場合は、所蔵品の調査・研究が中心となる。学芸員の仕事のなかで、最も神経と労力を使うのは、春と秋の特別展や企画展である。展示テーマに関連する所蔵品を一つ一つ丁寧に調査・研究することによって展示活動が支えられており、研究成果を展示図録として世に問うことができる。他館の所蔵品を借用することが必要となった場合には、他館に出向いてのモノの調査・研究が必要となる。

博物館にある資料は一般に整然と整理されているように思われがちであるが、実は未整理のものや、受入や登録カードの作成は終わっているが、評価の定まらない資料が多数ある。未整理資料も様々で、個人コレクションや単独の資料、真贋に問題のある資料、情報を欠落した資料などである。これらの資料を展示・公開することができるようにレベルアップすることも、学芸員の大切な仕事であり、そのことが資料のもつ学術的価値を高め、ひいては博物館の評価を高めることにつながる。先ずは、短期的、長期的な計画をしっかりと立て、整理・研究を進めることが必要である。さもなければ、日々、資料の収集、受け入れを続ける博物館は、次から次へと搬入される資料に埋没してしまうことになりかねない。

（3）資料以外の調査・研究

資料そのものの研究とは別に、資料の保管に関する調査・研究も必要である。人文系の博物館には、考古遺物や文書、彫刻・絵画・工芸、生業・信仰・風俗習慣など、材質の異なった種々雑多な資料が収められている。これらの大切な資料をできるだけ長く後世に伝えるためには、それぞれの材質に適った温湿度の収蔵庫に入れて保管するのが理想的である。しかし、現実問題として、一つの博物館に温湿度の異なった収蔵庫を幾つも設置するのは財政的に困難である。通常は一般収蔵庫と特別収蔵庫の二つである。一般収蔵庫には、温湿度を厳格に管理しなくてもよい資料を入れておく。ただし、一般収蔵庫とは言っても、除湿機や送風機は備えておきたい。特別収蔵庫は、できれば二室ほしい。一つは湿度を嫌う金属製品を入れ、もう一つには、木や布など、乾燥に弱い資料を入れておく。それぞれの収蔵庫には、温湿度計を設置して、一年間を通してどのような変化があるのかを調査・研究し、資料の適切な保存・管理に努めなければならない。一般収蔵庫に空調設備を入れることも考えられるが、莫大な電気料金が必要となり、博物館の運営を脅かすことになりかねない。

次に展示方法についての調査・研究である。ケースに何のコンテキストもなく、モノを機械的に並べても、見学者には何も伝わらない。学芸員は、展示のテーマやストーリーに即して、資料に語らせ、資料を通して見学者に訴えかける工夫をしなければならない。そのためには、どのように展示し、どのようなライティングがよいのかを考えなければならない。

展示室やケース内の環境についての研究も大切である。収蔵庫では温湿度が一定に保たれているが、ケース内でも同じ環境が維持できるのか。また、展示室で問題となるのは照明器具の紫外線、光の強さ、熱温度などである。これらによる影響が展示品にどのような影響を与えるのかも調査・研究しなければならない。ケース内に小型の温湿度計を設置し、2、3ヵ月ごとに、そのデータをコンピュータに取り込み、蓄積したデータから年間の推移を知り、よりよい方向に改善することが大切である。地震による横揺れ、竪揺れをできるだけ少なくするためには、免震装置の開発も必要であろう。

（4）館外における調査・研究

次に館外の調査・研究についてである。博物館法には、「当該博物館の所在地又はその周辺にある文化財保護法（昭和25年法律第214号）の適用を受ける文化財について、解説書又は目録を作成する等一般公衆の当該文化財の利用の便を図ること」（第3条8）とあり、博物館は所在する地域の文化財の調査とその研究成果を市民に還元することも求められている。

公立博物館の場合、原則的にはそれぞれの行政範囲を対象とし、その地域の文化財や歴史、民俗調査などを行い、地域史の研究に寄与し、その研究成果を様々な形で市民に還元している。また、地元教育委員会や大学、研究所などとの共同調査、研究も行われている。

大学附属博物館では、大学の教員や大学院生、学部学生などと共同で、海外に出向き、遺跡の発掘調査や仏教遺跡の調査など、様々な調査・研究が行われている。

［竹谷俊夫］

2. 博物館における調査・研究（自然編）

博物館における研究は、博物館が扱う資料そのものに関する研究だけでなく、資料の収集、資料の保存、資料の展示、資料を利用した教育活動など博物館の主要な機能に関する活動すべてが研究の対象となる。さらに博物館の経営、博物館の歴史、博物館と社会との関係も重要な研究分野であろう。

自然系博物館はその対象となる資料から大別すると、自然環境の中に自然状態で存在する資料を収集・保存・研究する自然史系博物館と、人間が作り出した科学技術や産業、あるいはその基礎となった物理学や化学を対象とした理工系博物館とに分かれる。さらに、前者はその資料の状態によって、生きている状態の資料を扱う飼育栽培系博物館（動物園、水族館、植物園）とそうでない博物館（自然史博物館）に分かれる。ここではこの3分野の博物館について述べる。

（1）自然史博物館

　自然史博物館では、資料そのものを対象とした、分類学的研究と地域自然史的研究が基本的な研究分野となる。特に分類学的研究は自然を認識するうえでの基礎となるもので、生物学、地学を支える重要な基礎学問として存在する。分類学的研究は20世紀前半まで生物学の主要な研究分野であった。しかし、20世紀後半には、生命現象を対象とした生命科学が急速な進展をとげ、大学など多くの研究機関における主要な研究対象となり、分類学に関する研究は大学などで大幅に減少し、博物館が支えなければならない状態になった。現代では自然保護、生物多様性保全が重要な課題となっており、その基礎となる分類学的研究は再認識されている。

　地域博物館においては、各所在地域周辺の生物相や地層などを把握し、その遷移を観察する地域自然史的研究は重要な基本的テーマである。博物館法第3条（博物館の事業）の8では、博物館は、「当該博物館の所在地又はその周辺にある文化財保護法の適用を受ける文化財について、解説書又は目録を作成する等一般公衆の当該文化財の利用の便を図ること」としている。これは人文系博物館を主な対象とした項目と考えられるが、自然史系の博物館においては、その周辺の自然について調査し、その状況について情報を提供することは、基本的な活動となる。

（2）飼育栽培系博物館

　動物園・水族館・植物園では、対象とする資料（生物）を生きた状態に保つことが基本条件になるので、そのための収集・飼育・繁殖などが主要な研究テーマとなる。まず、資料の収集においては、動物を生かした状態で捕獲し、健康な状態で輸送することに特別の技術を有することが少なくない。その技術開発には、動物の行動や生理についての研究が必要となる。園館に到着した生物は、傷の治療や寄生虫の駆除など検疫を行い、健康状態を確認してから、飼育展示施設に収容する。次いで、資料の保管にあたる飼育栽培は、これらの機関におけるもっとも基本となる研究分野である。動物園・水族館・植物園と同様な技術（育成）を基礎とした畜産（動物園）、水産養殖（水族館）、作物・花卉栽培（植物園）は、重要な産業として存在し、それらの分野を対象とした試験場など多くの研究機関が存在する。しかしこれらの農林水産業では、一般に単一種を大量に育成するのに対して、飼育栽培系博物館では多種を少数だけ育成することがほとんどで、

収集した魚類の治療
（東海大学海洋科学博物館）

第3章　博物館資料論

対象生物も野生種であり、そこに独自の研究が必要となってくる。
　長期の育成が可能になると、生物の特徴である繁殖に道が開ける。資料の入手後、育成に成功しても、生物にはそれぞれの寿命があり、いつかは死亡によって育成は終了する。死亡した個体は、一部の貴重な種を除いて破棄されるのが一般的である。しかし、育成中に繁殖させることができれば、個体としての育成（資料保管）は終了しても、次の世代に引き継がれ、種としては保存されたことになる。その過程で、生態・生活史や繁殖法などに新しい発見があると研究につながって行く。

（3）理工系博物館

　理工系博物館の主要な機能は一般的に教育活動であり、研究も教育活動についての研究が主要テーマとなっていることが多い。博物館利用者に伝えたい科学技術・先端科学の成果、それを支えている物理的・科学的概念やメカニズムなどを、どのように理解させるかという観点から、展示資料（展示装置）や教育プログラムが検討される。完成した展示や教育プログラムが計画通りに運用実施され、狙い通りの効果を上げているか、といった評価研究が行われる。
　科学技術や産業の発達史に関する資料を保存しているところでは、歴史学的な観点からの研究、資料保存に関する研究なども行われている。　　　　［西　源二郎］

【参考文献】
千地万造『自然史博物館　人と自然の共生をめざして』（八坂書房、1998年）。
鈴木克美・西　源二郎『新版水族館学』（東海大学出版会、2010年）。
西　源二郎「調査研究の内容（1）博物館資料の研究：自然史系博物館」『新版博物館学講座　博物館調査研究法』（雄山閣出版、2001年）。

3．資料自体の調査・研究（人文編）

（1）短期の調査・研究

　人文系の博物館は、歴史系と民族（俗）系、美術系の3つに大別され、考古遺物や古文書、掛け軸をはじめ、生活・信仰・行事に関するもの、工芸品や絵画など、多種多様な資料を収蔵している。こうした資料を展示に活かすためには、継続した資料の調査・研究が必要であり、資料の調査・研究なくして博物館の活動は成り立たない。
　資料の調査・研究は、短期（2〜3年）と長期（5〜6年）に分けて、計画を立てて行うようにする。短期的には、毎年決まった季節に行われる特別展や企画展に伴う資料調査があり、主として展示テーマに関連した館蔵資料と他館から借用予定の資料調査を行う。また、館外研究者が所蔵品の熟覧調査に訪れた時には、一つの資料を囲んで、学芸員と熟覧者が情報交換をしながら、資料への理解を深めることも

大切である。
　自館で所蔵している古墳出土の資料と同じ古墳から出土した資料を他の複数館が分散して所蔵している場合には、すべての資料を一つの博物館に集め、一堂に会して、共同で出土資料の整理・研究を行い、その成果をまとめて学術報告書として刊行することも有意義なことである。このことによって、分散して所蔵されていた古墳出土品の資料的価値は飛躍的に高まることになる。こうした資料調査には、2～3年の期間が必要であろう。

（2）長期の調査・研究
　次に長期的な資料調査である。この場合は、学芸員の個人的な興味に基づいて恣意的に行うのではなく、収蔵品全体の観点から体系的に、館として何をなすべきかをよく考えて周到な調査計画を立てなればならない。優先順位は、それぞれの博物館によって異なるが、未整理資料や第二次資料の不十分なもの、真贋の不確かなものなど様々である。
　歴史系の博物館には、個人コレクターが心血を注いで収集した稀有なコレクションが収蔵されていることがある。その種類は、中国古代美術品や古瓦、交通資料、ちらし、絵馬、商店看板、民芸品など様々な分野に及ぶ。こうしたコレクションの形成には、コレクターの専門的な知識と粘り強い努力が必要で、時間と労力、経済力なくしては成立しない。従来は、コレクションの数量や種類、質を問題とし、博物館資料としての評価に留まっていたが、最近になって、コレクターの人となりに関心が集まっている。コレクターの人物研究はもちろんであるが、コレクションと決して切り離すことなく、一体として捉えることが大切である。コレクターの性格、気質に、きっと共通項を見出すことができるだろう。
　コレクションは、一つの博物館にまとめて収蔵されることが望ましいが、諸般の理由で、分散している場合もある。コレクターの名前が明らかな場合はまだしも、分からなくなっているものも多い。しかし、コレクターにはそれぞれ独自の資料整理の方法や、個性があり、資料に貼り付けられたラベルの形や色、書き込まれた文字の書体、癖、筆記用具などから、同一コレクターの収集品であることが判明する。こうした地道な調査・研究を通して、コレクションの全貌を明らかにし、コレクションの質を高めることができるのである。

（3）調査・研究の方法
　資料の調査・研究の方法は、短期・長期とも同じであるが、ここでは実際の調査方法の手順について述べる。先ず、必要なのは資料の写真撮影である。撮影は正面だけでなく、側面、平面、裏面、内部など、必要に応じていろいろな角度から撮影

第3章　博物館資料論

し、ディテール写真も撮っておく。記録の方法は、フィルムとデジタルの二つがあるが、現時点では両者を併用することが望ましい。フィルムの場合は時間と費用がかかるが、デジタルの場合は、デジタルデータをいち早くコンピュータに取り込み、簡便に利用することができる。資料に墨書や彩画のある場合には、赤外線写真を撮っておくこと。肉眼では見えない文字や絵柄の解読に役立つ。また、資料の内部が見えない場合には、X線写真を撮ると、内部の構造や状態が明らかになる。

　資料調査の基本は実測である。第三角法を用いて、正面図と平面図、側面図を作成し、資料が中空のものは、正面図の右半分に断面図と透視図を書き込む。形の複雑な大型の資料を手書きで実測するには、数日間を要することがある。実測技術が未熟で、無駄に時間を費やすのは考えものだが、実測は資料とじっくりと向かい合い観察する機会でもあり、ルーペを使いながら肉眼で細部まで観察し、その観察結果を図面に書き入れることが何よりも重要である。実測とは資料を早く、正確に測ることだけではなく、その過程でいかにモノを観察するかにかかっている。最近は、三次元デジタイザーで立体画像が瞬時にして作成できるようになり、実測の精度や速さも格段に進歩した。確かに機器による実測は、直接資料にふれることができないものには大変有用である。しかし、機器による実測ですべて事足りるわけではない。やはり、観察結果や機器では測れない部分は、人の手で測り、補足しなければならない。

　保存処理が必要な資料についても同じである。先ず写真撮影から始め、実測を行う。鉄製品、青銅製品、陶磁器など、資料の材質によって、保存処理の方法は異なるが、現状をきちっと記録しておくことが大切である。どの保存方法が最適かは、保存科学の専門家と相談して決定する。保存処理や復元をする前には、必ず蛍光X線分析やX線写真によって、資料の材質や製作方法などを調べておき、材質や構造に適った保存処理を考えなければならない。保存処理の目的は、脆弱なモノを後代に長く伝えるためであるが、一度の保存処置で、永久にと言うわけではない。要は次の保存処理までのつなぎであり、一度処置したところを元に戻せる可逆性のある保存処理でなければならない。

　なお、未整理資料の調査は文献調査と並行して進める必要がある。まったく使途不明の資料については、先ずは思しき学術調査報告書や各種図録のページを丹念に繰り、写真をもとに類例を探すことから始める。一つでも類例が見つかれば、写真のキャプションや解説をたよりに次の文献を探す。関連する専門書や論文などが見つかれば、資料についての概要もおよそ見当が付くようになる。

　以上、資料調査について縷々述べたが、予算的、人数的な制約から資料調査を実行することが困難なこともあるが、館の予算だけにたよらず、科学研究費をはじめとした外部資金を導入し、他館や大学、教育委員会などの協力を得て、積極的に資

料調査を進めることが大切であると考える。　　　　　　　　　　　［竹谷俊夫］

4. 資料自体の調査・研究（自然編）

　博物館は多くの資料を収集し保存している。これらの資料自体を対象とした研究は、博物館における研究の中心であり、特に自然の成り立ちを探る自然史博物館ではその分野は多岐にわたり盛んである。

（1）自然史博物館

　自然史博物館の資料の流れの中で、資料自体に関する研究は中核となっている。博物館と資料の出会いは収集から始まるが、何を収集するのか、何のために収集するのかを決める際、研究が大きなウエイトを占めている。野外での自然史資料の収集は、調査研究の一環として実施されることが多く、収集された資料は保存して研究に供される。研究された資料の中で、展示にふさわしい資料は、館の方針に沿って展示に利用される。

　資料自体に関する研究の中でも、分類学的研究は多くの資料を保存している博物館にふさわしい研究分野である。動物や植物を対象とした分類学では、一般に次の4段階の操作が行われる。

①対象となる個体の形質を調べてその特徴を明らかにする（記載）。調べる形質はそれぞれの生物群によって異なるが、保存など資料の取り扱いによって変化しない形質を選ぶ。

②記載した形質を解析して、既知の種と比較し、所属すべき分類群を定める（同定）。

③他種との類縁関係を分析し、所属する分類群の中での位置を決定する。

④学名を決める。

研究の基礎となる多数の標本群
（神奈川県立生命の星地球博物館）

　上記の過程の中で、既知の種との比較照合は、まず図鑑や文献に描かれている図や記述されているデータとの照合を行うが、そのためには、日ごろから関係文献の収集が重要である。これら文献との照合の結果、該当する種がない場合には、近縁種の標本との照合を行う。標本との照合は、分類学的な手法に沿って同定された標本との照合で、最終的には学名決定のもとになった標本（模式標本）との照合が必要となる。それでも、該当する種

がない場合には、代表する標本に学名をつけて国際的な学会誌に新種として報告する。この標本が完模式標本となり、博物館で永久に保存しなければならない。

　自然史博物館はそれぞれの博物館が対象とする地域の自然が広い意味での「資料」といえるだろう。地域の自然を調査する際、学芸員個人の力では限界があり、多くの市民の参加を仰ぎ、協力して実施することが盛んになってきた。特に、地域開発、地球温暖化など、地域の環境が急速に変化しているとき、多くの人の目でその現状を調査し、より良い環境を保持することに役立てることは重要である。例えば、地域の植生、セミの抜け殻調査などで他の研究機関、地域の愛好家、ボランティアなどと連携して調査が行われている。

（2）飼育栽培系博物館

　生きている資料を扱う飼育栽培系博物館における資料自体に関する研究の中で、分類学的研究は盛んではなく、資料（生物）を生かすための研究、繁殖に関連した研究、生きている生物が示す行動学的研究などが中心になる。

　動物行動学的研究は、動物園や水族館にふさわしい研究といえるだろう。自然界における行動研究は、いろいろな制約や大きな困難を伴うことに対して、動物園や水族館では比較的容易に観察できる利点がある。また、大形の動物は飼育設備や飼育管理に膨大な費用が必要であり、研究目的のためだけで大学などの研究機関が飼育することはかなり困難である。

　動物園・水族館での飼育展示は、できるだけ自然に近い状態で展示することが一般的であったが、最近では行動学的な実験状況を公開する展示も行われるようになった。行動研究では動物の行動を観察し記録に残すことが基本となるが、AV機器の著しい発達によって長期間の行動記録も可能になった。これらの機器を利用した研究が盛んに行われ、貴重な映像を得る機会も多くなった。

（3）理工系博物館

　理工系博物館の中で科学技術や産業の発達史に関するオリジナル資料を保存している博物館では、資料そのものに関する研究が行われるが、それらの資料を持たない博物館では教育に関する研究が中心で、資料自体についての研究はまれである。ルネッサンス以降の科学の発展、産業革命による産業の振興で世界をリードしてきたヨーロッパには、それらの発展に関する貴重な歴史的資料を保管している博物館が少なくない。それに対して、最近までヨーロッパ諸国の後を追ってきた日本では科学技術に関する歴史的資料を保管している博物館は少なく、資料に関する研究は低調である。　　　　　　　　　　　　　　　　　　　　　　［西　源二郎］

【参考文献】

糸魚川淳二『日本の自然史博物館』(東京大学出版会、1993年)。
鈴木克美・西源二郎『新版水族館学』(東海大学出版会、2010年)。
西　源二郎「調査研究の内容 (1) 博物館資料の研究：自然史系博物館」『新版博物館学講座　博物館調査研究法』(雄山閣出版、2001年)。

5. 資料活用法の調査・研究（人文編）

（1）展示以外の特別利用

　博物館資料は、これまで学芸員を中心に調査研究がおこなわれ、市民の利用は館内を中心とした展示や講演会などの教育普及事業への受動的参加に限定されていた。近年は、博物館が市民の学習と交流の場へといった大きな流れのなかで、市民の博物館資料の活用法も多様になった。そして、博物館資料の展示や特別利用、教育普及事業、情報資料公開、インターネットなどでの新たな活用法やその可能性についても議論がされるようになってきた。

　展示以外の特別利用としては、これまでにも研究者などが学術的な調査研究のために希望して特別に熟覧することがあった。博物館では博物館資料の価値が高まることにつながるため積極的に対応してきた。ただし研究者が長時間熟覧出来る場所の確保や、写真撮影などは資料の劣化の原因となる。そのため博物館で撮影した写真の提供など博物館資料の情報化の促進といった課題も残る。市民の自己学習のための博物館資料の利用は、博物館の活性化のためにも有効だが、多様な資料の扱いを事前に教える必要がある。いずれも学芸員が直接立会うことが前提であり、長時間拘束されるため利用者側には事前の申し込みが求められる。

（2）子どもむけの教育普及事業

　子供むけの教育普及事業は館内での体験学習が一般的である。館内での博物館資料の利用は、展示のように受動的に見て学ぶとは違って、実物を触れたり使ったりするハンズオンの体験学習としておこなわれる。体験学習は五感で感じ、実感をともなうため教育効果は高く、親子が一緒に参加すれば文化継承の場ともなる。

　資料の損傷が大きいため新しい資料を製作したり、保存資料と利用資料をわけて、資料の保存をはかる必要がある。

　館外での資料活用には学校教育との連携があり、学芸員が小・中・高等学校に出向いての出前講義などに実物資料を持参することもある。高等学校の歴史教育の出前講義で、博物館資料の古文書を持ち込み、学生に好評だった例もある。

　国立民族学博物館では、「みんぱっく」とよぶカバンに資料をいれて貸し出している。貸し出し期間は2週間で、遠隔地の場合は延長される。カバンの中には世界

第 3 章　博物館資料論

各地の民族衣装や生活道具、それらにまつわる情報や解説書が入っている。子どもたちが実際に道具に触れたり、衣装を着たりするなかで、新しい世界と出会い、興味関心がふくらむため人気がある。

（3）情報資料の公開

　博物館の情報資料としては、博物館のテーマに関する学術書・研究書・報告書・図録などがある。博物館活動に不可欠なこうした図書類は、学芸員室や図書室を設けて整理している。館を訪れた研究者やボランティア、専門知識をもとめる市民には魅力である。さらに博物館が刊行する調査報告書や図録などは、博物館相互の情報交換用で、発行部数が少なく書店で販売していないことが多い。市民はその存在すら知らず、見ることが困難な本が多かった。

　江戸東京博物館では、図書室を無料開放して閲覧スペースを設け、コピーサービスまでしている。岐阜県博物館でも、入館者に図書室を開放し、図書のほか映像記録なども貸し出している。

　博物館では無形民俗文化財の映像記録や音声記録の作成や収集をしている。映像資料や音声資料は、静的な展示にくらべて動的で展示としても効果が大きい。そのため国立民族学博物館をはじめ、映像資料を自由に選択して個別に映像室を設けて、鑑賞できる工夫をしている博物館もある。香川県立博物館では、舞台としても使えるホールがあり、県内の民俗芸能を実演して、市民の教育普及活動に利用している。

（4）デジタル化と博物館資料

　インターネットの普及により、著作権など多くの課題はあるが博物館資料の活用範囲が拡大し、これまで考えられなかった新たな資料活用の可能性がうまれている。

　その最前線が東京大学総合研究博物館で、約600万点といわれる東京大学コレクションを積極的に公開し活用をすすめている。その目玉になるのが「デジタルミュージアム」構想で、博物館資料をデジタル化して「知の解放」を目指している。たとえば、デジタル化によって資料の公開と保存の併用が可能になった。立体データをもとにレプリカ作成装置にかけると、簡単に資料の再生ができる。いろんな角度からみながら、他の資料との比較が容易にできる。身体障害者など弱者の利用に配慮した文字・音声などによるサポートが容易になる。

　東京大学総合研究博物館は、博物館資料をだれでもが、時間を気にせず、どこからでも活用できる可能性を模索している。　　　　　　　　　　　　　［印南敏秀］

【参考文献】
大堀哲監修『博物館学シリーズ2博物館資料論』（樹村房、1999年）。
布谷知夫『博物館の理念と運営』（雄山閣、2005年）。
小笠原喜康：チルドレンズ・ミュウジアム研究会『博物館の学びをつくりだす』（ぎょうせい、

2006年)。
養老孟司監修『東京大学総合研究博物館』(世界文化社、1999年)。

6. 資料活用法の調査・研究 (自然編)

　博物館における資料活用法としては展示、展示以外の教育活動、研究などがある。展示については本書の別の章で扱われるので参照していただきたい。

(1) 自然史博物館

　自然史博物館の展示法は、人文系の歴史博物館や民族博物館と共通するところが多い。もちろん展示が伝える概念、展示に用いる資料などに違いはあるが、説示的な展示 (新井、1976) であり、実物資料を用いた静止展示が主体である点は共通している。展示についての研究は、展示の目的がそれを観覧する人に効果的に伝わっているかどうかという教育学的な研究、展示手法に関する技術的な研究などがある。
　展示以外の教育活動である講座や体験学習においても博物館資料が活用される。最近盛んになった学校への出張授業において、博物館に保存されている実物資料を示しながら説明すると、通常は教科書に載っている写真や図だけで学習している児童生徒の理解を早め、何よりも興味を引き出すことができる。映像が氾濫する生活の中で、実物に触れる機会の少ない児童生徒に及ぼす実物資料の教育的効果を検証するのは、重要な研究課題となる。
　博物館に保存されている古い資料は、その資料が収集された時代の情報を内蔵しているタイムカプセルの役割を果たすことがある。農薬など人間が作り出した化学物質が環境に蓄積され、自然に悪影響を及ぼすことが懸念されている。過去の生物標本に蓄積している化学物質を測定することによって、その生物が収集・固定された時代の状況を推定することが可能である。標本として保存されている生物資料から、遺伝子の情報を取り出す技術も進歩しており、博物館資料の活用法が広がっている。

(2) 飼育栽培系博物館

　飼育栽培系博物館の資料は、繁殖によって資料を増加させることができるという特徴を持つ。繁殖で増加した資料はいろいろな局面で活用されている。自然界からの資料 (野生動物) の収集が困難な状況にある動物園においては、繁殖が展示動物確保の手段として重要であり、現在動物園で展示されている動物の大部分は動物園で繁殖した個体である。今後とも、健全な動物を繁殖させていくためには、動物の血統登録、繁殖技術、繁殖した個体の育成などが必要であり、これらに関する研究

第3章　博物館資料論

が動物園などにとっても重要になってきている。

　飼育や繁殖に関する研究は、絶滅の危険性がある希少生物の種の保存につながる研究で、社会的要望が高まっている研究である。動物園で繁殖に成功した動物を、野生に復帰させる活動も行われている。

　水族館では、繁殖で増加した資料が産業に活用されるケースもある。大分マリーンパレス（現、うみたまご水族館）では、シマアジが水槽で産卵しているのを発見し、これらの卵を稚魚にまで育てることに成功した。シマアジは水産養殖の対象種で、その種苗が日本で初めて水族館で生産され、水産業界に提供された。

　水族館で繁殖したウミガメ類や長年飼育したジンベエザメを野外に放流することも行われるようになった。この際に、放流個体にデーターロガなど情報記録装置を装着して、野外における行動を記録する研究もおこなわれている。従来博物館での研究は、自然界から収集した資料を利用して博物館内で行うという、自然から博物館へという流れの中で実施されてきたが、博物館で飼育繁殖した資料を自然界に戻すという、資料の博物館から自然へという流れの中での研究が可能になった。

　飼育栽培系博物館は、主として野生生物を対象としており、生物多様性、環境保全に関する教育活動が期待されている。魅力的な野生動物を介在させて、環境への関心を高める活動は、従来から盛んに行われてきたが、さらに一歩進めた環境教育に向かって、どのようなプログラムが有効であるかといった研究がこれからは重要になるだろう。

（3）理工系博物館

　理工系博物館は一般的に教育活動が主要な機能であり、教育活動についての研究が主要テーマとなっていることが多い。理工系博物館の展示では、実物資料（博物館外に既に存在していた資料）を用いる場合もあるが、展示のために資料（展示装置）を製作することが多い。展示装置の製作においては、いかにして良い展示資料を製作するかが重要であるが、これらに関する研究は、ここのケーススタディが大部分で、包括的な研究はまれである。

　博物館利用者に伝えたい科学技術・先端科学の成果、それを支えている物理的・科学的概念やメカニズムなどを、どのように理解させるかという観点から、展示資料（展示装置）や教育プログラムを制作していく。完成した展示や教育プログラムが計画通りに運用

シャボン玉の展示
（科学技術館）

実施され、狙い通りの効果を上げているか、といった評価研究が行われる。
　資料を活用した教育活動のプログラム開発、それらの教育的な効果検証などとともに、理工系博物館で期待される研究分野である。　　　　　　　　　　［西　源二郎］

【参考文献】
糸魚川淳二『新しい自然史博物館』（東京大学出版会、1999年）。
石田　戢『日本の動物園』（東京大学出版会、2010年）。
猿渡敏郎・西　源二郎『研究する水族館』（東海大学出版会、2009年）。

第4節　博物館資料の取り扱い

1. 美術系資料

　人類共有の財産としての博物館資料を次世代に伝えていく義務がわれわれに課せられている。そのために重要となってくる要素の一つが取り扱いである。学芸員は資料と様々に関わるが、取り扱いはその中で最優先にあげられる能力であろう。
　ここでは美術作品の日常的な扱いを中心に概要を説明していく。美術作品は、特に脆弱な素材と構造であるものが多く、また希少性が高いという特性を持つ。ゆえに、作品を傷めないための正しい訓練を受けた人が扱うことが求められている。
　美術系作品に限らないが、取り扱いの肝要として思い起こされるのは、私を指導してくれた扱いに熟練した学芸員が、「赤ちゃんを扱うように作品を扱え」と言われていたことである。漠然とした表現だが、愛情を持ってやさしく丁寧にという取り扱いの真髄が示されている言葉だと思っている。
　日常的な扱いとは、展示のための館内移動や調査時等のことを想定しているが、作品を扱う以前に、防犯・防火はもちろん、耐震対策やかび・さび等が発生しないような館全体の環境が整っていなければならない。そして、扱う人の体調や気持ちを整えておく必要がある。作品を扱うことに集中できない体調や心の状態の時は、扱いは避けるべきである。また鼻血が出やすい人や汗をかきやすい人などは、その状態に対応しておく必要がある。手指の爪なども適切に処理しておくことは言うまでもない。
　この上で、手洗いをし、髪や服装を整える。手洗いは、作品に汚れや手油が付着するのを避けるためであるが、手袋をつける方法もある。ただ手袋は、手の感覚を鈍くさせるので好ましくない場合が多いが、錆の心配などがある場合などには必要である。服装では、時計・指輪・ネックレスをはじめとする装身具は外し、知らずに服が作品に接触したり、ボタンやベルトなどの金具が作品に当らないように整える。
　このような事前準備の後、作品に向かっては、触れる前にその状態をよく観察し点検することが必須である。観察・点検は、作品の素材の劣化状態、構造上の脆弱部分の見極めが重要なポイントとなる。

劣化状態とは、例えば染織品や絵画で、素材である布や紙の繊維がもろくなって動かすと切れてしまうか崩れてしまうと判断される様、布や紙に裂けや破れなどがあり動かすとさらに状態が悪くなると判断される様などをいう。彫刻・工芸の素材である木材では、干割れ・腐食・虫食いの状態、金属では亀裂・腐食・錆などの状態をみる。ここで全ての素材の事例をあげることはできないが、素材によってさまざまな劣化がみられ、経験的に判断できるものも多いが、やはり正確に判断するには保存科学的な知識が必要であろう（具体的事例は第4章を参照されたい）。また絵画・彫刻・工芸などの彩色が剥落しやすくなっていないかを判断することも重要なポイントとなる。さらにカビや虫害などは、動かすことによって、他の作品に広まることに注意しなければならない。
　構造上の脆弱部分の判断とは、作品がどの様に素材を組み合わせて作られているか（構造）を見た上で、その接合部分の強度を検討することである。作品がどのように作られているかを知ることは、劣化状態とともに、扱いにとって重要な判断材料となる。素材の接合面に不自然な力がかからないような扱い方を検討しなければならないからである。尚構造は外見だけでは分からないこともあり、おおよそ各ジャンル、各時代の作品がどの様な構造をもつかという知識を学んでおくことも必要である。
　以上の観察・検討により、どの様に扱えば安全かを考えることが出来るようになる。作品のどこを持つか、何人で持つか、移動のための用具には何が必要か等々である。そして、いうまでもないことだが、劣化や破損が激しいなど保存状態が悪い場合は、作品を動かし展示してはならない。このような作品を扱う場合は、専門修復家による応急処置や保存修理を施して後とすべきである。
　これまで作品本体の扱いについて述べてきたが、作品の付属品にも注意しておく必要がある。付属品とは、絵画作品では保存箱・太巻き芯・書付など、彫刻では光背・台座・荘厳具・持物などのことである。これらの扱いも本体に準じるが、複数の作品を扱う場合、付属品の取り違えが起こらないように、札をつけるなどの処置を必ずしておく必要がある。保存箱を間違えると、よく似た形の作品は区別がつきにくくなるし、太巻き芯などでは作品を傷めることにもなりかねない。
　まだ述べなければならないことは多いが、日常的な扱いが応用的に行われる場面として、館外への運搬・写真撮影時における学芸員のあり方について簡略に触れておきたい。
　現在の博物館においては、館外への輸送は専門業者により適切な梱包を施して移動するのが一般的である。この際に学芸員は、梱包の技術や材料を理解しておく必要がある。そして、学芸員が判断した作品一点一点の保存状態によって、専門業者と最も安全な梱包を模索すべきである。

撮影時においても危険が多いので、学芸員は注意し監督する必要がある。照明による絵具の退色・剥落や木材の干割れ、カメラ・照明器具の接触による損傷などの事例が多い。撮影に伴う移動は学芸員が行うのは当然であり、さらに撮影者も美術作品の撮影に習熟しているカメラマンが望ましい。

最後に、緊急時における保全の対策も忘れてはならない。火災・地震・水害・盗難等に備えて、それぞれの緊急事態への対応のマニュアルを作成し、誰が何を行うかを明確にしておくことが求められている。またマニュアルに基づいて定期的に防災訓練が実施されるべきである。さらに保険についても考慮しておく必要があろう。

［井上一稔］

2．考古・民族系資料

（1）考古資料とは

考古資料とは、人類が残した過去の物質または構築物であり、遺物と遺跡からなる。遺物とは可動的なもの、遺跡とは移動が困難なものを言う。具体的には、土器や石器、木器、金属器などが遺物であり、住居や集落、都城、宮殿、墳墓、寺院などが遺跡であるが、その区別が難しいものもある。

このうち博物館で取り扱う考古資料の大半は遺物である。時代的には、旧石器時代から昭和の時代までを扱い、材質的には、石、木、金属（金・銀・銅・鉄・鉛）、ガラス、布など様々である。従って、一様な取り扱い方と言うものはないが、時代の古いものや材質の脆弱なもの、国宝や重要文化財など貴重な遺物は、より慎重に取り扱わなくてはならないことは言うまでもない。

（2）考古遺物の取り扱い方

ここでは、熟覧調査を例にとって、資料の基本的な取り扱い方について説明する。先ず、収蔵庫から遺物を庫外に持ち出す時には、庫外の温湿度に慣らすために、前室で一定の時間仮置きする。そうしないと、遺物に結露が生じることがある。遺物を運ぶ時は、昆虫箱か木箱、浅いダンボール箱に入れて、手で持ち運ぶのがよい。収蔵庫と熟覧室が遠く離れていて、たくさんの遺物を同時に運ばなければならない時は、やむを得ず台車を使うが、台車の振動が遺物に与えるリスクには充分に注意すること。熟覧室までには、ドアの開閉やエレベーターの操作などが必要となるため、一人ではなく二人以上で行うことが望ましい。

熟覧室には、遺物を置くためのやや大きめの机を用意し、その上にベッチン（別珍）のような弾力があり、滑りにくい布を敷き、遺物の入った箱は机の真中に置く。遺物を観察し、実測する机は別に用意し、必要な遺物は、その都度移動させ、熟覧

が済んだ遺物は元の場所に戻す。熟覧中に、昼食やトイレなどで席を離れるときは、部屋を必ず施錠する。

　さて、実際に熟覧を始めることになるが、その前に手を水道水できれいに洗い、身に付けた時計や装飾品などをすべて外し、携帯電話も遠ざけておく。熟覧の日には、香水や整髪料なども控えること。風邪をひいている人や、花粉症の人は、咳やくしゃみなどの飛沫が遺物に直接かからないようにマスクを着用する。遺物に触れるときは、手の油脂や汚れなどが付かないように、薄手の白い手袋を着用する。ただし、手袋を使用すると滑りやすい遺物もあるので注意が必要である。手袋を着用しない方がよい遺物もある。

　遺物を観察し、実測するためには、筆記具、消しゴム、セクションペーパー、三角定規、ディバイダー、キャリパー、形どり器（マーコ）、ルーペ、懐中電灯など、たくさんの道具が必要である。筆記具は必ず鉛筆を使用し、万年筆やボールペンは絶対に使用しない。また、金属製のディバイダーやキャリパーは、先端が鋭く尖がっており、遺物を傷つけることがあるので、木製の針などを装着して使用する。形どり器も同様で、金属針製のものは使ってはならない。たとえ木製のものでも、無理に押し付けてはならない。

　デジタルカメラで記録写真を撮る場合は、遺物に強い光を当てたり、接写しすぎないよう、また遺物の上にカメラを落とさないよう細心の注意を払う必要がある。熟覧調査が終われば、遺物に変わりのないことを確認し、収蔵庫に収納する。

（3）遺跡・遺構の取り扱い方

　考古資料として遺跡・遺構の展示も少しずつ増加している。その理由は、遺物は遺跡や遺構と遊離して存在するものではなく、一体として捉えるべきものだとの考えからであろう。遺跡と博物館が一体となった所謂サイトミュージアムなどでは、建物の下に遺跡の遺構を傷つけないように保存し、建物の床に強化ガラスを張って、地下の遺構を見学できるようにしている。大阪歴史博物館では、地下に保存している古代の難波宮跡を見学することができるし、奈良市の平城宮跡遺構展示館でも、発掘調査で見つかった奈良時代の遺構を覆屋の中で、そのまま露出展示している。また、遺跡の一部や遺構を切り取り、展示室で見学できる例も多い。

　考古資料とは異なるが、同種の展示として、岐阜県本巣市の地震断層観察館には、1891年の濃尾地震を引き起こした根尾谷断層を、また兵庫県淡路市の野島断層保存館でも兵庫県南部地震で出現した野島断層をそのままの状態で保存展示している。展示の意図は、地震を引き起こした断層を写真や模型で知るだけではなく、自分の目で見て、地震の凄まじさと脅威を感じることが地震に備える気持ちを起させる教育的効果が高いと考えられるからである。

第 3 章　博物館資料論

　展示品である遺跡や遺構、断層の取り扱いで、特に気をつけなければならないことは温湿度管理である。樹脂加工が施されている場合もあるが、一般的に湿度が低くなりすぎると、土が乾燥しひび割れを起す。反対に湿度が高くなりすぎるとカビが繁殖する。見学者が持ち込む種子や昆虫などによって、遺構表面に植物が繁茂し、虫が発生する場合もある。こうした点に注意を払わないと、遺構は風化し崩壊してしまう。館外に展示している家屋についても、温湿度に注意し、風通しをよくしておくことが大切である。

（4）民族資料の取り扱い方
　次に民族（俗）資料について述べる。民族学（Ethnology）は、16世紀以来、ヨーロッパ人が未知の土地に進出し、違った人間社会を発見し、それがいかに、またなぜ違っているのかを知ろうとする興味から出発したのに対し、民俗学（Folklore）は、文明社会に残るその民族の古い生活文化を、口頭による伝承とか行事・習慣によって復元しようとする学問である。ただし、二つの学問の明確な線引きは難しい。
　考古資料であれ、民族（俗）資料であれ、モノを取り扱う基本は同じである。要はモノの立場に立って取り扱うことに尽きる。ただし、民族（俗）資料が考古資料と大きく異なる点は、モノに付随する情報が比較にならないほど多いことである。それは、モノを収集する時、研究者がみずから現地に出向いて、使用している人から直接譲り受け、そのモノについての情報を記録するからである。資料についての情報が少ない考古学では、民族学の助けを借りて、資料の解釈や社会構造を明らかにしようとする民族考古学（Ethno-archaeology）が成立する。
　民族（俗）資料の取り扱いで厄介なのは、その種類や材質が多岐にわたり、形や大きさも不揃いで、生活のよごれを残す資料も含まれる。動植物の皮革や織物、醸造、酪農関係の資料には、カビや虫害が発生しやすく、充分すぎる注意が必要である。極端な場合には、気がつけば、資料の形が亡くなっていたということにもなりかねない。これらを保管するためには、収蔵庫の温湿度調整の難しさと共に、収蔵空間の確保が容易でない。　　　　　　　　　　　　　　　　［竹谷俊夫］

3．古文書・アーカイブズ資料

（1）古文書
　古文書とは、狭義には、ある者（差出）が特定の相手（宛名）に対して文字で意思を伝達した古い書類を指し、広義には、日記（古記録）や書籍（古典籍）などを含めた古い書類の全般を指す（本項では、古文書の語を後者の意味で用いる）。
　古文書の形状には、①一枚の紙をそのまま用いる一紙物（状物）、②複数の紙を

束ねて帳面に仕立てた冊子物、などがある。このうち①一紙物については、漉かれた紙（全紙）をそのまま横長に用いる竪紙、竪紙を横二つ折りにした折紙、竪紙を横や縦に半分またはそれ以下の大きさに切った切紙、②冊子物については、竪紙を縦二つ折りにして一方の長辺を綴じた竪帳、竪紙を横二つ折りにして一方の短辺を綴じた横帳、横帳の長辺をさらに半分にした横半帳、などに分けられる。

　古文書を取り扱う際には、整理・保存・利用のいずれの場面でも目録がきわめて重要な役割を果たす。目録には、あらかじめラベルや封筒で区別された文書一点ごとに、番号、年月日、数量、文書名、差出・宛名、正文（原本）と案文（写・控・下書など）の別、形状、寸法、破損や欠落の有無、包紙や袋の有無、他の文書との一括関係など、その文書の概要を把握するために必要な項目を記入する。

　つぎに、古文書を取り扱う際の注意点としては、次のようなものがあげられる。

　　①文書に手の汚れやあぶらが付かないよう、作業の前には必ず手を洗う。また、文書の近くで飲食や喫煙はしない。さらに、腕時計や指輪など、文書を傷つける可能性のある金属類は身に付けない。

　　②文書は丁寧に扱い、強く押し広げたり、開いた文書のうえに他の文書を重ねたりしない。また、新たな折り目を付けたり、貼紙をはがしたりせず、文書の原形はできるだけ変えないようにする。

　　③文書を筆写したり、目録やメモを取る際には、インクが付くといけないので、万年筆やボールペンは使わず、鉛筆を用いる。また、鉛筆の芯や消しゴムのかすなどを文書に巻き込まないよう気を付ける。さらに、文書に書き込みをしたり、文書のうえに紙を置いてトレースをしてはならない。

　　④文書に貼付するラベルは、文書になじむ和紙のものを用い、文書を収める封筒は、酸化しない中性紙のものを選ぶ。また、文書をまとめるのに輪ゴムや金属製のクリップなどは使わない。さらに、寸法をはかる際には、文書を傷めるおそれがあるので金属製のメジャーは避ける。

（2）アーカイブズ資料

　アーカイブズとは、個人や団体が作成・収受・蓄積した記録のうち、運営上や研究上、その他さまざまな利用価値のために永続的に保存されるもの、および、それを保存する（公）文書館のことである（本項では、アーカイブズの語を前者の意味で用いる）。また、文書館は、①（自らと組織的に関係のある）役所などより移管された公文書と、②（自らが所在する地域のものなど、必ずしも組織的には関係のない）個人や団体に残された古文書との両方について、歴史的な価値のある資料を保存・公開することを目的とする。さらに、文書館が対象とする資料は、②の古文書を中心に、博物館資料と重なる部分が多く、現実には博物館も、文書館の役割を

果たしたり、アーカイブズの資料を取り扱っている。

　通常、アーカイブズ資料は単独で存在するのでなく、複数のものが一定のまとまり（資料群）を構成している。また、資料群には、資料を生み出した母体（役所や企業・学校、寺院や個人の家など）の組織と機能を反映した体系的な秩序や階層的な構造が内包されていることが一般的である。それゆえ、アーカイブズ資料を正確に理解するためには、資料1点ずつの内容を把握すると同時に、資料群の全体像や資料相互の関係性を解明することが不可欠の作業となる。そして、実際に資料を整理したり、目録を作成するうえでは、①資料を生み出した母体（出所）ごとに、ひとまとまりの資料群として整理すること（出所原則）、②出所でとられていた資料の配列方式（原秩序）をむやみに変更しないこと（原秩序尊重の原則）、③折り方や包み方など、資料の原形をむやみに変更しないこと（原形保存の原則）、の3つが基本的な原則となる。

　さらに、近年は、コンピューター技術の発達やインターネットの普及により、アーカイブズ資料のデジタル化が急速に進み、資料の管理・活用のあり方に大きな変化と便宜をもたらしている。たとえば、各種の文書館や博物館のホームページをみると、所蔵する資料の目録を検索できたり、資料そのものの画像を閲覧できるなど、便利なサービスが次々と提供されていることがわかる。また、デジタル化された資料のデータを記録する電子媒体は、紙に比べて保管場所を取らず、利用も手軽であり、たいへん有用なものである。ただし、電子媒体にも、物理的・技術的な耐用年数や新たな媒体への変換費用などの問題があり、長期保存の観点からは、紙やマイクロフィルムといった従来の記録媒体と組み合わせることが必要である。

［小倉　宗］

【参考文献】
日本歴史学会編『概説古文書学　古代・中世編』（吉川弘文館、1983年）。
国文学研究資料館史料館編『史料の整理と管理』（岩波書店、1988年）。
安藤正人『記録史料学と現代』（吉川弘文館、1998年）。
中藤靖之『古文書の補修と取り扱い』（雄山閣出版、1998年）。
加藤有次ほか編『新版・博物館講座5　博物館資料論』（雄山閣出版、1999年）。
国文学研究資料館史料館編『アーカイブズの科学　上・下巻』（柏書房、2003年）。
小川千代子ほか編『アーカイブ辞典』（大阪大学出版会、2003年）。

4.　自然系資料

　博物館資料は、「もの」と「情報」に大別され、さらに「もの」は一次資料（直接資料）と二次資料（間接資料）に分けられる。「情報」には、研究報告書、学術図書が含まれる。一次資料とは実物・標本とその記録であり、二次資料とは、模造、模型、複製、模写、複写、拓本、写真、実測図、録音、記録とその記録である。

（千地、1978；加藤、1996；倉田、1996）。生物の一次資料（実物標本）を中心に資料の種類と保存形態について概説する。資料の種類によって「取り扱いとその留意点」は異なるので、詳しくは既刊の『博物館実習マニュアル』第2章「資料の取り扱いとその留意点」第9節「自然科学」1、「自然科学と博物館資料」、ならびに第4章「実習の基礎作業」第3節「自然科学標本の作製」を参照されたい。

自然史系資料の実物資料は一般に「標本」と呼ばれる。生物標本は、本来細胞を基本単位とする生命体であり、生きているものを採集、麻酔をして殺し、固定後、マウントされ、分類・整理・保管されたものである。蝶類であれば、捕虫網で採集し、胸部を圧迫して殺し、展翅、乾燥後、標本箱に分類体系に従って分類群ごとに整理され、防虫剤とともに保存される。その資料化における各手法は、取り扱われる生物種あるいは分類群によって異なる。マウント標本の形状は、取り扱われる資料によってあるいはその専門分野によって異なり、その資料が有する形質のどの部分が研究にとって必要であるかによってそのマウント方法が選択される。

青木（1999）が述べているように、実物資料の形質や性状の一部を犠牲にして、博物館資料として必要な要件を保存するために加工処理がなされる。科学保存処理による材質・形状の変化は、現在のところ博物館資料として保存上不可避なことであるが、実物により近い資料化が図れる保存技術の確立が望まれる。マウントにおいて、その個体の有する形質を損なわないように、形態学的な配慮が必要である。

また、生物資料の分野においては、近年のバイオテクノロジーの飛躍的な進歩に伴い、器官、組織、細胞、あるいは遺伝情報をもとに、個体を再生する可能性も生じてきた。生物多様性保全あるいは種の保存から考えても、標本の価値がさらに増してきている。その永久的な保管・継承が望まれている。

（1）保存形態による生物資料の種類　（表、図1〜6）

保存方法の違いにより、大きく乾燥標本、液浸標本、封入標本に分けることができる。前述したように、取り扱う生物資料の特徴によって、あるいはその研究目的・手法によって、そのマウント方法あるいは保存方法は異なる。

乾燥標本には多種多様なマウント標本がみられる。例えば、脊椎動物では、哺乳類、鳥類、魚類などの皮膚の強度が高い動物を対象とし、腐敗しやすい内蔵や肉片を除去、革だけにして防腐処理後、外形を保存する「剥製標本」（図1）、あるいは同様に骨だけにして組上げた「骨格標本」（図1）がある。昆虫類では、展翅、展足などにより整形後、自然乾燥させる。急激な乾燥により形態が著しく変化しやすい幼生期は、実物に近い形状を保つために凍結乾燥法が用いられる。植物では、重圧を加えて水分を除去した押し葉標本である「さく葉標本」（図2）が一般的である。液浸標本には、主にアルコール液浸標本、ホルマリン液浸標本があるが、分類

第3章　博物館資料論

各種生物標本の保存形態（千地万造『博物館学概説』1985年、所収）

標本			防虫剤・保存材または封入	ふたのない容器	密閉式の容器	標本棚
乾燥標本	動物	昆虫	ナフタリン	ユニットボックス	標本箱	トビラ付
		動物剥製		小さいものは紙小箱プラスチック小箱	なし	
		動物骨格				
		貝殻など		紙小箱	プラスチック小箱・管びん	
	植物	植物さく葉		台紙	なし	
		キノコ類		紙小箱プラスチック小箱		
		材など				
	化石	化石	なし	スライドグラス紙小箱・プラスチック小箱・木箱	なし	トビラ付開放式
液浸標本	動物	カイメン・クラゲ・サンゴ・コケムシ・ヒトデ・ウニ甲殻類・魚類など	アルコール60〜80％またはホルマリン10倍液	なし	ガラスびん	トビラ付開放式
	植物	植物(果実など)植物遺体				
封入標本	動植物	動植物(組織・花粉)	パラフィングリセリン	スライドグラス	なし	
		魚類・その他				

図1　剥製標本と骨格標本
（国立科学博物館）

図3　液浸標本
(Smithsonian Museum Support Center)

図2　さく葉標本（兵庫県立人と自然の博物館）

図4 プレパラート標本
（坂口コレクション、兵庫県立人と自然の博物館）

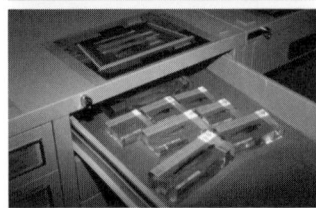

図5 プラスチック封入標本
（兵庫県立人と自然の博物館）

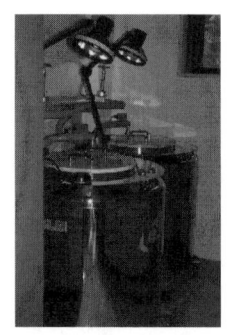

図6 凍結保存用タンク（環境省生物多様性センター）

群によってその保存方法は異なる。大型種を除く鳥類や魚類、そして体が軟弱な無脊椎動物などに用いられる。また、一般的に研究目的のために用いられる場合が多く、解剖を要する部位あるいは全体が固定・保存される（図3）。封入標本は、実物資料を透明樹脂の中に封入したもので、外気との接触を遮断し、劣化を防ぐことができる。例えば、顕微鏡観察のために作成されたプレパラート標本（図4）、プラスチック封入標本（図5）などがある。その他、実物資料の水分をシリコン樹脂などの樹脂と置換することによって変形を防ぐプラスティネーション（樹脂含浸標本）がある。また、生理学、遺伝学、発生学、繁殖学など研究を目的とした凍結保存標本（資料）がある（図6）。　　　　　　　　　　　　　　　　　　　［阿部正喜］

【参考文献】
青木　豊『博物館学講座5、博物館資料論』（雄山閣出版、1999年）。
網干善教他編『博物館学概説』（全国大学博物館学講座協議会関西支部、1985年）。
加藤有次『博物館総論』（雄山閣出版、1996年）。
倉田公裕『博物館学事典』（東京堂出版、1996年）。
全国大学博物館学講座協議会西日本部会編『博物館実習マニュアル』（芙蓉書房出版、2002年）。
千地万造『博物館学講座5、調査・研究と資料の収集』（雄山閣出版、1978年）。

第5節　博物館資料の保存・修復

1．博物館における資料の保存・修復

　博物館・資料館などの一般的機能の一つとして、資料の収集・保管があることはいうまでもない。しかし、原理的あるいは原初的な意味における博物館資料の保管とは異なる次元において保存という考え方が生じてきた。双方に明確な定義があるわけではないが、慣用的に使い分けられており、一般的には保管よりも保存は、修理や修復などを含めたより能動的な意味として用いられることが一般的である。
　また、個々の博物館資料の修理や修復を含めた保存に関わる措置がとられた後に保管されるのであるから、資料の保存と保管・収蔵とは段階的な行為としてとらえられる。ここではとくに博物館において行われる資料の保存についての概要を記し、方法や技術的な内容は別の章を参照されたい。　　　　　　　　　　［門田誠一］

2．博物館資料の保存・修復の基本

　博物館資料の保存・修復についての実際的な事項は本書第4章第2節4でふれたので、ここでは博物館における資料に関連する業務としての保存と修復について概括的に述べたい。
　いうまでもなく、博物館資料の修復の基本は資料固有の本来的な特徴を損なわないことにある。資料の特徴とは、大きさや形態などの外形的な要素や色調・製（制）作技法などの外面的な要素などがあげられる。
　このような目的の達成のためには、博物館資料の保存・修復を博物館等で行う場合と外部の機関等に委託する場合とがある。一般的に日本の博物館等では保存や修復のための設備をもたない場合が多く、とくに自然科学的な保存等を行う場合は専門機関に委託することが多い。ただし、いずれの方法をとるにしろ、学芸員として行うべき作業のなかで重要な内容をあげておく。
　　①資料調査による現状把握
　　　修理・修復の前段階で資料の状態を確認し、記録しておく。
　　②資料の修理・保存方法と過程の認識

博物館で行う場合も、外部機関に委託する場合も、学芸員は修理・保存のすべての過程を把握することが必要である。
③修理・保存と梱包・輸送
梱包や輸送に際して、修理した部分は資料の強度が脆弱になっていることがあるので、梱包や輸送の際にとくに注意して作業を行う。
④レプリカの保存
レプリカのなかでも、金属製のものがあり、これらは錆に注意し、また、樹脂製の場合は臭気が伴うことがあり、保存する場合の人的環境にも留意する。

[門田誠一]

【参考文献】
本田光子「博物館資料の危機管理—九州国立博物館のハードとソフト」(『博物館研究』41-10、2006年)。

第3章　博物館資料論

第6節　博物館資料と情報

1. 博物館資料の変容

　博物館は、多様な実物資料を収集・保存・整理、そして展示することで、学術や文化に貢献してきた。貴重な資料を保存して次の世代に継承するだけでなく、資料の持つ情報を蓄積・発信する生涯学習センターの機能を持つ。これまでは、より質の高い実物資料を数多く保有しているかが博物館の優劣のバロメータであった。しかし、そのような博物館は20世紀の博物館であり、21世紀の博物館はそのような状況ではなくなっている。博物館がいままでどおり、多くの資料を収集したいと思っていても、それらを保存・展示できるスペースは有限であり、また、現地保存の面からも、何もかも収集することがよいのかという基本的な問題がある。これからの博物館は建物の規模で考えるのではなく博物館機能として考える必要がある。
　博物館は、資料を展示し、あるいはキャプションなどで紹介すれば一定の役割をはたすことができたが、現在は情報を一方向的に提供する装置から、利用者が資料と双方向に対話できる空間として変容しつつある。また、展示室という限られた空間だけでなく、館外からの資料へのアクセスも考えなくてはならない。これからの博物館は利用者の知的好奇心を触発する装置でなくてはならない。そのためには、様々な仕組みや手段が必要となるが、もっとも有効の手段を提供できるのが、「マルチメディア」あるいは「デジタルアーカイブ」と呼ばれる新しい情報媒体である。博物館では、実物資料だけでなく、資料に関連する文字、音声、静止画、動画などをデジタル情報の形で蓄積し、それを双方向にやりとりし、さらに統合または加工して新しい価値を生み出すようにする必要がある。博物館がこれらの情報を提供することで、利用者はより自主的に博物館の資料や情報と対話できるのである。

[宇治谷　恵]

2. 情報化と共有化

　マルチメディア化またはデジタルアーカイブ化を行うとしても、大きな課題は博物館資料のドキュメンテーションをどうするかという課題である。歴史、民族、考

古、美術などの人文資料、化石、動植物などの自然科学資料など多様な資料が持つ属性情報をどのような形式や構造で入力するのか、あるいは画像情報などをどの程度の精度で蓄積するのか、検索に対応するためには情報の加工が必要かなど、克服しなくてはならない課題が多いが、いずれにしろデジタル技術を活用した資料のデータベース化を構築する必要がある。博物館資料のデータベース化は必然的に情報の公開という課題をともなう、どこまで公開するかは検討しなくてはならないが、同時にコンピュータネットワークを介して世界的規模での「情報の共有化」を進展させることも可能となる。さらに、博物館はデータベースを活用して、コンピュータ上での仮想展示を行うことも可能となり、博物館における情報公開のあり方も大きく変化していくであろう。(詳細については、第6章「博物館情報メディア論」を参照)

［宇治谷 恵］

第3章　博物館資料論

第7節　博物館資料の可能性

1. 博物館資料の再評価

　ここで述べようとする再評価には、積極的・消極的の二面がある。
　積極的な例としては、学芸員が交代すると、それまで展示されなかった資料が陳列されることがよくあるが、これは新たな価値を見直した担当者による再評価であろう。また館内外の研究者により、収蔵資料に様々な学術的検討がなされ、その価値が見直されることもある。あるいは館の20周年・30周年などを機としたリニューアルオープンの際、単なる施設の改装ではなく、それまでの入館者数や好評であった展覧会などの実績が検討され、より魅力のある館に再生を図ることがあるが、ここにも資料の再評価が含まれよう。
　このように博物館資料の再評価は、博物館を固定化させず活性化するための重要な行為であるといえる。
　ところで注意すべきは消極的ともいうべき、博物館資料を館蔵から外すという再評価がおこなわれる場合である。博物館は収蔵資料を恒久的に保存することが原則であるが、館の経営維持・収蔵容量・新資料購入などの要因からこのような評価が起こる場合も想定される。日本博物館協会は平成16年に『博物館の望ましい姿シリーズ2　資料取り扱いの手引き』の中で、この際の要領をまとめた。ここでは再評価の対象となる資料の条件として次の5項目をあげている。
　　・自館の収蔵方針からはずれ、活用するあてがない。
　　・いつ、どこで、だれが、どのようにといった資料に関する基本的な情報がなく、活用できない。
　　・同型同種の資料が大量にあり、全部活用しきれない。
　　・破損や劣化が著しく、博物館としていかなる目的でも活用できない。
　　・保健衛生面・安全面で危険である。あるいは他の収蔵品に悪影響を及ぼす。
　この上で、再評価の手続が慎重であるべきとし、職員（学芸員）が単独ではなく館内外の専門家を含めて判断し、その経過を記録し保存する必要を説いている。
　そして同書では、再評価された資料は、活用・寄贈者などへの返却・売却・廃棄などの措置がとられるとする。特に活用に関しては、貸与・寄贈・交換などを通じ

て他館で活用できないか、自館で体験・実演用の教材として活用できないかといった方策が講じられるのが望ましいとされる。売却はわが国ではあまり例がなく、海外で新しい資料の購入のためにおこなわれることがある。廃棄は衛生・安全などに関わる資料に関しての措置であるが、何れの措置がとられるにしても、当該資料の記録は永久に保存されるべきとしている。　　　　　　　　　　　　［井上一稔］

2．博物館資料の可能性

　博物館資料は、既知・未知の資料に新しい価値を見出すことにより、これまでにない博物館活動を生み出す力がある。前節の再評価とも関わり、第1章で述べたあらゆるモノが博物館資料となる可能性をもつという定義とも関連する。ここではそのいくつかの際立った事例を紹介しておこう。

　まず19世紀末葉から20世紀にかけて、産業革命によって古い建物や伝統的な生活用具が消滅していることから、それらを保存し認識を高めようとして、欧米に野外博物館が生まれたことをあげよう。わが国でも昭和35年に大阪豊中・服部緑地公園に日本民家集落博物館として登場し、各地に広まった。そして今日では、史跡整備、重要伝統的建造物群保存地区をはじめとする町並み保存事業などと関連した野外博物館が論じられるようになっている。この展開には、フランスで野外博物館に触発されて始まったエコミュージアムの概念も無関係ではなかろう。エコミュージアムは、コア・ミュージアムを中心に、地域社会を一つの博物館と考え、その自然・文化・産業を紹介・再確認するもので、わが国では山形県朝日町他の例がある。

　次に、愛知県・北名古屋市歴史民俗資料館（昭和日常博物館）が、昭和の日常生活資料（レコード・写真・絵葉書・家電製品・ちゃぶ台など）の収集・展示を行う過程で、回想法と関わりをもっていった例をあげよう。回想法とは、昔の生活用具などをもちいて、かつて経験したことを楽しみながら皆で語り合うことにより、脳を活性化させ気持ちを元気にする療法で、高齢者の QOL（生活の質）向上などに効果があり、特別養護老人ホーム、老人保健施設で試みられている。この資料館は、単に昭和の資料を展示して高齢者を迎えて楽しんでもらうという域を超えて、医療・福祉の専門家と連携して回想法という高齢者ケアまで進展させたことが貴重である。

　もう一例は、やはり福祉と関係するが、滋賀県近江八幡市にある「ボーダレス・ミュージアム NO-MA」での、障害のある人の表現活動を核にして、一般の芸術家の作品も一緒にした展示である。これは、フランスのジャン・デュビュッフェがアール・ブリュット（「生（き）の芸術」と訳される）と呼んだ、専門的な教育を受けていない人が（障害者だけでなく犯罪者や社会的に孤独な人なども含まれる）、誰かに

第3章　博物館資料論

評価されることを期待せず、自身の内側から湧き上がる衝動のままに表現した芸術を見出していくという活動の影響を受けている。ただ NO-MA は、上記の展示を通じて、障害者と健常者、福祉とアートといったさまざまな境界（ボーダー）を無くして行こうとするコンセプトを持っているところが独自である。まだ小さな活動かもしれないが、社会的に意義深いものとして注目されよう。　　　［井上一稔］

第4章

博物館資料保存論

第1節　博物館における資料保存の意味と目的

1. 博物館資料保存の基本的理念

（1）博物館資料保存の理念

　博物館法には博物館の定義として博物館資料の保管が規定されており、別に「博物館資料を豊富に収集し、保管し、及び展示すること」（博物館法第3条の4）「博物館資料の保管及び展示等に関する技術的研究を行うこと」（博物館法第3条の4）とある。このように、博物館資料を保管し、それに関する技術的研究を行うことが博物館の主要な事業である。
　ここでいう保管とは収集した資料をできる限り良質の状態で保ち、消滅しないようにすることを指す。このような保管とは別に、近年とくに保存という語が用いられることが多くなっているが、保管に伴い、あるいは先行して行う資料の技術的方法や処理を必要とする行為が保存である。博物館資料の保存の考え方は、ここに立脚している。
　より具体的にいえば、博物館資料の保存とは、博物館資料に対して、直接あるいは間接的に発生する劣化要因に対処することであり、近年では、博物館における資料の危機管理として位置づけられている。

（2）博物館資料保存の目的

　博物館資料の保存に関わる方法や技術などの研究や実施の目的は、第一義的には博物館等において資料を保管するためであり、またそれは博物館資料をできる限り現状より劣化させないように維持、管理していくことが目的である。具体的には博物館資料の自体の保全と博物館資料の保存環境の整備などがあげられる。
　博物館資料を保存するためには、資料そのものの属性や性質を知悉し、展示環境及び収蔵環境を科学的に捉え、資料を良好な状態で保存していくための知識が必要となる。そのためには資料の保存方法や保存処理方法を研究する保存科学などの知識が必要とされる。
　より具体的にいえば、資料ごとの調査による現状の把握を経て、資料の状況に応じて、適切な修復や修理が行われる。その後、保管に際しては適温・適湿・空調・

第4章 博物館資料保存論

防盗・防塵・防火・防震・防虫・防菌・防触・防腐・退色・採光などに留意することが求められる

(3) 博物館資料保存の意義

　博物館資料といわれるものは博物館関係の法規では博物館資料と規定されているが、文化財保護法では文化財（埋蔵文化財を含む）と規定されている。博物館資料をめぐる法規については、本書の別の節（第3章第2節3）にゆずる。ただし、博物館資料が、それらの法律によって規定されており、とくに文化財保護法では文化財が貴重な国民的財産であることと、そのために国民は、政府及び地方公共団体がこの法律の目的を達成するために行う措置に誠実に協力しなければならないと位置づけていることは重要である。すなわち文化財としての博物館資料が保存と活用によって国民の文化的向上と世界文化の進歩に貢献することが理念として謳われているのであって、博物館資料の保存と保護が、たんに博物館等の施設に限らず、日本国および日本国民の担うべき責務であると位置づけられており、博物館資料保存の意義もここに帰結するといえよう。

(4) 博物館資料保存を基軸とした博物館の役割

　博物館資料の保存の包括的な意義に基づき、さらに貴重な地域の文化資源であることが近年、とみに意識され、強調されている。すなわち、博物館における地域資源の保存と活用であり（第4章第5節1参照）、その具体的な活動としてはエコミュージアムなどがある。これはエコロジー（生態学）とミュージアム（博物館）とを結合させた造語で、一定の地域を博物館とみなして、地域の構成員の参加によって、自然や文化、生活様式を含めた環境を、持続可能な方法で研究・保存・展示・活用していくという考え方とそのしくみを指す。

　いっぽう、博物館資料そのものだけではなく、それらに対する調査・研究や研究の過程で生み出された学史的な意味をもつノート類や日誌あるいは図面などの記録や資料に対して、これまで以上に価値を見出そうとする考え方も生まれてきている。一部ではこれらを学術財と仮称し、博物館資料の背景にある研究や活動などの人の営為を包括した資料性と価値とを認めていく方向性といえる。とくに人文系博物館資料の価値は歴史や文化を背景として生じるものであり、このような傾向も同じく博物館資料が人の営為と結びつくことで資料性を担保しているという立場において共通しているといえよう。　　　　　　　　　　　　　　　　　　［門田誠一］

【参考文献】
浅野敏久「地域を学ぶ場としてのエコミュージアム」（『地理』50巻12号、2005年）。
本田光子「博物館資料の危機管理―九州国立博物館のハードとソフト」（『博物館研究』41巻

10号、2006年)。

2. 博物館資料保存をめぐる法的・社会的環境

(1) 博物館資料保存に関連する法規

　博物館資料に関連する法規としては博物館法と文化財保護法とがあげられる。これらの主な内容については別の項目（第3章第2節4）でふれたので、ここでは保存に関する部分についてのみふれる。
　博物館法では資料は博物館の事業の項で取り扱われており、資料の意味と運用について規定している。具体的には博物館資料の主な種類（実物、標本、模写、模型、文献、図表、写真、フィルム、レコード等）をあげて、それらの調査研究、保管および展示、書物や講演会等を通じた一般の人々への利用などを述べている。
　いっぽう、文化財保護法は博物館資料を包括した日本国の文化財としての規定であって、国民の財産としての文化財の保存と活用についての法律であり、そのために規定に違反するものに対しては懲役もしくは禁錮、罰金などの罰則が定められている。
　また、博物館で複製や模型を製作したり、映像や音声などを記録、活用する場合は著作権法の適用を受けたり、知的財産権との兼ね合いが生じるから、このような法や規制を知悉し、抵触しないようにする。とくに知的財産権は各種の条約や法令において様々に定義されている。博物館等は知的活動の場であるから、著作権を侵害したり、知的財産権利を侵すことのないよう、法律遵守だけでなく、倫理的な立場からも十分に留意しなければならない。

(2) 博物館資料保存の現状と社会的義務

　上記のような法によって博物館資料は規定され、それに基づいて保存が行われるべきであることはいうまでもないが、実態はかならずしもそうでない。近年、問題になったのは、本来ならば博物館等に収蔵されるべき考古資料がビニール製のシートを掛けられた状態で高速道路などの橋脚の下に野積みされていた事例である。
　また、あろうことか資料を保存すべき職掌である自治体職員によって、収蔵すべき考古資料が廃土とともに地中に埋棄された事件があり、このような事例に及んでは、博物館だけでなく、文化財行政のありかたと、その根幹をなす文化財に対する倫理観が問われる状況にまでいたっている。
　ここまでみてきたように、博物館資料を保存することは法的根拠に基づいた行為であり、博物館が所有する資料は、たんに一つの博物館だけでなく、日本国民さらには人類共有の財産であり、その資料を次世代に伝えていくことが博物館の社会的

第4章　博物館資料保存論

責務である。
　博物館資料は、資料が将来にわたって人類とその社会に役立て、活用されることを前提に保存される．資料の取り扱いの基本は、その資料の価値を理解してはじめて、それを伝えられるのであり、保存して残すことができるのである。
　科学技術がいかに進歩しようと、実際にそれらを用いる際の判断は、固有の文化に基づく価値観に基づくのであり、その意味で博物館での資料の保存や保管だけでなく、それを含む文化財が我が国の文化さらには未来を規定する判断の根幹であることを忘れるべきではなかろう。

（3）博物館資料保存と地域
　法的な規定ではなく、現実的に博物館には地域振興あるいは地域の観光に寄与するという役割が期待されている。ただし、地域振興における博物館の機能は、地域の特質に根ざした永続的な営為でなくてはならず、しばしば大規模な観光地にみられるような地域とは何の関わりもない資本による短期的な商業活動を目的とした施設とは目的が異なる。
　地域の文化を根幹とした博物館の活動や事業の基礎となるのは、なによりも資料であり、これを保存するとともに活用することが、博物館の地域貢献の基本であることは不変であろう。
　この場合、博物館は一館だけでなく、ある特定の地域にあるいくつかの博物館や類似施設を総合的に捉えて、町そのものを博物館として振興を図っている事例もある。
　典型的な例をあげると、長野県松本市では「松本まるごと博物館」構想を立ち上げ、松本市域を「屋根のない博物館」としてとらえ、施設内という限定された空間から環境そのものを博物館とする開かれた博物館活動を目指している。そして、このような博物館活動の拠点として松本市域に点在する多くの博物館や類似施設を位置づけ、地域が保有する博物館資料だけでなく、これらを結びつける人のネットワーク、歴史的環境を含めた資産に学ぶ博物館活動を推進している。
　このような試みは全国各地の歴史的文化遺産や景観を保有する地域で「まちかど博物館」「全市博物館構想」「まちじゅう博物館」などの名称で運営されている。
　この種の事業や活動の背景として、物質資料である博物館資料の保存と活用に対して、資料を結節点とする人や社会との有機的な関係の永続的な構築がもとめられている。　　　　　　　　　　　　　　　　　　　　　　　　　　［門田誠一］

【参考文献】
窪田雅之「松本まるごと博物館の取り組みについて」(『博物館研究』44-2、2009年)。

第2節　博物館資料の保存と修復

1．博物館資料の種類と保存方法

　博物館資料の種類は、第3章で記述されているように、まず博物館の種類や取り扱う学問領域によって、人文系資料と自然系資料に大別される。各資料は次項でも記しているように、人文系資料では美術資料・歴史資料・考古資料・民俗資料、そして自然系資料では、動物・植物・地質資料、および理工系資料に細分される。これらの資料は、たとえば美術資料の絵画・彫刻・金工品・漆工品、あるいは古美術・現代美術のようにさらに細別される。
　また、資料が実物であるか否かの基準によって、一次資料（直接資料）と二次資料（間接資料）に区分される。二次資料は一次資料に関する図書・文献・調査資料などの記録類を基本とし、複製・模造・模写・模型も二次資料として取り扱われる。その他に、民俗学や無形文化財の記録などの情報資料のように区分の難しいものも多数ある。こうした資料は、一次資料・二次資料の区分に拘わらず、各博物館の指針に沿って重要度を確認し保存する必要がある。
　一方、資料の活用形態による分類では、学問領域や一次資料・二次資料の区分に関係なく、展示資料・研究資料・普及資料などのように、実際の主な利用状態を表した区分もあり、博物館資料は複合的に利用される。
　博物館資料は将来にわたって破損することなく継承されなければならない。そのためには、保存に関する基礎的な知識と技術の修得が不可欠であり、資料によっては保管・保存の前に修理・修復が必要なものもある。そして資料に応じて、最良の保存環境や展示環境を整える必要がある。普及資料や研究資料として活用する場合でも、適切に保存されていることが前提であり、博物館資料の保存は博物館活動の根幹をなすものといえる。
　博物館資料の保存は、単に定められた条件のもとで収蔵庫へ収納するだけではない。そこまでには資料の収集があり、博物館資料としての価値の確認、あるいは活用方法や保存環境の確認が行われ、博物館へ搬入する順序を経る。搬入方法についても資料の状態を検討して、脆弱なものは事前の補強処置や梱包の工夫などの対応が必要であり、搬入（仮収納）場所も事前に配慮しなくてはならない。

第4章　博物館資料保存論

　搬入する資料は、美術品などの資料はきちんと梱包されてくる場合が多いが、考古学の発掘資料や民俗資料、自然系の採集資料は、泥やホコリがついたり汚れている場合もある。こうした汚れた資料は、まず丁寧に洗浄し清掃して、他の資料に影響を及ぼさないようにすべきである。また、梱包された搬入品は、いきなり開梱するのではなくて、まず、搬入した施設の環境になじませる必要がある。急激な環境変化は資料へダメージを与える可能性もあり、仮の収納場所で数日間保管して温湿度に順応させて開梱し、保存することが重要である。そして、受入原簿の記載、データの作成（調査研究・記録）を経て登録原簿へ記載し、収蔵庫等の所定の場所に保存されることになる。

　こうした保存に至るまでには、燻蒸等の殺虫・殺菌が必要なものもある。早急に行わないと、他の資料にも甚大な被害をおよぼすものもある。燻蒸については、かつては臭化メチルと酸化エチレンの混合ガスによって行われてきたが、オゾン層の破壊につながることから2005年に全廃された。現在、最良な方法を開発中であるが、「低酸素濃度処理」や「二酸化処理」等の処置も可能である。また、近年はIPM（総合的有害生物管理）の取り組みも各所で行われている。

　資料の保存は基本的に収蔵庫で行う。収蔵庫は一般収蔵庫と特別収蔵庫を備えている博物館が多い。保存環境に極めて敏感な資料類や厳重な防犯管理が必要な資料は特別収蔵庫で保存される。収蔵庫は、資料の種類に応じてスチール棚や木製棚を設置して保管・保存を行う。木製棚はオープンなものが一般的であるが、扉を付けて書庫風に製作したものもある。長尺物などは壁面を利用してフック掛けの保管も可能であり、工夫を凝らした収納配置、効率的なスペース確保が重要である。そして、全ての資料には登録番号（付け札）を付ける。番号と保存場所は資料の確認や出し入れがスムーズに出来るように対応させ、台帳の他にも効率的なコンピュータシステムを取り入れておく必要がある。

　資料の保存では、資料の劣化を防ぐための保存環境の整備が極めて重要である（第3節1参照）。収蔵庫や展示場の温湿度・光量の調整に留まらず、空気・生物による被害防止対策や装置の設置も欠かすことが出来ない。収蔵庫内の配架では、出入口付近や空調設備付近、あるいは室内の高・低所の違いによっても条件が異なる。美術品等は最も安定した場所で保存し、資料の内容によって配置を検討することも重要である。しかし最も重要なことは、施設内の整理・整頓と丁寧な清掃であり、そして生物等の外部からの侵入を阻止することである。また、資料と収蔵施設全体の定期的な燻蒸が必要な場合もある。

　防火・耐火対策や盗難対策、耐震・免震等の防災対策も必要である。防災対策は、建物の耐震・免震構造だけではなく、災害時の収蔵庫への水被害も懸念される。スプリンクラー等の誤作動や上下水道管の破裂は深刻であり、収蔵庫や展示場の位置

関係などは事前に確認しておかねばならない。地下の収蔵庫はこうした点から望ましくない。特に、設計時にはデザインだけに惑わされず、事前にこうした対策も検討すべきである。資料の転倒や落下防止等の一寸した工夫も含めて、阪神淡路大震災以降は博物館等における防災対策が積極的に取り組まれている。　　　［植野浩三］

2．人文系資料の保存と方法

　人文系資料は美術資料・歴史資料・考古資料・民俗資料に大別される。人文系資料は耐用年数をはるかに超えた資料が多いため、保存環境や保存方法は万全を期さなければならない。基本的な保存方法は前項の通りであるが、ここでは各資料の保存方法について重要な項目について整理しておく。

　美術資料には、絵画、彫刻、書跡、建築、工芸（陶芸、金工、木工、漆工、ガラス、他）、写真、映像、デザイン等の多種がある。美術資料は、現代美術の絵画や金工品、陶芸・ガラス作品等の一部を除き、極めて脆弱であるために、十二分な保存環境（収蔵庫・展示場）の管理が重要である。

　その第一に温湿度の管理がある。紙・木・布などの有機質の素材は、湿度の変化によって膨張・収縮し、資料の損傷を招くことがある。過乾燥になると絵画等はひび割れや剥離がおこり、高温・多湿ではカビや害虫の発生につながる。一般的に収蔵庫は、24時間常温・恒湿で摂氏18〜20度、湿度55〜60％が適切とされるが、金工品は40〜50％、漆工品は60〜70％の湿度が最良であるため、資料によって調整する必要もある。

　第二には、カビや害虫による生物被害の防止である。これは上記の適正な温湿度の管理によってある程度防止できるが、外部からの害虫侵入を阻止し、カビを発生させない環境を整えることが重要である。これには、定期的な施設内の整理・整頓や点検と清掃、必要に応じて資料と収蔵施設の定期的な燻蒸を行う。またケースごとの防虫剤の利用も有効的である。ただし、防虫剤は多種類を混合してはならない。

　その他、紫外線などの光や空気汚染等に対する保存環境の整備も必要である。直射日光を避けることは常識であり、展示室では日本画は150ルクス、水彩画や染色品・版画では100ルクス以下の照度が望ましい。収蔵庫においても変褪色の防止対策が必要である。また、大気中の汚染物質が収蔵庫に入り込まないように、換気扇や空調設備にはフィルターを設置することも求められる。

　美術資料は、一般的に木製棚や整理用の箪笥に収納される。棚は地震対策のために必ず固定し、棚板の木目は長軸（出入）方向に平行して製作すると転倒や落下の防止になる。前面には取り外し可能の落下防止用の横板（柵）を設置する。資料は規模にもよるが、一点ずつ柔らかい布や薄葉紙に包んで木箱に収納する。正倉院御

第4章　博物館資料保存論

物の保管例を持ち出すまでもなく、木箱に収納することによって収蔵庫内の一寸した環境変化にも対応でき、一定の温湿度が保てる。一点ごとに木箱が準備出来ない場合は、引き違いの木製収納庫や木製の箪笥に一括で収納する場合もある。あるいは棚ごと収納箱として製作したものもある。木箱は桐の箱が最もよい。他の木材は油脂が滲むこともあるので注意を要する。

　刀剣類は桐の箪笥に収納すると便利である。大型の屏風や絵画は、専用の強固な大型箱を用意し、転倒しないように配慮する。小型の資料は中性紙封筒に入れて、木箱にまとめて保管する場合もある。棚部への収納が困難な大型品は、直接床面に置くか移動用の木型に載せて安置する。いずれの場合も、床面には薄葉紙や板材を敷き、全体を薄葉紙やエアーキャップでくるんでホコリ等の汚れを防ぐ。地下の収蔵庫は床面からの湿気に注意をする。

　資料の貸借に伴う大がかりな搬入出でなくても、収蔵庫からの美術資料の移動には細心の注意が必要である。室外に持ち出していきなり開けると、急激な環境変化によってダメージを与える。収蔵庫外の温湿度に時間をかけてゆっくりと近づけ、環境に慣れさせることが必要である。

　歴史資料の保存も基本的には美術資料と同じである。古文書の他に、絵画や工芸品も歴史資料と解釈される場合もある。武器・武具の一部を除いて、多くの資料が有機質であるため温湿度には敏感であり、カビや害虫等の対策が不可欠である。近世文書等は箱に保存するが、効率を考えて複数の資料を同じ箱で保存する場合も多い。冊子の場合も同様であり、薄葉紙で包んで木箱に保存することを原則とする。甲冑等の大型品は、部位ごとに木箱に収納するが、詰め込みすぎると繊維を傷めるため、余裕のある木箱を複数用意するとよい。

　民俗資料は収集場所にもよるが、ホコリをかぶり汚れているものが多いため入念な洗浄が必要である。また、木製品などの有機質の材料が主流であることから、殺虫・消毒には万全の対応が必要である。収蔵施設や保存方法は神経過敏になる必要はないが、将来にわたって伝えていくためには、屋外保存ではなくて適切な屋内収蔵庫が必要である。資料は、伝統的な技術を持つ職人が減少しているため、修理が必要なものは早急に行う。民具等の保存は露出のまま行うことが多い。大量の民具を保存することも多く、こまめな清掃を心がけることが肝要である。特に害虫等の被害調査も定期的に行い、被害を最小限に止めなくてはならない。害虫被害が懸念される民具類は、美術資料や歴史資料と同じ空間での保存は避ける方がよい。

　考古学資料には、土器・木器・金属器・他があり、スチール棚に配架することも多い。陶磁器や瓦を含む土器類は、衝撃には脆いが保存についてはさほど神経質にならなくても良い。脚台に安定させて、転倒・落下の対策を施して露出で保存する。必要に応じてカバーをする。一方、金属器は多湿気を避ける必要があり、小・中型

品は密封容器にシリカゲルを同梱して保管する。大型品はケース内で調湿をして保管する。木器は保存処理後であれば一般的な温湿度で保管できるが、出土木材は乾燥に弱いため、処理前のものは別室の水槽等で保管する。　　　　　　［植野浩三］

3．自然系資料の保存と方法

　自然系博物館には、自然史博物館、理工学博物館、動物園、植物園、水族館等が含まれるが、ここでは、自然史博物館における「資料の保存と方法」を中心に、『概説博物館学』（全博協西日本部会編、2002年）を引用して解説する。
　博物館の重要な役割の1つとして資料を次世代に継承することが上げられる。博物館の優劣は収集品（コレクション）の優劣によって左右されると言っても過言ではない。「質の高い収集品がいかにして集められてきたか」、その過程を考えれば収集品が博物館のバロメーターになっていることはよく理解できる。
　千地（1998）は以下のように述べている。博物館が次世代へ引き継ぐべきコレクションについていえば、資料保管の設備がきちんと整備されていることはいうまでもないが、それとともに、博物館機能の中心的役割を担う学芸員が社会的に信頼されること、博物館の諸活動が市民参加によってなされていることが重要である。こうした条件が社会的に評価されれば、外部の研究者や同好者からはコレクション寄贈の申し入れも増え、博物館からも自信を持って寄贈・寄託を要請できるのである。そのような努力が世代ごとに積み重なり、はじめてその博物館は多種多様の、質の高いコレクションの集合体を保有することができるのである。
　近年、タイプ標本を含む極めて学術性の高い自然史系コレクションが海外の博物館に流出したことは、日本の自然史博物館に大きな問題を投じた。博物館の信頼性は、「収集品が学術的な裏付けにより維持管理されていくこと」の保証のもとにある。収蔵庫等の設備とともに博物館の調査研究活動が常に問われることになる。
　収蔵庫の配置、環境条件、防災、劣化対策について、柴田敏隆（1973、1979）を中心に、新しい知見を加えて説明する。
　自然史資料においては、修復は推奨されない。なぜならば、本来その標本がもつ形態学的な情報を損なう恐れがあるからである。他個体の標本から一部をとり、修復することは決して行ってはならない。
　収蔵庫は、研究室の近くに位置づけるのが望ましい。また、収蔵庫は、日照による温度上昇、湿気、浸水の危険性、資料の搬出入、耐重圧構造などの問題がある。できれば1階、将来の拡張にそなえて、十分な増築スペースを確保しておくことが望ましい。また、収蔵庫と機能的に密接な関連を持つ、研究室以外の他の部屋、たとえば、荷解梱包室、燻蒸室、工作室、研究室、撮影室、図書室などとの配置も考

慮する必要がある。収蔵庫は通常1㎡あたり250kg、やや重いもので500kg、重量物収納の場合は750kg～1ｔの耐重圧構造が必要である。

　空調は資料収蔵庫だけで独立した閉鎖系をとる。全館空調システムから収蔵庫用のダクトをとる方法は、温度や湿度の調整が難しいからである。空調が厳密に求められるのは、動・植物の乾燥標本で湿気に対してデリケートなものである。一般的に、乾性カビが生じない温湿度条件、相対湿度50～60％、温度18～20℃を維持するとよい。

　貝類や甲殻類の乾燥標本、岩石、化石標本、出土品の中にある種子については、やや高めの湿度のほうが望ましい。しかし、地質資料の中で乾燥地域から産出した岩石には、水に溶解・分解する鉱物を含むものがあり、その場合、外気と遮断する必要がある。また、鉱物の中にも、酸素や二酸化炭素あるいは湿気で分解するもの、室温でも溶解するものなどがある。

　液浸標本用収蔵庫では、厳密な空調は不要であるが、ホルマリンガスが室内に充満することがあり、換気程度の空調は必要である。ドアの開閉には注意を要し、できれば二重ドアにして開放を厳禁にするとよい。

　収蔵庫の照明は、平常は不要で、出入り口の外部にスイッチをつけ、使用しないときは暗くしておく。「資料の保存」から言えば、照明には何のメリットもない。蛍光灯から比較的多く照射されている紫外線は、資料の劣化に大きな悪影響を及ぼしている。また、自然光は大きい割合で紫外線を含むので採光においては紫外線カットのフィルターを用いなければならない。赤外線は白熱電球から比較的多く出され、資料に加熱して物理的変化を引き起こす。

　収蔵庫は全室をガス燻蒸できるように密閉性を備えていることが要求される。虫害やカビ害には注意が必要であり、必要に応じて全収蔵庫をガス燻蒸することが望まれる。外部から収蔵庫に収納される資料は燻蒸室で燻蒸をうけることが必要である。燻蒸剤として臭化メチルが使用されてきたが臭化メチルは使用禁止となった。現在ではIPM（総合的有害生物防除管理）が望まれ、害虫防除と駆除には、不活性ガス法、脱酸素法、低温による環境的制御法などが推奨されている。また、防虫・防カビ剤として通常ナフタリンが使用されている。詳しくは、「第3節　博物館資料の保存と環境」の「4．生物被害に対する保全と保存」を参照されたい。

　火災・洪水・落雷・暴風・地震などの自然または人為的な原因による災害は多岐にわたる。それぞれに防災の対応が必要であるが、防災・防火・防犯を考慮にいれた構造設計が望まれる。収蔵庫の消火は、不活性ガスによる自動消火システムが主流である。　　　　　　　　　　　　　　　　　　　　　　　　　　　　　［阿部正喜］

【参考文献】
柴田敏隆『自然史博物館の収集活動』（日本博物館協会、1973年）。

柴田敏隆『博物館学講座6、資料の整理と保管』(雄山閣出版、1979年)。
全国大学博物館学講座協議会西日本部会編『概説博物館学』(芙蓉書房出版、2002年)。
千地万造『博物館学講座5、調査・研究と資料の収集』(雄山閣出版、1978年)。
千地万造『自然史博物館-人と自然の共生をめざして』(八坂書房、1998年)。

4．博物館資料の修理・修復と二次資料

(1) 博物館資料修理・修復の基本と事前調査

　博物館資料を保存する過程で行うのが修理や修復であり、これらには博物館資料そのものの特徴を損なわないことが求められる。これについては別の章でふれたので(資料の保存と修理の基本的事項については第3章第5節参照)、ここでは博物館資料の修理・修復について、レプリカと呼ばれる二次資料との関連からふれることにする。
　博物館資料の修理・修復に際して行うべきことは資料の材質や構造、製作技術などを知悉することである。まず、視認によって、資料の材質や技法、特徴などを十分に観察することによって、科学的分析やそれに伴う資料の移動や運搬に支障がないかを確認する。そして、肉眼では観察できない資料の特性を調べるために、たとえば材質や組成を調べる蛍光X線分析、構造や技法を調べるX線分析、文字や絵画に対して行う赤外線撮影などを行う。このような調査は自然科学的な方法によるものであるが、人文系の学芸員であっても、基本的な理論は知悉しておく必要がある。

(2) 実物資料とレプリカ

　欧米では博物館資料の修復に専門の学芸員がおかれるようになってきているのに対し、日本ではまだ専門職をおくところは少ないため、一般的に博物館資料の修理や修復は専門機関に委託して行われることが多い。しかしながら、学芸員はたとえ人文系の分野を専門としていても、委託した資料の修理・修復の技術的な基本を知って、最適な方法を選択したり、修理や修復の過程で生じる問題に対応できなければならない。
　レプリカとは国語辞典などでは「美術で、原作者によって作られる原作の模写・模作」などと説明されているが、博物館資料としてのレプリカは原品をもとに記録された資料であり、原品を一次資料とするならば、二次資料と位置づけられる。これらは大きく分けると、平面的な複製・立体的な模造・縮小または拡大した模型などがあるが、いずれも二次資料という属性の範疇に入る程度の差異であるため、現状では総じてレプリカと呼ばれることが多くなっている。
　レプリカの種類と実態は多様であり、それ以上の定義は難しいとする意見もある

第4章　博物館資料保存論

が、細別する際には、一般的に資料が立体的である場合は模造と呼び、さらに縮小・拡大を伴う場合には模型と呼ぶ。

　レプリカを製作するに際しては、型をとる場合など、所蔵館の学芸員以外の作業者が実物資料を扱う場合も多く、あわせて倫理的な観点からも資料の所有者に許諾をとる必要がある。

（3）博物館資料の製作と創出

　すでにふれたように模写・模造・模型など総じてレプリカといわれる二次資料は原資料をもとにしてなんらかの方法で二次的な記録の方法を用いて製作された資料であり、このような複製品を製作し、展示するにはいくつかの理由がある。まず、複製品の製作によって次のような材料・技術的な情報が得られる。
　①製作において、原資料（原品ともいう）と同じ材料を用いるため、材質・材料
　　の知見を得ることができる。
　②実物と同じ製作技術・技法によって造られるため、製作者が技術を追体験し、
　　そのことによって技術の習得や復原、さらには次世代への伝承が可能になる。
　これらは物質的な側面ではあるが、複製品の制作者が身をもって資料のもつ精神性を学ぶことができるという
　いっぽう、レプリカを展示する利点は以下のように整理できる。
　①原品を保有する必要がない。
　②長期的な展示が可能になる。
　③所蔵していない資料をレプリカで補うことによって展示の幅が広がる。
　反面、レプリカを用いる短所としては、以下のような点があげられる。
　①原品の特徴を完全に復原できない。
　②そのために鑑賞や観察の対象とならず、レプリカから材質の特徴や技法、色調
　　などの一時的情報を得ることができない。
　当然ながら、原品とレプリカは全く別物であり、むしろそのことを認識しつつ、活用することが肝要といえよう。実際に経験したことであるが、縄文土器に用いられている胎土にちかい土を使って、温度や焼成方法などに注意して、焼き上がり後の質感や色調がきわめて似ていても、とくに子供などは、レプリカであることを理解できないことがある。これなどは物質資料としてのレプリカの長所と短所以外に、博物館資料が保有する時間的および空間的な認識を損なわせるという意味で、目に見えないレプリカの短所といえよう。

（4）レプリカの展示・保管・収蔵

　レプリカを展示・保管・収蔵する際に、たとえば、金属製品の場合は、水分や湿

度に注意する必要がある。青銅鏡などを製作された時点と同じ状態のレプリカを作製する復原模造では鏡面は物が映る状態になっており、錆びてしまうと模造の目的が失われる。また、レプリカのなかでも表面に着色されたものの場合は他の資料に色が移らないか注意し、また、材質が樹脂などの場合は保管・収蔵する際に臭気などで人に影響を与えないか留意する。

　このようにレプリカの場合でも、二次的に製作されたことによる展示や収蔵に関して注意すべきことがある。　　　　　　　　　　　　　　　　　　［門田誠一］

【参考文献】
小島道裕「博物館とレプリカ資料」(『国立歴史民俗博物館研究報告』50、1993年)。

第3節　博物館資料の保存と環境

1. 収蔵・展示施設と保存環境

「公立博物館の設置及び運営上の望ましい基準」では、資料の保存環境に関して、「博物館は、資料を保全するため、必要に応じて、耐火、耐震、防虫害、防塵、防音、温度及び湿度の調節、日光の遮断又は調節、通風の調節並びに汚損、破壊及び盗難の防止に必要な設備を備えるよう努めるものとする。」(第11条③) と定められている。我が国は、高温多湿の気候条件であり、季節によって、その条件が変動する。また、地震や台風等の自然災害が頻発することから、常時、こうしたインパクトに対応できる設備と体制が不可欠である。また、我が国の文化財は、木・漆・紙等の自然素材で構成され、美術工芸品に代表されるとおり、繊細な構造であり、経年変化で脆化が進んでいる。これらは、環境の変化にきわめて敏感であることから、「文化財公開施設の計画に関する指針」(平成7年)、「国宝・重要文化財の公開に関する取扱要項」(平成8年) の記載のとおり、公開に関して、細かなレギュレーションが策定されている。こうした資料保存の環境整備に関しては、それぞれの博物館において、立地、施設・設備、収容物の材質特性の評価にもとづいて、最適な保存環境を確立する必要がある。

これまで、博物館では、全般 (館) 的環境制御が一般的であり、空間、あるいは、資料の個別性に対する配慮は、必ずしも十分でなかった。近年では、収蔵区画、展示区画、管理区画に区分し、それぞれの空気調和設備 (以下「空調」と略記する) を独立させている。とくに、収蔵庫に関しては、従来、収容物の経済的価値を重視し、特別収蔵庫・重要収蔵庫・一般収蔵庫という区分が採用されてきた。しかしながら、環境変化と同調する材質別の収容物にあわせて、室庫を細分し、収容物の保存環境を最適化する環境制御が現実的といえる。また、収蔵庫では、適切な保存環境を実現するために、外部の環境を最大限遮断 (アイソレート) し、外部の影響を最小化することが必要不可欠となる。すなわち、建材や構造を工夫し、窓や出入口等の開口部を最小限に抑えることで、高断熱・高気密の閉鎖型空間 (アクティブ・ハウス) を実現してきた。庫室内の環境制御に関する条件を単純化し、環境要素のコントロールを容易にするためである。これは、環境変化に対する収容物の敏感性

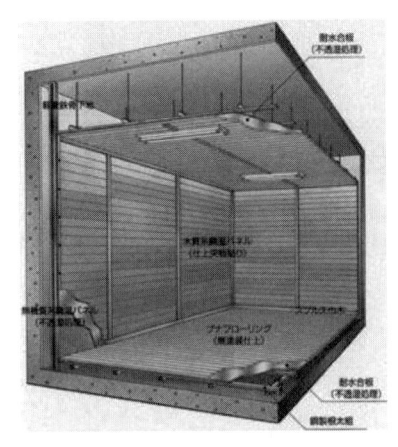

図1 ハウス・イン・ハウス工法
（株式会社イトーキの GP-TOM 工法・同社提供）

に配慮し、環境制御の即応準備性を追求するためである。また、こうした緊急対応を可能にするためには、内部の環境を監視測定（センシング）することで、常時モニタリングする必要がある。さらに、こうした環境変化を最大限緩衝（バッファ）する機能も必要である。図1のように、収蔵庫は、建物本体から隔離し、二重壁にしてある。こうした室庫の構造をハウス・イン・ハウスという。建物の壁と収蔵庫の壁の間を空気室（エア・チャンバー）にすることで、外部の影響を遮断する。二重壁のうち、外壁は、不透湿処理された耐水合板、無機質系調湿パネルで構成される。内壁は、抗菌作用及び調湿作用のあるスギやヒノキの無垢材、あるいは、ゼオライト板等の調湿パネルで構成されている。

展示室に関しては、収容物の保存環境を念頭において、収蔵庫と同等の保存環境に近づけることが理想的である。少なくとも、夜間や休館日において、閉鎖型空間となるように、窓を設けず、出入口を防火扉で遮蔽する構造が採られてきた。しかしながら、昼間の開館時であっても、閉塞感、あるいは、圧迫感のある中で、展示をはじめとする博物館活動が展開されてきた。また、機械空調に依存した人工的環境は、心理的な負担が大きい。そのため、利用者の学習・鑑賞の環境としては、必ずしも、満足できる快適性を生み出すことができなかった。また、昨今のエネルギー事情を省みると、公的施設として、環境負荷の大きな施設の運営は好ましくない。次世代型の博物館の一部では、天窓による採光、あるいは、地窓による通風等によって、自然エネルギーを効果的に取り込むような開放型空間（パッシブ・ハウス）に移行してきている。これは、展示室において、温湿度等が必ずしも一定の基準値をモニタリングする必要はないという考え方であり、利用者本位の環境を意識して、緩やかな環境変化が許容されるようになってきたことに原因する。その代わり、ケース単位で環境制御し、収蔵庫と同等の保存環境に近づけるようになってきた。その結果、展示ケースは、展示（見やすさ）、保存（気密性）、管理（資料の入れ替え）の容易さが要求されるとおり、外部の影響を最小化するエアタイトケースの高機能化が求められるようになった。ただし、光をはじめとして、外部環境を遮断し切れないことから、展示室の利用状況に応じて、環境制御の時間帯（スケジュール）管理を構築し、学習環境と保存環境の調和的な両立が目指される必要がある。

第4章　博物館資料保存論

　また、こうした収蔵庫、展示室の「清浄な環境」の維持は、日常的な清掃作業によって、予防的な保存環境（PreventiveConservation）を構築することが望ましい。また、万が一の場合に備えて、次節で述べる科学的保存の方法と修復・復元等の対処法を持ち合わせておく必要がある。　　　　　　　　　　　　　　　［徳澤啓一］

【参考文献】
http://www.bunka.go.jp/bunkazai/houkoku/shisetsu_shishin.html
http://www.bunka.go.jp/bunkazai/houkoku/pdf/28_youkou.pdf

2．科学的保存の技術と方法

　前節では、展示室・収蔵庫における収蔵・展示施設とその望ましい環境を概説した。本節では、博物館が取得した新資料について、収蔵庫に収められるまでの過程と保存処理の技術を整理する。

（1）原状の確認（聴き取り、目視、検査）

　新資料の収集に伴うレジストレーションにあわせて、収集元における保管状態とともに、過去の修復・保存処理・復元に関するすべての履歴を聴取する必要がある。また、聴き取りの結果を確認しながら、肉眼、あるいは、実体顕微鏡による熟覧、X線透過装置等による検査等によって、新資料の現状を確認しなければならない。これらの原状に関する確認作業を経ることで、新資料の保存の方針と具体的ワークフローを決定することができる。

（2）経過観察

　虫食い等の脆化の状態や程度によって、加害可能性のある虫菌の遺存が想定される場合、ビニール袋等で密閉し、荷解室、あるいは、収蔵庫前室等において、一定期間隔離し、経過観察することが不可欠である。

（3）クリーニング・燻蒸

　新資料が著しく汚損している場合は、水洗、あるいは、薬剤による洗浄が行われることになる。とくに、自然史関係標本、あるいは、考古学的遺跡から発掘された出土品等に関しては、クリーニングが不可欠な場合が多い。このうち、発掘された鉄製品等に関しては、腐食膨張に伴う土壌の取り込み等で生じた錆膨れを除去する必要がある。ただし、錆の切削に伴って、未腐食部分の削り込みに留意しなければならない。このような原状の変更を伴うクリーニングにあたっては、原状の記録が不可欠となる。錆の状態を含めて、寸法、色調等の外観から得られる情報をできる限り取得し、実測図を作製し、展開写真等を撮影することが必要である。また、錆

の切削にあたっては、事前にX線透過像を撮影し、切削が可能な部分の見当を付けてからクリーニング等を実施することが望ましい。

また、新資料に関して、他の資料を加害する虫菌を媒介する可能性がある資料に関しては、材質に適した燻蒸剤を用いて、小規模燻蒸を実施する必要がある。1992年、コペンハーゲンで開催されたモントリオール議定書改定案第4回締結国会合において、2005年、原則、臭化メチル・酸化エチレン混合ガス（エキボン）投薬による減圧燻蒸法が用いることができなくなり、大規模燻蒸の実施が困難となったことから、こうした受入時の小規模燻蒸がきわめて重要な役割を果たすことになった。現在、小規模燻蒸では、代替燻蒸剤として、フッ化スルフリル（殺虫）、酸化エチレン（殺菌殺虫）、酸化プロピレン（殺虫殺菌）、ヨウ化メチル（殺虫殺菌）等が使用されている。また、IPM活動を徹底するとともに、薬剤を用いない方法として、低酸素濃度処理、窒素ガス処理、二酸化炭素処理、低温処理法が用いられるようになった。

（4）修　復

資料の損傷、あるいは、脆化が見られると、これらの部位を補強し、症状が進行しないような手立てを講じる必要がある。補強等による原状維持、あるいは、補修等による回復処置を施すことになる。展示をはじめとする博物館活動において、多岐にわたる運用に耐えなければならないからである。ただし、補強、あるいは、補修で用いられる材料及び方法等に関して、近年の材質科学の進展により、必ずしも、「伝統的修復技術」によらない事例が増加している。しかしながら、できる限り材質と製作技術のオリジナル性に準拠することが重要である。また、「伝統的修復技術」によらない場合、処置以前の状態を可能な限り記録に留める必要がある。また、補強・修復部分の判別が可能な状態に仕上げることも条件である。

（5）保存処理

取り扱う資料の材質、そして、分野等によって、処理方法が異なるものの、原状の変更を最小限に抑制し、原状を回復できる処理方法を選択することが望ましい。例えば、考古資料の木製品に関しては、低湿地遺跡からの出土がほとんどであるとおり、取り上げ後の乾燥収縮が深刻な変形を惹き起こ

資料の材質に応じた各種保存処理の方法

材　質	保存処理の方法
木製品	PEG含浸法、アルコールエーテル樹脂法、真空凍結乾燥法、高級アルコール法、シリコーン樹脂法、糖アルコール処理法など
鉄製品	合成樹脂含浸法など
青銅製品	ベンゾトリアゾール法など
石製品	合成樹脂含浸法など

す。そのため、木製品中の水分をポリエチレングレコールで置換する PEG 含浸法をはじめとする保存処理が施されることになる。また、近年、樹脂含浸による保存処理が主流であるが、とりわけ、樹脂等の化学薬剤を用いると、処理前の状態への可逆性が失われるので注意が必要である。当然のことながら、処置前の丹念な観察と記録が不可欠である。

（6）復　元

博物館の利用者にとって、観察・鑑賞に堪えない資料に関しては、必要に応じて、欠失部等を補うことで、原型の復元（想定復元を含む）を行うことが望ましい。また、必要に応じて精巧な複製の作製を行うことで、資料の可用性を高めることができる。ただし、想定部分が大きな復元の場合、これを表記するべきである。

（7）保　存

資料は、高度な環境制御が可能な収蔵庫で保存されることが望ましい。また、他の資料に対する保存上の影響や管理上の混乱を避けるため、一資料に対して一収納単位（収納箱・収納袋）で管理されるべきである。場合によっては、蒸散性防虫剤等を同梱されることがあるからである。むき出しの場合、塵や埃の影響を受けることになるので、個別の収納単位は、可能な限り閉鎖型の環境にするべきである。また、すでに触れたとおり、定期的な大規模燻蒸が困難になっていることから、収蔵庫内では、予防的保存方法（Preventive Conservation）である環境管理と清掃を徹底することで、被害要素の防除を達成するほかない。蛇足であるが、盗難・破壊に関しては、故意の過失である。とくに、館員による内部犯行の場合、発覚しにくい物件を盗取する傾向があり、収蔵庫の奥深くから持ち去られ、潜在的被害が拡大することになる。そのため、こうした IPM 活動とともに、収容物の点検・管理システムを構築する必要がある。年1回程度の棚卸し作業によって、資料の存否と状態を一体的に確認する管理システムが資料の保存と管理に有効である。

［徳澤啓一］

【参考文献】
内川隆志『博物館資料の修復と製作』（雄山閣、2004年）。

3. 資料保存の諸条件と劣化

博物館資料の劣化は、資料の外部に存在する物質や環境から、物理的・化学的および生物的作用を受けることによって進行すると考えられる。博物館の資料は、展示品として展示室内の空気にさらされるとともに、展示室での照明の照射、展示替

えや調査などによる接触、害虫による被害などさまざまな要因を通じて、程度の差はあれ、資料の劣化は必ず進行するといってよい。したがって、現在は博物館の資料の劣化を完全に防ぐことよりも、むしろ可能な限り劣化を遅らせることに重点が置かれている。そして劣化した資料に対して直接的に処置を施すのではなく、予防的保存（Preventive Conservation）、すなわち劣化につながる因子を未然に防ぐために、展示室や収蔵庫の環境を管理し、整備する取り組みが行われている。

予防的保存は、おもにリスク・マネージメント、環境整備、法制による保存から構成される。そして資料の劣化を最小限にとどめるためには、①温度、②湿度、③照度と紫外線、④ガスや微粒子、⑤振動、⑥展示ケースの構造、⑦取り扱い方法、の7つの要素をコントロールする必要があるが、本論ではおもに展示室や収蔵庫の環境整備の観点から、劣化の抑制に向けた条件および対策について概説したい。

温度に関しては、温度変化は資料の収縮・膨張による損傷や、金属製品の錆、カビの繁殖の原因となる結露をもたらすため、展示室や収蔵庫における急激な温度変化には十分に注意しなくてはならない。また、25℃～30℃程度の温暖な環境では、カビなどの細菌類が生息しやすい環境となるため、化学的劣化抑制の観点からも、温度をできるだけ低く設定しておくのが望ましいと考えられている。一般的には、20℃前後の一定の温度に保つことで劣化はある程度抑制できるとされるが、実際は立地環境や気候変化、コスト、観覧環境などを配慮して温度を調節する館が多いようである。

湿度については、高湿度の状態はカビやバクテリア、ダニの繁殖を促し、低湿度ではオゾン発生にもつながりうる。適正な湿度は資料それぞれで違いがあるが、さまざまな博物館資料の保存を考慮した場合、中湿度、すなわち50％前後に保つことで、およそ劣化は抑えられると想定されている。ただし、個別の資料の性質に応じて、収蔵庫や展示室で専用のケースや調湿剤を用意するなど、ミクロなレベルで湿度を整備することも必要である。

照明の照度に関しては、光の照射によって有機質の顔料や染料、印刷物などが劣化すると報告されている。現在は、さまざまな資料に対して50～250lux（ルクス）の範囲で調整すべきであると考えられている。ただし、近年は瞬間的に照射される照度よりも、むしろ積算量が重視されてきており、館内の年間での積算照度は光に敏感な資料であれば100klux hours、比較的丈夫なものであれば600klux hours 以内で抑えるべきとされる。また展示時間外にはできるだけ光の照射を避けるよう管理することが重要であることはいうまでもない。

紫外線は、顔料や染料などの有機質を劣化させる作用があることが知られているが、多くの博物館で紫外線対策が施されており、紫外線を除去する蛍光灯の使用や、近年の LED 照明の普及など、紫外線管理がすすんでいる。現状では博物館内にお

いて20μW/lumen（ルーメン毎マイクロワット）以下のレベルに紫外線量を抑えるのが望ましいとされている。

　博物館内では、さまざまな物質から発生するガスによって資料の劣化が進行する危険性もはらんでいる。無機質有害ガス、たとえば二酸化イオウや二酸化窒素、オゾン、揮発性有機化合物（VOC）は、外の大気からもたらされるとともに、展示室の内壁や展示ケースなど、建物の内部にある建築材からも発生し、資料を劣化させる。二酸化イオウは金属の腐食、二酸化窒素は金属の腐食および染織品の劣化、オゾンは有機物の劣化をもたらすことが報告されている。VOCでは、アンモニアやギ酸、酢酸、ホルムアルデヒドなどが資料を劣化させるガスとして認められており、博物館内の種々の物質の乾燥や硬化、可塑剤やポリマーの劣化に伴い、木材や繊維板、パーティクルボードなどから発散する。コンクリートから発せられるアンモニアは、絵画などの変退色をもたらすため、新築の博物館では、アンモニアの濃度を減らすための一定の「枯らし」期間が必要であると考えられている。ホルムアルデヒドは、展示ケースに使われる内装材から放散される有害ガスであり、「シックハウス症候群」の原因物質として知られている。展示ケースを設置する際には、コンクリートと同様に枯らしを実施すると同時に材質の十分な検討が必要である。

　さらに、館内にはさまざまな微粒子が流入している。その中には、植物・動物性繊維、砂、産業廃棄物なども含まれている可能性がある。微粒子対策は、館内に空気フィルターを取り付けることが有効となるが、館の出入り口の二重扉の設置や、密閉度の高い展示ケースと収蔵戸棚の使用、および日常的な清掃も微粒子被害の対策においては有効である。

　地震などによる振動の問題は、展示品・収蔵品の固定などの処置とともに、建物自体に耐震構造を施すことも今後の博物館建築においては必須となろう。福岡県太宰府市の九州国立博物館では、免震装置が設置されており、実際に平成17年3月20日に発生した福岡県西方沖地震における震度5弱程度の揺れでも、ほぼ完全に資料の倒壊などの被害を防ぐことができ、免震装置の有効性を実証した。

　最後に、こうした環境整備において忘れてはならないのは、人の資料に対する扱い、接触も劣化の大きな要因となることである。展示替えにともなう移動や分析作業も、劣化の原因となることがある。移動や操作の際に細心の注意を払うとともに、

九州国立博物館収蔵庫の環境調査風景

展示・収蔵環境において、資料を種類・性質に応じて収蔵庫の個別の収納ケース中で収納・梱包するなど、ミクロなレベルでの収蔵環境を整備することも、人と資料に対する必要以上の接触を避けるという点で重要である。　　　　　［鐘ヶ江賢二］

【参考文献】
Caple, C, *Conservation Skills*. London and New York: Routledge, 2000.
佐野千絵・呂俊民・吉田直人・三浦定俊『博物館資料保存論―文化財と空気汚染』(みみずく社、2010年)。
三浦定俊「収蔵庫内の保管環境」(京都造形芸術大学編『文化財のための保存科学入門』角川書店、2002年)。
村上隆「博物館の展示環境」(京都造形芸術大学編『文化財のための保存科学入門』角川書店、2002年)。

4．生物被害に対する保全と保存

　わが国では臭化メチルが文化財や博物館資料の殺虫燻蒸剤として広く利用されてきたが、1997年9月の「オゾン層を破壊する物質に関する第9回モントリオール議定書締約国会議」において、日本を含む先進国では臭化メチルの消費を2004年末で全廃することが決定された。また、臭化メチルや酸化エチレンは発がん性が認められていることから、人体への安全性に配慮した防除方法の確立が急がれる。近年、注目されているのが IPM (Integrated Pest Management)：総合的害虫管理であり、従来の大規模燻蒸に頼った生物被害防止から総合的に有効な防除手段を併用し、できる限り薬剤を使用しないものである。以下、主に(財)東京文化財研究所編『文化財害虫事典』を引用し、生物被害の保全と保存についてまとめる。

(1) 被害をもたらす生物

　昆虫：博物館資料の害虫には、カツオブシムシ類、シバンムシ類、イガ類、シミ類など（図1）の9目44科の昆虫が知られている（山野、2004年）。植物質の材質を加害する昆虫、動物質の材質を加害する昆虫、その他博物館資料を汚染する昆虫と様々である（表1）。博物館資料との関わりも幼虫が加害したり、成虫が加害したり、それらの生態は多様である。先ず、加害している昆虫を同定し、その生態を把握することが適切な駆除方法を見つけるのに役立つ。生物の生育は、水、食物、空気、温度、光などの環境要因が限定要因となっているので、生息し

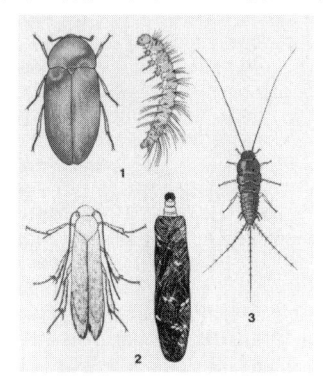

図1 博物館の主要な害虫3種
1：ヒメカツオブシムシ（左が成虫、右が幼虫）、2：イガ（左が成虫、右が幼虫）、3セイヨウシミ（成虫）
（阿部、2002年から転用）

第 4 章　博物館資料保存論

表1　文化財の材質と加害昆虫の例（辻、2009年に加筆）

加害昆虫目	代表的な種	加害期	植物質の加害						動物質の加害				汚染
			木材	竹材	紙・軸書籍	綿・麻	畳	乾燥植物・薬草・貯穀	羊皮紙・毛皮	毛織物	絹	動物標本乾物	
シミ目	ヤマトシミ	幼虫、成虫			●	●			●	●	●		●
	セイヨウシミ	幼虫、成虫			●	●			●	●	●		●
ゴキブリ目	クロゴキブリ	幼虫、成虫	●						●	●	●	●	●
	ヤマトゴキブリ	幼虫、成虫	●						●	●	●	●	●
シロアリ目	イエシロアリ	職蟻	●	●	●		●						
	ヤマトシロアリ	職蟻	●	●	●								
コウチュウ目	ヒメカツオブシムシ	幼虫、成虫							●	●	●	●	
	ヒメマルカツオブシムシ	幼虫、成虫							●	●	●	●	
	チビタケナガシンクイ	幼虫、成虫	●	●			●						
	ニホンタケナガシンクイ	幼虫、成虫	●	●			●						
	ヒラタキクイムシ	幼虫、成虫	●	●									
	ナラヒラタキクイムシ	幼虫、成虫	●	●									
	フルホンシバンムシ	幼虫、成虫			●								
	ザウテルシバンムシ	幼虫、成虫			●								
	ジンサンシバンムシ	幼虫、成虫	●		●			●				●	
	タバコシバンムシ	幼虫、成虫			●			●				●	
	ケブカシバンムシ	幼虫、成虫			●								
チョウ目	イガ	幼虫							●	●			
	コイガ	幼虫							●	●			
	ジュウタンガ	幼虫							●	●		●	

にくい環境をつくることが被害予防につながる。

　カビ：カビは、寄主（博物館資料）から養分を吸収し、酸や色素によって損傷させる。カビの胞子は乾燥に強く、空気中を浮遊する。栄養分と湿気があり条件が整えば発芽し広がっていく。発芽しない環境条件に設定し予防することが大切であり、常に清掃とクリーニングを行うよう心がける。

　その他：ハトやカラスなどの鳥類、ネズミやアライグマなどの獣類も文化財を食害したり汚したりする。また、それらの死骸やフンにより二次的に害虫やカビを発生させ、文化財や博物館資料に被害をもたらす。

（2）生物被害の防止
　IPM（総合的有害生物防除管理）の計画
　IPM を導入するためには、次の項目を計画的に実施していくことが望まれる。

①被害歴の集積と整理、②施設の日常点検と清掃、③博物館資料の日常点検、④文化財管理体制の整備、⑤組織内外での研修や専門家を含む外部との協力体制。

薬剤を使用しない殺虫処理方法（非化学的防除）

低酸素濃度処理：酸欠状態で害虫を致死させる方法。窒素、アルゴンなどの不活性ガスを用いる方法、脱酸素剤を用いる方法、またこれらを組み合わせる方法がある。博物館資料全般に適用。処理期間は1～3週間。

二酸化炭素処理：高濃度（60％程度）の二酸化炭素の毒性により害虫を致死させる方法。一般的に民具（衣装、木製品、わら製品、竹製品など）に適用。処理期間は1～2週間。極めて高湿度になると金属・鉛系顔料が変色するので要注意。

低温処理：−20～40℃で、1週間程度。殺虫効果は高いが、急激な温度・湿度変化にさらされるため適用の材質は限定される。書籍、古文書、毛皮、織物の一部、動植物標本、木製品など。

高温処理（50～60℃）：速効性はあるが、対象は建造物、木製品、乾燥植物標本などに限定される。

薬剤を使用する殺虫処理方法（化学的防除）

燻蒸処理：フッ化スルフリル、酸化エチレン製剤などによって燻蒸処理を行う。排気を含めて完全なガス管理ができる燻蒸装置での使用が望まれる。2004年末で全廃された臭化メチルの代替薬剤として酸化エチレン・フルオロカーボン製剤、酸化プロピレン、ヨウ化メチルが実用化されている。

蒸散性（昇華性）薬剤：殺虫防虫剤として DDVP の樹脂蒸散剤がある。防虫剤としてピレスロイドのエンペントリンを樹脂に練りこんだものがある。銅製品は変色するので使用してはならない。また、従来から利用されてきたパラジクロロベンゼン、樟脳、ナフタリンがある。これらは併用すると混融を起こすので併用を避ける。

カビの処置方法

カビの被害が発生した場合、他の資料に被害が移らないように隔離して、湿度を下げることが重要である。材質に悪影響を与えないように留意して、酸化エチレン、酸化プロピレン、ヨウ化メチルなどの殺菌燻蒸剤や殺菌剤としてエタノールを用いて処理する。防カビ処理剤としてヨード系炭酸製剤があるが、直接薬剤がかからないように留意する。　　　　　　　　　　　　　　　　　　　　　　［阿部正喜］

【参考文献】
辻英明『IPM防虫管理における管理水準の考え方』（『文化財の虫菌害』58号、2009年）。
独立行政法人東京文化財研究所編『文化財害虫事典』（クバプロ、2004年）。

5. 資料の梱包と運搬方法

(1) 資料の梱包

　博物館資料は、安定した環境下で永久的に保管・保存されることが理想である。しかし、実際には他館に貸し出したり、他館より借り受けて展示を行うことが多く、資料活用の一般的な業務になっている。博物館における資料輸送の要因は、主にこうした特別展によるところが大きい。

　資料の運搬には、輸送時の損壊を防ぐために一定の梱包をしなくてはならない。梱包は、原則として資料に外圧が加わった場合に、資料への直接の衝撃を避けるために行う保護対策である。言わば、不慮に加わった衝撃を吸収するクッションの役割を担っており、同時に運搬時の安全面や利便性にも配慮している。

　梱包は、事前に資料観察と調書・記録類の作製をして、資料の形状や保存状態を考慮して行う。一般的に複雑な形状の資料では、まず凸部に衝撃がかかりやすく、ついで凹部にその圧力が伝わり損壊につながる。従って凹凸がある資料では、①凸部の保護を行う。保護材は資料の規模によって異なるが、薄葉紙や薄葉紙でくるんだ綿布団で覆う。②凹部には綿布団を充填し、くびれ部には巻き付けて塊状にし、さらに全体をくるんで円筒形や方柱状の形状にする。③適度な大きさの箱に収納して封をする（写真）という順序で行う。

資料を容器内に収納する様子

　箱に収納する際は、箱内でぐらつきがないように資料と箱との隙間には綿布団やスポンジ、その他発泡スチロールや毛布等の詰物で充填する。使用する箱は、大型品や重量品の場合はリスクが大きいため、一方を開放した「コ」の字形の木枠や、側面からの出し入れが可能な木箱を使用する。中・小型の資料は、資料の規模に適した木箱や堅固な段ボール箱の他に、プラスチックやアルミ製コンテナの容器を用いることもある。長尺物や変則的な形状の資料は、その都度資料の規

基本的な梱包をした後、木枠に固定している状況（ヤマトロジスティクス提供）

模に合わせて容器を作製する。箱は布テープ等で封をするが、不可抗力によって運搬時に箱が開かないように、麻紐やビニール紐等で括り、内容物や登録番号を記したラベルを貼り、専用の荷札を付ける。

　小型品は、資料を収納した箱をクラフト紙や巻段ボール紙で再度包んで、紐掛けする場合もある。そして、複数個まとめて中型の箱に収納（再梱包）して輸送することも多い。この場合、特定の箱に過重がかからないようにしなくてはならない。板状の資料は、薄葉紙ないしは布等で包んだ後、段ボール紙や板材を敷いて再度包んで固定し、綿布団で巻いて箱に収納することもある。

　美術資料のなかでも仏像等の梱包は極めて難しい。晒しでミイラ状に巻いて保護する場合が多いが、破損しやすい箇所や分離可能な場所の確認、分離した場合と現状で梱包した場合のリスクを考慮して、丁寧な保護を行う。金箔や塗料の保護も重要である。移動は、丈夫な部分を確認して運搬用の木枠・架台に載せる。近年では丈夫な部位を保護した後に、直接綿布団と晒し等で架台に固定する方法もみられる（写真）。その他の美術品は、脆弱な部位や修復部に負担がかからないように位置関係を確認して容器に収納する必要がある。

　土器や陶磁器等の資料は、前記のように口縁部等の突出した部分の保護を厳重に行い、凹部やくびれ部に綿布団を充填して円柱状にくるみ、容器に収める。金属器等の考古資料は美術資料と同じ扱いとする。古文書や冊子等の薄い資料は、専用用紙等に包んだままの状態で容器の中に収納し、薄葉紙や綿布団を充填する。新たな折り目がつかないように、堅固な容器が必要である。

（２）資料の運搬

　資料の運搬・移動は、館内移動もあれば館外もある。いずれにしても、経路の段差は板材等でスロープを作り、衝撃を防止する必要がある。

　運搬の主体は、ほとんどが自動車である。公用車等での運搬もあるが、近年では専門業者の美術品専用車を利用する場合が多い。美術品専用車は、走行中の振動や衝撃を和らげるエアサスペンションを搭載したコンテナ型のトラックであり、荷物の昇降機や荷室の温湿度調整設備もある。

　運搬する資料（種類・点数・法量・残存状態・他）の確認、および輸送の日程・行程、諸条件（保険・専用車指定等）は訪問館・業者等と事前に打ち合わせを行う。近年では梱包から輸送、そして開梱・展示補助の業務も契約できるが、全て業者任せではなくて、学芸員が指示して確認・点検の上、行わねばならない。なお委託業者は、集荷と返却が同一会社でかつ同じ担当者が好ましい。開梱は梱包した人物が行えばリスクも少なくなる。

　資料の輸送ルートは、距離だけでなく輸送にかかる時間や安全性も考慮して、最

短ルートで計画する必要がある。また、一回の行程で複数の博物館を訪問する場合は、資料の積載時間が最も短いルートを選択する。一般的には、集荷時には遠方から借用して回り、返却時には逆のルートを考え、資料の積載時間を最低限にするようにする。荷室の資料は、原則積み重ねることは慎むべきであり、走行時に動かないように固定する。定期的に点検して、盗難防止にも配慮しなくてはならない。

　鉄道や船舶、航空機等での輸送については、それぞれのリスクについて整理し、安全性をも考慮して対処しなくてはならない。　　　　　　　　　　　［植野浩三］

第4節　博物館資料保存の実態と実際

1．人文系博物館における資料保存の実態と実例

　収蔵庫に適応した二重ドアの設置やドアの間口・高さ、床面段差の配慮、空調等の基本的な設備は、今日の博物館ではほぼ整備されている。こうした一定の保管環境は整備されたとしても、人文系博物館では多種多様な資料を保管する場合が多いため（第2節）、資料に即した収蔵方法や工夫が必要になってくる。特に、歴史系博物館等では、美術品や歴史史料、考古・民俗等の多種目の資料を同時に保管することは珍しくない。

　総合博物館等の大型館は、複数の収蔵庫を設置して資料の種類によって保管場所を区別している場合が多い。しかし多くの館では、一般収蔵庫と特別収蔵庫の２室を設置している。また、特別収蔵庫を持たず一般収蔵庫のみの場合や、一般収蔵庫と空き部屋や倉庫を併用して収蔵している施設も少なくなく、収蔵庫を持たない小規模館が存在するのも現状である。

　複数の収蔵庫を設置している館は、美術品等の保管環境に敏感な資料は専用の収蔵庫で保管し、その他の資料は一般収蔵庫に収蔵することが可能であり、資料の性格に即した対応が出来る。しかし、一般収蔵庫しか持たない館では、美術品や考古系の土器や木製品、民俗資料を同時に保管する必要がある。こうした場合は、室内を応急的に区切って使用する等の工夫が必要がある。それが不可能な場合は、まず美術品や歴史史料等を優先させて保管環境の良好な位置に木製棚を設置して保管するのがよい。そして、他の空間に考古・民俗資料の棚を配置する。

　ほとんどの資料は形状が異なり、一律に棚に保管することは難しい。しかし美術資料では、絵画・彫刻・漆工・金工の種類によって区分すると、比較的形状が類似しており、適切な保管と一定の保管環境が確保できる。一般的には棚単位で種類を分けたり、棚の幅や高さを調整して特定の資料が収納できるように改良する必要がある。

　収納方法は、①1点ずつ資料を保管する位置を固定しておく方法と、②一つの棚を一収納スペースとして、そこに複数の資料を流動的に保管する方法がある。①は、資料の所在が一目で確認できる利点があり、②は資料の出し入れが激しい場合には、

第4章 博物館資料保存論

　有効的である。いずれの場合でも、棚には登録番号や品目・員数を貼り、搬出時にはカード等を置いて、常時所在が確認できる体制にしておく。

　額装・屏風のような大型品は、長寸を奥行きとした縦型の木製箱に収納するが、規模や重量によっては長寸を下にした収納方法も可能である（写真1）。棚に入らない場合は床に直接置き、転倒防止を講じる。木製の箱に収納した美術品は順次棚に配架するが、二段重ねは厳禁である。箱の規模はまちまちであるため、同一規模のものを一つの棚にまとめることもある（写真2）。棚の縁は危険であるので安全な配架をする。軸装は、一般的に棚に一列に並べて収納する（写真3）。洋画等の額装は、レール式絵画ラックに掛ける方法が一般的であるが、数量が少ない場合は、仕切りを設けた棚に立てて保管することも可能である。

　版画や色紙大の1枚ものの美術品の収納は、マップケースを利用すると便利である。また、作品をマウントして保存箱（ミュージアムボックス）に複数収納する場合もある（写真4）。マウントには和紙が、保存箱には中性紙が使用されており、良好な状態で保管できる。仕切りの装着が可能な保存箱もあり、資料の大きさに合わせた保管ができる。刀剣・能面や楽器・衣装は、専用の桐箪笥に収納すると便利である。

　古文書の保管は、資料1点ずつ中性紙封筒へ入れて、専用の保存箱のなかに立てて収納し、棚に保管するのが一般的である。必要に応じて元の折り目にそって慎重に畳んで収納する。和綴本等の冊子は、そのまま棚に配架する場合もあるが、貴重本は薄葉紙に包み、あるいは美術品と同じように木箱や保存箱に収納して配架する。必要なものは防虫剤や調湿剤を同梱しなくてはならない。

　考古資料や民俗資料は資料数が多いため、スチール棚にコンテナごとまとめて保管する場合（写

写真1　屏風の木製箱

写真2　木製箱の収蔵風景

写真3　軸装の収蔵風景

写真4　ミュージアムボックス

写真5　考古遺物の収蔵風景

173

写真6 土器の収蔵風景
（真脇遺跡縄文館提供）

真5）や、棚にまとめて置く場合も多い。基準資料や重要度が高い資料は、一般的に木製棚に並べて保管する。土器は美術品ほど保管環境に神経を使わないが、衝撃には脆いため常時固定台を使って安定させておく。固定台には必要に応じて布等のクッションを巻いて接触部を保護し、転倒が防げる間隔で並べる。そして、棚から落下しなしように前面には保護柵も付けておく（写真6）。大型品は下段に入れ、入らない場合は床面に直接置くことも多い。

近年では収蔵展示と称して、収蔵庫の一部を外部から見学できる施設もある。保管環境の許す範囲で実施されなくてはならない。　　　　　　　　　　　［植野浩三］

2．自然系博物館における資料保存の実態と実例

自然史の資料は二つに分ける事が出来るであろう。一つは標本、もう一つは文献である。文献は、自然史標本を調べる上で必須であるが、今後はpdf化が進み、図書室の様相も変わってくるであろう。

標本には、岩石、鉱物、化石、液浸、腊葉、剥製、骨格などがあるが、保存方法は標本によって異なる。ここでは自然史系博物館の資料保存の実態と事例として主に北九州市立自然史・歴史博物館の収蔵庫と標本の保存について述べる。

文献は準備室開設以来、国内外の博物館や大学と研究報告の交換や購入、寄贈などにより収集し、書庫を設け可動式の書棚で整理するとともにデータベース化を進めている。

収蔵庫は大きく乾燥標本収蔵庫とそれ以外に分けられている。乾燥標本収蔵庫には動物標本収蔵庫、昆虫標本収蔵庫、植物標本収蔵庫がある。これらの収蔵庫は模式標本収蔵庫とともに共通の前室を有する。前室は収蔵庫の開閉による温度と湿度の急激な変化を避けるためと防虫防カビのために設置されている。内装は木質系調湿材（天然木化粧貼）による二重壁で、主に薬品処理された資料を保存し、かつ温湿度に留意した収蔵庫として整備されている。特徴としては薬品の拡散を避けるため一方向の気流による空調で、通常調湿と不透湿の機能しか持たない内装材に空調の吹き出し口の機能を持たせている。木質調質材による二重壁と躯体との間に不透湿処理された合板を設置し、収蔵庫全体は内装材で囲まれたチャンバーとなっている。この内装と空調を一体化したシステムは北九州市立自然史・歴史博物館のオリジナルで、新しい収蔵庫のあり方の試みである。

第4章　博物館資料保存論

　乾燥標本収蔵庫以外に重量物収蔵庫、化石収蔵庫、液浸収蔵庫があり、内装は合成樹脂エマルジョンによる塗装である。空調は単一ダクト方式で、収蔵庫内の空気の置換性能を上げるために吹き出し口は天井に均等配置され、吸い込み口は壁面に集約されている。
　いずれの収蔵庫も中2階構造で、空調の妨げにならないよう2階部分の床はスリットになっている。空調は全て収蔵庫ごとに独立している。書庫、重量物収蔵庫、化石収蔵庫、液浸収蔵庫には中2階との間で標本を上げ下ろしするための物品専用のエレベータが設置されている。消火設備は不活性ガス消火である。収蔵庫にはカードキーによる警備とシリンダー錠があり、カードキーにより何時誰が警備を開始、解除したかが記録されている。模式標本収蔵庫はこれらに加えダイヤル錠が取り付けられている。

乾燥標本収蔵庫（植物標本収蔵庫）

鉱物標本が収納されたキャビネット

　動物標本収蔵庫では中量物品棚と木製キャビネット、茶箱などで剥製と骨格標本を保存している。昆虫標本はドイツ箱にナフタリンとともに入れ、ドイツ箱を収納する専用の木製キャビネットに収蔵されている。植物はほとんどが腊葉標本であり、昆虫標本同様、木製のキャビネットに保存されている。なお、乾燥標本は収蔵庫に入れる前に全て燻蒸している。
　重量物収蔵庫、地学系収蔵庫、液浸標本収蔵庫はほぼ同じ構造で幅員を大きくとった廊下に直接面している。1階部分には可動式の収蔵棚を設置し、収納力を確保している。
　重量物収蔵庫は重量のある大型標本を直接搬出入できるよう廊下の突き当たりに配置されている。可動式の収蔵棚は電動であり、石灰岩のプレートなど大型標本が収蔵されている。また、大型標本運搬のために電動のフォークリフトが配備されている。中2階には中量棚とキャビネットに比較的小型の鉱物や岩石標本を保存している。
　化石収蔵庫の可動式収蔵棚は手動で、大型標本を収蔵している。中2階ではキャビネットにより小型標本を保管している。キャビネットは工具用のものを使用している。これは化石等の重量のある標本にも耐え、奥行きもあって使い易く、施錠もできるので標本管理も容易である。
　化石や岩石、鉱物標本は常温でも大丈夫なものはそれに見合った大きさの標本箱

にラベルとともに入れている。標本箱は紙製、プラスチック製など様々なタイプのものが市販されているので用途に合わせて使い分けている。水分によって溶解、分解する鉱物は密閉できる袋や容器に入れる必要がある。また、光によって変質する鉱物は光を遮断できる容器に入れる。

　液浸標本室も同じ構造であるが、標本瓶は小さなプラスチック製コンテナに入れて棚に置いている。これは棚が鉄製であるため、液漏れなどによる腐蝕を防ぐためである。保存しているのはホルマリン液浸標本とエチルアルコール標本であるが、博物館によってはアルコール標本収蔵庫とホルマリン標本収蔵庫を分けているところもある。

　魚類や無脊椎動物の保存は液浸が一般的で、普通は10％の中性ホルマリンを使用する。ホルマリンの他、70％エチルアルコールや30％イソプロピルアルコールを使う場合もあるが、いずれも一度ホルマリンで固定した後、水洗し、これらの保存液で保存する。アルコールに保存する理由は、ホルマリンに強い刺激臭があることや弱い毒性があるためである。しかしアルコール類は高価であることに加え、標本の色が抜けやすいこともあって、多くの博物館でホルマリンが使用されている。ホルマリンは脱灰するので、甲殻類など殻をもった生物の保存にはエチルアルコールが用いられる。ホルマリン標本は DNA の分析には使えないため、DNA の分析に使用する標本はホルマリンには浸けず、最初から100％エチルアルコールで固定し保存する。

　液浸標本の保存は落とし蓋の硝子瓶やプラスチックの中蓋とネジ蓋のついたガラス瓶、広口のプラスチック製容器などが使用されている。小さい標本では広口のスクリュー瓶、大型の標本ではプラスチック製のタンクを使用している。ラベルは耐水紙（耐水性のケント紙など）を使用し、直接標本とともに瓶の中に入れている。

　収蔵庫の温度は15〜20℃、湿度は50〜60％が良いとされる。当館では温度は22℃で、温度が高い分、湿度を50％と低くしている。植物収蔵庫だけはカビの問題もあって温度を21℃としている。液浸標本収蔵庫も同じく22℃、湿度50％にしているが、これは空調のない液浸標本室は湿度が高くなるため、長年の間に標本瓶だけでなく、壁や天井にもカビは生じるためである。いずれの収蔵庫も24時間空調であるが、24時間空調は機械の耐用年数が大幅に短くなるため、昼間だけ稼働させることも考えて作る時に収蔵庫全体を断熱することも必要である。　　　　　　　［籔本美孝］

3. 宗教関係資料に対する信仰と保全・保存

（1）信仰対象・宝物と文化財・博物館資料

　資料の彫刻として分類される仏像や神像は、博物館等においては主要な資料とし

て展示される機会が多い。しかしながら、いうまでもなく、これらが制作された本来的な意味は信仰の対象であった。このような資料を、ここでは宗教関係資料と措定して論じていく。

宗教関係資料は本尊やご神体として信仰の対象であることが多く、また、寺院などを荘厳するための器物も含まれる。そのため博物館資料の種類としては、彫刻や工芸品などが主体となるが、寺社などから出土した考古資料や所蔵されてきた鉱物などの自然系資料なども寺宝や社宝として所蔵されている場合がある。

また、江戸時代のキリシタン関係資料などは特定の宗教施設で所蔵されるのではなく、民間で伝えられていることが多く、このような資料は博物館等が体系的に収集し、適切に保管する必要がある。

以上のような宗教関係資料が博物館等に収蔵されることによって博物館資料としての意味をもち、さらに不特定多数に観覧される場合には展示資料としての意味をもつ。このような状況における資料的位置づけの変化は、資料が博物館等に収蔵された後の過程で一般的に生じることである。ただし、宗教関係資料の場合は、いずれの段階や状況においても、一貫して信仰の対象である。

（2）博物館資料と寺社所蔵文化財

博物館資料は法的には文化財であり、文化財保護法に規定され、かつその適用をうけることは本書の別の章で詳しくふれられている。このように博物館資料には法的に二つの位置づけがあるが、寺社の建物や寺院の本尊や神社のご神体および寺社に伝来してきた宝物と呼ばれる資料は、信仰対象であるとともに法的に規定された文化財でもある。寺社所蔵の資料は現実社会での法的根拠に裏づけられた文化財と宗教に依拠する信仰対象という次元を異にする二つの側面をもつことになる。ただし、博物館等においても、宗教に関係する資料を対象とする場合、常にそれらが信仰対象であることを配慮して、取り扱うべきである。近年では展示する際も、博物館資料としての展示環境の整備に加えて、来館者に信仰の対象であることを意識させるための展示方法や照明などが工夫されている。具体的には、仏像などの場合は、本来、安置されていた寺院の建物内部の写真を背景として用いたり、雰囲気を醸し出す配色の背景を用いるなどの方法がとられている。ただし、博物館等はあくまでも宗教施設とは属性や機能が異なるので、展示されている仏像等の前に供物を置くことなどの行為は、他の資料の展示環境の影響があるため、これらを禁止することは当然であり、見学者の側の理解と認識が必要であろう。

ここに表れているように宗教関係資料に関しては、考古資料などとは異なり、博物館資料や単なる文化財としてではなく、現在も信仰の対象とされていることを念頭において展示や保存を行う必要がある。

（3）寺社所蔵文化財の保全・保存

　このような寺社が所蔵する文化財は、寺院の境内や神社の社地に建築された施設で収蔵されることがあり、宝物館や霊宝館などの名称がつけられている。これにより、宗教と信仰からも、文化財としての法的な観点からも保全され、寺社所蔵文化財が信仰対象と文化財という属性について、双方を満たすべく、実際的な取り組みが行われている。その具体的な方策の一つとして、寺社の所蔵する文化財を収蔵する施設を、それらが本来的に安置される本堂や社殿のちかくに配置することによって、信仰対象としての意味を損なわないように配慮しつつ、盗難や火災および保存環境をも考慮された施設を備えている事例がある。これは信仰対象と文化財の双方の観点で、現状における到達点を示しているといえよう。

　また、寺社の所有する文化財についての理解を深めるために、「寺宝護持の心得」を内容とする保存に対するハンドブックを作成し、配布している宗教団体や機関もある。この場合は宗教の側からの文化財保護へのアプローチであるから、宗教施設においても受容しやすい方法である。

　近年では国宝となっている寺院建築のテレビ放送に際して、取材関係者が機材設置のために釘を打ったことが報じられたが、このような暴挙は本来、文化財の保存を担うべきマスコミ関係者に文化財に対する常識や倫理観が欠如する者がいることを顕著に示している。

　このような行為を防ぐには、各地域で身近な寺社などの宗教関係文化財に子供のころ頃から親しみ、文化財の大切さを生活実感として養うことが肝要であろう。

　寺社およびそれらが所有する宗教関係文化財は、全国地域に存在する身近なものであり、またそれゆえに、地域における文化財の保存に関わるネットワークや組織と連携を行いつつ、保存や活用が行われていく方向が模索されることになろう。

［門田誠一］

第5節　博物館資料の保存と活用の課題

1. 地域資源としての博物館資料の保存と活用

　近年、人口減少社会と地域間競争時代の到来を目前にひかえて、博物館に対して交流人口獲得のための施設としての役割が期待されるようになっている。私たちの身の回りにある自然や文化を地域の資源と見立てるとともに、これらの資料を活用した博物館活動が模索されている。これまでのところ、資料の保存的環境が重視されていることもあり、館内における展示や学習支援に止まっている事例が多く見受けられるが、今後、館外における地域資源とのリレーションを推し進めることで、地域の魅力を発信する拠点施設として、博物館は、より多くの利用者を獲得することが求められる。

　こうした流れは、欧米におけるエコ・ミュージアムや中国における生態（活態）博物館の広がりに代表されるように、国内よりもむしろ海外で急速に展開している。これらの国々では、資料保存及び教育の役割とともに、ツーリズムの中心的施設として、あるいは、周辺に散在する地域資源のハブ施設として、博物館が位置付けられている。また、国際協力（ODAを含む）、企業メセナ、NPO・NGO等の各セクターと協働することで、持続可能な地域の発展のために、博物館を活用しようとする動きもある。いずれにしても、住民が中心的なプレーヤーとなって、地域資源の保存と活用の両立、すなわち共生が図られることで、地域の教育的・文化的、そして、経済的な活力に繋げようとしている。

（1）世界遺産とリビング・ヘリテージ

　こうした地域資源の積極的な活用の事例は、世界遺産で顕著に見られる。日本では2011年6月に「平泉の文化遺産（岩手県）」と「小笠原諸島（東京都）」が登録されたことが、記憶に新しい。世界遺産は、文化遺産（有形・無形）・自然遺産・複合遺産の3つに分けられ、日本国内では、2011年8月現在、16件（文化遺産12件、自然遺産4件）が登録されている。ここで定義する遺産（heritage）とは、博物館に収められる個々の物件、すなわち、文化財（cultural property）のみならず、景

観等の環境や遺産をめぐる伝統的価値観、信仰、真正性、それを継承する知識や技術等を含むことから、集合的・複合的な概念と見なすことができる。遺産地の多くは、知名度が上がることで観光開発が促進され、投資が呼び込まれ、国内外からの集客効果と地域経済の振興に期待が寄せられるようになる。しかしながら、遺産の博物館化・公園化が生じることで、集合的・複合的価値の一部（地域の生活文化）が脅かされている例が少なくない。例えば、東南アジアでは、遺産が使われながら維持されるという伝統的な守られ方が否定され、遺産地から地域住民が排除される事態が生じている（三浦 2011）。

これに対し、近年、リビング・ヘリテージ（living heritage）という概念が打ち出されている。遺産と人（とくに地域住民）との関係を再構築する概念であり、そこに暮らす人々が「遺産を活かす」ような参加型保全が模索されるようになってきている。とりわけ、伝統的な生活様式、信仰、知恵、技術、音楽、芸能等の無形遺産的な価値を活用することが重視されており、地域において保全のための地元の専門家を育成し、役割を再定義することが必要となっている。こうした試みの一つとして、カンボジアのアンコール遺跡群での活動が挙げられる。

（2）遺産と地域住民の関わり

アンコール遺跡群とは、カンボジア北西部に位置する9〜12世紀の都城遺跡群を指し、1992年、世界文化遺産に登録された。長く続いた内戦によって、遺跡の保存と修復活動が疲弊し、多くの発展途上国の事例と同様に、外国の調査団が政府と協力し、調査・研究・修復作業を担う傍らで、現地の専門家を育成し、出土品の展示等を通して、地域社会に調査成果の還元を行ってきた。また、現地人の研究者や学生らとの共同作業を重視し、彼らに対する実地教育に取り組み、なかには、博物館等の施設が提供されることもある。しかし、研究者や学芸員の「人材養成」を積極的に担いながらも、遺産地で生活を営む住民との連携や地域による博物館等の施設の活用に至る事例は、きわめて少ないのが現状である。

遺跡は、過去そのものであるが、現代社会において、今なおいくつもの役割を担って「生き」「活かされて」いる。実際の住民にとって、アンコールとは、現地の精霊信仰と結びついた信仰の対象、祈りの場でもある。また、貯水池・環濠といった水利施設では、水牛が放牧され、生活用水として使用されてきた。しかし、遺産と住民の日常生活が密着した空間において、美観・観光に不都合という理由等から、伝統的な生業等が制限・禁止され、住民の伝統的な暮らしが変化を余儀なくされている。遺産地からの退去、あるいは、押し寄せる観光業関連の賃金労働への異職種従事も加速しており、遺産の文化的・歴史的な景観をも失われることに繋がりかねない事態となっている。すなわち、遺産のみならず、遺産に寄り添う人々とその生

第4章　博物館資料保存論

活をも守る必要性は明らかである。

（3）変革される住民意識と遺産の保護と活用への関与形態

こうした中で、遺産と住民が共生し、遺産を保存・活用する方法を模索する活動が行われている。アンコール遺跡群の一部であるバンテアイ・クデイ寺院遺跡では、上智大学の発掘調査により270体以上の廃仏・石柱が発見され、イオン1％クラブの寄付によりシハヌーク・イオン博物館（Preah Nordom Sihanouk Museum）が建設された。

カンボジア人学芸員の育成
（上智大学アンコール遺跡国際調査団提供）

発掘調査では、説明会を開催し、遺跡に対する住民意識を高め、保存運動に繋げる試みが行われている。また、博物館では、カンボジア人学芸員を育成し、展示解説や（写真）、ワークシート等による子どもの体験学習・遺跡地における校外学習が展開されるようになった。また、遺産地において住民は歴史や当時の人々の生活を理解し、盗掘や汚損等から遺跡を日常的に守っている。

住民は、現地説明会や博物館見学等を通じて、遺産を住民意識の拠り所としつつ、地域資源として再認識しつつある。そして、次世代を担う子ども達が地域の遺産と生活文化の価値を再発見し、ホスピタリティあふれる遺産の語り部としての意識・共生の取り組みを継承していくサポートとして、高く評価されている（石澤ほか2010）。

これらの活動を見ると、遺産の保存と活用の両立は、地域住民との連携を強める双方向のコミュニケーションや関係作りのための幅広い活動、教育支援が重要であること、そしてその積み重ねによって、健全で持続可能な保全環境を達成でき、また現地性・当事者性に担保された活用につながることが読み取れる。今後、博物館はその発信地としての役割をより充実させると共に、地域への文化的・教育的・経済的恩恵を還元していく装置として制度と体制を整備する必要がある。［平野裕子］

【参考文献】
石澤良昭・丸井雅子共編『グローバル／ローカル　文化遺産』（上智大学出版、2010年）。
三浦恵子『アンコール遺産と共に生きる』（めこん、2011年）。

2．災害と博物館資料

（1）博物館の防災設備

博物館の防災対策としては、火災から資料を保護する方策がとられることが多く、

通常はスプリンクラーを使わず、ガス（ハロンガス等）等を用いた消火設備が用いられる。その他、収蔵庫等は耐圧床構造および密閉構造であり、防災のためには防犯システムを設置したり、耐震構造ないし地震動対策がとられている。

（2）博物館・博物館資料の被災の実例と課題
　このような博物館の防災対応について、さらに見直しを迫られることになったのが、1995年の阪神淡路大震災による博物館等の被災状況である。この時は博物館・資料館などで建物そのものが倒壊した例もあるが、その他の被害では、地震にともなう噴砂が地下室の天井にまで達し、地下室の床が水没した博物館がある。このような博物館施設等の被害をうけて、地震や災害に対する対応が従来より、さらに検討されるようになった。

（3）博物館における防災対策
　建物の地震に対する備えには、免震構造（積層ゴムを設置した免震層で集中的に地震動のエネルギーを吸収して建築物への影響を緩和する）や、耐震構造（建築物を堅牢にする）などがある。免震装置の例を具体的にあげると、水平方向の急激な揺れを緩やかな揺れに変える装置として、小さい揺れ幅に対応する「天然ゴム積層ゴム」、大きい揺れ幅に対応する「弾性すべり支承」と、揺れ幅を減衰させる装置の「鋼棒ダンパー」からなっている。博物館の建物に対する防災対策として、新たに建築される博物館には建物そのものに免震装置が施された例（九州国立博物館など）がある。
　収蔵庫や展示室部分に、このような免震構造を採用すると、地震の揺れを大幅に低減（九州国立博物館の場合では震度7の揺れを震度4以下）することができる。
　ただし、既存の施設で、このような大規模な免震装置を設置するのが難しい場合は免震装置つきの展示台を導入したり、展示ケースに置くことによって免震効果を生じる免震台などが、以前にもまして用いられるようになった。

（4）文化財に対する国・自治体等の防災対策・対応
　文化庁は洪水、火災、地震、台風、配水管の破裂などによる水害から収蔵品を守るためのマニュアルである「文化財防災ウイール」を作成し、頒布している。これは米国で作製された Emergency Response and Salvage Wheel の日本語版で、被災

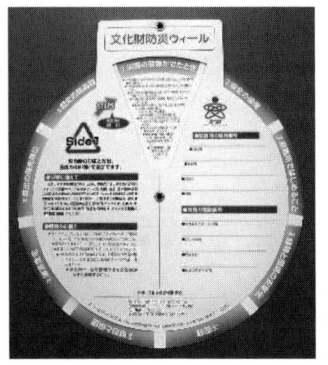

文化財防災ウイール

第4章　博物館資料保存論

後、最初の48時間以内のいわゆる初動対応を目的とし、緊急時に回転盤を必要な項目に合わせることで取るべき対応が即座にわかる回転板式の体裁をとり、片面には緊急時の人に対する対応を、反対面には博物館資料の材質別に分けて救助法と応急処理をそれぞれ9項目に分けて記している。

一方、建造物が主な対象ではあるが、文化庁では平成17年度から国庫補助事業「重要文化財（建造物）耐震診断事業」を実施し、平成20年2月18日に中央防災会議が中部圏・近畿圏の内陸地震による文化遺産被災の可能性が報告されたことを受けて、近畿圏（全国の約4割の重要文化財が所在）内に所在する重要文化財建造物の防災設備及び耐震性能について実態を把握し、防火・耐震対策や延焼防止など大規模地震等への総合的な防災対策の検討を行うために重要文化財建造物の総合防災対策検討会を発足させた。

文化財マイスター
修了書の一例

2011年3月11日に起こった東北地方太平洋沖地震では、文化庁は被災した動産文化財（美術工芸品等）を中心に緊急に保全するとともに、文化財の廃棄・散逸を防止するため、2011年4月1日から2012年3月31日の期間で「東北地方太平洋沖地震被災文化財等救援事業」（文化財レスキュー事業）を実施した。この事業の内容は、被災した社寺、個人及び博物館等の保存・展示施設の倒壊やその恐れがある場合など、緊急に保全措置を必要とする文化財等を救出し、応急措置をして、当該県内または周辺都県の博物館等保存機能のある施設での一時保管を行うものである。

他方、地方でも独自の取り組みが始められており、一例としては「文化財マイスター」制度があげられる。たとえば、京都市消防局の「文化財マイスター」は、文化財や社寺を大地震や火災から守るため、観光ガイドやタクシー乗務員などを対象にした研修制度で、受講者の災害時における消火や救急の初期活動への協力を図っている。

（5）資料に対する地域の防災および復旧・保存ネットワーク

博物館資料等が被災した場合、被害を最小限にとどめ、あるいは被害の現状を把握するために地域におけるネットワークが形成されつつある。これらは「文化遺産防災ネット」「歴史資料保全ネットワーク」「歴史資料救済ネットワーク」等の名称で、一定のまとまりのある地域で、文化財行政職や研究者・博物館関係者などからなり、一般的にはNPO法人として運営されている。

これらの組織は災害時以外にも、歴史資料所在調査や歴史資料保全活動などが日

常的に行われ、これによって災害時の活動が錬磨されている。また、この種の団体では災害などの場合に対応するために資料の記録方法やデータベース化のシステムをホームページ上で逐次、公開している場合もあり、資料に対する緊急時の処置を広く知悉させるための有効な手段となっている。　　　　　　　　　　［門田誠一］

【参考文献】
内田俊秀「動産文化財の防災」(『自然災害科学』28-1、2009年)。

3．環境保護と博物館の役割

　現在の多くの環境問題は、物質文明に偏った結果もたらされたものであり、自己中心主義、自文化中心主義、そして人間中心主義による考えに起因するものである。そのことは、人と人のコミュニケーション、社会と社会とのコミュニケーション、そして自然と人あるいは自然と社会とのコミュニケーションが希薄になったことを示している。良識を育む教養文化を基盤とするゆとり社会には、物質的な豊かさと精神的な豊かさが必要であり、その調和をとるためには、総合的な視野に立ったコミュニケーション形成の場が必要となる。さらに情報革命の時代を迎えた現代社会において、「もの」と「こころ」の乖離は大きな問題を投げかけている。子どもの成長過程において、自然の中で育まれるもの、実物を通した体験の中で育まれるものを、もう一度確認していく必要がある。ここでは、『新しい博物館学』(全博協西日本部会編、2008年)を引用して、環境保護の側面から自然史博物館の使命と役割について問いかける。

　人類は、きびしい自然の中で衣・食・住を求めて生き抜いた猿人、原人の時代から、常に自然を見つめ、知識を蓄えてきた。狩猟、漁撈、農耕の段階から農業、牧畜、林業、漁業、鉱業、工業の段階へと生産性を高めていく過程においても、自然に対する知識を共有するために、ナチュラル・ヒストリー（Natural History）は欠かせないものであった。ナチュラル・ヒストリーが博物誌から博物学、そして自然史へと発展する中で、動・植物、岩石・鉱物・化石など、自然資料を収集・保管し、実証と再検証を何百年にわたって保証し、研究と教育の場として、自然史博物館はその機能を果たしてきた。自然史とは、自然科学の一分野で、自然界の構成員である鉱物・岩石、植物・動物などの性状、類縁関係、成因、相互のかかわり合い、進化発展の過程など自然の体系とその歴史を明らかにするとともに、人間の生活や文化の自然環境から受ける影響を明らかにして、未来の人類社会のあり方に対してその分野で貢献しようとするものである（千地、1973）。

　自然史は、自然環境の構成要素の相互関係、特に人と自然の相互関係を明らかにする学問分野であり、将来を見据えた「人・社会・自然の共生」を基本とした総合

文明の構築を考えていく上で必要不可欠である。現在、地球規模で解決しなければならない数多くの環境問題を抱えている。地球温暖化、オゾン層の破壊、海洋汚染、大気汚染、酸性雨、野生生物種の減少等、地球環境問題の解決のため、各国、各地域における環境構成要素のモニタリング調査が必要不可欠である。ローカルな研究なくして、グローバルな研究は成り立たないのである。

　このような社会的背景の中で、自然の豊かさと人間の生活の便利さとを、どのように共存させるか。これは実に重大な難問であり、正しい分類学的な基礎にたって、自然を自然そのものとして総体的にとらえ、歴史的な視点から人と自然とのかかわりを探求する科学、つまりネオ・ナチュラル・ヒストリーとでもいうべきものの発展がなければ、その回答に近づけない。その発展のための調査・研究、収集・保存、情報発信の機能は、自然史博物館の基本的な存在意義であり、そのような基礎の上にたっての社会教育、生涯学習の場であるという理解が必要であろう。自然史博物館はそれら環境保全や自然保護の取り組みに対して、地域的な基礎データを提供することができるとともに、展示や普及活動を通して、環境とは何か、自然と人間とのかかわり、自然との共生の重要性を多くの人々に問いかけなければならない（千地、1998）。

　1992年、ブラジルのリオデジャネイロで開催された国連環境開発会議（地球サミット）において、気候変動枠組条約に加えて生物多様性条約が採択された。日本は、1993年に生物多様性条約を締結、2008年に生物多様性基本法を施行、2010年に生物多様性条約第10回締約国会議（COP10）を名古屋市で開催した。このように生物多様性に関する国内外の関心が高まっている。生物多様性国家戦略2010において、「人と自然とのより良いバランスが確保され、人と自然が共生することを通して恵み豊かな生物多様性を育む」とし、長い歴史の中で人間活動との関係において成り立ってきた里地里山における生物多様性保全の重要性を強調している（SATOYAMA イニシアティブの推進）。人間文化の多様性も生物の多様性の一部として考えられる。なぜ、「自然環境が維持されてきたか」を考えてみれば、ヒトの暮らしや伝統文化が継承される中で維持されてきた自然環境が多いことに気づくであろう。環境とは何か、自然と人間とのかかわり、自然との共生の重要性を問いかけることは、自然史博物館の責務である。

　将来、21世紀の地球・人間の生存を考えるうえで、自然史博物館の役割は大きく、自然史分野における研究の必要性が増大するのは間違いない。博物館はこれからの自然史研究の大きな柱になるであろう。最近の自然科学の研究をみると、先端的なことを狭く深く掘り下げる傾向と、実用的なことを重視する傾向が認められる。日本の大学・研究所においては典型的にそうである。生物学や地球科学のような自然史学に関連する分野でも例外ではなく、その欠けたところを埋めるのは博物館をお

いてはない（糸魚川、1999）。　　　　　　　　　　　　　　　　　　　　　　　　　　　　　　　　　［阿部正喜］

【参考文献】
糸魚川淳二『新しい自然史博物館』（東京大学出版会、1999年）。
全国大学博物館学講座協議会西日本部会編『概説博物館学』（芙蓉書房出版、2002年）。
全国大学博物館学講座協議会西日本部会編『新しい博物館学』（芙蓉書房出版、2006年）。
千地万造編『調査・研究と資料の収集』（博物館学講座5、雄山閣出版、1973年）。
千地万造『自然史博物館－人と自然の共生をめざして』（八坂書房、1998年）。

第5章
博物館展示論

第1節　展示の目的とその歴史

1．展示とは何か

(1) 博物館展示のあり方

　人々は、なぜ博物館へ足を運ぶのだろう。それは、博物館における展示を観覧するためである。このことは、博物館展示が社会に対し大きく働きかける機能を持っていることに他ならない。その意味で博物館の展示目的と内容は、博物館展示にかかっており、明確な主張が求められているのである。さらに現在では、博物館の存在意義や社会における機能が見直され始め、展示活動にも見直しが迫られている。

　これまでの展示は、展示資料の歴史的・文化的・美術的等価値によって展示すべき資料の格付けを行い、その重要度に応じた展示手法やデザインが行われてきた。しかし、利用者の立場に立ち、理解度を増幅させる工夫やアミューズメント性を意識した展示手法を用いるようになっている。これは、生涯学習社会に対応する「親しみやすい博物館」「わかりやすい展示」が展開している証左であろう。

　博物館は、法第2条で明記されたように、歴史・芸術・民俗・産業・自然科学等の資料収集、整理・保管、調査・研究、教育・普及の機能を持ち、展示活動は教育普及活動の一環と位置づけられている。これは、商業施設等で実施される展示や陳列とは一線を画すものであり、博物館展示は、調査・研究に基づいた博物館資料を教育的配慮のもとで行うためである。つまり、博物館資料は、専門的に研究され、その成果が展示という形で表現され、公開されるのである。逆にいえば、人々は博物館には資料が展示されているというイメージを強く持つということである。

(2) 博物館におけるモノとヒトの関係

　展示とは、博物館が持っているモノと利用者であるヒトを結びつける役割を担っているパイプである。そのため、博物館が立地する地域を取り上げる常設・平常展示と広いテーマを設定し多岐に渡る資料を公開する特別展等に大別できる。いずれも博物館の設置目的を達成し博物館活動を表現するものであり、その内容は慎重かつ厳密に検討されるべきものである。常設・平常展示は、固定的展示と捉えられがちであるが、博物館資料の収集、調査・研究、教育普及活動と密接な関係を持つも

のである。この成果をもって企画され、運営されるべきものであることは忘れがちであるが、展示計画に沿った常設・平常展示の運営が最も重要である。近年は、常設展示という表記を平常展示とする館が増えている。これは、「いつ行っても同じ展示がある」というイメージを払拭したい努力である。
　一方、特別展等の企画展示は、最新の情報を盛り込んだ形として実施され、新しい情報を利用者に提供する観点から、常設・平常展

資料展示と人動線を整理した展示空間
（栗東歴史民俗博物館提供）

示より自由な形式で開催される。担当学芸員の腕の見せ所であり、調査・研究にいかなる成果があったのかを示すものとしてその注目度は高い。しかし、担当学芸員の思い込みがあってはならず、新しい知見を利用者にわかりやすく提示する配慮が求められる。展示を行う学芸員は、利用者の観点を常に留意し、恣意的な視点を極力控えねばならないことも大切なことであろう。展示は、公共性を持つ博物館として、その目的を果たすために行われるという意識を強く認識すべきであり、また職務と職責を果たすものと認識すべきものである。
　現代における博物館展示論は、「博物館資料はどのようにヒトに出会うのか、またどのような働きをするのか」という観点へと深化している。展示計画等も学芸員のみならず、教育担当・広報担当等の専門職員も含んだスタッフ全員によって行われるべきであり、利用者の意見を反映する計画推進が求められている。

[明珍健二]

2．展示の歴史

(1) 近代以前の展示に類する行為

　江戸時代には弄石家などと呼ばれる珍奇な事物を収集すること嗜好した人々がおり、収集した品々を持ち寄り、薬品会・物産会などと称した集まりで見せあっていた。現在知られているところでは、その始まりは1757（宝暦7）年に江戸で田村藍水が主催した「薬草会」だったが、数年後には大坂や京都でも同様な会が開かれるにいたる。やがて、展示物も薬品以外の動植鉱物に広がるとともに、専門家以外の庶民にも観覧の機会が与えられるようになった

(2) 近代における博覧会と展示

　明治時代に入って、それまでとは異なった展示の形態が出現する。それは博覧会

である。初期の博覧会としては、1871年（明治4）に京都で三井八郎衛門らが京都府の後援をえて開催しており、内容的には骨董品を集めた催しであった。

明治時代初期には、このような博覧会が頻繁に開催され、1871年から1876（明治9）年の6年間に府県主催のものだけでも32回にものぼり、東京、京都だけでなく、和歌山・徳島・木曽福島・大宰府などでも行われている。その他、個人や会社などの主催による博覧会も開催された。

1872年（明治5）には文部省が東京・湯島聖堂で古器物を中心とした博覧会を開催した。この文部省博覧会では文部省通達で「放観」と称された公開の考え方が実践されたことが展示の歴史において重要である。

いっぽう、この時期の博覧会の特徴としては、「物産会」「薬品会」「尚古会」などの名称に示されているように江戸時代の系譜を引き、見世物的な要素があったが、従来のように一部の好事家だけを対象とするのではなく、一般の観覧者を獲得するという大きな変化がみられる。しかしながら、展示品には名称・出品者の氏名などとともに値札が提示されており、博物館の展示とは異なり、資料の学術的・文化的価値とは異なり、売買のための経済的価値が重視されていた。

しかしながら、明治期の博覧会は珍奇な品々をみせるだけでなく、それらに付随する情報を提示する方向性が開かれたことは見逃せない。

（3）近代以降における商業施設での展示

日本における展示行為の特色として、百貨店を主とした商業施設で展示会が行われることがあげられる。百貨店の展示は美術品を扱う部署で担当されるが、それは1907年（明治40）に三越は美術部を創設することに始まる。翌年、開催された半切画展が百貨店ではじめての展覧会とされる。1909年（明治42）頃からは油絵の展覧会がはじまり、これが後に三越洋画展として定着する。また、この年には高島屋も「現代名画百幅画会」を開催し、1911年（明治44）には美術部を開設した。

このような百貨店で開催される展覧会は現在も盛んであり、関連商品の販売や集客などの点で、当然ながら百貨店の商業活動と結びつく点もあるが、学術的な情報の普及・啓蒙に関しては博物館の展示に匹敵するような効果をあげているといえよう。

それを示す例を展示史のなかにもとめるならば、1934年に白木屋で行われた朝鮮古陶磁史料大展覧会があげられる。これは朝鮮美術の研究および民芸運動で知られる浅川伯教の収集した朝鮮古陶磁の展示であるが、その際に陶磁器産地400ヵ所が記された畳28畳大に朝鮮地図が広げられ、地図の上には浅川が採集した約1万点におよぶ陶磁器の破片が産地ごとに並べられた。加えて、展示内容にあわせて浅川らが執筆した論考を掲載した展示解説書を作成した。この展覧会は最新の研究成果を示すという趣旨および実証的な展示手法、充実した展示品の解説などの点から、現

在においても秀逸な展覧会としての内容を備えている。

このような歴史をもつ百貨店の展覧会は文化事業として盛行し、現在も行われている。

(4) 博物館における展示と現代的課題

展示に関する歴史をみてきたなかで、博物館における展示の現代的な課題も明らかになってくる。すなわち、展示は物質資料だけを陳列するのではなく、それらの持つ文化的、歴史的あるいは美術的な意味を示すことにある。

近年ではごく一般的な韓国人の生活用具を対象とした体系的な展示（国立民族学博物館特別展示「2002年ソウルスタイル―李さん一家の素顔のくらし―」）やキリスト教聖地への巡礼行為の記録展示「聖地巡礼―自分探しの旅―」）などが、資料（一次資料および二次資料）を駆使し、資料の価値を体系的に追求した展示としてあげられる。

すなわち、博物館等における展示は、資料の真価と背景を再発見することであり、そのため、展示を通して、一見したところでは、なんの変哲もない物質が、さまざまな意味をもつことを示すことが展示の意義であることを再確認すべきであろう。

[門田誠一]

【参考文献】
青木　豊『博物館展示の研究』（雄山閣、2003年）。
福井庸子「明治初期博覧会における展示空間の生成―『博物貼』を手がかりに―」（『早稲田大学教育学部学術研究（教育・生涯学習編）』54、2006年）。
山本真紗子「北村鈴菜と三越百貨店大阪支店美術部の初期の活動」（『Core Ethics』7、2011年）。

第2節　資料収集から展示製作施工まで

1. 展示資料の調査と収集

(1) 展示資料調査の目的と意味
　現在の博物館等では資料を個別的かつ羅列的に展示するだけではなく、展示資料の相互の関連性を重視し、展示に体系性と論理性が求められるようになった。そのような展示を行うためには、常設展示・特別展示を問わず、展示計画や展示解説・図録の執筆につながる資料の調査と研究が以前にもまして重要になっている。展示資料の調査と収集は博物館の展示がより充実し、内容が高度になっていくことと密接に関連する。したがって、調査と研究もまた高度な内容が要求されるようになり、そのため、博物館等の学芸員は高度な専門知識や技能、さらには、すぐれた研究能力が求められている。

(2) 展示資料の調査
　展示の計画や施行については、本章の別の項で詳述されているため、この項では展示資料に関わる調査に限定してふれていきたい。
　展示資料の調査は、当然ながら一般的な博物館資料の調査に準ずるが、異なる部分もあり、それは特別展等の特定の課題と内容にそった資料調査であることがあげられる。また、展示資料の調査には、いくつかのやり方があるが、調査の精度の面でもっとも理想的と思われる方法を提示した。
　まず、必要とされるのは展示の内容と構成すなわち現今では展示シナリオといわれるものを作成し、展示を組み立てていく際に仮の展示資料目録を作成するが、これはいわば理想とする展示品をリストアップしたものである。まずは、ここにあげられた資料について、関連する文献や論著などの収集とその理解からはじめ、その後、できる限り実地資料の実見・観察を行うが、この段階の実見は展示されている状態で資料の知見を得ることを目的とする。このリストにあげられた資料は実際に出品される資料より数的に多くあげられているはずであるから、これらの資料についての文献調査や論文の探索、さらには実見を行うことは展示資料だけでなく、それらを含めた現状の研究状況や資料の背景についても調査・研究することにつなが

る。

　このような調査のなかで、出品資料の学術的意味や文化的価値を知悉し、あわせて関連資料の存在等も明らかになってくる。これらを踏まえて、出品を予想される資料に関して、さらに文献・論著の収集を行い、資料の所蔵者・管理者や保存状態などの確認を行う。

　展示を予定する資料のうち、万一、これまで公表されたことがない資料があれば、所有者の許諾をえて、資料の状態や法量の計測、展示が可能な状態かどうか、どういった展示方法が可能かなどの確認をする。そして、可能であれば材質、技法などの基本的な事項について資料調査を行い、写真撮影や実測図などの記録をとる。このような調査を行いつつ、出品資料を確定していく。

（3）展示・展示解説・図録作成に関する調査

　特別展等の仮出品リストをもとに、所蔵者等に連絡をとり、特別展の内容と目的、意義などを説明し、出品が可能かどうかを調査する（関連する作業は特別展に関する項を参照）。このようにして、出品に関する交渉が終わり、出品資料を確定する段階で行う調査の目的としては、展示を行うに際しての実物の学術的な位置づけとキャプションや展示解説を作成するのに必要な学術的知見の獲得である。

　そして、展示に伴う物理的な資料の収集を行うが、この際には、いうまでもなく、所蔵者等との間で、資料の現状を確認することが目的であり、実物そのものの観察だけでなく、学術的にも的確な判断を下せるように、学芸員等の担当者は、この時までには資料に関する学術的な知見を備えておく必要がある。

　また、展示シナリオが決定した後の調査には、関連資料などの実物資料の調査のほかに、実物を展示できない場合のレプリカの用い方や展示や説明板の場所にあわせた音楽や関連する写真などの調査も必要になる。

　出品リストが確定した時点で、展示シナリオの内容にそって、資料の展示順を決定し、それに伴う解説等を完成する。資料展示の順や配列については、従来は手描きで、最近ならパソコンソフトを用いて、展示室や展示ケースの図面を作り、その上でどの展示物をどう置くか、レイアウトを考える。さらに確実を期すためには、図面上の配置だけでなく、実際の展示をする前に、別の場所に大きさ等の同じ展示台をならべて、実物大の展示のシミュレーションを行うこともある。この際には展示資料と同じ大きさの写真や図等を用いることが多い。事前にこれらを行うことによって、実際に展示した場合の配置や空間的な感覚等を検討することが可能になる。

　展示資料の構成がある程度決まると、展示解説パネルや展示図録の執筆のための調査を行う。ここでは展示資料だけにとどまらず、それに関連し、あるいは背景となる資料や文献を収集することになる。このような広い見地と該博な知見に基づい

て、展示資料の解説文を作成し、図録の原稿を執筆する。こうして作成された解説や図録はたんなる個別資料の説明ではなく、その意味を広い見地から分かりやすく述べたものになるであろう。また、このような調査を重ねていくことは、学芸員個人の力量を増していくだけでなく、博物館の展示や解説・図録などの質を高めることにつながる。　　　　　　　　　　　　　　　　　　　　　　　　　［門田誠一］

2．展示の構想と企画

（1）博物館資料とは

　博物館法を解釈すれば、博物館とは博物館資料を持つことが最低条件となると定義付けることができる。博物館資料を持たない博物館は、博物館ではないということである。さらにこの資料を整理・保管し後世に伝えることが求められ、資料の調査・研究を行い、展示・公開事業を行って教育普及活動に寄与することが規定されている。つまり、モノを所有してモノの調査・研究や保存に関する研究、展示に関する研究を行ってこそ博物館の意義が認められるのである。

　では博物館資料とは、どのようなものなのであろう。当然のことながら、博物館の設置目的、種別、性格によって集める資料は異なってくる。例えば歴史系博物館では資料と呼び、美術系博物館では作品と呼び、動物園や水族館では動物の収集・飼育・育成が対象となる。

　資料の収集方法として多くの人文系博物館では、寄贈（受贈）・寄託（受託）・購入・借用・採集・交換などの手段で資料化が図られている。一方、動物園・水族館では育成や飼育が行われる前提として、どのように生き物を確保するかが重要な視点となる。貴重動植物の導入は容易い訳ではないのである。

　博物館における展示とは、資料の調査・研究に基づく「博物館資料」をある意図に基づいて観覧者に「展示資料」化して提示することに他ならない。これは、学芸員や研究者の調査・研究に基づいて提示した資料のデータであり、館からのメッセージともいえる。展示に供する同一の資料でも、展観する意図によってその表現のされ方や用いられ方は変化する。

（2）展覧会の形態

　博物館における展示事業とは、展示する規模、展示機関、展示への関わり方などの観点がある。その分類は次のように概括できる。
　①常設・平常展示：博物館設立の目的達成のために行う長期間にわたり実施する
　　展示事業。
　②企画展示：常設・平常展示の設定テーマを発展的に展観する事業。

第5章　博物館展示論

③特別展示：企画展示の中で最も規模の大きい展観事業。大きなテーマ設定ができ、借用等他館および所蔵者等の借出しが行われる。
④巡回展：主催館または合同主催館により企画した展覧会を数館で持ち回りによって開催する展観事業。
⑤合同展示：数館が対等な立場で展示企画立案や展示資料の貸し出しを行い、一会場または数会場で行う展観事業。
⑥速報展：考古学の発掘成果等、早急に展観に供するもの。または過去一年等時間を区切って開催する展観事業。
⑦テーマ（課題）展：企画展示の中では最も規模の小さい展観事業。小さくまとまった資料群等の展観に利用される。
⑧貸し会場：展示事業には参加せず、博物館の設置目的に合致する団体等が行う展示事業に会場を貸して行う事業。

（3）展示構成別分類

展示形態には、実物をキャプション（解説）とともに展示ケース内にディスプレイするものから現実には存在しない空間を作って展示することまで、展示技術の発達と展示構想の進化は多様な展開を見せている。展示構成の相違から次のような分類がある。

①分類・系統型展示：展示資料を配置するために学術的分類や種の系統を基準として採用する。自然史系博物館によく見られる。
②発達史型展示：時間経過を確認しながら展示構成を配列するもの。時代的特徴が区分の基準となる。歴史学・民俗学・考古学系人文博物館に見られる。
③課題型展示：学問や社会の進展からテーマを設定して資料を配列する構成を行う。アミューズメント性を意識する展示構成に向いている。
④生態・動態型展示：動植物園等で生体を重視したものや自然史系・産業技術系の動態展示に用いる。生命の維持や装置の維持が大切となる。
⑤総合展示型：①から④の展示手法を複合的に用い、幅広く展示メッセージを訴えようとする展示構成。

（4）展示ストーリー

展示形態や展示構成は、展示ストーリーの作成に大きく左右される。展示資料に対する館側（学芸員）の見識に従い展示大テーマを設定する。さらに中テーマの展示手

見学者にわかりやすく実施された企画展（栗東歴史民俗博物館提供）

法を検討し、展示資料自体に何を配置するかという小テーマを設定する。最も大切なことは、展示は見る人と館側の提示内容との関係で成り立っているという観点である。
[明珍健二]

3．展示の設計・施行

(1) 博物館の設立

　博物館設置者が、博物館を計画する中で最も考慮しなければならないことは、どのような内容の博物館にするか、どのような運営・使われ方をするのかを明確にイメージすることである。博物館資料の収蔵に重点を置くのか、展示に重点を置くのか、あるいは地域住民と密着した活動や体験学習を充実させるのか、研究を重点とするのか、検討すべき内容は多岐に及ぶ。
　特に重要な点は、博物館の運用計画と人員配置計画にある。その館の人員配置数は、館の達成目的と密接に関係し、さらに予算規模によって決定されるのが常である。博物館経営は、収支見通しと運営計画が厳密に行われてはじめて実現するものである。
　博物館（公立）設立過程について概観すると、
　①基本調査
　　　基礎構想委員会　（学識者・博物館経験者等）
　　　各界代表者懇談会　（首長・学識経験者・市民代表等）
　②設立基本構想の答申
　③博物館設立準備室の設置
　　　専門委員会の設置・博物館建築委員会　・博物館展示設計委員会
　　　　　　　　　　　・博物館資料調査収集委員会　・博物館運営検討委員会
　④博物館類似施設調査
　⑤博物館基本構想の設定

	建築設計	展示設計
⑥博物館設計者の選定	建築基本設計の開始	展示基本設計の調査
		展示基本設計の開始
⑦建築設計の検討・承認	建築設計の完了	建築基本設計の検討
⑧展示基本設計の検討・承認	建築実施設計の開始	展示基本設計の完了
	展示基本設計の検討	建築実施設計の調整
		展示実施計画の開始
⑨建築実施設計の検討・承認	建築実施計画の完了	建築実施設計の検討
⑩展示実施計画の検討・承認		展示実施計画の完了

第5章　博物館展示論

⑪博物館建設業者の選定　　　　　建築工事
　　　　　　　　　　　　　　　着工　　　　　　　　　　　展示工事
⑫展示業者の選定　　　　　　　　　　　　　　　　　工場製作
⑬建築工事　　　　　　　　　　　竣工　　　　　建築工事と展示工事の取合検討
　　　　　　　　　　　　　　　　　　　　　　　　　現場製作
⑭列品
⑮展示工事の竣工検査　　　　　　　　　　　　　　　竣工
⑯開館準備
⑰開館

という行程を経て、新設博物館がオープンしていく。

（2）博物館設計の留意点

　開館後の運営に最も重要なことは、博物館設立の早い段階で学芸員を採用し建築および展示設計工事に関わることである。これまでの多くの博物館では、建築後に学芸員を採用したため、展示動線や観覧者動線が複雑化している館が見受けられる。こうした混乱を避けるために、建築と展示の取合調整ができる学芸員を採用し、その融合を図るべきである。その際、設計者と学芸員が綿密な話し合いを行い、博物館施設における多様な機能を考慮しながら、博物館資料収蔵エリア・展示空間エリア・管理運営エリアを目指すべき目的を達成できるよう配分することから始まる。多くの建築家は博物館建物自体を作品と考え、建築物としてのデザインにこだわりを持っている。ところが学芸員は博物館資料の恒久的保存を目的とする空間を求めている。これを融合するために下記のような観点から設計を進めるべきである。
　　①利用者や研究者が、館に到着後ただちに他の空間を経ないで展示空間に達するようにすること。
　　②見学用の玄関・出入り口・ホール・ロビー等は、その空間がすでに博物館の顔となると理解する。入りやすい印象をデザインする。
　　③博物館資料を移動させる動線をなるべく至近距離とし、複雑化させないこと。これは資料を容易に安全に移動させるためである。
　　④利用者動線をなるべく簡素化し、疲れさせない工夫を考慮すること。
　　⑤博物館資料を保全するため、劣化を促す要因を排除すること。そのためには展示室も保存環境とする。
　　⑥開館後の博物館は、調査研究活動が博物館運営を支えることになるため、学芸員が活動しやすい空間設計が重要である。
　　⑦博物館内は外気の影響を受け難いものとし、直接自然光が展示資料に影響を与えないものとする。

⑧博物館資料の特性から、各資料の保存に適した温度・湿度の管理ができること。
　⑨完成直後のコンクリートから放出されるアルカリ成分を除去できるよう空調設備を整え、さらに数年後のアルカリ除去後の館内環境にも対処できること。
　⑩博物物館資料に虫菌害の被害が及ばない配慮をすること。特に IPM および燻蒸に対する化学的知識を有すること。
等が考えられよう。

（3）展示設計の留意点

　国内における博物館展示計画および実施設計を担う業者として、丹青・野村工芸・トータルメディア等の大手、京都科学・日精・日展等の中堅の他、展示ケースを専門とするコクヨファニチャー・金剛や収蔵庫扉に長じたクマヒラなど多くのメーカー、業者が活躍している。また、特別展等の展示替えを伴う展観において活躍する専門業者もある。こうした展示計画を作成する際、留意する点を述べる。
　①館蔵資料を平常的に陳列し、解説もより平易に行い、利用者に理解してもらえるように工夫して見学者が増加するよう配慮する。
　②特別展等の開催を実施する場合、博物館設置の目的を達成させる内容を予め計画し、展示室規模および内容を検討する。
　③展示資料が日本の歴史・民俗・考古・美術に関するものは、反時計回りの展示動線とし、自然科学系の場合は時計回りの見学順路に配慮する。
　④展示資料のディスプレイにおいては、デザイン過多とならないように資料の特性を吟味した上で展示する配慮を検討する。
　⑤資料展示の方法は、裸展示・ケース内展示・実物資料展示・模写模造等を資料とする展示・自然光展示・人工光展示・自然光人工光併用展示など、資料の特性に合致した手法を用いる。
　⑥展示する資料の価値が高いほど、資料が展示空間を要求していることに留意する。
　⑦展示資料は直に床に置かず、展示台の上に、壁面に密着させない工夫をするのが原則である。
　⑧展示壁面はやや粗面の布等で仕上げ、目地や模様のある仕上げ材を避けるようにする。
　⑨ピクチュアレール等の資料吊り下げ装置は、加重および地震時の引き抜きの力に耐えられるようにする。
　⑩展示資料を最も効果的な位置に定め見学者が特に考えずに到達し、見ながら自然に移動する方向と無意識裡に向かう方向を一致させる。

第5章　博物館展示論

⑪展示空間全体のデザインを可能な限り簡素なものとする。
⑫展示作業が容易かつ毀損することのないようにする。
⑬適正な照度、光線であること。
⑭適正な温度、湿度であること。博物館建築は密閉度と断熱性が極度に高いため完成直後の湿度は極めて高く、数年後の乾燥は極度に低い。
⑮展示ケースは、それ自体が堅牢であること。原則としてケース内空調は行わず、エアタイトケースとすること。

等が挙げられよう。こうした検討は、学芸員と展示設計者が膝を突き合わせて行われるべきもので、博物館の将来像をも決定する議論である。

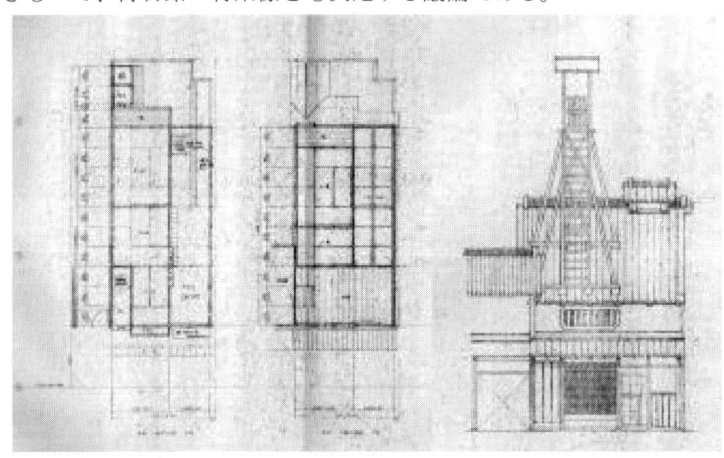

展示実施図面の例　この館は実物大の町家を復元している。学芸員は町家を展示ケースとして展示構想を練っている。（大阪市立住まいのミュージアム提供）

（4）進化する展示

　日本社会の構造変化は、その仕組み・家庭環境・学習環境にまでおよび博物館利用者に影響を与えている。情報環境が整備された現在、博物館や図書館にも多大な影響が見られ、博物館は展示テーマや展示手法を変えざるを得ない事態となっている。日本の博物館は「博物館法」の概念のもとで成長してきた。しかし博物館機能のうち教育普及活動を重視する館は、生涯学習機関として成長するだろう。あるいはエンタテイメント性を重視した館は、教育的配慮の下で「知的遊園地」に近づくだろう。
　これまでの博物館は、それぞれが持つ博物館資料によって分類され機能してきた。

今後は、いかなる活動目的を持ちいかなる運営方針を掲げるかが、博物館発展の礎となり分化・発展していくことが予想される。　　　　　　　　　　［明珍健二］

4．展示と法令

（1）博物館の立地

　博物館は、どのような土地・場所に立地しているのだろう。町中・駅前・観光地・丘陵地・田園風景の中など、さまざまな所に設置され運営が行われている。では、なぜ多様な場所に建てられるのだろう。都道府県立や市町村立の場合は、自治体の公共性を考慮して自治体域のどこへ設置するかが検討される。歴史的・自然豊かな地域に設置し、観光行政と合致させることもあろう。また私立博物館の場合は、創業地や観光地に設置し運営されることもある。

　国内の土地には、都市計画法が施行され、その利用には目的と制限が設けられている。住居・工場・商業など用途に一定の制限が加えられていることもある。筆者は、博物館準備室学芸員として博物館用地の確保を担当した経験がある。この博物館用地は第一種住居専用地域の中にあった。ところが用地の一部に都市計画道路が引かれ、用地確保した後にこの道路が開通した場合の協議が必要となった。当然のように開通後は道路が優先されるため、博物館用地が削減される。博物館計画では、その削減部分に移築復元民家の計画があり、移築完成後に道路用地が取得された。すでに建築物があるため協議が進められ、復元民家を避けて都市計画道路が開通したのである。こうした事例は稀なこととは思うが、博物館用地に対する認識は重要な点である。

（2）博物館の建築

　博物館建築は、防火・防犯・耐震構造等を備え、堅牢かつ博物館らしい建築物となっている。こうした建築物も建築基準法および同施行規則によって建築される。特に博物館施設は、耐火構造とすべきである。多くの博物館は耐火時間2〜8時間程度の耐火性を持つ構造となっている。博物館の消火設備は、一般的なスペースでは水・科学消火剤が用いられているが、博物館資料の収蔵エリアおよび展示エリアにおいては、ガス消火設備が設置される。これは、資料に直接的に水・消火剤をかけることを避けるためである。この際に用いられる消火ガスには、ハロン1301やNN100などが用いられる。しかし、この消火設備は、炎と反応し有毒ガスを発生させたり、圧縮ガスを室内および展示ケース内に一気に吹き出させるため、設計に注意を要する。博物館は事業所として活動するため、館内において防火責任者を置くことも求められる。さらに防火訓練も義務づけられる。

第 5 章　博物館展示論

　また、防犯を確立させることも行われる。建物全体におよばず収蔵庫や展示ケースおよび資料を公開する部分にもセキュリティーが施される。収蔵庫は原則として庫内に入るまで三重の施錠を施す。また建物全体や展示ケースにもセキュリティーを施す。

（3）博物館と文化財保護法
　博物館において指定品（国宝・重要文化財）を公開したり、博物館資料として収蔵する場合、上記のような設備が求められる。特に館内空気環境および温湿度変化については厳しい基準が設けられ、公開許可指針として示されている。さらに、資料として銃や刀剣を収蔵する場合には、銃刀法の手続きを踏まえなければならない。その所蔵者は、所持・所有する際に当該都道府県教育委員会文化財関係課への届けが義務づけられている。この許可証が無いものを博物館が収蔵することは避けたいところである。

（4）その他関係法令
　大規模・中規模博物館では、空調設備を持ち館内環境の維持に努めている。空調設備には高圧ガスを使用するのが通例で、高圧ガス取締法の適用を受ける。さらに床面積に応じて、衛生に関する法令やビル管理法令が適用される。また、エレベーターやエスカレーターを設ける博物館では維持管理上、法定点検が義務づけられ特定行政庁への報告が行われる。多くの博物館では、専門業者に委託等を行い対応している。博物館員はこれら法令を熟知し、非常時の際に的確かつ円滑な対応が要求される。
　　　　　　　　　　　　　　　　　　　　　　　　　　　　　　［明珍健二］

第3節　展示作業と解説

1．展示の環境と設備

（1）展示室の環境

　展示とは、資料の保存と相反する行為であるが、資料を死蔵することなく、市民に公開することは、博物館に課せられた大切な使命の一つである。資料にできるだけよい環境を整え、同時に展示を見る人にもやさしい、そのような理想的な環境を作るためには、どのような設備が必要なのだろうか。

　先ず、建物について考えて見よう。博物館の場合、建物が完成してから、オープンするまでに、1～2年の猶予がほしい。それは、建物自身から出るコンクリートガス、内装材や接着剤から出る微量の化学物質が人に与える影響をなくす必要があるからである。近年、規制が厳しくなったとは言え、シックハウス症候群などの健康被害は深刻である。もちろん、これらのガスや化学物質は、展示品にとっても決してよい影響を与えない。

　展示室は建物全体の空調設備によって、一定の温湿度調整がなされているが、展示室の壁や床などには、ギャラリーボードのような特殊加工を施した板材を使うのが望ましい。ギャラリーボードと呼ばれる合板は、裏面に薄いアルミ板が貼り付けられており、外からの湿度の侵入を防ぎ、また室内の湿気を吸ったり、吐いたりする調整機能がある。展示品の室温は、摂氏20～25度くらいの温度がよいとされるが、見学者にとっては寒すぎることがあり、季節ごとに少しずつ調節することが必要であろう。

　照明には部屋全体を照らすもの、ケース内、個別の展示品を照らすスポットライトなどがあるが、すべて紫外線をカットしたものを用いる。展示品を照らす明るさ（照度/lux）と熱温度（kelvin）は、展示品の材質や残存状況によってすべて異なる。古文書や掛け軸、織物などの展示会に出かけ、展示期間の短さや展示空間の暗さに不満を覚えることもあるが、すべては資料を強い光や熱温度から守るためである。

　このことは、温湿度についても言える。一つ一つの展示品に個別仕様のケースを用意することは容易ではない。長い壁ケースには、たくさんの展示品を並べなければならない物理的な条件もある。学芸員は、展示テーマのストーリーを考えながら、

関連のある展示品をまとめて展示したいが、一方では資料保存を考え、材質の同じものを一つのまとまりとして展示し、材質の異なったものを同じケース内で展示しなければならない場合には、温湿度や明るさなど、全体の平均値を採ったり、期間中に展示品の入れ替えを行ったりして、可能な限り資料保全に努めている。

（2）展示ケース

　展示ケースは、壁ケースと独立ケースに分かれる。壁ケースや造作ケースは固定式であるが、独立ケースは可動式であることが、何よりのメリットである。独立ケースには、平ケースと竪ケースがあるが、背の高い竪ケースは、強い地震によって転倒する恐れがあるので、台の基礎部分を重くし、その上にガラスケースを載せた水平の揺れを吸収する機能を持つ免震ケースが安全である。ただし、竪揺れにはまだ充分な対処はできていない。壁ケースの場合には、ケース全体に免震機能を組み込むことが困難であるので、東洋陶磁美術館や愛知県陶磁資料館などでは、小型の免震装置の上に陶磁器を展示する工夫をしている。展示品だけでなく、小型の免震装置の借用依頼もあるらしい。

　ケースに用いられるガラスは、強靭で透明度の高い大型の一枚ものが手に入るようになり、スチールのフレームにガラスをはめ込んだケースは、少なくなっている。ガラスとガラスの目地には、透明なシリコンゴムが採用され、展示室内とケース内をシャットアウトできるエアタイト式の密閉ケースが誕生した。展示品を見るとき、スチールのフレームが障害となり、展示品の上に陰が重なることがなくなったのは有り難いが、地震にはスチールケースの方が強いと思われる。また、ガラスの強度が高まったとはいえ、地震や事故防止のために飛散防止フィルムは必要である。

　エアタイト式の密閉ケースには、壁ケース、独立ケースを問わず、ケースの下部に調湿剤を入れ、上下に通じる通気孔が設けられている。学芸員資格を取得しようとする者は、展示品だけではなく、展示ケースの構造にも注意してほしい。調湿剤とは、ケース内の湿度が上がれば湿気を吸収し、湿度が下がれば湿気を吐き出すすぐれた機能を持っている。展示品の材質に適った湿度設定で業者に依頼することができる。鉄製品ならば、50％設定で業者に依頼すればよいわけである。一つのケースに調湿剤を幾つ入れるのかは、そのケースの空間の広さで決まる。調湿剤の使用期限は約3年である。使用期限の過ぎた調湿剤を、再処理して使うこともできる。

　最近、展示品の局部を照らすため、展示ケースを支える台の中に光源を設け、それをガラスファイバーでケース内に引き込む例を見かけるが、光源は強い熱を発するので、発火しないようにファンを稼働させるなどの注意が必要である。

　展示品の中には、個別に展示することが必要なものがある。東京国立博物館では、奈良県天理市の東大寺山古墳から出土した中国後漢の金象嵌の中平銘鉄刀を、窒素

ガスを封入した特別仕様の平ケースを用い、保存と展示を兼ねている。

　民族（俗）系の博物館では、簡単な結界を施し、露出展示しているところが多い。その理由は、①ガラスを通さないで直接見て、感じてほしい、②展示品が大きすぎてケース展示にはなじまない、③温湿度をあまり気にしなくてよいなどである。こうした露出展示が始まった頃は、盗難や資料の破損が心配されたが、事故は殊のほか少ないようである。

（3）展示室の消火

　消火装置についても述べておこう。天井や壁ケースには、熱と煙探知機が設置され、異常を感知すると中央制御室に連絡され、火災警報の自動音声が流れ見学者の避難を促す。消火の基本は水であり、展示室内にはスプリンクラーが設置されているが、展示ケース内は、ハロゲンや二酸化炭素を注入して、ケース内を酸欠状態にして消火するシステムが導入されている。資料を火と水から守り、水によって資料を台無しにしないためである。消火ガスは一元管理されているが、誤操作によって消火ガスが放出されると、その経済的損害は甚大である。

　展示室には、消防法によって監視員の配置が義務付けられ、見学者の質問に答え、避難誘導にも重要な役割を果たしている。　　　　　　　　　　　　　　　［竹谷俊夫］

2．展示作業

（1）展示作業の準備

　展示はテーマの企画立案から始まり、少なくとも2〜3年の年月をかけて調査・研究した成果の集大成である。規模の小さな展示であれば、一人で行うこともあるが、規模が大きくなれば、責任者や役割分担を決め、連絡を密にし、慎重に事を進めなければならない。失敗は許されない作業である。

　展示作業に先立って済ませておかなければならない仕事は、展示室の縮尺平面図を用意し、人の動線に配慮しながら、壁ケースや独立ケースの設置場所を書き入れておくことである。壁ケースに何を展示し、独立ケースには何を入れるのかを明確に示しておく。展示作業中に、展示場所を変更することは、現場の混乱をいたずらに招くだけである。ケースの位置が決まれば、独立ケースを定位置に移動させ、ケース内の清掃もしっかりとしておく。

　展示品は、展示作業の前日までに展示室に運び入れておき、自館の所蔵品と他館からの借用品を分けておく。展示室は収蔵庫ではないので、温湿度、セキュリティーには、充分に気をつける。作業当日には、学芸員、美術運送業者、展示業者、印刷業者など、所属の異なる人たちが頻繁に出入りするので、管理部門の協力を得て、

第5章　博物館展示論

出入りのチェックを厳格に行う。個々人の氏名と所属を記した名札を着用することが望ましい。

（2）開梱作業

　展示当日の作業にあたっては、先ず展示室に運び込まれた自館の所蔵品と他館からの借用品の所在確認から始める。確認が終われば、展示品リストに従って、借用した展示品の開梱を行う。梱包や開梱は、本来ならば学芸員が行うべき仕事であるが、近年美術梱包の専門業者に依頼することがほとんどである。その理由は、学芸員の仕事が余りにも多く、かつ雑多であるからである。開梱には学芸員が直接立会い必要な指示を行い、借用先で梱包する時に作成したカルテの記載内容と、開梱した時の状況に変化がないことを一つ一つ丁寧に確認していく。開梱の終った展示品は、広いテーブルの上に落下しないよう順に並べておく。

　もし、借用品に異常が見つかった場合には、その状況を写真に撮り、詳細なメモを作成して、事故の原因を究明するとともに、借用先と美術梱包会社、保険会社などに連絡をする。

　展示品リストにある借用品の開梱がすべて終了すると、もう一度、展示品リストで確認する。特に、一つのダンボール箱に複数のモノが入っていた場合には、梱包材の中に紛れ込んで残ったものがないかどうか注意する。開梱した梱包材は、梱包ごとに整理して直しておく。借用品を返却するときに再使用するためである。

（3）展示作業

　さて、いよいよ展示品をケースに並べる作業に入る。展示作業で最も気を使う場面である。展示室の平面図と展示品リストを参照しながら、先に個々のキャプションを定位置に置くのがよいだろう。次に、キャプションと同一の展示品を破損しないように、また場所を間違わないように慎重に置いていく。展示品の持ち方、運び方は、それぞれ異なるが、要はモノの下に手をあてがい、モノを抱きかかえるようにして落とさないことである。展示室にはたくさんの人が出入りするので、人と人が衝突することがないよう、また展示に必要な道具類やパネルなど、色々なものが置かれているので躓かないように気をつけ、事故防止に努める。碑石や画像石などの重い石造物などを展示する場合には、フォークリフトが持ち込まれることもある。展示室はまさに戦場である。

　ケースに、展示品を置く場合、床に直に置くこともあるが、たいていは、サイコロと呼ばれる展示台の上に置く。サイコロは直方体や立方体、傾斜台、板状の台など様々である。サイコロを包む布も多種多様である。特別展の場合は、あらかじめ展示品の大きさを採寸しておき、個別仕様の展示台を作製しておく。重心が下方に

あり、安定感のあるものならばよいが、不安定なものを展示する場合には、色々な工夫が必要である。
　日本は世界でも有数の地震国であり、現在その活動期に入っている。不意の地震によって展示品が転倒するのを防ぐことは、展示作業のなかでも最も神経を使う。
　国宝や重要文化財などの展示品は、特別仕様の免震ケースに入れるのが最善の策である。壁ケースや独立ケースに展示する場合は、サイコロと免震台を組み合わせて、その上に展示品を置いて地震の横揺れに備える。また、不安定なものには、三方向乃至は四方向からテグス（天蚕糸）をかけ、展示台に虫ピンを打って留めるのがよい。ただし、テグスを強く張りすぎると、展示品に食い込んだり、表面を傷めることがあるので注意を要する。テグスがモノに食い込むような恐れのある時は、テグスより一回り太い管をテグスに被せて保護することもある。テグスは太さの異なる数種類を用意しておく。テグスによる転倒防止の工夫は、手間と暇がかかり、時にはモノを傷めたりすることもあるが、地震による横揺れと竪揺れに対応できるメリットがある。
　底の丸い不安定な壺を展示する時には、底部にアクリル管を輪切りにしたものを演示具とすることがあり、更に安定させるためには、壺のなかに砂袋を入れたりする。
　モノの展示が終わると、今度は写真や説明パネルの設置である。壁ケースの場合は、ピクチャーレールにワイヤーや鎖を垂らして吊り下げたり、壁に直接貼り付けたりする。パネルが展示品の邪魔にならないよう、また高さにも配慮する。パネルを水平に設置するために、個々に水準器を使うのではなく、壁に水糸を水平に仮留めしておくのが便利である。パネルの設置にあたっては、パネルやピン打ち、ピン、ニッパーなどの道具を落とさないようにする。展示品の上に落下すると、取り返しのつかないことになる。
　説明パネルや写真パネルを貼り終えたら、キャプションの微調整などを行う。これで9割方の作業が終わったことになるが、まだ大切な仕事が残っている。それは、ライティングである。光をどのように当てるかによって、モノが輝いたり、死んだりする。複数の学芸員で色々と試行錯誤しながら、ライティングを完成させていく。
　最後に、展示に関わったすべての人が、全体を概観し、間違いがないかどうかを確認し、展示の状況を写真に撮り終わった後、ケースを施錠して展示作業を終了する。
〔竹谷俊夫〕

3．展示の照明と音響

（1）展示の照明
　資料を保存していく上で照明に関する最も良い環境を言うならば、理論上は何の

第 5 章　博物館展示論

光もない言わば真っ暗闇が保存上最良の環境ではある。しかしそれでは資料を活用することはできないことは言うまでもなく、展示する上でも照明を使用せざるを得ない。そこで照明を用いる場合の留意点をあげる。
　①紫外線を発しない、熱を発しない採光方法を用いる。
　②均一な照度を得ることが可能な採光方法を用いる。
　③照度の安定化をはかる
　④色温度の安定化をはかる。
＜自然光＞
　資料を見るための光源として、そのものが持つ色を最も正確に伝えることができる光は自然光であるが、自然光は強い紫外線を含んでいることから資料へのダメージが大きい。また、自然光は季節・時刻・天候により照度が変化することで照度が安定しない点、さらに日射には熱を伴うなど、資料の保存上一般的には利用が難しいと言ってもよいであろう。
＜人工照明＞
　①蛍光灯
　人工照明として現在最も多く使用されているものに蛍光灯がある。蛍光灯は自然光に近い色で資料の色を見ることができることと、発熱量が少ない照明器具として人工照明の中でも最も資料への影響が少ないものとして用いられる。しかしここで注意しなければならないのは、家庭用の蛍光灯と同様のものでは紫外線を発してしまうために博物館での照明としては適さないということである。資料に紫外線の影響を与えないように、ガラス管内面に紫外線吸着膜を施し紫外線を抑えた美術館・博物館用蛍光灯が市販されているのでそうしたものを使用しなければならない。また蛍光灯は発熱量が少ないことから、資料に近い位置に照明が必要な場合にも有効な光源である。
　②白熱灯
　一定の範囲を集中的に照らす照明器具として用いられるのがスポット・ライトとである。スポット・ライトにはハロゲン球が使用されている。ハロゲン球はフィラメントに通電して発光させるもので原理は白熱灯と同じである。白熱灯は発熱量が多いが、スポット照明としての照明効果を得るものであるから、一般的には使用の際、資料から離れた位置に設置されることで熱による資料への影響は軽減される。また、発熱量の少ないハロゲン球が開発されてもいる。現在市販されているスポット・ライトには、赤外線カット、紫外線カット、色温度変換などのフィルターが用意され、そうした前面に取り付けるフィルターを交換したり組み合わせたりして使用することができるように作られているものがある。
　③光ファイバー、LED 照明

光ファイバーは、紫外線や発熱を光源のもとの部分でカットすることができ、さらに照明をあてる位置を自由に変えることができる照明器具である。さらに一つの光源から枝分かれさせて複数の照明ポイントを得ることもできる。こうした利点を備えていることから、光ファイバーをケース内照明などに使用する例も見られるようになった。
　また、少ないエネルギーで発光させることができ、発熱量も少ない照明として、近年急速に家庭の照明器具として開発が進んでいるものに LED 照明がある。これまでの照明器具に代わるものとして、博物館での使用が可能な LED 照明が近い将来に開発されることは十分に考えられるであろう。

＜照度について＞
　明るさの度合いを照度と言い、その量は照度計を用いて計る。また照度はルクスという単位で示される。そのため照度計はルクス計とも呼ばれる。照明は、資料の見やすさ、色情報の正確な伝達を目的とするが、資料に変色をきたす危険を回避することにも留意しておこなわなければならない。まず変色に関しては、その原因となる紫外線の照射をできるだけ少なくするために、標準として油彩画では300ルクス、日本画・水彩画では150ルクス以下、染色・版画では100ルクス以下の照度に設定するのが良いとされている。国際博物館会議（ICOM）では、展示資料の材質によっては50ルクスにすることを推奨しているが、これでは資料がほとんど見えないということが考えられる。また、観覧者が資料に近づくとセンサーが感知して照明が点灯し、離れると消灯するといった、必要な時にだけ照明を得ることができる装置もある。資料を照明による害からできるだけ守るという点では実に論理にかなった装置ではあるが、展示ケースのレイアウトを替える必要のある展示室では、このような固定した装置の利用は難しい場合もあるだろう。

＜色温度について＞
　色温度とは、英語では color temperature という。ある光源が発している光の色を数値で表すものである。その単位をケルビンと言い、アルファベットのKで表わされる。色温度計を使って資料の本来の色をできるだけ正確に認識してもらうためにこの色温度にも留意する必要がある。例えば一般に屋内照明として広く利用されている蛍光灯には「電球色」「昼白色」「昼光色」などの表記があり、それぞれの色温度は約3000K、5000K、6500Kである。簡単に言うと色温度が低いと赤みがかった色になり、高いと白色や青みがかった色になる。照明の多くは色温度が3000Kあたりの蛍光灯や白熱灯を用いる。
　また、平均演色評価数というものがあるが、これは基本の8つの試験色の平均を計算し、JIS が定める自然光に近い色とのずれの大きさを数字にしたものである。簡単に言えば、そのものが持つ本来の色をどれだけ正確に再現しているかを表した

第5章　博物館展示論

指数である。
<展示室の照明>
　展示資料への照明については様々な留意する必要があるが、展示室内の天井照明についても、照明によって生ずる紫外線、赤外線や熱に留意する必要がある。紫外線、赤外線をできる限り除去した照明を用いると同時に、発熱量の少ない照明器具を選択することが必要である。発熱量が多ければ展示室内の温度管理に影響を与えてしまうことになるからである。また照度にも留意が必要である。特に室内の照明が暗すぎる場合には展示室内の他の展示ケースの照明が反射して映り込み、資料が見にくくなる場合があるので、そうした条件にも留意し照明を調整する必要がある。
<展示ケース内照明>
　博物館用に設計された可動展示ケースには、展示ケース内の照度を個々に調節することのできる装置が付いているので、照度計で計りながら適切な照度に設定する。また、展示ケース内は熱がこもりやすいので、ケース内温度を下げるために間接的空調ができるように作られている展示ケースを使用する。間接的空調ができない場合は強制換気が必要である。
<スポット照明>
　資料をより効果的に見せるための照明による手段として、スポット・ライトを使用することがある。スポット・ライトを使用する場合には、資料に光源が映り込まないような位置に設置するように留意する必要がある。特に美術資料などの場合は額装にガラスやアクリルがはめ込まれているものがあり、スポット・ライトの位置によっては光源が映り込んでしまうことがある。またスポット・ライトの光を観覧者が遮ってしまうと資料に影ができてしまうのでそうした点にも留意して位置を調整することが必要である。
<展示室以外の照明>
　資料の保存環境上の安全性からみると、原則的には自然採光の全面的採用は難しい。しかし、ロビーや休憩スペースといった実資料を展示していない空間では天井採光や側窓採光によって自然光を取り入れている施設は多い。その場合でも直射日光を防ぐために、ルーバーなどによって光を調節したりや反射光による採光を用いたり、また紫外線や熱を除去するために、採光口に紫外線を遮断するガラスや、熱を反射したり吸収するガラスを設置するなどの建築としての対応が必要である。

（2）展示の音響
　展示空間には、原則として資料を見ることに集中できる静かで落着いた環境が求められる。したがって、基本的には展示空間に不必要な音源は作らない。また、音源が必要な場合でも必要部分だけに限定して使用するというのが基本的な考え方で

ある。B・G・M も鑑賞の妨げになるので、特別の場合を除き通常は使用しない。しかし、展示室内で音を出す機器を設置する必要がある場合がある。例えば、映像解説装置（展示物の解説、テーマの解説のため）などの展示解説としての装置、シミュレータ装置やバーチャルリアリティ装置など映像や音声を利用した参加体験型の装置、大型平面映像やマルチスクリーン、バーチャル3D映像などのシアター型の装置などである。こうした装置は映像装置であると同時に音響装置でもあり展示室内の音源となるが、現代では音響機器の研究が進み、例えばスピーカーであっても指向性の強いものを使用することで、ある一定の範囲内だけに音を伝えることができ、その範囲外には音が聞こえないようなものが作られている。また音をさらに指向性の強いビーム状で送り出すパラメトリック・スピーカーがあり、近い将来には博物館等の施設にも導入されていくであろう。

＜音響を伴う資料＞

　音響は解説的な装置ばかりが発する訳ではなく、資料そのものに音響が伴うものもある。現代美術の作品などには、そうした作品が多く現れてきており、今後も増えていくことは十分に考えられるのである。こうした場合には展示室内に音源があることはやむを得ないが、やはりできるだけ他の資料を見ることの妨げにならないように仕切りを設けたりすることで、ある程度音源を隔離することが必要になってくる。また、作曲家など音楽に関する博物館では、音源を使用した資料の展示が必要になってくるが、やはりヘッドフォンや指向性の強いスピーカーを使用することで対応している。

［湯澤　聡］

４．展示と解説

　展示には資料の他に、資料の解説等のためのパネル類が提示される。そうしたものの主なものに、キャプション、年表、図、映像（写真）、模型・レプリカなどがある。これらの内容と目的を以下に示す。

＜あいさつパネル＞

　展示室の導入部に掲示されることが多い。展示の趣旨や目的を述べることが主な内容であるが、展覧会開催に関わる関係各位に対しての謝辞もここに示す。

＜キャプション＞

　資料の基本的な情報が示されるパネル。資料名、作者あるいは採集地、制作年代、法量、材質、技法などの情報を示す。

キャプション作例

博　物　館　風　景

博　　物　　学　筆
平成23年（2011）
油彩・キャンバス
41.0×53.0cm
西日本博物館所蔵

第5章　博物館展示論

<年表>
　資料に関連した歴史年表や、例えば人物に関する情報として、その人物の略歴を示す年表といったものがある。
<図>
　製作（制作）方法や、使用方法、あるいは断面図や展開図、地図、地形図など、より資料を理解することを補助する目的で図をパネルとして作成し掲示する。
<映像（写真・動画）>
　前掲の<図>と同様の目的で、写真をパネル等の形にして掲示する。また、動画の方がより情報を伝えやすいと考えられる場合は動画による提供もある。
<模型・レプリカ>
　原則として資料に触れることができない場合が多いが、触れたり動かしたりすることで、より理解を深めるための手段として資料の模型やレプリカを作成する。細部を再現するためや、全体を再現するため、あるいは構造をよりわかりやすく示すことを目的として作成し利用する場合もある。
<コーナー・パネル>
　展示シナリオにしたがい、展示コーナーの概要などをまとめて示す役を担う。
<解説シート>
　解説パネルや図などでは伝えきれない情報を、A4サイズ程度の紙に印刷物し、解説シートとして展示室内外の適当な位置に置く。解説文や図などをすべてパネルに仕立てて展示室内に掲示すると、そうしたパネルだけでかなりの分量をしめ、資料を解説するためのパネルばかりになってしまう場合がある。また、解説パネルを掲示するということは、ある程度それを見ることを強制することにもなるので、掲示する解説パネルの内容は必要最低限とし、さらに詳しい情報を希望する来館者には、こうした解説シートを手にとって読んでもらうといった方法が考えられる。
<音声ガイド>
　現代では解説案内機器として、音声ガイドによる案内が普及している。観覧者個々人が、会場入り口で音声ガイドを受信する機器を借り出し、展示品の前で希望するタイミングで解説を聴くことができる機器である。展示予算および学芸員の手間の問題はあるようだが、こうした機器は博物館が備品として持たなくても、レンタルという形で利用することができ導入の例も、利用者も多い。日本語の他、外国語にも対応できるのも利点である。また、従来小型端末（PDA）を貸出し、解説案内の機器として使用した例があるが、携帯電話が普及している現代ではそうした機器を利用した展示解説の方法も開発されていくかもしれない。
　また、目の不自由な方には点字や触知板などで配慮していく方法があるが、こうした音声による解説案内は有効な手段の一つであろう。

博物館展示におけるサインや解説パネルは、多種多様な視聴覚機器が開発・利用されている現代においても、展示の情報を伝える手段として基本的役割を担っている。紙やプラスチック板、金属板などにシルクスクリーンなどで直接印刷する従来の手法に加えて、現代ではパーソナルコンピュータやプリンターの導入とパーソナルコンピュータのソフトが発達したこと、接着剤付きパネルといったものが容易に手に入るようになったことにより、キャプションや解説パネルを博物館内で学芸員が作成することが可能となってきた。また、半透明のシートに印刷したキャプションを展示ケースのガラス面に貼る方法も簡易な方法としてよく見られる。
　キャプションや解説パネルを製作するうえでは書体（フォント）や文字の大きさ（級数、ポイント）、英語をはじめとする外国語による表記などにも考慮しなければならない。学芸員が容易に作成できるようになった部分が増えたことによって、こうした点に対応しやすくなったといえるであろう。　　　　　　　［湯澤　聡］

5．展示解説書（カタログ）の作成

（1）展示解説書（展示カタログ）の内容と機能

　博物館・美術館等の展示施設では、展覧会等の開催にあわせて、その内容を記載した出版物を刊行することが多い。これが展示図録とか展示解説書と呼ばれるもので、展示カタログということもある。ここでは、それらの名称を総じて展示解説書とする。このような種類の刊行物は、百貨店等で行われる展覧会や博覧会等でも刊行されることがあるが、博物館・資料館で刊行され、一般の書籍とは異なる特有の構成をとる出版物である。ここではその特徴と構成および機能と意味について概説したい。展示解説書は特定の展覧会の展示品を対象とした内容であるため、内容的には展示品に関係する写真・図表やその解説および展示内容やその背景となる論考などによって構成される。

（2）展示解説書の構成

　他の刊行物と異なる展示解説書のもっとも著しい特徴は、文章以外に写真・図等の視覚的要素が大きな部分をしめることである。展示解説書の体裁や構成はさまざまであり、独自性を追求することも重要であるが、以下ではごく一般的な構成について、全体のなかでの機能と意味を概述する。

①表紙・タイトル等
　展示解説書は常設展や特別展等を知るためにもっとも有効な刊行物であり、通常はミュージアムショップ等で販売される。このような観点からも表紙は重要な要素であり、展示解説書で扱う展示資料や情報のなかで、解説書の内容がよく現われて

いる資料の写真などが用いられることが多い。また、写真や文字などのレイアウトやデザインも大切で、来館者の目を引きつけるような表紙になるよう工夫がこらされている。

②主催者等のあいさつ

目次等の前に通常は特別展の開催にあって主催者等のあいさつ文などをいれる。内容はたんなる社交辞令ではなく、展覧会の主旨や目的、開催するにいたった背景などを盛り込んだ文章にすることが一般的である。

③凡例・目次等

凡例は展示解説書の巻頭にあって、その編述の方針や、図表で使用する記号等の意味を説明するためにつけるものである。いわば展示解説書の内容に関わる仕様書のような機能をもち、本文（解説文や論考）や図・写真に関わる表記方法、各項目の執筆者、写真の撮影者その他を記載する。

④展示の主旨および展示資料に関する論考

近年の展示解説書では展示資料の解説の前に、展示資料や展示の構成や内容に関して、理解を深め、また背景を説明するための総合的な文章を置くことが多い。これらは「総説」「論考」などの呼び方をされ、執筆者名を示した論文形式をとるが、学術雑誌等に掲載される学術論文とは文章の構成も目的も異なる。学術論文の場合は新たな知見を生み出すことが目的であるが、展示解説書の「総説」「論考」などは、一般の読者を対象として、展示資料や展示内容に関わる現在の学術的到達点を平易に示すことにある。

⑤図版と解説

図版とは一般的には写真と図を指すが、展示解説書では写真が主体となり、博物館資料では色彩や色調も重要な情報であるため、カラー写真が用いられる場合が多い。図版を通して資料の形態や技法的特徴、色彩や色調といった情報を示す役割があるため、とくにカラー写真の場合は、実物の色調と比較して色校正を行う。色校正とは印刷を行う前に、データの不具合や、文字ズレ、色の調子などの状態を確認したい場合に行なう校正作業である。

また、図版をどのように配置するかというレイアウトが重要で、同じ写真を用いてもレイアウトの違いによって、まったく異なる仕上がりになるほどである。

図版には展示資料個々についての解説を掲載し、作品名称・員数・作者または伝来に関わる事項・法量（大きさ）・材質技法・時代または制作年・所有者などを記し、資料の意味や展示のなかでの位置づけを説明する。

⑥出品目録・参考文献等

巻末には図版番号と対応させ、出品資料の一覧を掲載する。

(3) 博物館等における展示解説書の意味

　展示解説書は研究者としての学芸員の主要な業務の一つであり、学芸員の力量が如実に表れる。展示解説書のなかには、まれに資料の調査報告書等の記載をそのまま抜粋している場合があるが、調査報告書とは読者対象も刊行物としての性格もまったく異なるため、このようなことは避けるべきである。展示解説書は展示資料個々に対する知見だけでなく、現状の研究の到達点と課題を踏まえつつ、それをいかに読者に伝えるかがもっとも肝要である。

　展示解説書は通常、一般の書店では販売せず、博物館のみで販売される。また、特別展などの際は特設された催場で関連商品とともに置かれ、特別展を象徴する刊行物となる。　　　　　　　　　　　　　　　　　　　　　　　　　　［門田誠一］

第4節 人文系と自然系の展示

1. 人文系の展示

　人文系博物館は大きく歴史系博物館と美術館に分類される。歴史系博物館には、単独で考古学博物館や民俗（民族）博物館が存在する場合も多く、特色をもった展示をしている。その他に伝統的建造物群や野外博物館もある。

（1）歴史系博物館
　歴史系展示の目的は、ただ単に歴史資料（史料）を並べて展示するだけではなく、資料によって歴史を語らせることである。また歴史学の意味や重要性を伝える場でもあり、これが歴史系博物館の使命といえる。古文書や刀剣・甲冑などの武器・武具類、生活道具や発掘出土品、時には美術工芸品や民俗資料・写真も展示されるが、主に実物資料によって歴史像を描き、歴史観を表現する必要がある。こうした展示は当然のことながら、歴史学研究の成果に基づいて行われるものであり、個人的な見解のみを強調するべきではない。歴史資料は歴史的位置づけ（調査研究）が行われて初めて意味をもち、それを展示に反映させる点は他の分野の展示と異なるところであろう。
　歴史系展示の方法は、資料の鑑賞や観察と同時に歴史的な解釈を必要とするため、研究成果や展示主旨、展示品等の説明を伴う説示型展示（解説型展示）が多い。説示は、パネルによる解説方法が主流であるが難解な専門用語は避け、さらに文字数や書体、模式図等の工夫をする必要がある。
　歴史系展示の方法は、次のように分類されたことがある。①説示はほとんど行わない提示型展示。②歴史上の事実や展示品の最低限の情報のみを解説した事例列挙型展示。③史実と歴史的な内容を簡潔に記し、平均的に時代を概観した通史型展示。④いくつかのテーマを設定して、その主題について歴史学的成果を述べる歴史記述型展示。⑤その他である。歴史系展示の目的に従えば、④の歴史記述型展示が重要な位置を占めることになるが、展示室全体を主題で埋めつくす必要もない。歴史学という学問の性格上、時代の経過を示すこと（時間軸展示）は必要であり、①〜③を組み合わせながら、重要な部分には④の展示を配置するバランスよい展示が望ま

れる。そして極端に堅苦しい難解な展示は、いくら展示物が重要な資料であったとしても、利用者離れの原因になるので注意を要する。

　歴史系展示では、古文書や武器・武具類、美術工芸品に属する資料等の温湿度や照度の管理が必要なものは必ずケース内展示を行う。史料の安定度にもよるが、一般的にはケース内に平面的にあるいは傾斜台を用いて展示する場合が多い。ケース内展示は、見学者と資料との距離があり、ストレスになることもある。しかし近年では、透明な樹脂の固定板を利用して古文書や絵図等を壁面に展示する方法もあり、ケース内展示も変化をつける工夫が必要である。また、上部からのぞけるケースは、比較的資料との距離は短縮される。

　一方、ダメージを受けにくい資料は、露出展示することによって見学者と資料との距離をさらに縮めることができる。一般の生活道具や灯籠・道標のような石像物は、露出展示を行うことによって質感が直接伝わってくる。

　町並みや失われた景観を三次元的に再現したジオラマや縮小模型、さらに原寸復元した建物等の復元展示は極めて説得力がある。東京都江戸東京博物館では、常設展の各所にケース内展示と縮小復元模型が展示されている。当時の情景を思い浮かべつつ展示資料を見学することが出来る。また、原寸大で建物や他の構造物を復元した展示は臨場感をさそい、歴史学への誘いとなる。館内に江戸時代の建物群を復元した東京都深川江戸資料館は音響と照明効果も加味されて、タイムカプセルで逆戻りした感じを与える。広島県立歴史博物館では、発掘成果をもとにして館内に中世の建物群を復元しており、調度品や食べ物も復元して、当時の生活を表現している。大阪歴史博物館においても、近現代の「なにわの街」が復元されている。近・現代の建物群を復元展示する博物館は近年増加している。原寸大の復元展示はきわめて効果的であるが、利用者のイメージを固定化してしまう危険性もあり、一層の注意が必要である。

　その他、竹中大工道具館のように、「造る」「極める」「伝える」のテーマを設定して、歴史資料を専門的に分類展示を行う博物館もある。また、体験型展示を精力的に取り入れている博物館や屋外展示を併設している博物館も多い。

　歴史系の野外博物館では、伝統的建造物群保存地区や史跡公園、有形文化財の建物等を開放しているもの等がある。これ以外にも、現地において見学可能な文化財が多数存在する。こうした文化財は資料館や展示館の併設が理想的であるが、現実的には困難な部分もある。エコミュージアムの概念では、各所に点在する文化財はサテライトとして一つの展示物と考えることも可能である。施設内展示品とは規模が異なるが、現地に所在する記念物等も歴史系展示の延長で考える必要がある。

（2）考古学博物館

　考古学博物館は歴史系博物館に属するが、特に発掘調査された資料や遺跡・遺構に関わる展示を行い、展示の基本は歴史系展示に準じる。兵庫県立考古博物館や奈良県立橿原考古学研究所附属博物館のように旧石器時代から通史的に展示する博物館もあるが、静岡市立登呂博物館や、大阪府立弥生文化博物館、飛鳥資料

新潟県長岡市馬高縄文館の展示風景

館等のように特定の遺跡や地域の考古学の成果を展示する館もある。また、愛知県吉胡貝塚資料館のように、遺跡の近隣に展示館として設置し、同時に遺跡博物館の機能をもたせているものも少なくない。

　展示方法は、ケース内展示とケース外展示に分かれるが、ケース内展示では大型のケース内に遺物とパネル（図・解説）を併設するものが一般的である。一方、近年では壁面をフルに活用して、遺物を重層的に展示する方法が各所で見られる（写真）。京都市考古資料館の土器の壁面展示は1980年代初頭に取り入れられ、当時としては画期的なものであった。こうした変化ある展示は、見学者を飽きさせない効果がある一方で、展示物の安全性を考慮すること、そして必要以上の壁面展示は検討が必要である。

　ケースの種類にも工夫がある。立体型の大型ケースとは違い、遺物の大きさに合わせて箱形のケースで覆った展示も有効である。展示品を横方向と上方からも観察でき、大型ケースで隔離された空間よりも露出展示に近い効果がある。考古学の遺物では、ケース外展示（露出展示）が多用される。奈良県立橿原考古学研究所附属博物館では、大型の埴輪が露出展示されており、一瞬その迫力に圧倒される。遺物の保存状態を考慮して露出展示を行うことは極めて効果的である。また、保存した遺構の一部を展示したり、剥取った土層や移設した遺構の展示、また実物大の遺構の模型展示は、遺跡の情報がよく伝わる。

　各展示コーナーには文字解説や写真・模式図等の解説が必要である。解説板は極力コンパクトにする必要があるし、重要な目的である展示物の歴史的意味を伝える工夫を忘れてはならない。

（3）民俗（民族）博物館

　民族学の展示は、国立民族学博物館等の限られた場所で行われている。その展示は、第一にはモンゴルやカザフの天幕を展示し、あるいはアイヌや東北地方の住居

を復元して、その内部には生活に関係した資料を展示するスタイルがある。細かな解説はさほどなく、展示を見て生活様式を感じ取ることが出来る。第二には、生活や祭り、産業に関わる資料の分類・個体展示がある。各テーマごとに、あるいは世界の国や地域ごとに関連資料を床面と壁面を利用して、広い面積に展示する。特に、民俗資料はケース外展示がほとんどであり、資料との距離感は極めて近い。

　日本の民俗資料の展示も同様である。民家や作業小屋等を移築したりあるいは復元して、その内部に民俗資料を展示する復元展示と、一般の展示室に生活道具等を展示する個体展示がある。復元展示では、建物内に暮らしや作業の様子が分かるように資料が配置され、必要に応じて最低限の解説が行われる。

　一般的に民俗資料は、歴史系博物館の一室に展示される場合が多い。奈良県立民俗博物館は1974年に開館した単独の民俗博物館である。「大和のくらし」を主テーマとして、稲作・茶業・林業に焦点を当てて奈良県内の民俗資料を展示・解説している。そして周辺の広範囲は大和民俗公園として古民家を移築・復元している極めて特色のある民俗博物館である。

　民俗資料の展示は、ほとんどの場合が床面や壁面の全面に露出展示する。近現代の資料が多いことと、身近な生活道具が多いことがその要因である。しかし注意する点は、資料過多にならないことである。地域の貴重な資料とはいえ、隙間無く大量に並べる展示は避けるべきである。展示計画に基づいた均整のとれた配置や、使用方法や資料の重要性がわかる歴史系展示的な解説も考慮する必要がある。

（4）美術博物館（美術館）

　美術系展示の目的は、絵画や彫刻・工芸品等の造形された「美」と対面するところにあり、優れた美術作品に直に触れ、鑑賞することを目的とする。従って、歴史系展示の多くが説示型であるのに対して、美術系展示では作品の性格や制作年代にもよるが、資料そのもの歴史性や構造等の解説よりも鑑賞を重視した提示型展示が主流である。そのために、キャプション等の最低限の情報以外は鑑賞の妨げになる。解説板が必要な展示資料では、その分量や設置場所にも特別の注意が必要である。

　美術館では作品との美的な出会いを演出することが要求される。入口からメイン展示場までの期待感、そして作品と出会えた時の「感動の場面」を作り出す必要がある。それには、展示場所や資料の配置、照明効果も重要である。照明は作品の保護・保存のためには十分な配慮が必要であるが、奇抜な演出効果も期待されている。いずれにしても豊かな感性をもって展示に当たることが大切といわれる。

　展示資料によって展示方法は変わるが、美術史資料である絵画や彫刻等は一般的にケース内展示が主流である。大型の展示ケースに掛軸や屏風を展示し、軸物や工芸品は中・小型のケースを使用する場合も多い。また、油彩画等の絵画は一部を除

いて壁面に露出展示する。水平を保って等間隔に配置し、金具やワイヤーで固定する。高さは150cmが平均であり、子供を対照とする場合は110cm程度が一般的である。

現代美術の銅像や複合的な造形作品は、一部を除いて床面や台上に露出展示する。作品との距離が縮まり、親密感や作品鑑賞の楽しみがふくらむ。また、美術系展示には映像展示も含まれる。　　　　　　　　　　　　　　　　　　［植野浩三］

2．自然系の展示

（1）自然史博物館

自然を展示するには、3つの切り口があるように思う。一つは時間、もう一つは空間、そして両方を会わせた時空展示である。当然のことながら、時間は地球の始まりから現在までであり、空間はそれぞれの時代の陸と海、そしてそこにすむ生物である。陸と海は時代にともなって変化し、生物の進化はそれに大きく影響を受けたことが分かっている。さらに隕石のような地球外からのインパクトは地球の誕生以来何度か繰り返された生物の大量絶滅に大きく関わっている。空間で一番よくわかっているのは現在であり、自然史博物館では現生生物の展示は古生物の展示とともに大きなウエイトを占めることになる。

展示には生物そのものを見せる標本展示とその生物がすんでいる環境を見せるジオラマがある。いずれにしても標本が重要であり、標本なくしては自然博物館の本当の意味での展示は成り立たないと言っても過言ではない。すなわち良質な標本の収集とそれに基づく調査研究があって初めて良質な展示が可能なのである。また、ジオラマにはその生物の習性やハビタットが分かっていなければ、リアルなジオラマにはならない。ジオラマにも科学的な裏付けが必要であり、その環境を調査し、そこに生息する生物の調査研究が必要である。このような調査研究の裏付けがあって初めて展示が力を持ってくるのである。

また、地域の自然を展示するためには、その特徴を明らかにする必要がある。そのためには日本の自然との対比、世界の自然との対比が必要であり、その地域の標本だけでなく、日本の他の地域や世界の標本も収集する必要が出てくるのである。

ここでは北九州市立自然史・歴史博物館の展示を例にして自然史博物館の展示について解説する。

①アースモール

地球の形成から38億年前の生命の誕生、古生代、中生代、新生代、そして現在にいたる生命の進化を3つのフロアーを一望できる100mの空間に展示している。各時代はそれぞれ階段で区切られており、階段を上るごとに時代が新しくなる。

アースモール：生命の進化を一望できる100mの空間

多様性館
（2枚とも北九州市立自然史・歴史博物館）

1）地球の誕生から古生代

地球の誕生では、地球の形成過程や鉱物、岩石から見る地学現象といった内容をコンピュータグラフィックスや地球儀、実物の岩石標本を展示して紹介している。古生代のコーナーでは、魚類の時代、四足動物の誕生といった古生代におこった生物進化の重要なポイントを豊富な実物化石を展示し、紹介している。

2）中生代

前半を三畳紀とジュラ紀、後半を白亜紀に分けている。中央には恐竜類、周辺には展示ケースにそれぞれの時代の化石を分類群別に展示している。恐竜類の骨格標本はほとんどがレプリカであるが、壁に実物の恐竜化石を展示している。また、頭上には翼竜や首長竜などを展示している。

3）新生代

中生代との間の階段にはカルカロドン・メガロドンの顎の復元レプリカがあり、観覧者が顎の中に入って写真を撮影できる。前半は古第三紀と新第三紀、後半は第四紀で、数段の階段で仕切られている。

②多様性館

現生生物を展示する、いわゆる分類展示である。現生生物の全体像とその多様性を感じることができるよう配置しているが、分類は大分類にとどまっており、各グループ内での分類に関する解説は十分とは言えない。

③エンバイラマ館

北九州から産出する化石に基づいて、北部九州の各時代の様子がCGや動く実物大模型、復元画などで再現されている。観覧者が太古の北九州に時間旅行をするというコンセプトで展示が作られている。このためグラフィックによる解説はなく、

音声ガイドによる解説だけで、白亜紀の世界を体感できるように設計されている。白亜紀の湖のジオラマでは、北九州市産の魚類化石をCGで復元し、泳ぐ姿と湖の魚類相の変遷を見ることができる。白亜紀の陸のジオラマは北九州だけでなく、同じ時代の石川県や岐阜県の手取層群や海外の白亜紀のデータなども参考にして制作された。ここではリアルに動く昆虫、哺乳類、そして恐竜類の模型を設置し、CGなどもつかって、火山の噴火や落雷などといった演出を加えて、白亜紀の世界を再現している。

④リサーチゾーン

エンバイラマ館の展示が化石の発掘、調査、研究の過程を経て、制作されたことを示すとともにそれぞれの時代を実物の化石を展示し、解説している。エンバイラマ館が、このような過程を経て作られたことを示すとともに博物館は自然界を調査研究し、その成果をもとに展示を作成しているということをも示す展示でもある。

⑤ぽけっとミュージアム

様々なテーマについて紹介できるよう比較的容易に展示替えが行える展示スペースである。

⑥自然発見館

地域の代表的な自然を紹介する展示である。地質学的基盤や川や海といった主な自然のジオラマとそこに生息する昆虫や魚類、鳥類といった地域の生物の標本を展示している。

ここに紹介した展示は次のようにまとめる事ができる。地球の歴史と生物の進化がテーマのアースモール、地域の自然がテーマのエンバイラマ館とリサーチゾーン、自然発見館、現生生物の分類がテーマの多様性館である。これらは自然史博物館の展示の大きなテーマであるが、この他に化石も含めた生物の分類、生物地理区、各気候帯の自然と生物、生物の生態や生活様式、生物の機能形態などがあげられる。

どのようなテーマで展示を構成するかは博物館によって異なるが、所蔵標本やスペースが限られるために全てを展示することは不可能であり、取捨選択が必要であろう。また、地域の事情に沿って、あるテーマを強調した展示構成になるところもあるであろう。

展示を作る上で、常に悩むのは何をどの程度解説するかである。ある一つの標本をとっても解説すべき項目はたくさんあり、また、それぞれの項目をどの程度深く掘り下げるかといったことも問題になる。解説文は来館者が読み飽きない程度の量にする必要があり、さらにスペースも限られるために解説項目は普通一つか二つ程度となり、解説できることは限られる。これを解決する方法がタブレット型コンピュータやスマートフォンなどの携帯デバイスを利用した解説である。これを使えば、子ども向けと大人向けの解説を提供することも可能であるし、リピーターを対象と

した習熟度別の解説を提供することも考えられる。また、テーマ別にコースを設定し、それぞれ一連の展示物を観察することによって、各テーマを理解できるといった解説も可能であろう。　　　　　　　　　　　　　　　　　　　　[籔本美孝]

（２）動物園
　動物園の展示の主体は、言うまでもなく生きている動物である。展示する動物は、しぐさや動き、形など、それだけで人の興味を引くため、動物園ではどのように展示するか、何を伝えるために展示するかということよりも、まずは生かすこと、すなわち「飼育」が優先される。飼育が継続できるようになってはじめて展示が成立するので、飼育法と展示法は密接に関連している。
　①個々の動物展示技法
　動物園の展示は、ある空間に種類ごとに動物を収容して飼育展示することを基本としている。基本となる飼育展示空間は、夜間に動物を収容しておく動物舎と、昼間に動物を運動させる放飼場からなり、放飼場は動物を展示する空間にもなっている。放飼場には、動物の逃走防止と人への危険を防止するために、動物側と観覧者側を柵や檻などの工作物で隔離する必要がある。柵や檻は観覧者の視覚を妨げることになる。動物園の展示の歴史は「……動物を囲い込むためのバリヤーによる視覚的障害を取り除くための努力であった」と言われる（若生、2000）。檻や柵の代わりに濠を設ける、ガラスを利用するなどの手法で、視覚的障害をなくす工夫がなされている。
　②動物の展示配列
　動物園の展示は、動物種をどのような関連性を持たせて展示するかという配列法が重要な意味を持っている。
　1）分類学的展示
　動物分類学を重視し、同じ系統の動物群を比較しやすいように配列する展示法。ライオンやトラなど大型のネコ科動物、ゴリラやオランウータンなどの霊長類、ワシ・タカ類、オウム類といったように近縁の動物を並べて展示するので、飼育作業も効率的に行える利点もある。
　2）地理学的展示
　アジア、アフリカ、オーストラリアなど動物地理学的な区分によって園内を区分けし、同じ地域の動物を配列する展示法。ゴリラ、キリン、ライオンなどアフリカ地区、オランウータン、トラ、アジアゾウなどを集めたアジア地区など特徴的な動物がいる地区を取り上げることが多い。
　3）生息地別展示（バイオーム展示）
　熱帯雨林、サバンナ、砂漠など地理学的展示をさらに細かく区分して生息地のバ

イオームに従って配列する展示法。その地域の植生もできるだけ再現して展示することが多い。

③課題別展示

1) 行動展示

動物の特徴的な行動に焦点を当てた展示。動物園の展示は、動物が本来生息する自然環境を再現することを基本としているが、この展示法では自然環境にこだわらず、特徴的な行動を引き出すことに焦点を当てている。オランウータンは「森の住人」とも言われ高い木の上で生活しているが、この行動を引き出すために木に見立てた高い鉄塔を建てて、そこに登る行動を見せる。夜間行動する動物を集めて昼夜を逆転した建物に収容して夜行性であることに焦点を当てた展示などがある。

2) 環境一体型展示（ランドスケープ・イマージョン）

動物のいる放飼場にその動物の生息環境を再現するだけでなく、動物を見ている観覧者のいる空間（観覧通路など）にも生息環境（景観）を再現する展示法。

3) 注目度優先展示

分類学的関連性や地理学的関連性などに焦点を当てたものでなく、見る側の注目度を優先させた展示。例えば、毒をもった動物、食用になる動物などといった人の興味に合わせた展示。

④動物の尊厳を守る

動物園では、飼育されている動物が異常に痩せている、体色につやがない、脱毛が著しいなど、動物を見ている人が憐れみを感じるような展示、また、狭い放飼場に多数の個体を入れる、日陰の無いような放飼場で飼育すると言ったような、動物に過剰な負担をおわせる展示は、極力避けなくてはならない。近年では、生理的に健康なだけではなく、単調な飼育環境を改善して、野生に似た刺激ある生活ができるように、動物福祉の立場から心理面にも配慮した展示が行われるようになってきた。

一方、動物園は娯楽性も高く、子どもの来園が多く、人気の動物に愛称を付けることが多い。動物に愛称を付けることは、観覧者の親しみを深めるだけではなく、個体管理する上でも都合が良く、効果的である。しかし、動物園の展示動物は大部分が野生動物で、展示を通して野生動物やそれらが生息している自然環境に関する理解を深めることが本来の目的であるから、その立場で見ると、愛称を

象と観覧者を区切る柵（上野動物園）

つけるのは野生動物にペット感覚で接することにつながりやすいので、気をつけなければならない。さらに、初期の動物園においては、お猿の電車などの遊技施設も付帯させていたこともあって、その流れの中で、霊長類に衣服を着せたり、ペンギンにランドセルを背負わせたりすることがあるが、過度の擬人化は野生動物の誤った理解につながり、動物の尊厳を損なうことになるので、やってはならないことである。
[西 源二郎]

【参考文献】
石田 戢『日本の動物園』（東京大学出版会、2010年）。
正田陽一「動物園における展示のあり方」（『動物園というメディア』青弓社、2000年）。
若生謙二「動物園の展示―ありのままの姿を求めて」（『遺伝』54-5、2000年）。
若生謙二『動物園革命』（岩波書店、2010年）。

（3）水族館
　水族館では、水生生物を生きた状態で管理することと、展示のためにその生息媒体である水（および観覧窓）を透明清澄に保つことが基本条件となる。水族館の展示も動物園のそれと同様に、飼育法と展示法が密接に関連している。これらはろ過槽をはじめとする水処理設備、及び展示水槽と関連しながら発展してきた。
　水族館の展示では、基本的には動物園と同様な配列法に従って水生生物が展示されている。配列法、課題別展示については、動物園の項を参照していただきたい。
①水槽の分類と呼称
　水族館の展示水槽は、観察窓の素材（ガラス、アクリル）の開発に支えられて発展してきた。水族館の展示水槽を、形状や構造、規模によって分けると以下のようになる。
1) 規模による分類
　大水槽：時代や水族館の規模によって具体的な大きさは異なる。それぞれの水族館において最も大きな水槽を、一般的に大水槽と呼んでいる。
　中水槽：それぞれの水族館で中規模の水槽を指す。壁に観察窓が並んだ方式が多い。同じサイズの窓が並んでいる光景が、列車の窓を連想させたので、「汽車窓式水槽」と呼ばれたこともある。
　小水槽：中水槽よりも明瞭に規模の小さな水槽。小さな水生生物を展示するには、小規模の水槽がふさわしいので、水族館の規模が大きくなっても、設置されていることが多い。
2) 形状や構造による分類
　置水槽：運搬が可能な程度の小形水槽で、展示台の上に設置されることが多いので卓上水槽とも呼ばれる。形状は方形のものが一般的であるが、円柱状、太鼓状の

第 5 章　博物館展示論

　水槽もある。
　壁面水槽（壁水槽）：展示室の壁面に水槽の観察窓がはめ込まれた形式の水槽。従来は、コンクリートで作られ、建物の構造壁と一体化していることが多かったが、最近では、FRP やアクリル製の水槽を建物から独立させて設置し、壁面の窓にはめ込む方式で作られるものが多い。
　回遊水槽：水槽を環状の水路とし、展示魚が水槽壁への衝突を気にせずに遊泳できるようにした水槽。環状の外側から観察する方式と、内側から観察する方式がある。

ブロック形水槽
（東海大学海洋科学博物館）

　ブロック形水槽：水路方式でない大規模な水槽。当初は、コンクリート製の水槽壁面に小さなガラス窓を設けて観察する方式であったが、アクリルパネル製造加工技術の発展によって、大きな壁面全体をパネルで覆い壁面全体から観察できるようになった。
　天井水槽：観覧室の天井部分に観察用ガラス窓を設置し、水槽を底面から観察するようにした水槽。観覧者が水中の臨場感を感じることを意識した水槽。
　トンネル水槽：大形水槽の中にトンネルを設置し、天井のアーチ部や壁面をアクリルパネルにして、周囲を観察できるようにした水槽。
3）展示手法による分類
　半水位水槽：水槽の水位を観覧者の視線よりも低くして、水中と水面上を同時に観察できるようにした水槽。水辺を模した陸上部分に植栽を行い、海と陸の境における生物のいとなみを幅広く再現する演出がなされる。
　俯瞰水槽：水面上から観察する方式の水槽。海岸のタイドプールや川辺を再現した水槽などがある。観覧者が展示生物に触れるようにしたタッチ・プールは、この方式が多い。
　波浪水槽：水槽内に波を作って波動を見せるようにした水槽。演出として波を作るだけでなく、展示生物の飼育要因として必要な場合がある。
　流れの水槽：水槽内に流れを作った水槽。常時水流を作って、河川の上流域などを再現する目的で展示される場合や魚類の向流性を見せる展示がある。
　マイクロアクアリウム：プランクトンなど微小生物を拡大する装置を備えた水槽。従来は、顕微鏡装置などを利用していたが、最近ではビデオカメラを利用して、観覧者がカメラを操作できるようにした装置もある。

②臨場感の再現

　水族館の展示は、水槽を大規模化することと、水槽によって観覧者を包囲して、水中の臨場感を高める方向に発展してきた。硬質ガラスの時代にはガラスの大きさに限界があったが、1970年代になるとアクリルパネルの本格的な利用（東海大学海洋科学博物館）が始まり、水槽の大型化が加速した。1990年には5500㎥の水槽（大阪海遊館）が建設され、2002年には7500㎥（沖縄美ら海水族館）にも達し、ダイビングで海中観察するのに劣らない広い視野で水中景観を楽しめるまでになった。一方、水槽による観覧者の包囲化は、天井水槽や回遊水槽（内側観覧式）によって発展してきたが、さらに進んで全面アクリルのトンネルによって、ほぼ頂点にまでなった。　　　　　　　　　　　　　　　　　　　　　　　　　　　　［西　源二郎］

【参考文献】
鈴木克美・西　源二郎『新版水族館学』（東海大学出版会、2010年）。
西　源二郎『水族館の仕事』（東海大学出版会、2007年）。
日本動物園水族館協会教育指導部『飼育ハンドブック水族館編第4集、展示・教育・研究・広報』（日本動物園水族館協会、2006年）。

第5節　展示のあり方

1. 展示の社会性と中立性

　展示は博物館の重要な機能のひとつであり、資料収集、調査・研究、資料の保存・管理、教育普及と共に学芸員にとっても重要な仕事のひとつである。そして、博物館のいくつかの機能のなかでも社会に対して最も直接働きかけるものが展示である。一般に多くの人々が博物館に足を向ける時に何を目的とするのかを考えてみるならば、博物館を訪れたことのある人、または博物館を利用する人の目的のほとんどが展示を見ることであろう。また、博物館の機能として最も社会に認識されているものは展示であると言えるであろう。そうしたことから、展示がその博物館の機能についての評価や魅力をはかる場合のひとつの基準とされる場合が多いということも言えるのである。

（1）展示テーマの設定
　博物館の重要な機能として、展示を通して社会に働きかけるということがあることは言うまでもない。一口に博物館と言ってもそれぞれ様々な設置目的や役割を持っている。その目的や役割というものは、博物館の設置主体によっても違ってくる。展示テーマを設定する上で、まずそれを基本にした考えに立つべきである。例えば国立、県立、市町村立といった違いでもその目的と役割は違ってくるのであるから、それに対応した展示テーマの持ち方というものも必要になってくるであろう。実際には、その博物館が存在する地域を紹介する展示、つまりその博物館の基本的な役割を担う展示を常設展示という名称で、また、幅広いテーマで多様な資料を公開する展示を特別展示といった名称で実施している博物館が多くあることが、そのわかりやすい例としてあげられる。
　展示を企画・実施する主体は学芸員である。展示は学芸員にとって重要な仕事のひとつであり、調査・研究の成果を発表する場でもある。このような発表の形式は他の機関にはなかなか見られないものであり、博物館機能の特色として、また学芸員の仕事の特色として捉えられている。しかし、博物館はあくまでも公共性をもつ施設であるから、博物館での展示テーマはそれぞれの博物館が担う役割から導き出

される、社会性と公共性をもったものでなければならないのである。

(2) 展示内容について
　展示は学芸員の調査・研究の成果を発表する場でもあるといわれるが、その展示内容が学芸員個人の独断的な考えを押し付けるようなものであってはならない。展示テーマが社会性と公共性を持ったものでなければならないと同時に、その内容については、中立性が求められるのである。その展示内容には、定説を示し、また、場合によっては、仮説や異説、新説なども併せて提示していく必要がある。それぞれの情報を正確に、そして利用者にわかりやすく展示する配慮をしなければならない。展示を見る人々が誤った情報を持つことが無いように、また、誤解をうけるような情報の提供が無いように十分に配慮する必要がある。博物館は公共性をもった教育機関である。学校の教科書に誤った情報があってはならないように、博物館においても中立的な立場で正確な情報を提供することが求められるのである。

(3) 展示の対象者
　多くの博物館は教育機関としての役割を持っていることから、展示の第一の目的が教育におかれることも多い。展示テーマや、展示内容を考える上でも、博物館は社会教育をはじめ、生涯学習の拠点として、また学校教育と同様の目的も持った施設であることを念頭に置かなければならない。したがって多様な年齢層を対象とし、比較的誰にでも理解できる、共通した認識に対応した展示テーマや展示内容がまとめられるべきものである。さらに、展示テーマによって対象者が変わってくることも考慮するべきである。日本国内の多くの博物館は、中高年の女性の利用者が最も多いと言える。また、大まかな言い方をすると、そうした利用者は日本画や陶芸、染織の展示に関心が高く、中高年の男性は、歴史、考古学関係の展示、若年層は写真や現代美術、デザインといったジャンルの展示に関心があると言える。今あげた年齢層が皆そうであるとは言えないにしても、見方を換えて、展示テーマとその利用者の関係を分析すると、どのような利用者が博物館に何を期待しているか、そうした利用者の知的関心が何にあるかということを知ることができるのである。

(4) 展示テーマと集客力
　一般の人々がいま博物館の展示に何を望んでいるかを常に把握しておくことは、博物館が有効に機能し活動していくために必要なことである。これは、博物館におけるマーケッティングと関わってくることであるが、博物館にはできるだけ多くの入館者を得るということが課題として課せられている場合が多く、展示を企画、実施していく上でも、集客力のある展示テーマを考えていかなければならないことが

ある。博物館の多くは単年度の予算によって運営されている場合がほとんどであり、その展示の規模はその予算によって制約を受けることが多い。実際に展示企画と実施に関わる学芸員は、そうした限られた条件の中で様々な目的を達成していかなくてはならない。そうした点からも展示テーマの設定は、目的を達成するための重要な要因である。しかし、性別、年齢を問わず人気が高い、集客力を優先した展示テーマが、必ずしも調査・研究の成果として、また、教育を目的とした展示テーマとなり得ないという問題もある。学芸員には、こうした様々な条件と目的のもとで、バランスを保ちながら展示を企画し、実施していく手段の選択と技術が求められる。

[湯澤　聡]

2．展示の評価

(1) 博物館展示を通したコミュニケーション

　教育はコミュニケーションである。学芸員は博物館の展示を通して観覧者とコミュニケーションをとり、教育普及活動に当たる。コミュニケーションの研究は「伝達」（transmission）の概念から「相互作用」（interaction）へと進み、教育の理念を実践化する教育方法の現代的課題に向かうにはコミュニケーションの方法・技術の検討が求められる。コミュニケーションの構造とその成立条件について、櫛田・土橋（1988）をもとに説明する。コミュニケーションは図1のような7つの要素によって構成される。

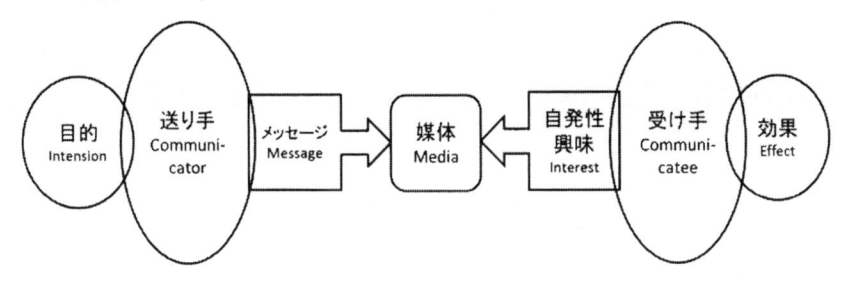

図1　コミュニケーションの構造（櫛田・土橋、1988をもとに作成）

「媒体（メディア）」として、言語・文字・記号などの抽象的信号から写真映像・音楽・絵画など視聴覚メディアまで、さらにはこれらを組み合わせ一斉に送信するマス・メディアなどが上げられる。展示は種々のメディアを組み合わせた総体的な情報伝達方法と捉えることができる。「送り手」と「受け手」はその立場を互いに交換し合う活動であり、"観覧者"と"学芸員"の関係として見ることができる。

「目的」と「効果」は理想から見れば同じになるはずである。「目的」と「効果」の間に「差（ギャップ）」が生じることに気付かなければならない。このギャップの発見と認識が、コミュニケーションの方法と技術の反省・点検の手がかりになり、展示評価によってこのギャップを明らかにして改善を行う。「メッセージ」と「自発的な学習興味」は交流し意味内容を確かめ合い、同じメッセージを共有する。

コミュニケーションの要素がすべて揃っていてもコミュニケーションが成立しないことがある。コミュニケーションを成立させる大前提に、「送り手」と「受け手」の相互信頼感がある。不信感や闘争心の上には、どんなに優れた技術・媒体であっても共有へのコミュニケーション活動は成立しない。また、「送り手」や「受け手」の準備性（readiness）がコミュニケーションの質を問う。「送り手」は目的を絞り、メッセージを適切に組み立て（design）、ステップ化・プログラミング化できているか、「受け手」の準備性を考慮する必要がある。「受け手」の受け取る能力、受け取る意欲が自発性を発動させ、メッセージそのものに向けられた「興味」を喚起して相互交流に結びつく。媒体についてもメッセージを正確に信号化（encode）し、翻訳（decode）して、提示（presentation）できているか、適切な媒体を選択し正しく働かせているか、組み立てられたメッセージは順序正しく提示しているか、特に視聴覚機材などはソフトもハードも共に性能を高く保持することが条件となる。また、学習環境における、騒音・照明・室温・換気などの物理的条件が良好であるか、学習者の健康や情緒は安定しているか、受け取り障害を排除する必要もある。

（2）来館者調査

展示評価を行う前提となる調査に来館者調査がある。博物館に来るのはどんな人たちで、どんな理由でやってくるのか、博物館に来ないのはどんな人たちで、なぜ来ないのか、来館者調査や人口統計に基づいたマーケティング調査が必要となる。展示評価におけるサンプル設定に役立ち、その信頼性を高める。

（3）展示評価

展示評価とは、展示から発せられたメッセージを来館者がどのように受け止めているのか、展示体験によって何を得ているのか、展示の効果を問うことである。さらに、展示は博物館を担うものであり、博物館の機能そのものを確認する手段でもある。展示評価を行うに当たり、博物館が展示を通して何を伝えたいのか、すなわち、展示の目標（goal）、ねらい（objective）、そしてメッセージ（take-home message）を明確にしておくことが重要である。展示評価では文章化されたこれらの目標、ねらい、およびメッセージが、達成度を測る目盛となる。展示評価は展示

開発のプロセスに沿って、企画段階に利用者の一般的理解や問題意識を確認する「事前評価（Front-end evaluation）」、展示の製作途中に試作品等を用いてどこを直せばよいのかを調べる「形成的評価（Formative evaluation）」、完成後に現場での展示の効果を確認する「総括的評価（Summative evaluation）」に分けられる。また、専門家による指摘を受ける「批評的評価（Critical appraisal）」、修正を目的とした「修正的評価（Remedial evaluation）」がある（吉冨、2010）。

（4）調査の方法

展示評価を実施するための具体的な方法には「観察法」、「面接法」、「質問紙法」が上げられる。「観察法」は、利用者の観覧動線、滞留時間、展示の使い方、発話、同行者との関わり方等を観察して調査する方法である。具体的な方法としては、行動目録法、行動描写法、評定尺度法などがある。「面接法」は、展示の利用者と対面して話をしながら調査する方法で、利用者の生の声により実感したことを聞き出すことができる。複数の利用者を集めてディスカッションの場を設ける（フォーカスグループ）ことも有効である。「質問紙法」はあらかじめ紙面に用意した質問項目に回答してもらう方法で、短時間に多くのデータを取ることができるため、利用者の変化を幅広く捉えることができる。知りたい情報を得られるよう仮説を立てて設問を用意しておくことが必要である（吉冨、2010）。　　　　　　　　［阿部正喜］

【参考文献】
櫛田磐・土橋美歩『視聴覚教育』（学芸図書、7～13、1988年）。
吉冨友恭、日本展示学会編『展示論―博物館の展示をつくる』（雄山閣、174～177、2010年）。

第6章

博物館情報・メディア論

第1節　情報と博物館——博物館から博情報館へ

1. デジタルアーカイブの構築へ向けて

　近年になり多くの博物館では、デジタルアーカイブ（Digital Archive）に対する意識も定着し、その取り組みが行われている。アーカイブとは、膨大な史・資料情報をデジタル化し、分類・整理・保存する施設、機関の総称であるが、「アーカイブス」「アーカイブズ」などと表記され一定していない現実もある。

　コンピュータ技術の進展によって、デジタル処理に基づいた情報の分類・整理は社会の多様な局面で求められている。特に博物館の場合は、収蔵資料の収集・分類・整理等の作業に欠かせない関係にある。さらに、収蔵資料に付随する資料情報も膨大であり、刊行物等の情報も膨大となるため本格的な導入の必要性が望まれている。

　デジタル・アーカイブの先駆となったのが、アンドレ・マルローの「空想の美術館」である。昭和22（1947）年に開発間もないコンピュータ技術の構想であったが、写真によって実際には展示不可能な作品を使った展覧会を可能とした。これを起点としてフランスでは、国立美術館連合の30館がアーカイブの整備事業を推進してきた。結果、50万点に及ぶ写真資料の共有化が実現した。日本でも平成8（1996）年に地方自治体、企業、関係団体によってデジタルアーカイブ推進協議会が設立され、本格的な取り組みが始まるようになった。

　こうしたデジタル化によるその効果は、以下のような利点がある。
①実物資料の毀損等を恐れずに資料提供できる。
②資料映像や画像を部分的に取り出し、加工することができる。
③コンピュータを使用し、どこからでもアクセスできる。
④データベース化することにより、多様な検索ができる。
⑤後世に情報を伝達し、再検証などができる。
　日本において公文書保存事業が本格的に稼働するのは、文部省史料館（1951年）の設立に始まり、国立公文書館（1971年）を待つしかなかった。その後、公文書法（1987年）が制定され、情報公開法公布（1999年）・国立公文書館法の公布とつながり、公文書館等専門職員養成課程が開始された。また、国立公文書館によって

『アーカイブズ』が創刊されアーカイブをめぐる情況は急速に進展している。

　博物館学や既に活動する博物館は、本来の職務として史・資料の保存という職責を担っている。その完成はアーカイブの整備によるところが大きいといわざるを得ない。さらに、その緊密な連携が模索されるべきものである。

　史・資料のデジタル化は、原資料の劣化を防止する利点がある。また PC による情報加工やインターネットによる情報の発信

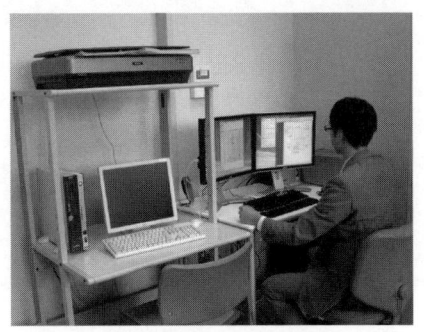

データベースの作成
（花園大学歴史博物館提供）

に飛躍的発達をもたらした。しかし、デジタル化したデータ自身は劣化しないが、情報記録媒体自体の劣化という問題を避けて通れない。FD や MD 等の磁気記録媒体や光記憶媒体は、劣悪な環境下では10年ほどの耐久性しかない。つまり、多重的にバックアップされるべきものなのである。デジタル化は、これからの情報伝達手段として不可欠なものであるが、原資料のアナログデータや未加工のアナログデータは、恒久的な保管を求められる。　　　　　　　　　　　　　　　　　　［明珍健二］

2．多様な博物館資料と情報

（1）一次資料と二次資料

　博物館が収蔵する資料は多種多様である。この資料は、実物である一次資料と一次資料を補完するための図書・文献・調査資料等の二次資料が「公立博物館の設置及び運営に関する基準」に示されている。また博物館の「登録審査基準要項」には、資料は実物であることを原則とすること。但し、実物を入手し難いようなときは、模写・模型・複製等でもよいことが提示されている。博物館機能を果たし、館活動を継続させるために一次・二次資料は欠かせないものである。

　博物館資料は、博物館機能を果たすため収集・整理保管・調査研究・教育普及活動に供され、博物館の設置目的・使命を完成させるためのものである。人文系、自然系とも共通する博物館機能の点から、次のように類型化することができよう。

　　研究資料：学術的に研究し、資料の本質に迫るべき資料。展示や保存に用い、
　　　　　　消耗や消滅しても研究し情報を提供するもの。
　　展示資料：展示に用い、教育普及活動資料として鑑賞に耐える資料。一次資料
　　　　　　には長期展示に耐えられないものもあるが、展示を優先するもの。
　　保存資料：重要な文化財、貴重種など、後世に伝えるべき資料。狭義的意味で

保存を優先するもの。

（2）博物館情報と発信

博物館は、大量の情報を有している。その種類を大別すると下記の6情報となろう。

博物館収蔵資料情報：博物館事業を完成させる原動力となるもの。調査研究によって得られた情報が充実するほど博物館の評価が高くなる。さらに画像データの蓄積が進展し、併せてデータベースの構築が進みつつある。

展示情報：平常展示の更新情報、新着資料情報、特別展・企画展示の情報公開を逐次実施するもの。

教育普及情報：博物館事業のうち、展覧会に伴う講演会やギャラリートークの案内の提供。また館内で実施される各種講座や市民参加情報の提示。

調査研究情報：博物館が実施あるいは参加する調査活動、研究活動を公開するもの。

管理運営情報：入館者数、入館料収入、友の会等情報や館内・館外の管理運営情報として、館維持に関わる設備、公園管理、入札情報など。

図書情報：館が独自に発刊する印刷物情報や交換図書情報など、公開に値する情報。

こうした博物館が発信する情報は、多岐に及ぶ内容を含んでいる。但し、そのほとんどの情報に学芸員が携わっていることを忘れてはならない。特に資料・展示・教育普及・図書情報は学芸員が支えているといって過言ではない。

携帯電話のカメラ機能を使用するQRコード情報検索システム
（花園大学歴史博物館提供）

（3）博物館情報の提供

博物館情報は館内で活用されるほか、市民、関連博物館、大学、研究機関、図書館等の館外へも提供され活用される。

まず展示・出版・放送メディアの一方向性の情報提供が行われる。当然のことながら、市民ニーズにいかなるものがあるのか把握することが重要である。例えば展示図録や標本目録などが相当する。

次に双方向性の問い合わせ・相談活動である。市民等からの問い合わせに対し、博物館担当者が直接対応に応じるものである。例えるなら図書館のレファレンスサービスであろう。市民から「わが家で昔の刀が見つかった。どうすればいいの？」があ

第6章　博物館情報・メディア論

ったとしよう。館側からは美術品担当や刀剣担当の学芸員が担当することになる。管轄都道府県教育委員会へ届け出を行い、登録すべきである旨を伝え、保管等についても伝えることになろう。学芸員自らの知見によって相談に対処することになる。

さらに、情報検索サービスによる伝達も効果的である。博物館が構築したデータベースに情報検索システムを作成し、利用者がキーワードを設定して検索するというものである。館内外での利用が可能であり、今後も利用度が高まるもので、進化が求められる。

情報提供における最も重要なことは、利用者が求める内容に対し、学芸員が質の高い情報を提供する姿勢にあるといえよう。　　　　　　　　　　［明珍健二］

3．整備された情報と活用手段

（1）資料と情報

これまでの博物館は、博物館資料すなわち実物資料が中心であった。今日でもこの考えは間違いではないが、「情報のない資料」は博物館資料としての価値が低い。何かわからない資料が多くあることも博物館の魅力という面もあるが、博物館の機能としては問題があり、いかに整備された情報を作成するかが大きな課題である。博物館情報において、当初から作成されてきたものが「資料目録」や「資料台帳」にあたる。当初の情報化は、主にこの目録情報を入力することで、博物館資料の全容を把握すること、在庫管理等に活用すること、さらに利用者にその情報を提供することであった。次の情報化の課題は博物館業務の簡素をはかるうえでの情報化であった。資料整理をできるかぎり効率的に行うこと、展示作業の簡素化への対応であったが、情報作成の体系化に関しては大きな課題が残っている。

（2）情報の作成

博物館の情報で重要なものは、博物館資料そのものに関する調査及び収集時の情報である。調査や収集、整理など博物館の業務は多様であるが、いかに質の高い調査情報を蓄積するかが学芸員の重要な仕事である。確かに、すべての収集時に質の高い情報が収集できるかというと難しいこともある。寄贈資料の場合はなおさら難しいが、できる限り収集時に情報を作成することである。調査や収集は博物館資料の情報収集を意味するものであり、そこで得られた情報は「一次情報」と呼ぶべきものである。個々で集められた一次情報は、資料の受け入れや整理、そして管理などに活用される。そして、整理の段階での情報を蓄積及び充実することで、博物館の資産として蓄積される。このように、博物館が蓄積している情報の質と量はそのまま博物館活動を証明する証しとなると考えられる。

(3) 情報の体系化と質

　情報は、実物資料にかぎるものだけではない。博物館にはさまざまな資料が存在する。手書きの資料、印刷物、写真、音響資料、など様々な媒体で存在する。この多様な媒体の情報を、より活用しやすいようにすることが必要である。そのためには、整理の方法を体系だって行うことが重要である。そのことは、情報の体系化を行う意味でも重要である。整理作業を行ううえで、後の情報化を考えたシステムが必要である。資料の整理は情報整理の基礎であり、入り口である。

　次に、情報の蓄積をはかっていくためには、情報をどのような基準で選択するか、あるいはどのような精度で処理するか、どのような分類にするかなどの体系的な基準をつくる必要がある。情報は共通する基準や体系があってより活用されるのであり、博物館として何が重要な基準かを学芸員は検討しなくてはならない。それは、その博物館がどれだけ情報に熱意があるかを表す証しであると同時に、博物館の研究や調査に対する姿勢を表すのである。しかし、あまり基準を重視すると画一的な情報に陥ることもあり、基準や体系はあまり詳細にならないほうがよい。多くの学芸員が共有できるような体系を確立することがよい。

　社会の博物館に対する要求は、より一層高まってきている。博物館がより質の高い情報を提供することは必要不可欠なものである。しかしながら、一部の博物館や美術館をのぞき、本当に質の高い情報を提供しているかとなると課題が多い。博物館資料のデータベースでさえ十分に確立していない博物館も存在する。このためには、調査や研究の質を高めることが第一義的であるが情報作成の技術を高めることも重要である。

(4) 情報作成の技術

　博物館にはいくつかの収集や情報処理に必要な技術がある。写真撮影、計測、保存情報などの特別な技術だけでなく、資料整理という基本的な技術が必要となる。例えば、カードなどに情報を記入することは基礎的な技術である。逆に、特殊なものとしては、音声の録音、映像編集などの技術も必要となることもある。

　博物館の学芸員は、これらの技術を習得した専門家であるにこしたことはないが、それらの専門家とともに仕事を行うプロデューサー的な役割でなくてはならない。映像や音声を処理することの多くが、情報処理の技術にも共通することもある。映像情報や音響情報まで視野にいれて情報化を計画するとき、情報の質の問題はさらに重要な課題である。文字情報に関しても、それを情報化や体系化できるドキュメンテーターと呼ばれる情報化の専門家が必要になることもある。

　博物館の情報化を考えると、この問題がひとつの大きな課題となるのである。一人の学芸員がすべての専門家になるというのは不可能に近い。当然のことながら、

第6章　博物館情報・メディア論

学芸員の専門性や仕事の細分化をはかることが、日本の博物館で求められていることである。

(5) 情報の共有―インターネットとデータベース

インターネットの普及は、博物館の情報に新しい価値をみいだした。それは、情報の共有であり公開という考え方である。必要な情報が公開され、いつでも利用できる、誰でも情報を発信でき、誰でもその情報が利用できる世界がインターネットの普及で実現されつつある。博物館の資料は公共財であり、したがってそこで作られる情報も共有されなくてはならない。データベースは公開されることが重要であり、そのような情報公開を可能にする装置がインターネットである。博物館がインターネットを活用する最大の特徴は、ホームページの活用と同時にデータベースの公開である。　　　　　　　　　　　　　　　　　　　　　　　［宇治谷　恵］

4．マルチメディアと博物館

(1) マルチメディア・データベース

社会の多様化や環境の変化によって、伝統的な生活様式、伝統工芸、伝統音楽などの文化遺産、希少な動植物や鉱物などの自然遺産が急速にうしなわれつつある。博物館は、それらに関する資料を実物として収集・保存することが第一義的に重要であるが、今日的には現地保存を優先的に考えることが大事であり、現実に博物館で何もかもの実物資料を保存することは不可能である。さらに、伝統工芸や職人の技術などの無形の文化遺産については映像情報として記録し、それらの資料や情報を次の世代に伝えていくことが重要である。博物館は社会に開かれる施設であり、博物館が持つ資料や情報は公共の財産であり、公共の文化資本ともみなすべきである。そのためには、できる限り質の高い情報を蓄積し、それを社会に公開する使命がある。そのような使命を果たすためにも、あるいは、それに少しでも近づくためには、博物館資料の「マルチメディア・データベース」または「デジタル・アーカイブ」を構築することが今、求められているのである。

　マルチメディア・データベースを構築する主な目的は、以下のことが考えられる。
　①有形・無形の文化遺産や自然遺産を記録精度が高いデジタル化技術を活用して、保存性と再現性に優れたデジタル情報として入力し、博物館情報として蓄積できること。
　②各博物館ごとに蓄積されたマルチメディア・データベースの公開を図ることにより、博物館資料の公開がより進展すること
　③マルチメディア・データベースを展示に活用することによって、魅力あるプレ

ゼンテーションが可能になること
④世界規模のネットワークを利用して、情報の共有化がはかれること、ただし、この場合には情報の標準化（英語表記等）が必要である。

（2）空間メディアの博物館

　博物館は空間メディアの構成によって多様な情報を伝達する場であるとともに、その情報を利用、活用する空間でもある。そこで、伝達される情報は実物資料に関連するものだけではない、博物館には実物資料だけではなく、映像資料、音響資料、文献資料、あるいは実物資料の三次元情報などの二次情報が所蔵されている。映像や音響の資料や情報はかってそれほど大きな存在ではなかった。映像情報の価値がなかったわけではなく、多くの写真資料やフィルムを所蔵していたが、それをどのような技術で保存するのか、あるいはその利用のあり方が定まっていなかったからである。これまでの映像などの記録資料は展示や出版などの補助素材として、あるいは講演会等のプレゼンテーションの素材として活用されてきた。しかし、映像資料自体を博物館の重要な資源ととらえ、研究や展示に多角的に活用されていなかった。博物館での学習は、五感（視覚、聴覚、臭覚、味覚、触覚）で体験・学習することといわれるが、現実には、展示室にて視覚で体験することが多い、実物資料をハンズオンで触れる展示など、近年は新しい展示形態が増えつつあるが、やはり限界がある。実物資料を補完するだけでなく、関連する情報としてマルチメディア資料を含む二次情報で学習し、逆に、二次次情報で学習できない場合に実物資料で補完することが、これからの博物館に望まれる学習形態と考えられる。そのためには、新しい活用の形態を個々の博物館の目的や理念に対応して構築しなくてはならない。

（3）多様な活用

　どのような博物館でも所蔵するすべての実物資料を展示の形態で公開することは、膨大なスペースが必要となる。多くの資料は収蔵庫に収められていのるで一般の来館者は見ることが出来ない。ところが、マルチメディア・デース化が構築されれば、容易に博物館資料に関する情報へのアクセスが可能になり、利用者の多様な要求に対応することもできる。利用者はインターネットやデータ・ネットワークを活用して、従来であれば、図録や所蔵目録などでしか知りえなかった博物館資料に関する情報を用意に入手できるようなる。さらに、その情報を活用して、コンピュータ上で自分なりの「仮想博物館」または「バーチャルミュージアム」を作りあげることも理論的には可能となりつつある。特に実物資料の三次元（立体）情報の活用はあらたな領域へ展開されるであろう。
　以下では主な活用のあり方として、大阪吹田市にある国立民族学博物館を例とし

第6章　博物館情報・メディア論

て紹介する。
　①電子ガイドガイドシステム
　従来の博物館の展示は、実物資料を「視覚」情報として提供してきたが、マルチメディア・データベースを活用することによって、個人対応での音声や視覚に訴える形で公開をはかることが可能となり、国立民族学博物館では、1999年に携帯情報端末の導入が行われ、現在は電子ガイドシステムとして内容の充実がすすめられている。言語の違い、世代の違い、障害の程度

ビデオテークのブース室
（国立民族学博物館）

の違いなどを乗り越えて、実物資料を理解する補完機材として新たな展開をみいだすことも考えられている。いわゆる、博物館のユニバーサル化であり、または、バリアフリー化に寄与すると考えられる。
　②ビデオテークシステム（国立民族学博物館の映像資料システム）
　多くの博物館でも、所蔵する映像資料を利用者の選択により必要な情報をパソコン等で利用できるようになり、動画による展示紹介も可能となってきた。さらに、近年になると、マルチメディア機器による展示紹介用として導入されるようになってきた。その特徴は、動画だけでなく静止画や文字情報及び音声情報など様々な情報が、利用者の選択で利用できることである。さらに、利用者が単に選択できるだけでなく、博物館情報紹介機能に新しい可能性をもたらした。　　　［宇治谷　恵］

5．管理情報と研究情報——蓄積情報の体系化

（1）資料整理と管理情報
　収集した資料を効率的に整理・保存し、展示や研究に活用できるようにするためには、それらで派生したデータをパソコン等で処理することは当然の時代となった。大量のデータであるならば、なおさらサーバー等のデータベースに蓄積して必要な情報を抽出することもある。収集時の情報、梱包、輸送、保険などに必要な情報、資料を収蔵庫に保管する時点での管理上の必要な情報が蓄積される。例を挙げると、博物館の違いに関わらず、収集時の情報としては、何時、何処で、誰から、寄贈か購入かなどの収集の方法、そして収集時の資料保存情報などがある。資料受け入れ情報には、保存情報、あるいは収蔵庫における配架情報などがあり、資料の整理だけでなく、資料の登録や管理にも活用される情報である。ただし、資産登録に関係する購入金額や評価金額等の価格事項、あるいは収集先等の個人情報については扱いを注意しなくてはならない。蓄積された情報は、あまり内容を変更するものでは

多機能端末室
（国立民族学博物館）

ないが、資料の展示や貸出し等の情報、資料保存情報等については情報が更新される内容であり、その場合、過去の履歴情報をどこまでの内容で蓄積し保存するのかなど、入力時から項目内容の標準化をしていかないと、後で、整合性がとれなくなることもあるので注意したい。管理情報は博物館の基礎的情報を関係者に提供するだけでなく、報告書や書類等の作成にも活用されなくてはならない。ただ、この情報は情報そのものに学術的・文化的に意味をもつのではなく、あくまでも管理の必要上のものであり、博物館にコンピュータが導入された頃には、資料情報の機械化とも言われたのである。

（2）資料の研究情報

　資料の整理がある程度終了すると、収集時の情報をもとに研究や展示活動が行われる。ここで得られた成果を情報として蓄積することが、博物館の最も重要な業務なのである。資料の収集調査、整理、研究などの業務で得た情報を蓄積して、次の世代に伝達することが新時代の博物館の大きな使命である。博物館によっては、研究をあまり重要視しない館もあるが、外部の研究機関と連携してでも研究情報の蓄積を図るべきである。この研究情報は人文系、自然系、科学系など博物館資料の特性によって異なるが、それぞれの資料の用途や使用法などの由来や来歴、材質や製作技法など、個々の資料が持つ特質や研究経歴などを蓄積する必要がある。この情報は、研究の発展や成果によっては、内容が変化することもある。また、文字情報だけでなく、映像・音響資料、文献資料、あるいは図や表などのアーカイブ資料、そして、資料の形状等を記録した三次元情報が含まれることもある。［宇治谷　恵］

第2節　博物館資料のドキュメンテーションとデータベース

1. 資産としての情報

（1）ドキュメンテーション

　博物館資料の情報化（ICT 化とも言う）は多様化してきている。情報化によるマルチメディアは、文字、音声、映像などのデジタル化された情報を融合するシステムであり、保存性や活用のしやすさなどデジタル情報として複合的に扱うことに優れており、特に、近年は、展示室内だけでなくインターネットを介して外部からもアクセスできるようになってきた。また、実験的ではあるが携帯電話や iPad などから資料の関連情報が利用できるようになってきた。場合によっては、三次元動画などもアクセスできるようになるであろう。しかし、博物館としての固有な情報をどのように蓄積するか、博物館資料をどのように情報処理するか、いわゆるドキュメンテーションするかが課題である。ドキュメンテーションとは、何を入力するか、あるいは入力された情報の語彙の整理、表記の体系化、検索処理の標準化などを意味する語である。図録や報告書、あるいは、過去の展示会のキャプションなどもドキュメンテーションの対象となるが、第一義的に処理するべきものは、博物館資料そのものが持つ情報（素材情報）をドキュメンテーションしなくてはならない。博物館には情報があふれている。資料に関する素材情報が一次情報というべきものであり、博物館が扱うべき情報はまさにこの一次情報であり、展示解説や図録などの文献類は図書館で扱う情報として位置づけるほうが、適切と考えられる。

（2）資産としての情報

　博物館の資産は、これまで博物館資料の評価やオークションなどの購入金額で語られることが多かった。そのため、博物館は実物資料の購入に費用をかけたのである。しかし、現代では世界遺産資料をはじめ、文化財や芸術品そして歴史資料までもがデジタル化されて、市場で流通されるようになってきた。世界の博物館でも、博物館資料を精力的にデジタル処理する傾向である。このことは、今のうちに、権利関係を含めて独自なデータを保有したいという願いと同時に、資産としての情報を保有したいという生き残り戦略がある。日本でも、博物館の機能も流動化してお

り、いかに質の高い情報を保有しているかが博物館の存続に関わるであろう。必要によりその資産を売却するか、あるいはより質の高い資産に変容できるかなど、博物館をとりまく情報化のあり方は複雑化していくであろう。しかし、重要なことは素材情報（一次情報）をどのように効率的に蓄積できるかである。それとともに、博物館に対する情報提供の需要はますます大きくなるのであろう。

　博物館のデータベースが博物館資産の情報宝庫であるためには、できる限り精度の高く固有な情報を持っているかが鍵となるのであり、そのためにもドキュメンテーションを専門に担当する職員を養成する必要がる。　　　　　　　［宇治谷　恵］

2．情報化の経費と収益性

（1）収益性

　モノの豊かさが生活のバロメータの時代から、情報の豊かさによる心の豊かさを問われる時代に変化しつつある。博物館もその時代の変化に対応しなくてはならない。社会ではカルチャーセンターなど各種の文化産業が盛んとなっている。また、博物館も経営基盤の拡充が大きな課題であり、収益性も軽視できない状況である。入館料やミュージアム商品の販売等に依存するのではなく、博物館が持つ資源をいかに社会に公開できるかが課題である。博物館は、社会に顕在化している文化的ニーズに対応できるきめの細かい情報を、必要ならば有料で社会に提供しなくてはならない。

　多様な資料を保有している博物館には、未開発の貴重な資源が眠っている。博物館資料は、これまであまり資源として見なされなかった。資料そのものは、「評価」されて博物館の財産や資産として捉えられていたが、情報はあくまでも資料を補完するものであり、お金を生む資源としては考えられていなかった。しかし、情報化による博物館資料のデジタルアーカイブの構築は、博物館の経営基盤を確立するうえで見過ごすことができない時代が到来すると予測される。

　社会の情報化は、多様で質の高い情報を求めるようになってきた。出版業界なども電子メディアに移行しつつあり、しかも自宅や携帯電話などからそのような情報が享受できるようになってきた。また、新聞や放送局なども、インターネットなどに情報を配信するようになってきた。同時に、送り手からの情報を選択できるだけでなく、受け手の反応や意見などもただちに送り手にフィードバックできるようになってきた。このような、情報化の実情と博物館の収益性が問われる時代に、博物館の情報で、何がより利益を生む情報資源なのか、あるいはそのような資源をどう作り出すかが、今日問われているのである。多様なメディアによる情報提供は博物館にとって重要な課題であるが、より希少性のある情報、具体的には、その博物館

第6章　博物館情報・メディア論

しか持ち得ない独自な質の高い情報を保有しなくてはならない。テレビ等のマスコミ、あるいは出版等への情報提供だけでなく、教育機材の開発、高齢化社会を迎えての関連商品開発等、あるいは、旅行関連業界への情報提供等が考えられる。もちろん、実物資料の貸出し等による収益も考えられるが、この場合には公共性と安全性が問われるのであり、あまり収益を期待することができない。それに対し、情報については、商品のコマーシャルなどを除いては、ある程度、自由に社会に有料で公開できるのである。ただし、その場合の課金をどのようにするか、あるいはどの程度の価格にするのか、あるいは権利関係など、解決すべき課題が多いことも認識しなくてはならない。

（2）必要な経費

情報をいかに社会に使いやすい形で提供できるかは、単に情報の質だけの問題ではなく、情報そのものの作成技法あるいは整備技術が重要である。インターネットをはじめとする情報処理技術は、文字情報あるいは静止情報の二次元情報、動画を含めた三次元情報で展開されるようになってきた。そうであればこそ、より資料の特質に対応した情報の整備が必要となるが、同時に必要な経費が発生する。コンピュータ機器等の設備を導入するだけでも必要な経費はかかるし、それを維持する経費、さらに機器の更新に対応する経費及び情報を蓄積していく経費がかかる。設備等の更新や維持についてはリースやレンタルなど工夫することで対応できるが、情報を蓄積することについては、将来の容量等を見据えた計画性がなくては、経費を計算することができない。情報化の質と内容、目的、範囲、規模などが明確でないと、あとで継続することが出来なくなることが多い。博物館の情報化は、博物館が続く限り永久に続くことを念頭に計画をたてなければならない。

（3）情報入力の経費

情報を蓄積するためには、人による入力作業がともなう。学芸員が自ら収集した情報を入力すれば、それほど経費はかからないかも知れない。しかし、そのような場合は稀で、大量な資料となると、別な体制が必要となる。多くの博物館では、外部の業者に委託するか、アルバイト等の別の人に、情報の加工や情報の入力を委ねることが多く、それには別に経費がかかることが多い。もちろん、データベース処理専門の人材（ドキュメンテーター）を確保したり、高性能な処理機器を博物館に導入することで、入力経費は軽減できるのであるが、少なからず多くの時間と労力及び経費がかかるのである。博物館の情報化を進めることは避けて通れない課題であるが、経費がかかることも認識して、システムを構築しなくてはならない。

［宇治谷　恵］

3．データベースの構築と情報展示

（1）データベースからメタデータへ

　博物館は、資料の収集時の情報、あるいは受入した資料の情報などを、台帳やカードに記録することが整理の始まりである。1980年代にコンピュータが博物館に徐々にではあるが導入されるとこれらの記録は紙媒体から電子媒体に変化していったが、作業そのものは変わらなかった。しかし、1990年代以降においては、データベースという概念（記録装置から必要な情報がいつでも取り出せること）や収蔵資料管理システムの構築により博物館は単に資料整理の情報を蓄積することだけでなく、多様な情報の蓄積媒体となり、博物館が保有する情報を一元的に管理して情報共有、情報公開、相互利用を促進する一体的なデータとして扱うようになってきた。近年の用語としては、メタデータ（Metadata）とも言われるようになってきた。総務省や文化庁による「文化遺産オンライン構想」あるいは国際的な博物館組織であるICOMなどでも博物館資料のメタデータ化を推奨している。

　博物館資料のメタデータは大きく分類すると、時間軸で管理する情報と、実物に関する情報とに分類される。時間軸で管理する情報は、収集・受入情報、展覧会情報、保存・補修情報などであり、実物に関する情報は、資料名、製作年代、作者などの資料固有の情報であり、その他にも動画等のメディア情報も含まれる。このように、現在、博物館のデータベース化は新しい概念や考え方のもとに変容しようとしているが、検討すべき課題も多い。特に、語彙や用語等の情報の標準化、外字処理の課題、情報の互換性、そして著作権管理など、今後に検討する課題も多い。

（2）情報空間とデータベース

　博物館資料のメタデータ化は博物館と大学や研究機関及び情報の共有化を推進するとともに博物館の展示にも変化をもたらす。博物館の展示は等身大のメディアといわれるように、ヒトとモノとの等身大による対話と情報交流の場である。しかし、対話をしたくても目的の資料と出会いがなければ対話もできない。いかに、多くの情報から自分に必要な資料と出会えるかが課題である。もちろん、展示室や収蔵庫で資料と偶然に出会う喜びも博物館の楽しみであるが、どのように展示法を工夫しても、展示室だけですべての所蔵資料と出会うことは不可能である。しかし、年齢、性別、国籍、障害等の有無にかかわらず、博物館がもつ情報を幅広く提供しなくてはならない。多くの人が自由に情報を享受できるように設計することをユニバーサルデザインと呼ぶ。実物をもちいた展示が重要であることは言うまでもないが、ヒューマンインターフェースを重視した最新の情報処理技術とデータベースを融合すれば、新たな博物館の利用形態が展開されるであろう。その場合、その使い方とコ

ンテンツの内容について慎重な検討が必要である。たとえば、実物では表現できない精神世界の表示に活用したり、障害者などの観覧の補助具として導入したり、あるいは学習機能の充実に活用することである。物理的あるいは時間的に、博物館の人やモノでは対応できない業務もデータベースを活用して肩代わりすることも可能である。

　生涯学習時代の今日、市民自らが自分の興味に適合した余暇や学習形態を求めつつある。展示場でモノを観察するだけでなく、市民があたかも学芸員のようになって、電子の世界で資料を学習したり、情報を編集することも想定される。そのような学習から、市民による電子的展示が可能になることも近い将来には到来するであろう。データベースの質的向上はをその核となる重要な課題である。［宇治谷　恵］

4．検索と語彙の概念——シソーラス

（1）資料の検索

　博物館は資料が多いにこしたことはないが、利用者にとっては、何処に何があるか、あるいは何が展示されているか、すぐに探し出すことができなければ十分ではない。これは、実物資料だけでなく、映像資料や音響資料、そして文献資料も同様である。また、このような場合に、いわゆる、生き字引と呼ばれる博物館職員がおり、そのような人材に聞くことが一番に効率よくモノ探しができるとの意見があり、たぶんそのような人材のほうがより適切な資料を探しだすと思われる。出来る限りそのような人材を博物館内に確保（案内、コンシェルジェともいう）することも大事であるが、現実的には難しい。人による案内も必要であるが、モノ探しは、人よりも、コンピュータによる検索のほうが正確で時間も早い。そのためにも、資料を探す手段として、博物館では、博物館資料のデータベースやマルチメディアによる資料検索システムが導入されることが多い。近い将来、データベースの画像情報などから、文字情報に変わって、色や形態からの検索も可能となるであろう。また、画像処理によっては、新たな資料の再発見が行われたり、違う形の図録や目録を作ったり、自分なりの独特な仮想展示も可能となるであろう。しかし、どのような優れた処理技術があったとしても、その基礎となるデータベースが整備されていなければ、目的の資料を探し出すことはできない。

（2）シソーラスの作成

　デジタル化あるいは、ネットワークの技術が進化しても、データベース作成には課題も多い。特に、情報の分類をどうするのは、あるいは語彙をどのように整備するかである。資料の分類は検索の目的が明確ならば役にたつ。地域分類や材質分類

言語展示コーナー　　　　　　　　　　　　言語展示コーナー

などは明確であり、検索に適した項目である。誰が見ても理解できるような内容で情報を配列していけばよいのである。しかし、資料名や用途などから検索することは容易ではない。検索者がすべての資料名や名称などを理解しておればよいが、それでも人によって名称についての解釈が異なることが多い。その、解決方法のひとつがシソーラスの構築である。例えば、検索しやすい名称をどうするか、すなわち類義語や関連後の構築、または項目に関する辞書を作成することである。人文系の検索は質的なものが多く、曖昧な言葉から検索することが多く、様々な情報をブラウジングしながら探しだすことがよく使われる。また、関連する語彙から幅広く検索し、それを少しづつ絞り込む検索が多い。そのような場合に適切なシソーラスが必要となるのである。これに対し、自然科学系では、データベース作成時から用語等が明確（学名等が標準化）になっているから、検索時にも大きな支障にはならない。このことは、人文系の博物館資料でも参考となる。シソーラスを構築するとなると大きな課題が多いが、誰もが理解できるような言葉で索引を作り、それを配列して表示し、その語彙から必要な資料を検索することも、一つの方法と考えられる。いずれにしても、使う人にとって使い易いシステム、すなわちユーザーインターフェースを考えたデータベースを構築することが大きな課題なのであり、このことは将来にわたる課題である。

　博物館の情報化の目的の第一は、多様で膨大な資料の中から自分がほしい実物資料や展示資料を探すためであることは否定できない。そのためには、博物館資料のメタデータ化とともにシソーラスの作成など、資料のドキュメンテーションが必要であるが、残念ながら、今日の博物館にドキュメンテーションを専門とする人材が確保されているかとなると、かなり問題も多いが、それであるからこそ新時代の学芸員が対応しなくてはならない大きな課題なのである。

　このような、未来に向けての挑戦的な仕事こそ、21世紀を担う博物館の一つのあり方であり、そこに携わる人の役割でもある。　　　　　　　　　　［宇治谷　恵］

第3節　情報の公開とその体制

1．情報伝達手段としてのメディア媒体

(1) 情報伝達空間

　博物館の展示は、学問的な体系から構成されたものであるが、意図的に入館者の興味心や関心をくすぐるような演出方法を取り入れることも必要である。もちろん、美的な構成や楽しみの要素だけが博物館展示ではないが、博物館が情報伝達する手段として様々なメディア媒体が使われるようになってきた。複合演出や情景再現展示と呼ばれるように、多様なメディアを複合的に使って情報を提供し、実物資料だけでは表現できない新たな展示空間を構成することが可能となった。いずれにしても、従来のモノを中心とした展示形態とは異なる手法である。これは、ただモノが展示されている状態を見せるのではなく、そのモノがどのような過程で展示されたかという一連の時間的変遷プロセスを見せることが考えられる。これにより、入館者があたかもその時間軸のなかにいるように、モノの収集や研究および整理作業を追体験できるのである。この延長線上の展示形態として、博物館裏方見学やモノ作りワークショップなど展示関連イベントにより追体験できるものがあるが、このような展示形態には必ず適当な場と人あるいは経費等が必要となる。

　モノと人間が対話する空間が展示場であるが、よほどの事前知識を有する入館者でないかぎり、多くの入館者が展示の内容を100％理解することは難しい。それを補う手段としての解説パネルやキャプションではあるが、あまり多過ぎると逆に展示効果に支障をきたすこともあるし、経費的にも問題が多い。一方、さらに情報が欲しい人は、図録や解説書を購入するか、ネット等で調べればとの見解もあるが、できる限り展示場で紹介できるほうがよい。なお、人による展示解説が効果的なことは言うまでもないが、いつでも同様な情報が提供できるわけではない。一方、博物館は、空間的メディアの構成によって多様な情報を伝達する空間でもあるが、情報化時代の到来は、多様なマスメディアにより、自宅や職場からインターネットなどで、博物館の情報を引き出せるようになってきた。その情報の質も多種多様であり、最近ではバーチャルリアリティーと呼ばれるように三次元情報も提供されるようになってきた。また、送り手からの情報を選択できるだけでなく、受け手の反応

中部大学民族資料博物館のホームページ

や意見などもただちに送り手にフィードバックできるようになってきた。このような、技術革新の時代に、博物館の展示場で何が必要なメディア媒体であるかを検討しなくてはならない。多様なメディアによる情報提供は博物館にとって重要な課題であるが、実物資料の情報力は他のどのようなメディアよりもすぐれた伝達媒体であることをあらためて再確認する必要もある。

（2）モノと人の対話空間

　博物館の展示は等身大のメディアといわれるように、ヒトとモノとの等身大による対話空間の場である。そこに登場するのは、一方は子どもから老人までの多様な生物としての人間であり、他方はその対象となる多様なモノなのである。博物館には携帯端末や電子ガイドのような展示技術が導入されつつある。さらに近年は、あたかも実物をさわっているような三次元情報による仮想展示技術やデジタルミュージアム構想が研究されつつある。近い将来、そのような技術も博物館の展示場に導入されることにより、現在とは異なる新たな展示手法によって、より臨場感を持った展示も可能となるであろう。

　しかし、そのような技術のみで博物館の展示が構成されるものではないことはいうまでもない。いくら、高度に情報化された展示場でも、実物資料をもちいた展示に越えるものにはならない。情報展示の導入については、メディアの特徴やコンテンツの内容について慎重な検討が必要である。たとえば、実物では表現できない精神世界の表示に活用したり、障害者などの観覧の補助具として導入したり、あるいは学習機能の充実など目的を明確にすることである。物理的あるいは時間的に、博物館の人やモノでは対応できない業務を情報機器を活用して、どのように肩代わりするかを検討することも必要である。

　生涯学習時代の今日、市民自らが自分の興味に適合した余暇や学習形態を求めつつある。展示場でモノを観察するだけでなく、入館者があたかも研究員のようになって、電子の世界で資料を観察し、学習することも想定される。そのような学習から、市民による電子的展示が可能になることも近い将来には到来するであろう。

〔宇治谷　恵〕

第6章　博物館情報・メディア論

2．博物館における情報展示とは何か

（1）博物館情報の種別

　現独立行政法人人間文化研究機構の構成館の一つである国立民族学博物館の設立および運営に多大な影響、貢献を果たした梅棹忠夫は、同館創立10周年記念講演において、「博情館」なる博物館にかかわる新しい概念を提出した。この提案の趣旨は、博物館における展示および活動は実物による展観にとどまらず、「モノにまつわる、モノに直接関係のない、さまざまな情報」を「収集し、蓄積し、変換し、創造し、伝達する」機関であると述べた。さらに「博物館は、市民の知性を刺激し、人間精神を挑発することによって、未来の創造に向かわしめるための、刺激と挑発の装置である」というものである。この提言こそが「博情館」そのものである。

　この提言後、国内博物館においても「博物館情報とは何か」という議論が活発に行われるようになり、博物館情報の区別が明確に示されるようになった。
　一般的に学芸員が取り扱う情報は、
　①博物館収蔵資料に関する情報
　②平常展・企画展等展示資料に関する情報
　③博物館教育・講座・普及啓発活動に関する情報
　④博物館が実施する調査・研究活動に関する情報
　⑤博物館管理・運営に関する情報
　⑥博物館が収集あるいは他館との交流によって交換した図書等の情報
など多岐にわたる情報が、学芸員の資質により支えられている。
　一方、この獲得情報が利用される観点から大別すると次のようになろう。
　①学芸員や館員のみが利用する情報
　②見学者の展示資料に関する解説情報
　③情報機器による展示資料に関する情報
　④不特定多数の閲覧者がインターネット等を通して利用する情報
　この四区分は、ほとんどが学芸員の獲得した情報が基盤となり発信されるものとなっている。この博物館情報は、いかに多くを収集し、整理されるかにかかっている。しかしデジタル化しにくい情報があることも周知のことである。つまり情報伝達の問題である。博物館で活動する学芸員は、先輩学芸員から若手学芸員へと館運営が引き継がれていくものである。学芸員の知識や経験が受け継がれないことも起きうるというのである。デジタル化しにくい学芸員そのものの情報があることも、博物館情報として認識することが重要である。

(2) 情報展示の意義

　博物館は、見学者自身が「自分で展示や資料自体を考え、自らが問題を解決していく能力を養う場」であり、「美しいものを美しいと感じる場」であり、「自然摂理に対する感性を醸成する場」として設立されていることは言うまでもない。博物館における展示は、博物館資料によって展開されるのが原則である。しかしながら、実物が持つ自然的・歴史的・美的・文化的価値を見出すことは容易なことではない。資料によっては専門的な知識が求められることもあろう。こうした資料は、一見しただけでそれが持つ価値に見学者自身が到達することは極めて難しいと言わねばならない。

　博物館における情報展示とは、まず博物館資料にどのような情報がどれだけ詰まっているのかを明確に得ることから始まる。当然のことながら、担当学芸員の研究者としての資質が求められるは自明のことである。次にその情報をどのように整理するのかという能力が求められる。さらに情報をどこまで提供するかという判断も求められる。博物館資料とともにその情報を提供することは、利用者がより深い理解を得て知的な循環構造を連続させることを目的として行われるのが理想である。

　例えば、小学3年生を対象とした講座を企画・担当する場合、どのような情報を提供するべきかを考慮することになろう。教員との協議あるいは教科書や副読本の研究も求められる。その上で博物館情報を的確に提示せねばならないのである。

　博物館の情報提供と利用者の知的環境は、機器の発達とともに進展している。学芸員もまたこの進展を正しく理解し、適切な機器と情報の選定を行うべきである。

[明珍健二]

【参考文献】
富岡直人「博物館と情報」『新しい博物館学』(全国大学博物館学講座協議会西日本部会編、芙蓉書房出版、2008年)。
青柳邦忠・濱田浄人「博物館情報論」大堀哲編『博物館学教程』(東京堂出版、1997年)。
梅竿忠夫「博物館は未来をめざす」『月刊みんぱく』2-7頁 (1985年1月)。

3. 博物館内情報展示の実際

(1) 情報展示の近況とマルチメディア

　博物館では多くの資料を保管しており、収蔵資料の調査結果や研究成果を含めると膨大な数の情報が蓄積されている。しかし、収蔵資料の中には展示公開することにより収蔵資料の劣化を進行させる危険性のある資料は常時展示できない。また、限られた展示スペースでは公開できる展示品、解説文を十分に確保できない場合も少なくない。このように博物館では展示品の補完情報、関連情報、詳細な解説文などの各種収蔵品情報や博物館の各種情報（展示案内、クイズなど）をパーソナルコ

第6章 博物館情報・メディア論

ンピュータ、専用端末（情報キオスク端末など）、携帯端末（スマートフォンを含む）を利用して情報提供することが潮流となっている。

　多くの博物館では資料のメタ情報と画像を中心にした画像データベースを構築している。資料データベースや画像データベースを作成していない館においても図録用などでデジタル化した資料情報がCD、DVD、BD（Blu-ray Disk）などの電子メディアに保管されている。このために実物資料だけでなく資料の画像データベースや電子メディアの中から公開可能な資料情報を館内のコンピュータ機器で情報展示を実施することが多くなった。

　また、実物資料以外の映像、三次元データ、音声データなども情報技術の進歩により高いクオリティで展示情報として来館者に提供できるようになった。博物館の中にはVOD（Video on demand）による映像提供、音声ガイダンスシステム、ホログラムの映像システム、HDビデオシアターなどマルチメディアによる来館者向けの情報サービスを実施している館も増加している。松山市の坂の上の雲ミュージアムのデジタルミュージアムのコーナーでは仮想展示室で展示品に関する付帯情報、映像、写真などがタッチパネルで自由に閲覧できる

　これらのマルチメディア情報は展示情報としての利用だけでなく、来館者への効果的な教育・学習支援機能の素材（コンテンツ）としても利用、活用できる。学習コンテンツに関しては、児童、高齢者、障がい者等の多様な利用者に対する最適な情報提供方式・画面デザインを配慮して情報サービスを実施しなければならない。幼児や児童向けのキッズ用タッチパネル画面の装備や高齢者向けの簡単なボタンで聞ける音声ガイダンスシステムなどのユーザ・インターフェースについては十分な検討が必要である。国立造幣博物館では展示端末で提供している貨幣の解説文に児童が読むことが困難な漢字に自動的にルビを打つ（小学校の学年ごとに設定可能）来館者向けの展示システムを導入している。

【参考URL】坂の上の雲ミュージアム　デジタルミュージアム：
　　　　　http://www.sakanouenokumomuseum.jp/display/digitalmuseum/

（2）館内情報サービスの実際と今後の動向

　博物館においては実物を展示することが基本であるが、展示に関するガイダンス、展示品に関する属性情報、博物館や関連施設の普及広報情報を容易に入手できる情報端末が設置されている博物館も少なくない。来館者はこれらの情報端末（専用情報端末、PDA、スマートフォン等）から館内のLAN（Local Area Network）を通して展示情報サーバー（公開可能な各種展示情報が登録されているサーバー機器）の情報を自由に検索・閲覧することが可能である。セキュリティの確保できる館においては、一般来館者でも無線LANを介して携帯端末やスマートフォンにコンテ

ンツやアプリケーションをダウンロードしてマイ・ミュージアム的な展示を楽しむことができる。国立西洋美術館では個人のスマートフォンで館所蔵の作品や解説文をダウンロードして楽しむことができる。

しかし、携帯端末やスマートフォンの普及が進んでも、高齢者と若者との世代間、地方と都市との地域間、所得間によりデジタル・ディバイドが存在することも事実である。このため従来からの情報サービスと共存するかたちで展示情報サービスを提供する必要がある。特にクイズシステムなどは遊び感覚で学習できることから子供達の人気コーナーであることが多く、CMS（content management system）を適用し、コンテンツを随時更新することでメニューや素材の陳腐化を防ぐ作業も重要である。群馬県立自然史博物館では展示端末で館内案内や収蔵資料検索などの機能以外に群馬県のキャラクターを用いたCMS型のクイズシステムを構築しており、子供達の人気を得ている。

また、来館者に対するユニバーサル・デザイン（universal design）に配慮した展示情報システムの構築は必須条件となっている。幼児、児童用のタッチパネル画面・コンテンツの整備、高齢者向けの音声サービスの提供、弱視者用のソフトウェアの導入、肢体不自由者への入力機器の整備などソフト面とハード面もユニバーサル・デザインのポリシーに遵守し、展示情報の公開を実施する必要がある。しかし、博物館においては障害者や高齢者に期待される情報サービスやユーザ・インターフェースが十分に対応できていないのが実情でもある。世界的な経済状況の停滞、自治体財政の悪化などで博物館に大型の予算が降りることは困難となっているが、実現するべき装備、機能の優先順位を決めビジョンを持って実行する必要がある。

近年では、博物館においても海外からの来館者が増加しており、グローバル化に対応した展示情報の改善が必要になってきている。特に、中国、韓国を始めとする東アジアから多くの観光者や留学生が来日しており、博物館の情報展示においても日本語以外に英語、中国語などによる画面の作成、音声読み上げなどの多言語情報サービス（multi language service）を実施する必要性が高くなっている。音声端末の運用面や保守などの問題もあり、未だ対応されていない博物館が少なくない。

［宇治谷　恵］

4．博物館外への情報サービスの実際

(1) 館外情報サービスの近況

インターネット、携帯端末、スマートフォンを含む携帯電話の爆発的な普及やテレビの地上デジタル化などにより従来の発信側からの一方的な情報発信だけでなく、情報の受け手側との双方向の受発信が可能となってきている。また、光通信網の普

第 6 章　博物館情報・メディア論

及による回線速度の高速化、コンピュータの高性能化及び、高機能化により博物館で保有している従来のテキスト情報、静止画像のメディアだけでなく動画像や三次元画像などを含んだマルチメディア情報もインターネットで容易に情報提供できる環境になってきている。パーソナルコンピュータ、携帯端末などでインターネットに接続すれば、デジタル化された世界の各種情報を「いつでも」、「どこでも」、「だれでも」検索し利用、活用することができるユキビタス社会が実現化している。

博物館においてもコンピュータ機器、情報通信機器の発展によって提供する情報サービスは資料データベースの公開（閲覧可能な資料のみ検索可能）、入館者実績数などの開示、館職員（学芸員、研究員）のリファレンスサービスなど館独自で多様な情報サービスを実施している。地域の博物館においては近隣博物館との連携（収蔵品や文化財情報の統合情報化）や小中学校との博学連携（学習支援情報の提供）に必要な機能を実装することが可能である。

近年では海外からの観光者、留学生の増加、日本へ移住してくる外国人の増加に伴い、外国語の情報サービスも必要になってきている。東京国立博物館のデジタルアーカイブのサイト（e-国宝）では日本語ページから英語、中国語、ハングル語などの外国語ページへの切替え機能も備えている閲覧サイトを構築し、多言語対応の情報サービスを実施している。

現在、地方の博物館では資料収集・保存、調査研究、教育普及の基本的な機能以外に地域情報や地域文化の発信基地としての役割や観光情報の拠点としての機能も求められている。館外の情報サービスの提供は、博物館利用者だけに情報発信するのでなく地域社会や博物館に関心がない人に対しても積極的に情報発信して、地域の活性化を促すことも重要な役割となっている。

来館者や観光客を誘導するには、地域固有の歴史文化、食を含む生活文化、伝統文化、自然情報等を情報発信し、他地域にない魅力あるコンテンツを作成することが重要である。従来の博物館情報の公開だけでなく幅広い情報が必要となるために情報公開サービスに対応するフィールド・ミュージアム（field　museum）的なスキームを構築し、実施しなければならない。博物館が地域の中核となり、地域と連携して博物館固有の情報と地域文化情報を相互にホームページで発信することで観光者や来館者の増加に繋がるなどの相乗効果が見込まれる。

（2）ホームページを利用した情報サービス

多くの博物館ではホームページを開設し、多様な情報サービスを実施している。このため利用者は自宅や学校あるいはモバイル端末があればインターネットを通して、外出先からも自由にお気に入りの博物館サイトを訪問することが可能である。また、インターネットは不特定多数の人々に多様な情報を発信することができるた

めにホームページの開設、運用には注意を要する。
　博物館から提供される情報は博物館紹介、利用案内、新着情報、収蔵品データベース公開（閲覧可能な資料）、展示品紹介（展示品の一部）、特別展示案内などが一般的である。一部の博物館ではセミナー受講の受付け、友の会会員向けサービスなどをインターネットで実施している。これらのサービスは個人情報を含んでいるためにデータ管理、セキュリティ管理を徹底すると共にネットワーク機器、サーバー機器、パソコン、特に情報公開用インターネットサーバーの脆弱性には十分注意してシステムを運用する必要がある。
　博物館は公共性の高い施設であるためにホームページについてもユニバーサルデザインを配慮したシステムでなければならない。例えば、目が不自由な人向けには文字拡大ソフトウェアや音声読み上げソフトウェアを導入することで、博物館の情報を提供できる。手が不自由な人向けにはマウスでクリックするボタンを大きく分かり易く作成し、画像や文字の間隔を広く取るなどの画面デザインをアクセシビリティ対応することにより操作性を向上することが可能となる。総務省、各地方自治体からホームページ作成に当たってのアクセシビリティ指針が公開されている。
　また、インターネットを通した情報公開に関しては、コンテンツセキュリティに十分に注意を要する。収蔵品や写真資料を公開することで収蔵品画像を無断で流用される危険性も発生するために、貴重な博物館所有の公開画像については電子透かしなどのデータ保護技術を適用し、画像データを安全に保護する必要がある。
　今後も博物館における情報公開におけるインターネットの利用、活用は重要な役割を占めることになると考えられる。ホームページのコンテンツの頻繁な更新や最新情報の公開など魅力的な博物館サイトを運用することでホームページのアクセス数が増加し、来館者数が増加することも見込まれる。単なる情報公開でなく、ネット利用者の来館への動機付けになるようなホームページを作成することが重要である。
　近年では携帯端末として利用できるスマートフォンが爆発的に普及している。兵庫文学館ではモバイルサイトもスマートフォン向けに構築し、観光情報とリンクした情報公開やGPS機能も利用した館独自のアプリケーションを公開している。
　※本項執筆にあたっては、富士通株式会社橋本晋二氏にご協力いただいた。

［宇治谷　恵］

【参考URL】東京国立博物館　e-国宝：http://www.emuseum.jp/
　　　　　ネットミュージアム　兵庫文学館：http:/www.bungaku.hyogo.pref.jp/

第4節 情報・メディアの活用と博物館の体制

1. 博物館における情報公開と個人情報の保護

　近年、パーソナルコンピューターやインターネットの普及によって社会そのものが大量の情報を処理する必要に迫られ、加えて情報公開及び個人情報保護制度の整備によって情報の取り扱いがきわめて複雑になった。そのため博物館においてもこれまで以上に慎重な対応が求められている。
　情報公開及び個人情報の保護については以下の法律が制定されている。
　〔情報公開〕
　・行政機関の保有する情報の公開に関する法律（平成11年法律第42号、以下行政機関情報公開法）
　・独立行政法人等の保有する情報の公開に関する法律（平成13年法律第140号、以下独立行政法人等情報公開法）
　・公文書等の管理に関する法律（平成21年法律第66号、以下公文書管理法）
　〔個人情報の保護〕
　・個人情報の保護に関する法律（平成15年法律第57号、以下個人情報保護法）
　・行政機関の保有する個人情報の保護に関する法律（平成15年法律第58号）
　・独立行政法人等の保有する個人情報の保護に関する法律（平成15年法律第59号）
　国立科学博物館、国立公文書館、国立美術館（東京国立近代美術館、京都国立近代美術館、国立西洋美術館、国立国際美術館、国立新美術館）、国立文化財機構（東京国立博物館、京都国立博物館、奈良国立博物館、九州国立博物館等）、国立大学法人（大学博物館）、人間文化研究機構（国立歴史民俗博物館、国立民族学博物館等）等の独立行政法人はいずれも法律の適用対象法人である。
　一方、地方公共団体も情報公開及び個人情報の保護に関する条例を制定しており、公立博物館はそれら条例の実施機関と位置づけられる。博物館はこのような法令等に基づき適切に情報を管理する責務があり、学芸員といえども最低限の法的知識は身につけておきたい。
　さて、博物館の情報は学芸的情報と管理的情報に区分されることが多い。ここでは学芸的情報のうち収蔵資料について情報公開と個人情報保護との関わりを考えて

みたい。情報公開に関する法律では、歴史公文書等及び特定歴史公文書等は法が定める行政文書あるいは法人文書から除かれており（行政機関情報公開法第2条第2項、独立行政法人第2条第2項、公文書管理法第2条第4～5項）、開示請求の対象外となっている。歴史公文書等とは、歴史資料として重要な公文書その他の文書をいい（公文書管理法第2条第6項）、政令で定める施設において歴史的もしくは文化的な資料又は学術研究用の資料として特別の管理がされているものをいう（行政機関情報公開法第2条第2項第3号、独立行政法人情報公開法第2条第2項第3号、公文書管理法第2条第4項第3号・第5項第3号）。政令で定める施設とは研究所、博物館、美術館、図書館その他これらに類する施設であり、保有する歴史公文書等の適切な管理を行う施設として内閣総理大臣が指定したもの（公文書管理法施行令第3条第1項、同施行令第5条第1項第4号）、及び独立行政法人国立文化財機構の設置する博物館並びに独立行政法人国立科学博物館の設置する博物館、独立行政法人国立美術館の設置する美術館（公文書管理法施行令第5条第1項第1号～3号）である。また、保有する歴史公文書等の適切な管理についても政令で定められており（公文書管理法施行令第4条、第6条）、おおむね次のような内容を規定している。

①当該資料が専用の場所において適切に保存されていること。
②当該資料の目録が作成され、かつ、当該目録が一般の閲覧に供されていること。
③行政機関情報公開法第5条に規定された不開示情報の記録が認められる場合、寄贈者、寄託者から利用制限の条件が付されている場合、当該原本の破損もしくは汚損を生ずるおそれのある場合を除き、一般の利用制限が行われていないこと。
④当該資料の利用方法及び期間に関する定めがあり、その定めが一般の閲覧に供されていること。
⑤当該資料に個人情報が記録されている場合、当該個人情報の漏えいの防止のために必要な措置を講じていること。

特定歴史公文書等とは歴史公文書等のうち国立公文書館で管理するものであり（公文書管理法第2条第7項）、両者の区別は管理上の違いであって資料価値によるものではない。

歴史公文書等と特定歴史公文書等は、なにゆえに法が規定する行政文書あるいは法人文書から除外されているのか。それは利用に供することにより個人の権利や利益を侵害するおそれのある個人情報が含まれている場合もあるからである。

一般的に個人情報とは思想、信条、宗教、意識、趣味等に関する情報、心身の状況、体力、健康状態等に関する情報、資格、犯罪歴、学歴等に関する情報、職業、交際関係、生活記録等に関する情報、財産の状況、所得等に関する情報など、個人に関するすべての情報をいう。ただし法が規定する個人情報とは、生存する個人に

第6章　博物館情報・メディア論

関する情報であって、故人（死者）のそれは含まない。とはいえ故人の個人情報が遺族や子孫の個人情報と認められることもあるので注意が必要であろう。

　地方公共団体の制定する条例も法と同様に公文書又は行政文書から除外する対象を規定しており、博物館等に関係するものは次の5つに分類できる。

①所管する施設において、歴史的もしくは文化的な資料又は学術研究用の資料として特別の管理がされているもの
②所管する施設において、一般の利用に供することを目的として管理されているもの
③所管する施設において、一般の利用に供することを目的として管理しているもの及び歴史的もしくは文化的な資料又は学術研究用の資料として特別の管理がされているもの
④歴史的もしくは文化的な資料又は学術研究用の資料として公にされ、又は公にすることが予定されているもの
⑤所管する施設の設置目的に応じて管理されているもの

　表現の違いはあるが、地方公共団体の条例においても博物館等で歴史的もしくは文化的な資料又は学術研究用の資料として特別の管理がされているもの及び一般の利用に供することを目的として管理されているものは公文書あるいは行政文書から除かれており、やはり個人情報保護の見地から開示請求の対象外となっている。

　ここで注意しておきたいのは、地方公共団体は個人情報という用語を「個人に関する情報」と規定するところが多いことである。この場合は死者の個人情報も含むことになるので、該当する地方公共団体の所管する公立博物館はより幅広い対応が必要とされる。また歴史公文書等を管理する施設では、資料の特別利用や利用に供しない資料について、設置条例や規則あるいは規程等において詳細に規定していることが多いので法令と合わせて基本的な知識として身につけておきたい。

　情報化の進んだ今日、社会が個人の権利利益に敏感であることはやむを得ない。博物館も個人情報の漏えい防止に必要な措置を講じるとともに、資料の公開及び情報提供の際にはこれまで自明であった事柄を見直すなど、より一層の慎重かつ適切な対応が求められる。たとえば、新規に資料の寄贈や寄託を受け入れる場合、当該資料を利用に供することの有無や公開の範囲等を申請者に確認するといったことなども必要であろう。従来のように、利用の有無や公開方法等の判断は博物館側に委ねられるという社会的状況ではなくなっていることを理解しておきたい。

　ところで、博物館が管理する学芸的情報は個人情報に関わるものがきわめて多い。そして「個人情報保護」はある意味非常に便利な言葉であり、判断の難しい場合はそれを楯にすれば、さして考えることもせずに非公開とすることは可能である。これはいわゆる「過剰反応」に類する事柄であり、少なくともそうならないよう心が

けるべきである。個人情報保護法は、個人の権利利益の保護を主目的とするが、個人情報の利用が豊かな国民生活の実現に資するという側面にも配慮を求めており、公文書管理法第1条には公文書等が「国民共有の知的資源」とも位置付けられている。このように情報公開及び個人情報保護制度は利用の制限だけでなく、利用促進を図る目的をも兼ね備えているのである。博物館の社会に果たす役割と制度の趣旨を十分に理解したうえで、可能な限り公開の方途を開くためのガイドラインを博物館ごとに定めることが必要であろう。　　　　　　　　　　　　　［岩崎竹彦］

2．モノとの対話——展示解説と説明

　博物館における展示は、一次資料である実物を主として行われ、資料が持つ迫力や説得性に魅せられるものである。しかしながらこの一次資料が、展示資料として展観に供せられないこともしばしば起こることも周知の事実である。公開制限・修復中などその理由は、資料の持つ環境に左右される。デジタル・アーカイブは、博物館資料の情報を実物資料に代わり常時資料情報を提供できる機器として博物館活動に寄与している。

　これまでの展示解説は、パネルによる解説が主流であった。ところが、PCの飛躍的普及は、博物館における展示解説に多くの可能性を提示している。特にマルチメディアの特質として文字・音声・映像を同時に扱うようになり、関連づけ検索が容易になったことが挙げられる。展示解説装置としての機器の開発は、博物館の情報公開にとって不可欠なものである。

　近年の博物館には、アーカイブ化したデータベースが実装されはじめ、これまで画像や映像がメディアの主体であったものが、実物で形のあるものは非接触型の三次元アプリケーションの普及によって、立体メディアとして提供され数値データが中心となっている。さらに展示や学習コンテンツの情報提供には、高齢者や障害者などの多様な利用者に対応したメディアデザインが要求されている。

　多くの館園では、利用者の感性を刺激する複数の視聴覚メディアの組み合わせを行っている。解説文や音声ガイダンスに留まらず、ビデオテーク、モーションジオラマや三次元モーションシアターを設置する館園もある。こうした来館者対応は、展示により実物資料を視覚的・感覚的に理解する以外に、多角的な情報を提供し教育普及活動と学習交流を支援する効果をねらっている。しかし、こうしたマルチメディア機器の普及には、多額の投資と設備維持が求められ維持管理コストも決して安くはない。さらに機器の性能向上は短期間で行われ、機器の更新も高額となる。こうした情況に対し、コミュニケーターとしてのボランティアの育成に努める館園もある。あるいは学芸員によるミュージアムトークや科学館等のサイエンスショー

第6章　博物館情報・メディア論

等モノとの対話を補足しながら利用者のニーズに応える努力も必要である。

　実物資料の持つ「力」は言うまでもなく、臨場感のある展示を利用者に提供するためには、学芸員をはじめ館員がどのように利用者と触れ合い、コミュニケーションを獲得できるかである。最も求められる情報伝達手段はどのような手段であるかが問われている時代なのである。モノとの対話はあらゆる情報が提供され、理解度を深化させるものとして行われねばならない。

平常展示室内における考古・民俗・美術・歴史資料の多様な展示解説（花園大学歴史博物館提供）

［明珍健二］

3．展示情報の手法——メーカーとの連携

（1）コンピュータの導入と運用

　博物館情報を活用した展示情報システムを構築するためには、コンピュータを含む情報通信システム（ハードウェアとソフトウェア）や来館者に見せるためのデジタル・サイネージ機器が必要である。コンピュータが博物館に導入され始めた当初は大型コンピュータや高性能サーバーを利用して情報システムを構築されていたが、ハードウェアやソフトウェアが高価であったことから情報化予算をある程度確保できる限られた博物館でのみ展示情報システムの導入が可能であった。

　しかし、高性能サーバーの低価格化、ネットワークの高速化、アウトソーシングの発展（博物館内にコンピュータを設置せず、外部のデータセンターにコンピュータを設置し、運用も外部委託等）やメーカーとの協業で展示情報システムを導入できる環境になってきている。

　来館者が作品鑑賞用や資料ガイドと利用するPC端末、携帯情報端末（Personal Digital Assistant）の制御システムもWebアプリケーションが多くなっている。通信方法は展示室の設備状況により、有線ケーブルを敷けない箇所では無線LAN、赤外線通信などを利用する。利用者は自分の興味が沸いた資料に関する詳細な情報を検索したり、自分のペースで展示導線に沿って資料閲覧できるなどの利点がある。館側は携帯情報端末を利用することで限られた展示空間を有効に空間設計できる。また、館内高速LAN環境があればサーバー機に蓄積されたメタ情報だけでなく、関連する映像情報や三次元画像をデジタル・サイネージ機器で高いクオリティの資

261

料データを公開する手法を取ることも可能となる。

　近年、クラウド・コンピューティング（Cloud Computing）が脚光を浴びている。クラウド・コンピューティングでは館内にある端末に Web ブラウザがあればインターネットの雲の中にあるコンピュータリソース（サーバー機器、OS、ソフトウェア、業務パッケージ等）にいつでもアクセスし、必要な分だけの CPU、ストレージ（外部記憶装置）、資料閲覧システムなどのソフトウェアを利用できる。その際、利用者はサーバー機器やストレージがどこにあるかを意識する必要がない。従来のコンピュータ機器やソフトウェアなどを購入して所有するという考え方とは違い、メーカーやソフトウェア会社が用意した情報サービスを利用するという考え方である。

　但し、クラウド・コンピューティングではシステムの使用量により課金されることから、月度により使用料金が変動する。現状の国公立系博物館の年度単位の予算では導入には困難な館も少なくない。また、美術作品、貴重書などのアーカイブされたデジタル画像データであってもデータ保護に対する懸念から、館外のメーカーの施設（データセンターなど）で管理運営することに抵抗感のある美術館があることも事実である。データ保全やコンテンツ・セキュリティに関しては十分にメーカーと協議して、運用方式を含め検討する必要がある。

（2）メーカーとの役割分担

　コンピュータメーカー、映像機器メーカー、ソフトウェア開発会社などの研究所では多種多様な ICT（Information And Communication Technology）の研究開発を実施しており、その中には博物館の展示情報技術（来館者サービス）、収蔵管理、普及広報活動に利用可能となるような基礎研究を実施している。博物館の情報展示においても ICT を活用することで、類似博物館や大学研究施設とネットワークで連携し、来館者に興味や関心に応じたきめ細かい情報サービスを提供できる。

　携帯情報端末のソフトウェア技術、サーバーの仮想化技術、デジタル・サイネージ機器の表示技術など ICT の技術進歩は日進月歩で非常に早い速度で成長している。しかし、メーカーの技術者や開発研究者は ICT の専門家であって、博物館情報や展示に関する専門家ではない。そのために、展示に関しては余り明るくないメーカー技術者が博物館の展示情報分野での ICT を有効活用する方式を詳細に洞察することは困難である。

　一方で博物館の学芸員は展示品や収蔵管理に対する専門家である。展示品の表示方法、資料の管理方法は館内の学芸員が最もよく理解している。展示情報システムを構築するに当たってはメーカーの技術者と館の学芸員の間で情報システム化の目的、具体的な来館者サービスイメージ、システム構成の最適化、コスト（初期費用、

運用費用など）などを検討しなければならない。また、展示情報システムの構築にあたっては具体的な画面イメージや利用者へのインターフェースが検討段階（館の要件定義時・基本設計段階）と差異がないか、性能的に問題がないかなど開発工程の切れ目の中（例えば、基本設計終了前）でプロトシステムを学芸員や館内職員が検証・確認したほうが安全である。

　実際の展示情報の運用に関しては、幼児、児童から高齢者、障がい者、外国人まで幅広い利用者層が想定される。メーカーが提供する携帯情報端末を含むマルチメディア機器やアクセシビリティ対応ソフトウェアは重要な展示情報のツールとなる。博物館とメーカーのコラボレーションにより ICT を有効活用できる展示空間のグランドデザインを描くことで来館者に魅力ある展示情報を構築できる。

　近年では、実証実験という形態をとり、博物館とメーカーが協業して ICT を利用した展示技法に関して研究開発することも多くなった。例えば、博物館側では展示室のフィールドと展示品のサンプルを提供し、メーカー側では最新のメディア処理技術、コンピュータ機器、情報端末、ネットワーク機器などを提供する。実証実験で得た結果を基にして、館側は展示技法の見直しやコンテンツを再整備し、メーカー側はシステムのブラッシュアップやレベルアップを図ることも可能となる。また新規開発したソフトウェアの著作権を含む知的財産権を両者で保有するのか、どちらかに譲渡するのかなども十分に検討して取り決めておく必要がある。

※本項執筆にあたっては、富士通株式会社橋本晋二氏にご協力いただいた。

［宇治谷　恵］

4．権利関係の処理——著作権・使用権・肖像権等

(1) 知的財産と知的財産権

　博物館活動を行う上で知的財産権への対応は避けられない。知的財産基本法（平成14年法律第122号）は、知的財産を「発明、考案、植物の新品種、意匠、著作物その他の人間の創造的活動により生み出されるもの（発見又は解明がされた自然の法則又は現象であって、産業上の利用可能性があるものを含む。）、商標、商号その他事業活動に用いられる商品又は役務を表示するもの及び営業秘密その他の事業活動に有用な技術上又は営業上の情報をいう」と定義し、知的財産権については「特許権、実用新案権、育成者権、意匠権、著作権、商標権その他の知的財産に関して法令により定められた権利又は法律上保護される利益に係る権利をいう」と定めている（第2条）。整理すると、知的財産権は著作権、産業財産権、その他の権利の3つに分けることができ、著作権には著作者の権利と著作隣接権が、産業財産権には特許権、実用新案権、意匠権、商標権が、その他の権利には回路配置利用権、育成

者権、営業秘密等が含まれている。ここではこれらの権利のうち、博物館活動と深く関わりをもつ著作権への対応を中心に述べてみたい。

(2) **著作権とはなにか**

著作権とは、著作者が創造・創作した著作物を独占的に利用できる権利であり、著作権法（昭和45年法律第48号）は著作物を思想または感情を創作的に表現したものであって、文芸、学術、美術、音楽の範囲に属するものと定義している（第2条）。具体的には、①言語の著作物（講演、論文、レポート、作文、小説、脚本、詩歌、俳句など）、②音楽の著作物（楽曲、楽曲を伴う歌詞）、③舞踊または無言劇の著作物（日本舞踊、バレエ、ダンス、舞踏、パントマイムの振り付け）、④美術の著作物（絵画、版画、彫刻、マンガ、書、舞台装置など（美術工芸品を含む））、⑤建築の著作物（芸術的な建築物）、⑥地図または図形の著作物（地図、学術的な図面、図表、設計図、立体模型、地球儀など）、⑦映画の著作物（劇場用映画、アニメ、ビデオ、ゲームソフトの映像部分などの「録画されている動く影像」）、⑧写真の著作物（写真、グラビアなど）、⑨プログラムの著作物（コンピュータ・プログラム）などをあげることができる（第10条）。

こうした著作物を創作する著作者の権利には、人格的利益（精神的に「傷つけられない」こと）を保護する著作者人格権と、財産的利益（経済的に「損をしない」こと）を保護する著作権（財産権）の2つがある。

著作者人格権には、自分の著作物を無断で公表されないための公表権（第18条）、公表するときに名前を表示するか否かを決定できる氏名表示権（第19条）、著作物を無断で改変されないための同一性保持権（第20条）という3つの支分権がある。

著作権（財産権）には、コピーを作ることに関する権利としての複製権（無断で複製されない権利。第21条）、直接またはコピーを使って公衆に伝えること（提示）に関する権利としての上演権・演奏権（無断で公衆に上演・演奏されない権利。第22条）、上映権（無断で公衆に上映されない権利。第22条の2）、公衆送信権（無断で公衆に送信されない権利。第23条）、公の伝達権（無断で受信機による公の伝達をされない権利。第23条）、口述権（無断で公衆に口述されない権利。第24条）、展示権（無断で公衆に展示されない権利。第25条）、コピーを使って公衆に伝えること（提供）に関する権利としての譲渡権（無断で公衆に譲渡されない権利。第26条の2）、貸与権（無断で公衆に貸与されない権利。第26条の3）、頒布権（無断で公衆に頒布されない権利。第26条）、二次的著作物の創作・利用に関する権利としての二次的著作物の創作権（無断で二次的著作物を「創作」されない権利。第27条）、二次的著作物の利用権（無断で二次的著作物を「利用」されない権利。第28条）といった支分権がある。

第6章　博物館情報・メディア論

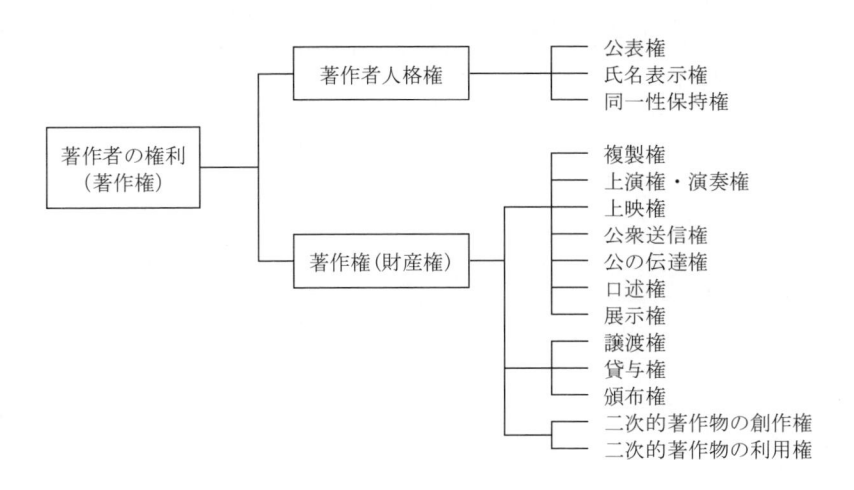

```
著作者の権利 ─┬─ 著作者人格権 ─┬─ 公表権
（著作権）    │                ├─ 氏名表示権
              │                └─ 同一性保持権
              │
              └─ 著作権（財産権）─┬─ 複製権
                                  ├─ 上演権・演奏権
                                  ├─ 上映権
                                  ├─ 公衆送信権
                                  ├─ 公の伝達権
                                  ├─ 口述権
                                  ├─ 展示権
                                  ├─ 譲渡権
                                  ├─ 貸与権
                                  ├─ 頒布権
                                  ├─ 二次的著作物の創作権
                                  └─ 二次的著作物の利用権
```

著作者人格権は著作者の生存中を保護期間とし、著作権（財産権）は原則として創作のときから著作者の死後50年間（第51条）、映画の著作物は公表後70年間を保護期間と定めている（第54条）。なお、著作者の権利は著作物を創作した時点で自動的に付与されるので、登録等は不要である。これを無方式主義という（第17条第2項）。

（3）博物館活動と著作権
【展覧会活動】展覧会活動における著作権への対応であるが、著作権法は著作者に展示権（第25条）を与えているため、本来は著作権者に展示の許諾を得なければならない。ただし同法は、美術の著作物や写真の著作物の原作品（写真の場合はネガではなく、印画紙にプリントされたもの）を所有している者またはその同意を得た者は著作権者の了解なしに、それらの作品を展示することの権利を与えている（第45条）。これは著作権と所有権は別の権利であり、所有者が所有する作品を自由に展覧会等に出品できるようにするための措置である。したがって館蔵資料は言うに及ばず、寄託資料あるいは他館や個人のコレクターからの借用品であっても所有者の了承があれば問題なく展示できる。ただし、美術の著作物のオリジナルを街路や公園など一般公衆の見やすい屋外に恒常的に設置する場合は適用されない。

展覧会にともなう印刷物と著作権との関係をみていこう。著作権法は展示されている作品の解説や紹介を目的とした観覧者向けのパンフレットや小冊子であれば例外的に著作権者の同意が必要でない旨を定めている（第25条、第45条、第47条）。展示室に置いてある解説シートはこれに該当する。しかし、展覧会の開催期間中、ミュージアムショップ等で販売するために観賞用としても使える図録やポスターあ

るいは絵葉書に展示作品を掲載する場合は複製権に係る事柄となり、著作権者の了解が必要である（第21条）。

　展覧会を紹介するために著作権の保護期間内である美術作品の写真を博物館のホームページに掲載する場合は公衆送信の権利に係る事柄となり、著作権者の許諾が必要である（第21条、第23条）。そのことはどのような目的であっても、また博物館の所有権の有無にかかわらず、ホームページに掲載するときは著作権者の了解を得なければならない。

【教育普及活動】講座や体験活動等を実施する際に、市販の出版物の一部や歴史資料を複写して参加者に配布することがある。学校その他の教育機関（営利を目的としない教育機関であること）では、授業の担当者や学習者が教材として作成し、利用するためであれば、公表された著作物（インターネットを通じて得た著作物を含む）を複製することが認められている（第35条）。博物館が主催する定例的な講座もこれに該当すると考えられているため、著作権者の了解は必要ない。ただし、出所を明示する慣行のあるときは、だれの著作物を利用しているのかを明らかにする義務がある（第48条）。

【資料収集活動】著作権保護期間内の美術作品を著作者から、あるいは美術品の収集家から寄贈を受けたときは、寄贈手続きの完了した時点で所有権は移転する。しかし所有権と著作権は別の権利であるため、寄贈者から別途著作権の譲渡契約が締結されていないかぎり、博物館に著作権はない。

【付帯的サービス】博物館内の図書室における文献複写等のサービスは、独法化された旧国立博物館・美術館および条例で設置された公立博物館の図書室であれば、著作権法に規定する図書館等における複製に該当し、一定の条件の下に著作権者の了解なく所蔵する文献または資料の複写・複製サービスを提供できる（法第31条、著作権法施行令（昭和45年政令第335号）第1条の3第1項第4号）。

【ビデオ制作】展示室や館内のビデオブースで利用者が視聴するためのビデオ番組を外部のプロダクションに制作委託する場合、委託契約時に著作権の帰属について何ら取り決めがなされていなければ、一般的にプロダクションが著作権を有すると考えられる。そのため博物館が著作権を得るには、著作権は博物館に帰属する旨を委託契約書に明示するなどの対応が求められる。加えて二次利用等のトラブルを防ぐために、成果品だけでなく、編集前の撮影テープやデジタル映像の納品、あるいはそれらの破棄を契約書に盛り込んでおくことも必要であろう。もちろん著作権が働いている作品を撮影する場合は、撮影目的や条件等を明らかにした上で、著作権者の了承を得なければならない。それは博物館の所蔵資料であっても同様である。また、他館や個人が所有する作品を撮影する場合は、所有者から撮影の許諾を得なければならない。前述したように著作権と所有権は別の権利だからである。

平成15年3月、内閣に知的財産戦略本部が設置され、年度ごとに「知的財産推進計画」が策定されるなど、「知的財産立国」の実現に向けた様々な施策が展開されている。そのため必要に応じて制度の見直しが行われ、著作権法も毎年のように改正されている。近年、知的財産権にからむトラブルが増加していることからも、著作権をはじめとする知的財産の権利を侵害することがないよう、博物館にも慎重な対応が求められる。

　なお文化庁は『著作権テキスト～初めて学ぶ人のために～』（文化庁長官官房著作権課）を作成しており、同庁のホームページからダウンロードできる。同庁のホームページには博物館・美術館向けの「著作権 Q&A」（著作権なるほど質問箱）も載っている。また権利関係の不明な著作物等への対応は『裁定の手引き～権利者が不明な著作物等の利用について～』（文化庁長官官房著作権課）というテキストも作成されており、こちらもダウンロードできる。一読をお勧めする。

（4）映像資料の利用と肖像権

　肖像権とは、自分の肖像をみだりに他人に撮影されない権利（撮影拒否権）、あるいは撮影された肖像を他人に勝手に公表・利用されない権利（使用拒絶権）のことである。日本では肖像権に関する事柄を明文化した法律は存在しないため、著作権侵害のように刑事罰に問われることはないものの、民事上は人格権、財産権の侵害につながり、差止請求や損害賠償請求が認められた例もある。したがって、博物館が映像資料を利用する際には肖像権にも配慮が必要である。

　博物館での映像利用といえば、祭りの映像展示が代表的なものであろう。そこには祭りの参加者や見物人がたくさん写り込んでいる。これは肖像権の侵害にあたらないのだろうか。

　公共の場で公然たる活動を行っている場合、たとえばイベントへの出演やデモ活動に参加するような行為は、一般的に当人が被写体となることを事前許諾していると考えられるため、肖像権は派生しない。また、公の場所で不特定多数の人を撮影する場合も基本的には肖像権の侵害には当たらないとされている。これらのことから、たとえ神輿の担ぎ手や沿道で渡御行列を見物する人が多数写っていたとしてもそれらの人に肖像権は派生しないので、ビデオ上映や写真の展示には問題ないと考えられる。

　つぎに私的空間での撮影について考えてみたい。近年、アマチュアカメラマンの撮影した写真が博物館に寄贈されるケースが増えており、こうした写真にはイベントや祭りの様子、商品が並ぶ店頭や街角の風景、生業や人々の日常生活など様々な光景が写しだされており、いずれも貴重な学術資料となり得ることは言うまでもない。ただ、家屋内など私的空間で撮影したものも多々見られることから、それらに

ついてはプライバシーに配慮した対応が求められる。
　たとえば家屋内での食事風景を撮影した写真があるとしよう。撮影者は家の中に上がり込んで撮影しているのだから、許可を得ていることは明白である。よって撮影時の肖像権に問題はない。利用についても写真展への出品など、ある程度の範囲内での公開は被写体から了承を得ていたであろう。しかし後年博物館で展示されることは想定外であると考えられるため、博物館が利用する際には改めて被写体から了承を得ることが望ましい。その際、撮影者本人による寄贈であれば撮影時の情報（撮影年月日、撮影場所、被写体に関する情報や撮影了承の有無など）を得ることは可能であろう。ところが遺族からの寄贈は撮影ノートでも残されていないかぎり、そうした情報は得られないと考えられるので、活用に際してより一層の注意が必要となる。
　NHKは過去に制作したテレビ番組のデジタルアーカイブを行って再放送しているが、それらは被写体本人もしくは関係者から再放送の許可が得られたものであり、被写体となった人物の行方が分からなかったり、一人でも許可の下りなかった場合は再放送を見合わせている。これは問題を避けるための自主規制であり、法令に基づくものではないが、肖像権には特段の配慮をしていることがうかがえる。
　もちろん映像も著作物の一つであり、撮影者には「表現の自由」という基本的人権が与えられてはいるものの、だからと言って肖像権を無視してすむ話ではない。学芸員が業務として撮影する場合であっても、撮影時もしくは事後であっても撮られる側に対し撮影目的や公開方法等の同意を得る必要があり、できることなら文書を取り交わしておいたほうがよい。
　いわゆる歴史写真を活用した展覧会が各地の博物館で開催されている。幸いにも肖像権侵害で問題となったケースは見当たらないが、今後映像資料の活用に際しては関係法令等に基づき博物館側でガイドラインを作成することも必要であろう。

[岩崎竹彦]

【参考文献】
『著作権テキスト～初めて学ぶ人のために～平成23年度』（文化庁長官官房著作権課）

第6章　博物館情報・メディア論

第5節　博物館情報・メディアの今後の課題と展望

　生涯学習時代を迎えた今日、これからの博物館の情報化のなかで、大きな二つのながれがある。その一つは、学校教育をはじめとする教育活動や学習活動への情報提供であり、他方は、市民や社会を対象としたホームページ等による情報提供のながれである。特に、近年は博学連携と言われるように、博物館と学校教育の連携がもとめられている。例えば、日本科学未来館などの科学系の博物館では、学校などと連携したさまざまな取り組みが行われている。そして、その手法として、インターネットや通信衛星等のネットワークを経由して博物館と学校とによる相互情報交流での授業がおこなわれている。文科系の博物館においてもデータベースの公開をとおしての大学等への授業への活用が想定されている。本物をとおして学ぶことの重要性が高まるとともに、ネットワークを介して情報提供も当然のことながら必要となるに違いない。

　しかし、博物館の情報化は、どこの博物館でもまだ始まったところであり、本書で紹介したように多くの課題を残している。これらの課題のベースは情報を提供する側と利用する側のインターフェースの問題であり、あるいは、目には見えないさまざまなバリアが存在することなのである。博物館のバリアは障害者などへの施設や設備だけではない、言葉、習慣、規則、そして人そのものがバリアになることもある。

　このバリアを取り除く方法が、情報だけでなく博物館全体のネットワーク化なのである。博物館同士、あるいは博物館と利用者、利用者同士などのネットワーク化である。もちろん、個人情報や著作権、機密性などさまざまな問題が指摘されている。しかし、この問題は途中過程で派生する課題であり、整理して議論すれば大きな問題ではない。それよりも、ネットワークをどのように構築するかが大きな課題なのである。ネットワークの構築こそが、互いのバリアを取り除く大きなステップになるのである。

　マルチメディアは、映像や音声などを情報として扱い、加工することで別な情報に転化することも可能となる。音声を文字に変換したり、逆に文字を音声に変えることも可能である、さらに画像情報からは特徴情報を抽出し形や色彩からの検索も可能となりつつある。情報化の取り組みはまだまだ課題も山積している。情報機器

の進化にソフトが追いついていない面もあるが、学芸員自らの取り組みが十分でなかったことも否定できない。提供する側の博物館や学芸員の責任や役割が大いにあることを自覚しなくてはならないのである。　　　　　　　　　　　　　　　［宇治谷　恵］

第7章

博物館教育論

第1節　博物館教育史

1. 近代教育史における博物館の教育的役割

　日本における近代博物館の歴史は、殖産興業を目的とする内務省・農商務省系のものと、教育・民衆啓蒙を目的とする文部省系のものとからなる。両者に共通の濫觴は、幕末から明治初年にかけて行われた欧米の博物館視察と、万国博覧会の見聞・参加に求められる。

　1871（明治4）年、教育行政機関を兼ねていた大学（本校・東校・南校）が廃されて文部省が設置され、物産品の収集を担当していた南校物産局は同省博物局となった。収集品は博物局の備品となり、湯島聖堂大成殿が博物局の仮の観覧場と定められた。このときに計画された博覧会は、西洋の近代博物館をモデルに国内の産物を広く収集する博物館だけでなく、動植物園、図書館まで包含する壮大なものであって、旧物産局の田中芳男、町田久成らに負うところが少なくなかった。

　1872（明治5）年、湯島大成殿において最初の博覧会が開催され、これをもって文部省博物館の開館が画された。陳列品は古美術、古道具、博物標本など約620点に及び、当時の錦絵などによると来館者が1日3,000人に達するなど活況を呈し、会期も当初の予定を延長するほどであった。

　ところが翌73（明治6）年、博物局はウィーン万国博覧会の事務を担当していた太政官正院所属博覧会事務局に合併され、所管の博物館は同事務局のあった麹町山下町（旧鹿鳴館敷地）に移転した。この背景には、実務を担当していた田中、町田が両局を兼任し事業内容が重複していたこと、富国強兵・殖産興業を推進する新政府の威信をかけた万博参加に経費を集約するのが得策であるとする太政官正院の意向が働いたこと、学校教育行政を中心とする文部省の志向が博物館行政から外れがちであったことなどが指摘されている。

　これに対して文部省は上申書を提出し、博覧会事務局への合併を中止するよう繰り返し求めた。同省は、学齢児童生徒を対象とする実物教授の意義等を一般民衆に周知啓蒙すること、博物館を学校の一施設として教育に活用することを意図しており、万博参加の趣旨とは相容れないと考えたのである。

　この上申を推し進めた田中不二麿（後の文部卿）らはこれに先立って、教育をテ

第7章 博物館教育論

ーマの一つとするフィラデルフィア万国博覧会に参加し、会期中に開催された万国教育会議に出席してさまざまな教育家から話を聞いた上で、1ヵ月後には世界初の教育博物館であるカナダのトロント教育博物館とこれを有する師範学校を訪問していた。このことは、19世紀中葉以降における西洋各国の課題を日本も共有した重要な契機であった。その課題とは①義務教育を柱とする近代的普通教育制度の整備、②科学と技術の進歩、③子どもの感覚に根ざす実物教授の教育思潮であった。

1875（明治8）年、文部省は博物館の名義、建物、土地の返却を受け、東京博物館と改称した湯島大成殿で収集品を一般に公開した。77（同10）年、同館は上野の文部省敷地に移転して教育博物館と改称、その陳列品は国内外から収集または提供された教具や玩具、数学、物理・化学・動植物・地学、体操、書画、商業の器具・標本・教材、障害児教育用具、生徒の製作品など3万4,000点近くに及び、特に外国製のものが多かった。主な国だけでもアメリカ、イギリス、ドイツ、フランス、ベルギー、スイス、カナダ、オランダ、オーストリア、ロシアに及んでおり、万国博覧会を介して購入したり寄贈を受けたり、日本の出品物を提供したりもしている。当時の教育博物館は近代教育の幕開けを画する専門博物館であっただけでなく、モノを中心とする教育の国際交流の役割をも担っていたのである。

大森貝塚の発見で知られるE・モースは同館の整備を担当した田中らの相談にも応じつつ同館の展示物を絶賛し、何度も足を運んだと伝えられている。当時の日本人にも好評で、1877（明治10）年8月から12月末までの入場者数は17万6,000人に達したという。当初は入場無料であったこともあって来館者は増加し、混雑を防ぐために86（明治19）年からは若干の入場料を徴収するほどであった。

教育博物館の展示物には学校建築の模型や写真も含まれていた。当時、全国各地では学校が盛んに建築され始めており、学校建築にとどまらず学校管理・衛生関係の情報も求められていた。このためさまざまな外国書の翻訳が用いられていたが、教育博物館の模型等も実見して確かめられる格好のモデルとされた。展示品の中には館の内外で製作されたものやその模造品、改良品もあり、事情によっては館外に貸し出されたり払い下げられたりするものもあった。比較的広く普及した幻燈のほか地学用品、分数器、理化学器具・器械、掛図、障害児教育用具などもあり、その普及には教材・教具メーカーの誕生や育成に寄与した側面も指摘されている。

1880（明治13）年には館内に図書室が設けられ、84〜88（同17〜21）年には小学校教員を対象とする自然科学の講習や実験も行われた。

これに先立つ1878（同11）年、大阪府師範学校の跡地にも教育博物館が開設され、すでに設けられていた府の書籍館［図書館に相当］を合併した。展示物の内容は標本、図絵、理化学器械、地図、幼稚園・小学校の教具類、生徒・児童の作品、各学校の写真など約900点であって、東京のそれと同様に、実物教育のための博物館で

あった。入場は無料で、市内各小学校による団体見学も多く、開館から12月までの入場者数は1万5,000人に及んだ。なお、同館は文部省教育博物館に先駆けて教員を対象とする物理器械見学会を実施したものの、来館者減少等のため81（同14）年、すでに設けられていた博物場に移転、合併されてその別室となり、97（明治30）年まで存続した。

　明治10年代から20年代にかけて、東京、大阪の両教育博物館には児童生徒の作品が展示されることもあった。作品の展示はこれら両館だけでなく佐賀、鹿児島、岐阜、島根など各地でも行われ、教育共進会、教育品展覧会、学芸品展覧会などの名目で域内の学校教育の現状と成果についての情報交流の場にもなった。

　1879（明治12）年には福岡県と鹿児島県に、翌89（同13）年には島根県にも教育博物館が設立された。

　1881（明治14）年、教育博物館は大阪、福岡、鹿児島、島根に設けられた教育博物館と区別するため、東京教育博物館と改称された。同年に着任した手島精一館長は教育博物館としての基本方針を強調して運営に取り組んだが、85（同18）年に内閣制度が敷かれるとともに文部省の附属機関となり、87年には新設の東京美術学校に土地・建物を譲渡することになった。89年、同館は再び湯島聖堂に移転した後、東京高等師範学校附属東京教育博物館と改称、その経営・規模も縮小した。

　明治20年代に入ると、教育博物館は規模の一層の縮小を余儀なくされ、衰退の様相を呈し始めた。これは、教育情報が流通する機会が多様化して各地に交流のネットワークが形成され、モノを介した国内外の教育交流や近代的学校教育制度の整備・普及に果たす役割を求められなくなったためであろう。各地で開かれていた内国勧業博覧会には教育部門があり、大小さまざまなな教育展覧会が開催されるようになった。教育雑誌の種類も増え、読者の知的好奇心を高める工夫も凝らされるようになった。各種のメーカーは理化学・博物学を含めて独自の教材・教具を製作するまでになっていた。　　　　　　　　　　　　　　　　　　　［皿田琢司］

【参考文献】
国立教育研究所編刊『日本近代教育百年史　第7巻　社会教育1』（1974年）。
石附　実『教育博物館と明治の子ども』（福村出版、1986年）。
斎藤修啓「1900年代における棚橋源太郎による西欧博物館論の受容─博物館の教育活動と学校教育の関係に注目して」（教育史学会編刊『日本の教育史学』第41集、1998年）。
金山喜昭『日本の博物館史』（慶友社、2001年）。
斎藤修啓『明治期における教育博物館の発展と変容─東京都地方の教育博物館における教育普及活動にそくして』2002年度名古屋大学博士学位論文、2003年。
椎名仙卓『日本博物館成立史─博覧会から博物館へ』（雄山閣、2005年）。
髙田麻美「田中不二麿による教育博物館情報の摂取」（名古屋大学大学院教育発達科学研究科教育科学専攻『教育論叢』第53号、2010年）。

2. 世界水準の博物館教育

(1) PISAショック

　PISA（生徒の学力到達度調査）は、日本をはじめアメリカやヨーロッパ諸国などが加盟するOECD（経済協力開発機構）が中心となり、2000年から3年ごとに15歳の生徒を対象として「読解力」「科学的リテラシー」「数学的リテラシー」の3分野で行っている。

　PISAの特徴は「学校の教科カリキュラムをどれだけ習得できているかではなく、身につけた知識や技能を、実際の生活で直面する様々な場面で、どのように活用できるか」を評価するという点である。

　2003年の調査では、日本の「読解力」がOECD平均レベルの14位までに低下（2000年は8位）、いわゆる「PISAショック」が日本の教育界を走った。当時の政府は「学力低下」を正式に認め、これまでの「ゆとり教育」の見直しを打ち出し、2007年4月には、43年ぶりに全国学力テスト（「全国学力・学習状況調査」）を復活させた。

　「学力低下」が叫ばれて以後、大きく分けて二つの対策が立てられた。一つはその原因は基礎・基本の定着を看過した「ゆとり教育」にあるので、授業時間を増やし、教えることを多くしようというもの。もう一つは国際的に見て基礎・基本はほぼ身についていて、知識はあるが、応用・活用が苦手であるので、問題解決学習やコミュニケーション力・表現力の育成を重視するような実践的な授業が必要であるというもの。しかし、学校ではどちらかというと基礎・基本の定着に力が注がれてきた。

(2) フィンランド教育は「為すことで学ぶ」を重視

　「これ何かな？」「どうすればいいのか？」「なぜこうなるのか？」「分からないな」「では調べてみるか」と、私たちは様々な生活場面でこうした問いかけをしながら日々を過ごしていると思う。知りたいという欲求が、探求し、調べ、比較し、理解し、整理する行動を生み、人々は知識を獲得する。従って「基礎・基本」の後に「応用・活用」があるというわけではなく、状況に応じて「応用・活用」しながら学び、同時に「基礎・基本」も身につけていく。つまり「為すことで学ぶ」わけで、その教育を実践しているのが、PISAの調査で一躍注目されるようになったフィンランドである。

　フィンランドの国家カリキュラムがよって立つ基本原理は「構成主義（constructivism）的な学習観」であり、学習することは知識を量的に蓄積することではなく、環境の中で相互作用しながら、自分の経験に関する意味を構成しつつ、

学ぶことである。従って、人々が主体的に学べるような環境を整えることに重点が置かれる。日本の子どもたちはどちらかというと、「なぜ？」というよりも「こうである」と正解を覚える方式で学ぶ傾向にある。しかし、フィンランドでは経験を重視し、生活場面に則して「なぜ？」と考えながら学んでいる。教科書も生活場面と連動して、小学校3年生の算数では動物園の話題が取り上げられている。

「コルケアサーリ動物園」【算数　小学三年生】
　フィンランドの最初の動物園はコルケアサーリで、早くも1889年に開園している。この動物園は、極北ツンドラ地帯からアマゾンの熱帯雨林地帯までにすむ動物を集めているそうだ。ライオン、トラ、ヒョウといった猫科の大型動物は、「猫の谷」にすんでいる。
　ライオンは一日2キログラム以上の肉を食べる。ラクダは、一日20キログラムの樹皮と小枝を食べる。コビトマングースは、一日に、4匹のゴキブリと30匹のミミズと5匹のコウロギを食べる。

本文に関する設問は読解力と計算力（かけ算とわり算）を試すものがある。
①コルケアサーリ動物園は、すでに100年経っていますか。
②コルケアサーリ動物園の動物で樹皮を食べているのは何ですか。
③次の数ではライオン1頭の何日分になるでしょうか。
　（a）10キログラムの肉の場合
④マングース2頭では何日分ですか。
　（a）80匹のコウロギなら

このように文章で問いかける設問が多く、その書き方も多様で、算数の授業で読解力の育成にも注意を払っている。

（3）「構成主義」に基づく博物館

ところでフィンランド教育の基本理念となる「構成主義」は近年、欧米の博物館教育の分野でも導入されている。ジョージ・E・ハインは「構成主義的博物館は、来館者があらかじめ知っていることと新しいことを関係づけようと意識的な努力を行っている」と唱え、そのための展示には5つの特徴があるという。
- どこから見はじめてもよく、決められた順路や始まりも終わりもない。
- さまざまな能動的な学習様式を提供する
- さまざまな見方を提示する
- 来館者の人生経験を活用するようなさまざまな活動や体験を通じて、彼らと資料（および考え方）を結びつける
- 学校向けプログラムにおいて生徒が実験を行い、推量し、結論を導くような経験と資料を提供する

つまり、知識とは知りたいと思う人が身につけることになるわけなので、博物館側は来館者の知っていること、学んでいることをリサーチしながら、もっと知りたい、学びたいというニーズを踏まえながら双方向の展示を構成していくことも重要である。そこに世界水準の博物館教育を拓く一つの鍵があるといえる。［緒方　泉］

【参考文献】
国立教育政策研究所編『生きるための知識と技能4』（明石書店、2010年）。
福田誠治『こうすれば日本も学力世界一』（朝日新聞出版、2011年）。
田中耕治『新しい「評価のあり方」を拓く』（日本標準、2010年）。
佐々木亨、亀井修、竹内有理『新訂博物館経営・情報論』（放送大学教育振興会、2008年）。
ジョージ・E・ハイン（鷹野光行監訳）『博物館で学ぶ』（同成社、2010年）。

3．学芸員の教育的役割

　博物館の生涯学習機関としての役割がますます重要視されるようになってきている。学習機関としての役割を果たさない限り、博物館の存在意義が問われる時代でもある。これからの学芸員には、博物館の資料や研究の成果を活用し、利用者の学習に供するという、教育的役割が強く求められる。具体的には展示や講座・ワークショップの企画や運営などが主な仕事となるが、その際、学びの場としての博物館にはどのような特性があるのかを理解し、それを活かした活動を行うことが重要である。博物館の特性を活かした、博物館ならではの教育活動を行っていくことは、社会のなかでの博物館の独自性を打ち出し、その存在意義を示していくことにもなるのだ。

（1）「自由な学びの場」としての博物館
　「教育」というと、何か新しい知識を利用者に伝授するというイメージがあるかもしれない。しかし、博物館利用者の学習を考える場合、利用者は単に情報や知識を受け取る受動的な存在ではなく、自ら選択し、意味をつくりだす能動的な存在ととらえるべきである。博物館利用者は自分の意志で来館し、そこで何をするか、何を見るかを自分で選択する。そして、博物館で目にするもの、経験することを、それまでの自分の知識や経験と照らし合わせ、関連づけ、そこに自分にとっての意味を見いだす。自分にとっての意味を見いだすからこそ、学ぶ楽しさがあるし、もっと知りたいという気持ちも生まれる。つまり、「自分にとっての意味を見いだす」こと自体が、博物館での学びである。獲得すべき知識が他者によって決められていない、ある特定の知識を獲得したかどうかを評価されることもない、いつでも何度でも訪れることのできる、利用者それぞれにとっての「自由な学びの場」が博物館である。

（2）利用者を知る

　そう考えると、学芸員の教育的役割とは、一方的に資料の解説をするだけではない。年齢、知識、興味など、多様な利用者が、それぞれ博物館資料と自分との関連を主体的に見いだせるような場を作り出すために、学芸員は利用者について知る必要がある。利用者が博物館でどのようにすごしているのか、博物館でどのような発見や驚きを感じていて、それが利用者にとってどのような意味をもっているのか、学芸員は利用者について興味を持つ必要がある。利用者の反応を知る手段としてアンケートなどは広く行われているが、アンケートでも満足度を数値で測るだけでなく、利用者の学びの具体像を知る努力が必要である。アンケートに限らず、展示室で利用者のようすを観察したり、直接利用者と対話することも利用者について知る助けになる。利用者の博物館への期待や、展示室でどのようにすごし何を感じているかなどを知るための、利用者調査・展示評価の方法を理解し、適切に実施することも必要である。そして、利用者にどのような学びが起こっているかという観点から、博物館の展示や活動を検証し、改善する姿勢を常に持ち続けなければならない。

　来館者について知ろうとすると、来館していない人々が誰かということも分かってくる。例えば、高校生の来館がほとんどないということが分かった場合、博物館の資料は高校生にとってどんな意味があるかを考え、高校生が自分との関連を見いだしやすいような方法での展示や活動を考える必要がある。

（3）専門職としてのエデュケーター

　資料と自分を関連づけるさまざまな入り口やきっかけがある、そして、そこから広がる利用者それぞれの興味や探求に応える専門性があるのが博物館での学習の特質であろう。博物館利用者の学習の性質を理解し、多様な利用者と博物館での研究や資料をつなぐ専門職として、資料の研究を主とする学芸員とは別に、博物館教育専門の学芸員（エデュケーター）を置く博物館も現れはじめている。そして、利用者の主体的で自由な学びを支援するというエデュケーターの視点は、教育プログラムの開発や実施にとどまらず、展示づくりや、利用者へのサービスなど、博物館の運営・活動全般に及ぶようになってきている。

　専門職としてのエデュケーターを配置する博物館はまだ少ないが、博物館が生涯学習機関としての役割を果たしていくためには、学芸員全員が博物館教育について理解する必要がある。学芸員は、博物館資料の専門家であるとともに、博物館教育の専門家でもあるのだ。

　　　　　　　　　　　　　　　　　　　　　　　　　　　　　　［井島真知］

4．ボランティアの養成

（1）ボランティアとは

　現代の博物館においては、社会や地域そして学校との連携をふまえたうえで、展示のあり方や博物館活動を考えることが重要な課題となりつつある。しかし、多くの博物館展示はモノや情報を提供する場だけであって、積極的に利用者の需要を喚起するようなサービス空間とはいいがたい状況であった。21世紀の博物館は、来館者の思考や動向及び希望を考慮するとともに、あるいは、地域の文化や経済、世の中の動向など、社会的な要因を考慮しなければならない。最近の博物館活動では実物資料を触れることから始まる体験や野外学習活動が盛んになってきた。この活動では学芸員と地域の専門家が、互いの良いところを生かしつつ連携することが必要であるが、現状の博物館の組織や予算及び設立形態であるならば、博物館員の努力だけでは社会や学校と連携できない状況である。博物館をサポートする人々や組織を介在して初めて、より多様できめの細かい連携活動が可能となる。その連携のあり方は、単なる業務の委託や依頼であってはならない。対等の立場でのパートナーシップを理念とした連携活動が必要となる。パートナーシップを前提とした支援組織や人々の活動を、博物館のボランティア（博物館によっては博物館サポーター）活動と呼び、その事例を、大阪の国立民族学博物館で組織されているボランティア活動グループである「みんぱくミュージアムパートナー」で紹介する。

（2）事例紹介と養成

　みんぱくミュージアムパートナー（以下、MMP）は、2004年に国立民族学博物館の法人化をうけ発足した。連携のあり方は、博物館サービスを理解し、これを充実発展させ、博物館の広報に貢献するためとなっており、従来までのミュージアムボランティア活動から一歩前進し、グループのメンバー一人一人による自主的な企画運営を行っていくとなっている。博物館ボランティア活動にありがちな館側からの活動依頼や押しつけではなく、館員とともにより良い博物館活動を目指すとともに、館員が地域や社会とか連携する窓口としての良きパートナーとして位置づけられている。

　現在、MMPの登録会員は約100名から構成されており、会員は、展示紹介やワークショップが主な活動のグループ、障害者へのサービス活動が中心のグループ、及び学校団体む

ボランティア活動
（国立民族学博物館）

けの学習プログラムを行う博学連携グループの3つのグループのどれかに属して活動している。活動は館内の活動にとどまらず、博物館の広報を支援する意味でも、独自に館外での文化関連イベントに参加している。

　博物館のサービスは、基本的に、その時のみで対応するサービスであり、学校教育のように継続して行うものでもない。このサービスとは「その場、その時に、一定の状況を創り出し、特定の人に満足を創造する」ことであるといわれる。特定の人は多様であり、社会の博物館に対する要求も多様であることからも、博物館や資料をよく理解している人材がまず対応すべきである。そのうえで、より質の高い博物館サービスを提供する方法を検討すべきである。

　現状での、国立民族学博物館での子どもたちに対する来館者サービスの主な事例は下記に提示するようなものである。

・学校団体への対応
　　子どもむけパンフレットや「みんぱっく」
　　利用案内と教員向けガイダンス
　　MMPによる博学連携プログラム
・土日の親子づれへの対応
　　展示関連ワークショップ

学習コーナーの活用をのぞいて、学校教育に対しては集団としてのプログラムが中心であり、集団を対象としたサービスにならざるをえない。しかし、サービスとは一人一人の好みを満たすことであるため、特定の個人対象にも提供できるプログラムを今後は検討することが必要となる。これまでのような学校団体などの集団に対応できる学習プログラムも必要であるが、今後、重要なことは一人一人の生徒が満足できる、きめのこまかいサービスが必要となる。そのためには、これまで以上の知識や経験が必要となることは当然であるが、同時にサービスを提供する側の一人一人のサービスに対する技術が必要となる。一般的には必要な要素は次の4つの技術であるといわれている。例えば、コミュニケーションの技術、ホスピタリティーの技術、エデュテイメントの技術、エンタテイメントの技術などである。ここに、提示した技術をボランティアの人々がすべて共有することは容易ではないが、個々の個性を尊重しつつ、経験を重ねて技術を向上する必要がある。また、これらの技術などを共有し、多様な活動などが調整できる、ボランティア・コーディネーターと呼ばれる人材が博物館には必要なのである。　　　　　　　　　［宇治谷　恵］

第2節 博物館教育の目的

1. 博学連携

　博学連携というと、学校教育との連携の文脈で語られることが多いが、本項では、学校教育外の児童・生徒との学習支援活動も含めた、広義の文脈で述べる（第1章第3節1も参照）。

　博物館と学校との連携活動の重要性が博物館学的言説で近年強調される。その理由として、学校教育における受動的学習への反省と博物館によるその補完がよく言われる（博物館での学習の受動性の克服が課題であると近年に至るまでの博物館学言説がさんざん主張してきたにもかかわらず、それが克服されたかどうか明確な検証がされていない段階で、学校での受動的学習の補完－能動性の喚起ができるのか、という素朴な疑問もあるが）。だとして児童・生徒の学習活動の支援のために博物館ができること、すべきことは何か。学校教育の単なる延長でなく、学校ではできない、博物館だからこそできる、かつ双方の機能の強みを活かしたコンテンツの提供が望ましい。

　学校教育との連携の具体例。博物館内で行われるものとして、一般には遠足や社会見学等による団体観覧受け入れが思い浮かぶ。事前学習と事後学習によるフィードバックすなわち来館しての学習の結果新たに得た認識を自覚させるプロセスがほしい。学校側または博物館側による（または共同制作による）ワークシート作成と団体観覧等での活用が近年進んでいる。これもまたよく言われるが、キャプションをひたすら写させる課題設定はつまらない。資料を熟視させ、新たな発見をさせる仕掛けがほしい。学習効果や満足度を上げるために、見学テーマの児童生徒による明確な自覚を促す仕掛けもほしい。博物館の効果的利用のためのレファレンスや教員向けガイドレクチャへの対応もまた学芸員に求められる。

　教科教育に際しての展示活用も近年重視されている。歴史系とくに地域史系博物館であれば小学校の郷土学習（民具の活用等）・歴史分野の初歩的授業へ貢献できるだろうし、中学校以上であれば郷土学習に限定されない日本史一般に関するコンテンツを提供できる。自然科学系博物館であれば理科教育系のコンテンツを提供できる。一時期話題になった総合学習での活用もある。以上についてはさまざまな実

践例の蓄積があり、また学校向けマニュアル・プログラムの作成も試みられている。学校とは異なる視点から、かつ学校教育を考慮したうえでの独自の教育プログラムの整備が理想的である、との言説もある。

　また展示や研究の専門内容とは直接関連しない事例としては、職場体験（大学等のインターンシップも含め）や公共機関・生涯学習施設の利用リテラシ養成の文脈での利用等がある。私が以前勤めた館では、自治体内公共施設のバリアフリ対応の実状を調べるという課題での小学生による調査の受入もあった。

　博物館・学芸員が学校内教育活動へ参画する場合もある。資料の提供であれば学校への資料貸出・出張展示やそれを活用した体験学習等がある。人－学芸員の提供であれば例えば講師派遣がある。展示内容・学芸員の専門分野に関する講演が一般的だが、私の経験ではキャリア教育の文脈での講演もしばしば求められた。「学芸員とはどういう仕事なのか」というメタ部分に関する情報提供である。

　以上種々事例を紹介したが、どのプログラムについても、教員と学芸員との密なコミュニケーションと双方の専門性を活かした協働であることが望ましい。かつては教員の博物館に対する無理解・無関心を糾弾する博物館学的言説があった。しかし少なくとも私の経験では、様々な活動で協力を要請しにきた教員は、えてして士気が高かった。事前見学・打ち合わせはもちろん、独自のワークシートの作成、わからないことがあれば何度も電話で照会してくる、などとても熱心だった。博物館の事業たるもの、結局は人と人とのつながりによって成り立つ。

　学校内博物館の設置や活用の試み・推奨もなされている。学校内博物館専用の単独棟があることはまれであるが、余裕教室や廊下等のスペースを活用して民具、校区内で出土した考古資料、地域の制作者による美術工芸品等の展示コーナーを設けている場合がしばしばある。より有効な活用のため「学校博物館学芸員」の設置も提唱されているが、現状では難しいだろう。また現状では運営のほぼ全てを学校教員の努力に依存しているが、その地域の博物館の積極的協力もあってよい（資料貸出やノウハウ提供等）。同じ市町村立の小中学校・博物館であれば、相互協力はそう難しくないはずだ。私の経験では、小中学校の収蔵資料に思わぬ掘り出し物（失礼な言い方だが）があった。それを博物館の展示に活用すれば、うちの学校にそんな貴重なものがあったのか、と児童・生徒や保護者の認識が深化し、ひいては利用者増につながる。

　学校教育外の児童・生徒の学習活動の支援（広義の博学連携）もまた近年実践が蓄積されている。例えばワークショップや見学会等館内外での児童対象プログラムはよく見られる。学校教育との境界線上のものとして、自然科学系博物館でよく見られる、夏休み自由研究相談がある。提案系（こんなものを作ってはいかがでしょう等）とレファレンス系（採集物同定等）等がある。ちなみにこのレファレンス―

第 7 章　博物館教育論

　専門知識提供の機能は、先述した教員・学芸員双方の専門性の活用という点でも博学連携で重要な要素である。学芸員でしか語れないことがある。それを語ろう。
　博学連携の具体例として広島市江波山気象館の小学校への出張授業の画像を掲出した。当館は全国でも類の少ない気象をテーマにした博物館であり、様々な学習支援プログラムを提供している。ウェブサイトを参照されたい（参加が可能ならもちろんそれに越したことはない）。　　　　　　　　　［高木久史］

広島市江波山気象館の出張授業

【参考文献】
大堀哲編著『教師のための博物館の効果的利用法』（東京堂出版、1997年）。
布谷知夫『博物館の理念と運営』（雄山閣、2005年）。
その他歴史系中心であるが歴博ブックレット（歴史民俗博物館振興会）のシリーズには博学
　連携事業の実践例に関するものが多数ある。

2．生涯学習

　日本において「生涯学習」という言葉が使用されて久しいが、以前は「生涯教育」という言葉が用いられていた。これは生涯学習社会を推進するために、「教育」という言葉の持つイメージが、学校教育等の強制的な学習と捉えられがちだったものを払拭したいためと考えられる。つまり、生涯学習とは自主的に行うものであるという点を重視し、子どもから高齢者にいたるあらゆる人々が「学ぶ」ことを保障する基本理念を確立しようとするものである。このことは、障害を持つ方に対しても同じ理念で立ち向かうことを求めている。博物館情報をいかに伝達するかが問題なのである。ユニバーサル・ミュージアム化は、単なる福祉目的の支援サービスではない。彼らの知識や経験を積極的に取り入れ、いかに博物館運営に反映させるかである。こうしたユニバーサル・ミュージアムの創造・開拓にはさまざまな手法が検証されているが、双方の視点が積極的に討議される場の設定が重要である。
　生涯学習の定義は、ユネスコの「学習権宣言」を受けて生涯学習を体系的に提唱した P.ラングレンをはじめ、社会気質論の提唱者 F.J.ジェサップ、学習社会論を提唱した R.ハッチンス、そして生涯教育論を展開した E.ジェルピへと展開した提唱経緯に見ることができる。
　日本は、国際社会の中で比較的早く生涯学習の概念を受け入れ、教育行政や文教施設を展開した国である。この方向性は、旧来の家庭教育、学校教育、社会教育を

分離して考えるのではなく、実社会と遊離しがちな学校教育機能を社会と結びつけようとするものであった。人間の発達・成熟過程を段階的にとらえ、教育の組織化を推し進めるものであった。国レベルでは、1971（昭和46）年に当時の社会教育審議会が「急激な社会構造の変化に対処する社会教育のあり方について」を答申し、生涯教育の必要性を提言した上で家庭教育・学校教育・社会教育の有機的統合を要求した。さらに1981（昭和56）年に中央教育審議会が「生涯教育について」を答申し、国民の生涯にわたる発達に応じた教育機会の提供について、行政の生涯学習への積極的参加と民間教育事業の統合する体制の整備を提唱するに至った。こうした時代の変化により、1990（平成2）年に「生涯学習の振興のための施策の推進体制の整備に関する法律（法律71号）」（いわゆる生涯学習振興法）が制定された。そして2006（平成18）年、教育基本法の改正が行われ、第三条に「生涯学習の理念」が新設され、教育法令の整備が進められることとなった。これに呼応し中教審は「新しい時代を切り開く生涯学習の振興方策について　知の循環型社会の構築を目指して」を答申し、社会教育法・図書館法・博物館法の改正が行われた。

　一方、博物館・図書館・公民館等を司る法は、社会教育三法としてそれぞれ博物館法・図書館法・社会教育法が第二次世界大戦後間もない時期に制定されている。これらの法は、それぞれの目的・定義・事業および専門職員としての学芸員・司書・社会教育主事が厳格に規定されている。しかし「生涯学習振興法」とよばれる法は、社会教育三法のように専門職員の条文がない。都道府県に公立生涯学習センター等の整備が進んでいる現在、専門職員の在り方を検討し専門職員の整備が急務といわざるを得ない。特に社会教育主事が減少している昨今、その整備は時を待たないであろう。そして多くの博物館、図書館は、もともとの法を遵守し運営を続けながら、生涯学習に寄与することが求められているのである。　　　　　［明珍健二］

親子で親しむ「からくり玩具」を開催
（大阪市立すまいのミュージアム提供）

第7章　博物館教育論

第3節　教育の方法

1．展示と展示解説

（1）資料の多様性

　博物館は、モノ＝博物館資料を持たなければ成立しない。このモノが博物館の存在意義であり、モノが博物館存在を主張するものと考えてよい。つまり、博物館は、館の設置目的を完成させるためにコレクションを形成しているともいえるのである。
　博物館における博物館資料は、多岐におよび多様かつ多種である。また、博物館の種別・性格および設立目的によって収集すべき資料が異なってくることは自明のことである。人文系のうち歴史・考古・民俗系博物館にあっては、博物館が調査エリアとする地域に重点を置いている。美術系では、館の専門性に関わる資料を国内に限らず、海外まで収集を行うこともある。自然史系にあっては、地域の動植物・岩石・鉱物等を中心としながら、学術的比較検討を行うために海外資料の収集も行う。これら多様な資料収集は、博物館設置理念に沿って行われており、価値ある資料を獲得することが博物館の充実につながるのである。

（2）展示とは……

　博物館に収蔵された資料は、学芸員や専門研究者により調査・研究される。この調査・研究が博物館資料の人文的・自然史的・科学的資料としての価値を位置づける最も重要な資料化過程である。この調査・研究には、三類型が提示されている。
　　①資料の収集方法と資料保存に関する科学技術的調査研究
　　②博物館資料に関する専門的調査研究
　　③博物館における展示手法、教育普及活動に関する博物館学的・教育学的調査研究
　博物館展示とは、三類型が連携して実施するものであり、博物館資料＝モノと博物館利用者＝ヒトを結びつける機能を有している。一般の人々にとっては、博物館とは、資料が並んでいるというイメージを持つのは、博物館の調査研究の成果として展示が実施されていることに他ならない。

(3) 展示解説

　展示事業は多くの場合、館の設置目的を示す常設・平常展示から出発する。この展示構成の充実・拡大のために調査研究を行っているのである。一般的な展示構成は、大テーマを設定し、次に中テーマを複数設定した上で小テーマを設け場合によってはさらに細テーマを設けて、展示資料の選択および展示方法を行っている。中・小規模博物館で開催される企画展は、このような常設・平常展示のテーマを拡大して実施されるのが通例である。一方特別展は、このような設定テーマ全体を拡大したり、館の設置目的に合致する、あるいはしなくても館運営にとって有意義な内容が提示できる際に実施されることが多い。

江戸時代後期の唐物屋の展示。あえて資料解説を行っていない。注目すべき展示である。(大阪市立住まいのミュージアム提供)

　展示における展示解説は、展示ストーリーに応じて組み上げるのが通例である。大テーマは館設置目的を示す。常設・平常展示の大タイトルはまさにそれである。それを補完するために中・小テーマのストーリーを設定し、展示資料の個別解説を行っているのである。特に人文系博物館が、時代別展示となり教科書的な展示構成となっているのは、これに由来している。

　展示資料解説は、それぞれの館によって工夫され、展示資料の的確な解説を行うのが展示の基本である。解説は平易でわかりやすい文章とすることが求められるが、観覧者層に応じたものとすべきである。小学生あるいは中学生を対象として内容の場合も想定される。一般成人ではなく高齢者に配慮した内容とすべきものもあろう。博物館利用者もまた多様である。研究者もあれば幼い子どももあろう。多くの館では、必要な情報を的確に提供するよう努めているが、文字数を考慮すると多くの情報を提示できないのが実情である。提示する情報は、資料名・員数・法量・所蔵者・指定品か否か・解説文が最低限なものであるが、展観内容によっては、資料名だけが求められることもあろう。さらに細部まで解説した文章が必要となることもあろう。いずれにしても解説文は、資料調査研究によって得られる情報を、もうこれ以上その情報から抜き取れない状態まで調べ尽くした結果の提供であることを忘れてはならない。

　　　　　　　　　　　　　　　　　　　　　　　　　　　　　　[明珍健二]

2．ワークショップ

（1）博物館のワークショップ

　博物館での学習形態で望ましいあり方は、実物資料をリアルタイムに人間自らの五感で共有することであり、いいかえれば皮膚感覚で展示物を対話することでもある。しかし、モノと人間との間には、ガラスケースなどのバリアが存在していることが多い。資料の保存や防犯等のためにそのようなバリアが存在することは否定できない。現実の展示は、視覚ないし聴覚で体験することであり、皮膚感覚で体験することはあまりできない。最近では、露出展示（ガラスケース内などに展示しないこと）により、観覧者が資料に直接手をふれるようにもなってきたが、博物館にとって、露出展示は盗難や資料の劣化など大きなリスクをともなう展示形態である。それを補う手段として、別な関連資料を活用することによる体験的な学習がおこなわれる。博物館ではこの学習形態をワークショップともいう。

　このような学習形態には、通常、科学博物館などの実験や操作及び観察など、人文系博物館や美術館での創作活動やもの作りなど、また自然系博物館での自然観察・発掘・飼育などの野外活動などがあげられる。特に、近年では子どもたちを対象としたワークショップも多く、人文系博物館などでは「夏休み子ども教室」と名づけて人形つくりなどすることも多くなった。同時に、シニア世代を対象とした「織物教室や衣装教室など」も開催されるようになってきた。

　さらに、ワークショップが恒常的に展開できるように体験学習室の設置や体験展示を積極的に展示手法として取り入れるようになってきた。まれな事例であるが、調理体験や食事体験で食文化を学ぶことができる博物館もできつつある。ただこの場合、どこまでが博物館活動なのか、または、単なるイベント、あるいは一時的なイベントになる可能性があることを認識しないといけない。博物館のワークショップは、近くに実物資料があるという特徴を生かした活動でなくてはならない。そのためには、博物館では、資料の整理や展示のことを一連の作業プロセスで見せることも良い方法である。これにより、入館者があたかも博物館の学芸員になったように、モノの研究や整理作業を追体験できるのである。

　近年、多くの博物館では、博物館裏方見学や整理作業体験などのワークショップが取り入れられているが、このような活動には必ず適切な技術を有する人（ミュージアム・エデュケーター）が必要となる。しかし、よほどの事前知識や技術を有する人でないかぎり、すべての人がワークショップでなにもかも理解し、学習できるとは限らない。いくら、きめの細かいプログラムを作成しても参加者に伝わらないことも多い。一人のエデュケーターにできることは限界があり、外部の専門家やボランティアと連携することも必要である。特に、多様な人に接することについては

経験などが大事な要素である。

（2）ワークショップと情報展示

ワークショップなど体験型あるいは参加型の展示が注目されるとともに、学習コーナーやギャラリートークのように学芸員自らが展示を説明し、ガイドすることも多くなってきた。このような新しい時代の展示手法は今後ますます増えるであろうが、これらは対応する学芸員などに新たな業務を付加することとなる。また、たとえ外部の専門家に依頼できても、経費がかかることもある。それらを補助する手段として、マルチメディアによる情報展示の手法が導入されることが多い。さらに近年は、あたかも実物をさわっているような三次元情報による仮想展示技術やデジタルミュージアム構想が研究されつつある。近い将来、そのような技術も博物館のワークショップにも導入されることにより、現在とは異なる新たな展開も予想されるであろう。しかし、そのような技術のみで博物館の活動が構成されるものではないことはいうまでもない。いくら、高度に電子化された技術でも、本物をもちいたワークショップに越えるものにはならない。情報展示の導入については、その使い方とコンテンツの内容について慎重な検討が必要なのである。たとえば、展示室内では再現できない情景を演出したり、障害者などの活動の補助具として導入したり、あるいは体験学習機能の充実に活用することである。

モノづくりワークショップ
（国立民族学博物館）

生涯学習時代の今日、市民自らが自分の興味に適合した余暇や学習形態を求めつつある。展示場で実物資料に接するだけでなく、入館者があたかも学芸員のようになって、資料を学習し、整理し、創造することも想定される。このように自由で開かれたワークショップを構築することこそが、21世紀を担う博物館の一つのあり方であり、そこに携わる人の役割でもある。　　　　　　　　　　　　　　［宇治谷　恵］

3．ハンズ・オン

近年、博物館のプロモーションの一環として、資料は、テレビやインターネット上で積極的に取り上げられ、衆目を集めるシンボル的役割を果たすようになった。また、テレビでは、番組プログラムが多様化し、デジタル放送の普及によって、世界中の自然や文化に関する番組をハイビジョンで視聴できるようになった。高画質、高解像度のメディアによって、画面上で、実物に近い再現性で資料を閲覧できるよ

うになったインパクトは大きい。また、インターネット検索を通じて、資料に関する必要十分以上の情報量と関連情報を容易に手に入れることができるようになった。これらを閲覧した多くの人々は、画面越しで目にした資料を実際に見ようとして、博物館に足を運ぼうとする。しかしながら、少なからぬ利用者は、画面上で見た資料と展示ケースの中の資料が大差ないことに残念な思いをすることがある。かつてのように、資料に関する新聞等の記事に想像を逞しくし、ガラス越しであっても、実物を見ることで感動を大きくしたという話を聞かなくなってきている。情報メディアの発達による利用者の予知によって、イメージ・ギャップが最小化し、博物館における感応が鈍化することに繋がっている。すなわち、展示室の現場では、展示や資料に関して、見ることを通して得られる以上の感動が強く求められるようになってきていることに留意する必要がある。

　こうした中で、資料を直接手で触れることができるハンズ・オン展示は、期待以上の感動をもたらす工夫とされ、現在、ほとんどの博物館において、不可欠な展示手法と位置付けられるようになった。従来、我が国では、美術館等における造形理解、あるいは、視覚障害者に対する情報伝達手段の一つとして、こうした触察型展示が開発されてきた。しかしながら、ここでいうハンズ・オンとは、触れるという資料と利用者の直截的な行為を表現する訳語に必ずしも該当しない。ハンズ・オンの定義は、さまざまな考え方があるものの、「必然的に身体的な相互作用を伴うもので、学習目標が明確で、利用者のかかわり方次第で結果に多様性の見られる展示のこと」（ティム・コールトン（染川ほか訳 2000）と紹介されたことがある。また、ハンズ・オンは、能動的（アクティヴ）、あるいは、対話的（インタラクティヴ）と評価されるように、利用者が資料と触れ合うことによって、解説文以上の理解とメディアから得られる以上の実感を獲得できる効果があるとされている。さらに、ハンズ・オンでは、試行錯誤しながら、利用者が資料との関わり方をあれこれと選択したくなる気持ちを涌き立たせることで、多様な道筋で解答に辿り着くことができるようになる。すなわち、ハンズ・オンでは、学校の授業時間、教科書を用いて先生が教えるというレディ・メードの解答法と異なり、展示空間という制限こそあるものの、利用者が資料との関わり方を思う存分試すことができる学習が可能となることに最大の特長がある。また、こうしたインフォーマル・ラーニングでは、空間を共有する利用者とともに、ロールプレイやワークショップ等を通して、日常空間で得がたいライフ・エクスペリエンスを重ねることもできる。擬似的な体験であるものの、子ども同士による店員と客のようなロールプレイによる職業体験は、キャリア・デザインの形成に有効とされており、多くの博物館でプログラム化されている。また、これまでのスタティックな展示では、資料の作り方や使い方等のダイナミズムが表現しづらいこともあり、共同作業を通じて、これらの理解を深めるこ

ともできる。そのため、ハンズ・オン展示は、参加体験型展示、あるいは、実践的展示と訳されることもある。

　すなわち、ハンズ・オン展示とは、利用者が触れる資料が触媒であり、利用者の五感というノードが結節点となる。展示のストーリー、あるいは、教育プログラムが織り成す利用者と実物・現場の直接的な関係性概念と整理することができる。単に「見ること」以上の感動に繋げることができる利用者と資料の新しいコミュニケーション手法であり、具体的には、動物園・水族館における行動展示や飼育体験等であり、科学館におけるサイエンス・ショー等が該当する。また、直接触れることが難しい資料を多く抱える歴史博物館・美術館では、資料の鑑賞、観察を通じてインスパイアされた創作表現活動が含まれることになる。また、教育や学習のもつ堅苦しさを払拭し、喜びや楽しみに満ちた知的活動を繰り広げることが重要である。利用者の自発的な関与を促し、学習意欲を助長させることに繋げる必要がある。こうした利用行動をナビゲートするコミュニケーターの役割が大きく、ハンズオンの効果を最大化するためには、利用者と館員の交流も重要な要素となる。

　なお、欧米におけるハンズ・オン展示の出現期には、実物資料を置かない館園は、博物館でないという論争を巻き起こした歴史的経緯がある。しかしながら、我が国の場合、各分野における有形の実物資料を基盤として、ハンズ・オンという展示形態に耐えることができる製作資料を組み込むことで、実物と複製、あるいは、大人と子ども（障害者を含む）のような複線的な展示が構成されるようになった。後述する「子どもの博物館」において、実物を置かないで、製作資料のみで展示を構成している館園もあるとおり、我が国における実物の取い扱いは、ハンズ・オンのような教育的な効果を差し引いても、資料保存が優先される嫌いがある。染川が指摘するとおり、触れる展示がある一方で、触わることができない展示があること、触ってはいけない理由を説明することで、資料の重要性や資料保存の役割を強調することができる。資料の価値の軽重に関するギャップを目の当たりにさせるような展示に仕立てることで、ミュージアム・リテラシーを涵養させることに繋がるかもしれない。
[徳澤啓一]

【参考文献】
ティム・コールトン（染川香澄・芦谷美奈子・井島真知・竹内有理・徳永喜昭訳）『ハンズ・オンとこれからの博物館―インタラクティヴ系博物館・科学館に学ぶ理念と経営―』（東海大学出版会、20004年）。

4．アウトリーチ

（1）アウトリーチ活動

　博物館から外に出て行う活動は「アウトリーチ活動」と呼ばれる。博物館員が行

第7章　博物館教育論

う活動、ボランティアグループが行う活動、そして学芸員が他機関から依頼を受けて行う活動もある。主なものを紹介すると、以下のようなものがある。
・館外での講演会、演奏会、野外活動等
・館外での展示、サテライト展示、巡回展、館外での特別展示等
・資料や情報の提供
・学習キットの作成と貸し出し
・その他、地域のイベント等への参加

　このような活動に対して、博物館あるいは学芸員がどのようなプログラムを作成できるか、あるいは適切な情報や素材が提供できるかが要点である。館外での講演会や展覧会などは、館内での内容をそのまま持っていけば問題がないが、子どもたちや市民が自由に学ぶことができるという「学習の自由」や「楽しく学ぶ」を保証するようなプログラムや素材を、博物館としてどのように作り上げるかが重要な要点である。たとえば、アウトリーチ活動として一部の所蔵資料を加工して貸し出しすること、巡回展示という公民館などで展示する試みが各地の博物館で行われつつある。また、インターネット等を活用して、博物館と学校が連携する授業等も行われつつある。ただ、この場合も学習の自由を前提としたものでなくてはならない。先生や生徒が自由に選択できるものでなくてはならない。そのためには、各利用者の要望（例えば、授業等での学習内容への対応）や関心事項を調査して、その要望に適応したコンテンツを企画・立案して、プログラムの開発と作成をする必要がある。

（2）開発と体制

　生涯学習は、文字どおり生涯を通して学習することであり、この点を認識して、個々の利用者に対応できるプログラムを作成する必要がある。具体的には、幼児期、児童期、青年期、高齢期にわたる知識機能や運動機能の発達ステージに対応した博物館としてのアウトリーチ型教育プログラムを開発しなくてはならない。さらに、運用面やコスト面からも十分に検討しないといけない。特に、アウトリーチ教材は、それのみで独自に活用されることが多い、担当学芸員がいなくても、子どもたちや教員が使えなくてはならない。その点では、安全性、保存性、そして運用のしやすさも十分に検討しないといけないのである。さらにメンテナンスや修復などが必要になり、予算的な裏づけがないと持続可能なシステムとはならないのである。

　以上のことに適切に対応するには、これまでの博物館体制や人材だけでは十分に対応できない。新たな体制や人材が必要となると思われる。理想的には、ミュージアム・エデュケーター及びアウトリーチ・プロデューサーと呼ばれる人材を確保しなくてはならない。また、外部の専門家組織とも連携してプログラム開発することも、

今日的な課題として取り組まなくてはならない。

(3) 将来への展望

　博物館は新しい時代に対応したシステムの構築と活動が求められている。学校教育においても「総合学習」が導入されたが、現在はその内容も変質し始めている。こうした教育界の変化に対しても、博物館も必要な改革が求められている。博物館は単なる展示施設ではない。資料と情報の総合サービスセンターなのである。博物館は各種の教育プログラムを社会と連携して開発・運用しなくてはならない。博物館が持つ膨大な資料や情報をアウトリーチ活動で社会に公開することは、博物館の社会的な存在価値を高めるだけでなく、博物館自身の変革や活性化にとっても重要な課題であり、この活動はますます大きな存在となるであろう。このように、アウトリーチ活動の開発・運用にあたっては、組織、人材、予算、各種の資料など博物館が有する資源を最大限に活用しなくてはならない。同時にそれらを維持する支援体制が必要なのである。　　　　　［宇治谷　恵］

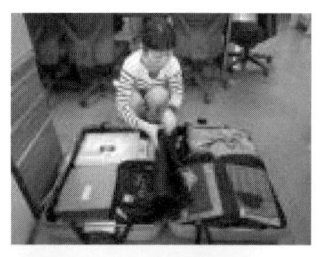

「みんぱっく」と呼ばれる学習キット

第 7 章　博物館教育論

第4節　子どものための博物館

1．子どものための展示

　チルドレンズ・ミュージアム（子どもの博物館）、あるいは、科学博物館の「ディスカバリールーム」等における「子どものための展示」に関しては、現在、ほとんどがハンズ・オン展示を取り入れている。さらに、子どもの博物館では、学校、あるいは、通常の博物館で対応が難しい幼児、すなわち、就学前児童を対象として、効果的な教育プログラムが開発されるようになった。早期教育の広がりとともに、子どもの学習の動機付けに関する博物館活動が注目を集めている。こうした学習の動機付けに関しては、ピアジェの発達心理学をはじめとする学習理論とともに、「子どものための展示」の出現期における子どもの博物館及び科学博物館の取り組みを整理する必要がある。
　ブルックリン・チルドレンズ・ミュージアム（アメリカ・ニューヨーク）は、1899年に世界で最初に設立された子どもの博物館である。ブルックリン芸術科学研究所の自然史標本を基盤としている。不要な自然史標本を子どもの教育のために活用することを目的として、開館当初からハンズ・オンが取り入れられた。また、ドイツ・ミュージアム（ドイツ・ミュンヘン）では、展示品は、実物、あるいは、実物大の正確なレプリカであること、そして、実際に動かせることが原則とされている。1925年（1906年部分開館）開館当初から、工業用エンジンの運転装置を用いて、ハンズ・オンのコンセプトを体現した展示が行われた。現在、世界最古の蒸気機関車をはじめとして、18,000点を越えるコレクションをもち、館内の展示品を実際に動かすデモンストレーション（実演展示）が特徴である。また、本館と別に、ボンの分館とシュライスハイム航空博物館（1992年開館）、交通博物館（2003年開館）を擁するが、教育部門として、附属図書館にケルシェンシュタイナー・クレークが設置されている。一般の人々に対し、科学及び技術に関する基本的な原理について、分かりやすく、親しみやすく説明するという博物館の教育的な理念が標榜されている。
　これらを皮切りとして、子どもの博物館と科学博物館では、ハンズ・オン展示が取り入れられるようになる。とりわけ、1960年代において、ボストン・チルドレン

ズ・ミュージアム（アメリカ・ボストン）、エクスプロラトリアム（アメリカ・サンフランシスコ）が牽引役となって、ラーニング・セオリー、エバリュエーションの普及と議論が進展し、ハンズ・オン展示の理論と方法が確立された。

　ブルックリン・チルドレンズ・ミュージアムに次いで、1913年、ボストン・チルドレンズ・ミュージアムが設立される。ここでは、1960年代、マイケル・スポックが館長に就任したことで、ハンズ・オン展示への転換が進められた。スポックは、自らの障害の経験をもとに、斬新な切り口で意外性のある発見に繋げることができる展示を数多く編み出した。また、ハンズ・オンで得られる学習効果と楽しさを最大限に引き出し、世界中の子どもの博物館とハンズ・オン展示に大きな影響を与えた。また、1969年マンハッタン計画に関与したフランク・オッペンハイマーが設立したエクスプロラトリアムは、科学の基本的な原理と芸術に関する展示装置で占められる科学館である。展示室内において、これらをチューニングするための工房が稼動しており、利用者の行動等を観察しながら作り込まれることから、きわめて完成度の高い展示装置が開発されている。すなわち、いち早く検証型開発（エバリュエーション）が取り入れられ、弛まぬ展示開発によって、利用者の満足度の高い仕上がりとなっている。1976年、こうして展示室内に蓄積された展示装置に関するノウハウを惜しみなく公開し、エクスプロラトリアムにおける200種類以上の展示装置の設計図を『クックブック』という冊子にまとめた。著作権をフリーとすることで、教育効果、安全性等すべてにおいて、確認されたこれらの展示装置は、世界中の博物館で取り入れられ、ハンズ・オン展示と展示装置の普及が加速した。

　また、1925年に設立されたインディアナポリス・チルドレンズ・ミュージアム（アメリカ・インディアナ）において、1991年、『子どもの博物館のコンセプト』が策定され、子どもという利用者に対する博物館と館員の基本姿勢が整理された。これは、「①博物館活動の基本は、どんな資料、プログラム、特別イベントであっても教育こそが基本となる。個々の展示物の背後には目的があり、展示装置には合わせて語られるべきストーリーがある。②注意を向けさせるために、明るく鮮やかな色彩と劇場のような照明効果を利用する。解説パネルはわかりやすく、現代の子どもの言葉遣いで記す。③展示装置は、最年少の子どもでも見えるよう、細心の注意を払って配置する。また資料は特定しうる順序で提示する。可能なかぎり、展示装置は「ハンズ・オン」つまり参加・体験型とする。④展示装置がどんなに洗練されていても、最も重要な学習のよりどころは人と人のふれあいである」（ティム・コールトン、染川ほか訳 2000）と翻訳されている。こうして、「子どものための展示（博物館）」のあり方が整理され、館種を越えて、ハンズ・オン展示が展開することになった。こうした中で、1992年、アメリカ博物館協会は、こうしたチルドレンズ・ミュージアムを新しい博物館として定義付けることになった。「子どもの好

第 7 章　博物館教育論

奇心を刺激し学習の動機づけを図る展示や教育プログラムを提供して、子どもの要求や興味関心にこたえることに専心する施設。子どもの博物館は組織化された常設の非営利団体で、目的は本質的には教育にあり、資料を有意義に利用する専門職員がいて、定期的な日程に従って一般に開放される」(ティム・コールトン、染川ほか訳 2000)とあるとおり、その存在が確立され、新しい博物館像、展示観が市民権を得るようになったのである。最新の「子どものための展示」については、次節以降、各館種における事例を紹介し、その方法や具体的活動を詳説することにしたい。　　　　　　　　　　　　　　　　　　　　　　　　　　　　　　　［德澤啓一］

2．各種館園における展示

(1) 歴史博物館

　歴史系博物館で子ども(ここでは児童・生徒と定義する)のための展示の設計の際には学校教育での歴史分野の授業内容を当然考慮すべきである。一方で、展示そのものをそもそも学校教育に完全に合わせるという理想や、対象による展示の分化(複数展示)の提言もある。とはいえその博物館の有限の資料・空間で、授業のすべての内容をフォローすることは難しい。だとして、所与の資料以外のコンテンツでの対応、例えばキャプションによる対応が求められる。キャプションの表現は中学生がわかる程度が望ましい、とよくいう。とはいえ中学日本史の試験で満点を取れる国民はごく少数であろう。よって小学校高学年の教科書程度がよいとの提言は傾聴に値する。一方、研究の現状ではわからないこともある、と観覧者へ語ることも有効だと思う。「あなたが大人になったら解明してください。研究史に寄与するはずです」という言明は、無責任ではなく、研究とはこういうものだという情報提供(かつキャリアモデルの提示)だと私は考える。
　子ども向け展示というと、歴史分野に限らず、ハンズ・オン(体験展示・体験学習)や五感の活用がよくいわれる。「甲冑を着てみよう」「バラバラの土器を復元してみよう」といったコーナーを常設で設置する館は多い。結果的に遊びになってしまうのは仕方ないが、教育意図を博物館側が明確に自覚しておく必要がある。また等身大ジオラマ・模型につき厳密な考証をするのは当然だが、あくまで想像であることを明言することも、研究現状の率直な告白という点で有益と考える。
　学校で教えられる一般論に対し、博物館が立地する地域の個性を伝えることも重要であろう。その前提として地域史研究の成果の還元が求められる。例えば縄文土器の破片でもよい。「皆さんがお住まいの地域でも縄文土器が出土しているんですよ」と語ると、利用者は熱心に見る。喜ぶ。教科書上の抽象的叙述が、実感として認識される瞬間である。一方で全時代・分野を表現することは伝来・所蔵する資料

に限りがある以上不可能である。制限があるという事実－伝来の特性は地域性と深く関連すると言明することもまた地域への認識の深化につながる。この地域にどういう資料があるのか、その資料からわかるこの地域の歴史・文化・環境の特徴は何か。そういった（単なるお国自慢でない）地域史に関する情報提供ができれば、及第点だと私は考える。

広島県立歴史博物館の展示（町並み復原）

参考例として広島県立歴史博物館を紹介する（写真）。中世の町並みの実物大の復元ジオラマが全国的に有名である。またウェブサイトに子ども向けページを設定している。このことは「当館は児童に対する事業に力を入れている」というアピールを含意する。同様の事例は全国にある。ぜひ検索されたい。　　　　　　［高木久史］

【参考文献】
高橋一夫「歴史博物館」（『新版博物館学講座』10、雄山閣出版、1999年）。
金山喜昭『博物館学入門―地域博物館学の提唱―』（慶友社、2003年）。

（2）自然史博物館と科学館の展示
①自然史博物館

自然史博物館は、自然界の事物を収集し、保管し、それにもとづき調査研究を行い、蓄積された資料と調査研究の成果をもとに展示や教育活動を行う施設である。

展示物は自然史資料からなっており、自然を理解するための情報が含まれているが、一般の人にとってその情報を引き出すのは難しく、それを補うために解説活動や解説パネルがある。特に子ども向けには、子どもが学芸員等と対話をしながら、展示物に対する理解を深めることができるように、展示物に関連する触れる標本や資料がセットになって箱に収納されている学習キットが用意されている事例がある（写真1）。資料には様々な情報が含まれており、子どもが資料を観察したり、触れたりすることにより、その情報を経験的に獲得できる。この教育活動では資料からいかに情報を引き出せるかが重要な観点である。

自然史博物館における子ども向けの展示室として代表的な事例は、「発見の部屋（Discovery Room）」である。これは、学芸員の指導のもとで、来館者が探究したり、実習したりできる様々な種類の資料で満たされた情報資源の部屋である。古くは1977年に開設されたアメリカ自然史博物館の発見の部屋があるが、そこには小さな展示とともに写真1のような学習キットがあり、子どもたちを対象に、決められ

第7章 博物館教育論

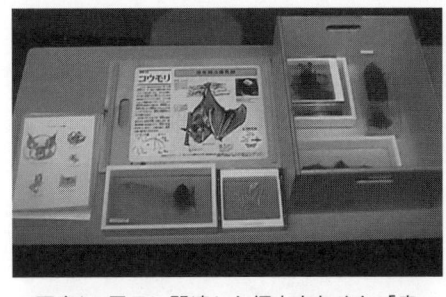

写真1 展示に関連した標本を収めた「森の標本箱」。来館者とボランティアの対話を促す。(国立科学博物館)

写真2「発見の森」の全景(国立科学博物館)

た時間に教育活動が実施された。発見の部屋は、探究することに焦点が当てられ、何らかの結論に達することや特定の何かを学ぶことよりはむしろ、子どもたちがお互いに質問をし、資料と触れあう経験をできるようにすることを重視している。

国立科学博物館には、自然史資料の展示物を中心とした「発見の森」(写真2)がある。地形、樹木や動物を展示室に配して、関東地方の里山を再現し、その里山のジオラマの中を来館者が歩行し、様々な自然を発見できる仕組みとなっている。

[小川義和]

②科学館

科学館は自然科学系の展示資料を扱うが、資料の収集保管やそれに基づく調査研究は行わず、主に科学の原理の理解を目的とした実験・観察装置等を展示し、関連する教育活動を展開している。

科学館では展示物そのものに工夫を加えることで、実験装置を自由に動かすことのできる参加体験型(ハンズ・オン)展示が開発されている。従来、博物館の展示では展示物がガラスケースの中にあり、触ることのできない状態であったのに対し、参加体験型展示は、展示物や標本に触ることができる展示形態である。この展示は、子どもたちの自然や科学に対する興味・関心を高めることに主眼がおかれている。現在多くの科学館や子ども博物館等において参加体験型展示が導入され、子どもたちが展示物を動かしたり、触ったりして、楽しみながら学べる展示室が設置されている(写真3, 4)。

しかし、発見の部屋や参加体験型展示における体験活動について、理解や思考を伴わない体験活動だけでは十分な教育効果がないとの指摘(ハイン 2010)もあり、体験活動で高まった子どもたちの興味・関心を持続させ、理解や思考につなげていく工夫が必要である。

写真3 竜巻ラボ：竜巻の様子を観察できる展示（名古屋市科学館提供）

写真4 展示フロア（右）に隣接して展示製作室（左）があり、来館者の反応を見て展示を改良できる。（エクスプロラトリアム）

③コミュニケーションとしての展示

「資料は人と出会って初めて展示となる」と言われるが、これは、博物館の学びの特徴を表現している。例えば、自然史資料は学芸員に出会うことにより、その学術的意義が付与され、ストーリーに基づいて配列され、来館者に理解してもらいたいメッセージが込められた展示になる。また、その展示は来館者と出会うことにより、教育的機能が発揮される。来館者は展示室の中で自らの思い出等を回想できる展示を探し、その前で記憶を呼び起こし、一緒に来た家族と対話をする。来館者が展示を見て反応する何気ないしぐさ、質問、要望等を学芸員が受け止め、必要に応じて展示物や解説パネルを改良する（写真4）。

展示は、博物館において教育目的を持って資料を公開する方法として最も効果的な方法の一つであり、館側からのメッセージと来館者からの反応など、双方向の教育的機能を持った活動である。博物館の展示について、博物館からの働きかけとしての「教育」と来館者からの「学び」という両者の視点から考える必要がある。

[小川義和]

【参考文献】
ハイン著（鷹野光行監訳）『博物館でまなぶ』（同成社、2010年）。

（3）動物園

動物園は子ども向けの施設として国内一般に認識されており（たとえば日橋2000；小菅 2006）、実際、利用者は幼児から小学校低学年の児童とその親あるいは祖父母で多く占められている。このような日本の動物園観は、動物園の多くが第二次世界

第 7 章　博物館教育論

写真1　岡山市池田動物園における「こども動物園」（ふれあいひろば）の様子

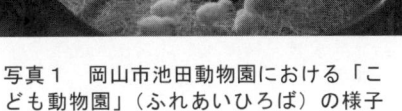

写真2　池田動物園における動物（アジアゾウのメリーちゃん）と利用者とのふれあい

　大戦後の復興期に家畜やペットといった身近な動物による「こども動物園」を中心として再開されたことと、娯楽施設としてのニーズが高かったことにより形成されたと考えられている（石田 2010）。復興期からバブル景気が終焉をむかえる1990年代初期までは、動物園は多くの国民に人気の高い施設であり続けたが、展示方法は多くの場合、珍しい動物を「見せる」にとどまっていた。そのためか、1990年を過ぎたあたりから、少子化や娯楽施設の多様化などの要因により利用者は減少した（たとえば、小菅・岩野 2006の図1を参照）。その後、2000年前後の旭山動物園に代表される行動展示のほか環境エンリッチメント、ランドスケープ・イマージョンの導入などの展示法の充実により、動物園が再び注目を集め現在に至っている。ランドスケープ・イマージョンの教育効果や意義については議論の余地が大いに残されているものの（詳しくは川端 2006などを参照のこと）、こうした取り組みにより、動物園展示のメッセージ性は向上しているといえる。

　では今後、とくに子どもの教育において、動物園に何が求められているのであろうか？　従来からの「こども動物園」に代表される動物とのふれあいは（写真1、2）、都市部で育つ子ども達にとって情操教育の場としてだけでなく、生命を認識する場として今後ますます重要な施設となるであろう。自然保護や環境教育の前に子どもたちにまず望まれるのは、生きものに興味を持ち、好きになってもらうことである。その一方、過剰な接触は動物へストレスやダメージを与えるほか、動物がこどものストレスのはけ口やいじめの対象となることも考えられる。このため、教育効果を高める工夫とともにふれあいを適切にコントロールできる人員の配置が不可欠である。また、総合的な学習の時間や夏休みなどの長期休暇を利用したワークショップや専門職員・ボランティアによる解説（写真）のますますの充実も強く望まれている。こどもたちが自ら考える力を引き出すためには、引率の各学校の先生

やボランティアへの教育研修も不可欠であろう。こうした教育研修プログラムの充実のほか子供たちに適切な情報を提供するためには、飼育員の負担の軽減と研究の奨励のほか、教育担当学芸員の設置も必要であろう。したがって、これからの「動物園人」をめざす学生諸君には、こうした状況に適切に対応するために動物に関する各専門科目だけでなく博物館教育など豊富な知識と経験が求められる。

［髙橋亮雄］

【参考文献】
石田 戢『日本の動物園』（東京大学出版会、2010年）。
川端裕人『動物園にできること─「種の方舟」のゆくえ』（文春文庫、2006年）。
小菅正夫『〈旭山動物園〉革命─夢を実現した復活プロジェクト』（角川書店、2006年）。
小菅正夫・岩野俊郎『戦う動物園』（中公新書、2006年）。
日橋一昭『日本の動物園の歴史─動物園というメディア』（青九舎、2000年）。

（4）水族館の実践事例

①水族館における子どもの学び

　水族館は、水にすむ生物やその環境をテーマにした科学系博物館であり、また学校教育での利用も包含した生涯学習機関の一つでもある。資料は主に生きている水族で、水槽施設に飼育展示され、観客はガラス越しや水面上から、その外観や遊泳する姿を観察することができる。また一般的な観覧だけでなく、館員による解説やバックヤードツアーへの参加、生物の触察や餌を与えるなどの能動的な体験活動、ハンズ・オンと呼ばれる解説装置での体感等を通し、子どもたちから大人まで幅広い年齢層に、海洋や水辺環境、そこにすむ生物に興味関心を深める学びの場として機能している。また、それらの目的達成のために、飼育技師や学芸員、獣医師等の専門職を中心に、様々な企画やプログラム、教材の開発が行われている。

　一方で利用者にとっての水族館は、生物たちの姿に接する行為に、勉学的な学びとしての利用より、娯楽やレクレーション、憩いの機能を求めがちであり、イルカショーに代表されるようなアトラクション的な演出を楽しみに来訪しているのも事実であろう。しかしながら、教育機関である水族館で行われる、収集、保管、展示などの博物館の基本的な活動は、すべて館の利用者が楽しく学ぶことを主眼においた業務であり、飼育することを一義として生業にしているわけではない。

　特に、水族館の大きなファン層を構成している子どもたちは、水族館での観察や体験を通して「楽しく学ぶ」ということを無意識のうちに体感、会得している。つまり、子どもを対象としたいわゆる娯楽と教育の両立は、館側が構えて取り組まなくとも、自ずと成立していると考えてもいいだろう。とはいっても、より教育的な効果を高め、学びの目的や狙いを達成するためには、計画的に学習プログラムや教材が開発され、その上に成り立った実践と評価がなされることが望まれる。

第 7 章　博物館教育論

②館内活動
　水族館で行われる教育活動は、館の施設の中で行われる館内活動と、フィールドや他施設の中で行われる館外活動の2つに大別できる。また両者を組み合わせた場合もあるが、まずは館内での活動例をいくつか紹介したい。
・学習教室
　　夏休みなどの学校の長期休暇にあわせて、サマースクール等の教室を開催している館は多い。特に水族館は、夏に繁忙期を迎える注目の施設でもある。子どもたちも夏休みという特別な期間に水族館での体験学習を経験することは、大きな期待も手伝い学びへの意識も高い。また水族館もそれに応えるべく、いい思い出作りや学習効果の高いプログラムを用意している。子どもの学びへの意欲を上手に引き出す仕掛けは、ハイシーズンというタイミングも上手に利用したい。
・ワークショップ
　　子どもたち対象のプログラムには、講座や講話などを通して、専門家から様々な学びを得る方法もあるが、それは多くの場合受け身の姿勢である。ワークショップは、学びの目的を達成するために、子どもたちが自ら主体的に参加する学習活動である。例えば、自己紹介などのアイスブレイクを経て、水族の観察を通した工作や創作活動、まとめやプレゼンテーションなどの自己表現へと発展するワークショップは、水族館にもよく使われる学びの手法でもある。適切なファシリテーションも求められるが、受動的な学びより能動的な学びを生むことを目指すならば、ワークショップは効果的な学習手法だろう。
・バックヤードツアー等の体験メニュー
　　水族館での学びで何よりもの強みは、実物がそこにあることだろう。また、日頃の見学や観察では得られ難い、特別な体験をすることも学びへの意欲、関心になり、より深い学習の成果や印象として残ることが可能である。水族館の施設や飼育管理の現場を見学したり、その場で特別な業務や作業として関わるプログラムは、子どもたちに人気のメニューでもある。
・ICT（情報機器や情報環境）の活用
　　前述のように、水族館も含め博物館には本物があり、実物教育ができることが最も大きな強みでもある。一方で、実物資料には破損、消耗、衰弱、死亡などのリスク、並びにマス（大人数）には対応できないという限界点がある。教育の平等性から鑑みると、情報資料を活用した教育プログラムや教材の開発は、社会教育機関にも求められるものである。繰り返し、即座に、多数の子どもたちに学びの機会や資料を提供でき、ウェブサイトや情報機器、携帯小型端末等を活用した学びの実践は、情報化社会の中でますます需要が高まるものと考える。

③館外（アウトリーチ）活動

館への来訪者数は、施設規模や周辺人口などにより異なるが、中でも子どもの訪問は、一過性の団体利用を除けば個人利用は多くはない。逆に、館の外には、地理的、経済的、時間的な制約などから訪問できない子どもが極めて多くおり、それらの場所に学びの手を届ける「アウトリーチ」と呼ばれる教育活動は、地域に密着した水族館として必須となる。例えば、学校の教室に講師を派遣して行う出張授業は、学校教育で「総合的な学習の時間」が始まって増加した。また、山間部の僻地校や身体的な制約のある特別支援校などへの出張展示（移動水族館）も代表的なアウトリーチ活動だろう。また、擬似自然である水槽展示でなく、海岸や河川環境を活用した観察会などのフィールドワークも、水族館の知識や経験、人材が活かせる教育活動である。水族館は海や川に出かけるための入り口であり、多くの自然が学びの場になるきっかけを子どもたちへ与えたい。　　　　　　［高田浩二］

学校を訪問する出張授業

水族館で実物を活用した教室

3．子どものための展覧会

（1）ミュージアム・スタート・キャンペーン

2010年、文化審議会文化制作部会審議経過報告書で「ミュージアム・スタート・キャンペーン（仮称）」の実施検討があげられた。これを受け、2011年度の文化庁ミュージアム活性化支援事業の新規利用者層創出事業項目にミュージアム・スタート・キャンペーンが明記された。

ミュージアム・スタートとは乳幼児等を対象に初めての博物館・美術館利用を体験して親しんでもらうこと、さらには鑑賞力を高めることを目的としており、図書館のブックスタート*1 がモデルとなっている。

博物館・美術館はこの鑑賞活動の一端を担う社会教育施設である。しかし、展覧会はどちらかというと大人向けの内容が大半を占めている。子どもには作家や時代背景などが書かれた解説などを見ても理解できず、退屈な空間となってしまう。ま

第7章 博物館教育論

表1 ミュージアム・スタート、子ども向け展覧会等一覧表

(展覧会は2011年開催の中から一部紹介、詳細は各館サイト参照)

	実施館	展覧会・イベント名	目的と内容
0歳から対象	東京おもちゃ美術館	赤ちゃん木育ひろば	親子の会話を中心としたプログラム。博物館を知ってもらい、くつろいでもらうことが目的。ベビーカーを押しながらの見学も可能な場合あり。エデュケーターは親子の会話を促す働きかけを中心に行う。
	森美術館	おやこでアート	
	熊本市現代美術館	プレママ&ファミリー・ツアー	
	芦屋市立美術博物館	美術館ツアー「赤ちゃんからの美術館〜ぽかぽか ぷくぷく マインマイン」	
	文化芸術情報館アートリエ	tupera tupera summer exhibition in Fukuoka「かおと えほんと こうさく」展	
主に小学生向け	新潟市美術館	「子どものためのてんらんかい〜新潟市美術館のコレクションに近づいてみよう！〜」	長期休暇となる夏休みに開催されることが多い。子どもが主体的に学ぶことが目的。鑑賞のポイントを楽しく伝えるなど、子どもの興味関心を促す工夫が見られる。
	宮崎県立美術館	「子どものための美術展 2011 たんけんミュージアム」	
	福岡市美術館	「夏休みこども美術館2011」	
	千葉県立美術館	「こどものための展覧会－水辺の生きもの－」	
	東京国立近代美術館フィルムセンター	「2011年の夏休み こども映画館」	
	西脇市岡之山美術館	夏休み子どもミュージアム ミュージアム スタートキャンペーン	
	大原美術館	「チルドレンズ・アート・ミュージアム2011」	
子ども向けの施設	ビュフェこども美術館	1999年、子どもと美術が出会うきっかけづくりの場として日本で初めて美術館内に併設された体験型美術館	子どもをターゲットにした博物館施設はまだ日本では少ない存在。アメリカでは1899年、最初につくられたブルックリンをはじめ、ボストンなど100以上のチルドレンズ・ミュージアムが存在する。
	横浜美術館子どものアトリエ	子どもたちが美術に接し、体験的に学べる施設を提供し、自分の力で豊かに素直に成長していく手助けを行うことを目的として設置	
	福井県立こども歴史文化館	福井県にゆかりの人物、「先人」と「達人」にスポットをあてた子ども向けミュージアム	

た、会場では他人の鑑賞の妨げにならないように、館が示した順路に沿って静かに見て回ることが暗黙のルールのようである。特に小さな子どもは非日常空間の中で興奮し、時には喜声を発したりもする。これでは保護者も、子どもを連れて行く場として敬遠しがちな感が否めない。そこで館によっては、子どもを対象とした展覧会や子どもと保護者に向けたプログラムを準備しているところも出てきた（表1）。

（2）鑑賞力の育成

　平成23年度から実施された新しい「小学校学習指導要領」では、学校と美術館との連携協力による鑑賞活動が強調されている。美術館のサイトには学校向けプログラムの紹介や、鑑賞活動用のワークシートが掲載されはじめた。例えば世田谷美術館では、開館以来、区の教育委員会主催で「美術鑑賞教室」事業に取り組んでいる。小学4年生と中学1年生を対象に見学会のほか、独自のガイドブックの配布や、希望校向けに出張授業も行っている。

　近年、対話型鑑賞 VTS（Visual Thinking Strategies）も盛んだ。オープン・エンド（正解が一つではない）の質問「この絵の中でいったい何が起こっているのだろう」「この絵のどこからそう思ったのかな」と聞きながら、鑑賞者が作品の中の物語を自由に読み解き、根拠に基づき発言、鑑賞者相互で共有していく。「鑑賞者の見る、考える、話す、聴く」鑑賞力を育成するプログラムである。

　2011年度、文化庁は新規事業として「ミュージアム・エデュケーター研修」を開始した。来館者の鑑賞力を育成するだけではなく、迎える学芸員側もその技能向上のため、研鑽を積むことが求められている。

（3）子どものための展覧会企画の留意点

　なによりもまず展示方法の工夫をあげたい。展示室内にあるすべてのものが子どもにとって興味関心の対象である。写真1のように、子どもは「太陽」の顔に興味津々である。展覧会名の「かおと　えほんと　こうさく」は展示ストーリーが見える。会場内（写真2）には机にシールを貼った「顔」もあり、絵本を読んだり工作をしたりすることができる。

　こうしたハンズ・オン展示は子どもに人気がある。視覚だけではなく聴覚や触覚といった五感を活用できる展示が、子どもたちの感動を呼び、主体的に楽しみ学ぶことで記憶に残る展示になるだろう。

　また、作品に対する解説板は子どもの目線にあわせた高さで設置し、文字は大きくフォントも工夫したい。解説をマンガ仕様にする例もある。小学生くらいまでは保護者と展示を見ることが大半で、この場合、先にあげた対話型鑑賞も取り入れたい。子ども向けの解説を見ながら、保護者が子ども達に説明をしたり、子ども向け

第7章　博物館教育論

写真1　　　　　　　　　　　　　写真2

写真1・2　アートリエ「かおと　えほんと　こうさく」展会場風景（写真提供：西村明子）

の解説を大人が利用したりすることでの展示理解効果も報告されている＊2。「家ではなかなか体験できないことが博物館ではできそう」、そう感じてもらえる展覧会が増えることを期待したい。

［丸尾いと］

＊1　ブックスタートとは赤ちゃんと保護者が、絵本を介してコミュニケーションをとるきっかけをつくる活動。1992年イギリスで始まり、2001年に日本でも始まった。0歳児検診などで実施されている。
＊2　齊藤恵理「科学的分析と利用者の観察でミュージアムを改善する」（『Cultivate　No.32』文化環境研究所、2008年）参照
【参考文献等】
アメリア・アレナス、木下哲夫訳『みる・かんがえる・はなす　鑑賞教育へのヒント』（淡交社、2001年）
「連続セミナー　ヴィジュアル・シンキング・ストラテジー」資料（2011年3月、京都造形芸術大学で開催）

第5節　教育目標と計画、評価

1．中教審答申と学校教育支援

「小学校学習指導要領解説総則編（2008年6月）」では、教育目標の設定と実現について次のように記している。「各学校においては、児童の実態や学校の置かれている各種の条件を分析して検討した上でそれぞれの学校の教育の課題を正しくとらえ、それに応じた具体的な強調点や留意点を明らかにした教育目標を設定する必要がある。各学校の教育課程は、それぞれの学校の教育目標の実現を目指して編成されるものであり、各教科、道徳、外国語活動、総合的な学習の時間及び特別活動の目標やねらい、指導内容に十分反映するようにすることが大切である。」

つまり、教育目標は各学校の課題を達成させるために設定されたものであり、各学校で一律ではない。また評価が可能な具体性を有していることも求められる。

ところで中央教育審議会答申「新しい時代を切り拓く生涯学習の振興方策について―知の循環型社会の構築を目指して―」（2008年2月19日、以下「中教審答申」とする）では、「博物館資料を活用した学校教育の支援を積極的に行うことが重要である。」とし、教育目標実現に向けた博物館の役割を明示した。

2．新学習指導要領は博物館との連携を促進させる

また2008年3月28日に告示された新学習指導要領でも随所に、博物館との連携、協力を促す箇所が見られる。教科、総合的な学習の時間、特別活動の指導計画に当たり、博物館での児童生徒の学習活動支援が教員を含めた学校教育関係者に示された意義は大きい。

①【総則】中学校「第4指導計画の作成等に当たって配慮すべき事項」2-(13)「……部活動については（中略）社会教育施設や社会教育関係団体等の各種団体との連携などの運営上の工夫を行うようにすること」

②【社会】小学校「第3指導計画の作成と内容の取扱い」1-(2)「博物館や郷土資料館等の施設の活用を図るとともに、身近な地域及び国土の遺跡や文化財などの観察や調査を取り入れるようにすること」

③【社会】中学校「第2各分野の目標及び内容［歴史的分野］」3-(1)カ「日本の生活や生活に根ざした文化については、（中略）民俗学や考古学などの成果の活用や博物館、郷土資料館などの施設を見学・調査したりするなどして具体的に学ぶことができるようにすること」

④【理科】小学校「第3指導計画の作成と内容の取扱い」1-(3)「博物館や科学学習センターなどと連携、協力を図りながら、それらを積極的に活用するよう配慮すること」

⑤【理科】中学校「第3指導計画の作成と内容の取扱い」1-(5)「博物館や科学学習センターなどと積極的に連携、協力を図るよう配慮すること」

⑥【図画工作科】小学校「第3指導計画の作成と内容の取扱い」2-(5)「各学年の「B鑑賞」の指導に当たっては、児童や学校の実態に応じて、地域の美術館などを利用したり、連携を図ったりすること」

⑦【美術】中学校「第3指導計画の作成と内容の取扱い」2-(2)「各学年の「B鑑賞」の題材については、日本及び諸外国の児童生徒の作品、アジアの文化遺産についても取り上げるとともに、美術館・博物館等の施設や文化財などを積極的に活用するようにすること」

⑧【総合的な学習の時間】小学校・中学校「第3指導計画の作成と内容の取扱い」2-(6)「学校図書館の活用、他の学校との連携、公民館、図書館、博物館等の社会教育施設や社会教育関係団体等の各種団体との連携、地域の教材や学習環境の積極的な活用などの工夫を行うこと」

⑨【特別活動】小学校「第3指導計画の作成と内容の取扱い」1-(1)「（前略）また、各教科、道徳、外国語活動及び総合的な学習の時間などの指導との関連を図るとともに、家庭や地域の人々との連携、社会教育施設等の活用などを工夫すること」

⑩【特別活動】中学校「第3指導計画の作成と内容の取扱い」1-(1)「（前略）また、各教科、道徳及び総合的な学習の時間などの指導との関連を図るとともに、家庭や地域の人々との連携、社会教育施設等の活用などを工夫すること」

このように学校は児童生徒の学習支援のために、博物館は学校教育支援のために、相互に「連携」「協力」「活用」を進めなくてはならないわけだが、実際そうたやすく事は進んでいないのが現状である。

3．共通理解がなければ「指導計画」はできない

まず大切なことは「博物館と学校の連携強化、教員は所蔵資料の確認を、博物館

職員は授業で活用できる資料の把握をそれぞれ共通理解すること」＊1である。
　連携、協力、活用と言いつつ、結局お互いがテーブルを一つにすることがあまりに少ない。埼玉県戸田市のように、博物館活用検討委員会が設置され、そこで「博物館を活用した実践事例集」を博物館職員と小中学校教員の共同作業で作成する環境も生まれてきた。
　実際、博物館と連携した理科学習を実施すると「博物館には、専門性の高い知識や見識を持った研究者（学芸員）がおり、多くの科学的プログラムやすばらしい教材教具があり、多様な学習活動を支える科学的なよりどころとなる。博学双方向の連携を積極的に行い、子どもの多様な学びを支援することは、よりよい理科学習の構築の一方向となる」という成果もみられる＊2。しかし「博物館学習の評価基準を示してください」という声もある＊3。
　博物館学習は学校ではなかなかできない児童生徒の多様で主体的な学びを保証する。「博物館も教室」にした日常的な学習活動を実施するために、今後ますます博物館と学校との「対話と連携」を進めていかなければならない。　　　［緒方　泉］

＊1　田嶋俊彦「学校教育における地域博物館の活用」（「博物館研究」Vol.45-1、2010年）。
＊2　永島絹代「大多喜町立老川小学校における博物館との連携とその活用から」（「博物館研究」Vol.45-1、2010年）。
＊3　2011年7月、九州産業大学で開催した教員免許状更新講習図画工作科「子どものコミュニケーション力向上に役立つ図工の時間をデザインする」におけるアンケート結果。

第7章　博物館教育論

第6節　博物館教育の課題と展望

　博物館教育が目指すところは、要約すれば、①博物館の研究活動の成果を社会に還元すること、②人びとが生涯学習に必要とする資料と場を提供すること、といえる。博物館はこの目的を遂行するために種々の活動をしている。その活動形態や内容については既に述べられているので、ここでは問題の所在と将来の展望を述べたい。

　まず展覧会について見ると、近年魅力を感じる展覧会が多くなった。展示についても、見るだけの展示から、考えさせられる展示、触れたり体験できる展示への移行が進んでいる。公立、私立を問わず、財源に占める入館料収入の割合が高くなってきて、博物館は生き残りをかけて入館者を増やす努力をしている。博物館には国籍、性別、年齢、社会階層など異なるさまざまな人が訪れる。その人たちの関心の持ち方、理解の程度、教養のレベルはまちまちであるので、利用者の目的に応じた教育活動が必要である。例えば、展示解説は誰にでもわかりやすく簡潔なことが必要であるが、より詳しく知りたい研究者には、その要望にかなう情報を提供できる工夫が望まれる。

　わが国では、子供の頃に自己学習、つまり「もの」に関心を抱き、自発的に学習するという習慣ができていない。身の回りの自然に興味を持って接したり、祖先の人が作った「物」に触れて関心を抱くという機会は非常に少ない。子どもの頃、動物園に行って珍しい動物や魚に感動した経験は誰もが持っていると思うが、それが生涯学習の出発点になっていない。博物館が生涯教育を担う、重要で有効な機関であるということは万人が認めるところであるが、現実にはそうなっていない。文部科学省は20年以上も前に、「子供の頃から学習の中に博物館の利用を位置づけ、生涯にわたり博物館を楽しい学習の場とする素地を培う必要がある」と説いているが、その手だてはほとんどされていない。

　生涯教育の必要性は一層高まっている。複雑に変化する社会環境の中で、国民一人ひとりがさまざまな生活課題に適応するのは知識だけでは無理である。では、効果的な解決策があるのか考えて見ると、結論は、現在考え得る種々の教育普及活動を博物館が地道に続けることである。ここで、その取り組みの具体例を2つ紹介しよう。

岡山県倉敷市にある大原美術館は、十数年前から休館日に近隣の幼稚園児を招いている。筆者がたまたま居合わせた時は、学芸員がカンデンスキーの絵を見せて園児にいろいろと問いかけていた。「何に見えるか」「何色使っているか」「どんな人が描いたと思うか」などの問いに、およそ一時間の間、園児たちは熱中し、次々と自分の見たままを答えていた。こうした取り組みはあちこちの館で行われており、今後ますます増えていくであろう。

　もう一つ、姫路市立美術館の博学連携事業を紹介しよう。現在では学校が博物館の行事に参加したり、博物館から学校へ出前授業に行くことはよく行われている。姫路市立美術館はそれに加えて、館と学校が共同プロジェクトを組み、展覧会を企画している。当初は美術館職員と教職員の共同企画であったが、平成21年（2009年）からは高校生学芸員による展覧会が実施されるようになった。高校生は博物館の活動や展覧会がどのようにしてできあがるのか何も知らない。その高校生が学芸員や教員の指導を受けながら、自分たちで考え行動して一つの展覧会を作り上げた。高校生12名は展覧会に使う作品の選択から始めて、企画書の作成、展覧会のタイトル、解説文やチラシの作成、作品の解説、会場の展示計画と設営作業などを相談して作り上げた。この活動で高校生の学習意欲は高められたという。高校生は「もの」と真剣に向き合い、観察したり調べたりして、自分の考えをまとめ、さらに展覧会を企画する中で他者と意見を交換しまとめあげていく。こうした行為はまさに生涯教育のトレーニングである。今後、このような取り組みは拡大していくであろう。

　学校週休2日制は、子どもに時間のゆとりを与え、自発性や自主性を育む機会を拡大するために導入された。子どもの自主的学習の場を提供すべく多くの博物館は土曜日を小・中学生に無料で開放した。ところが、小・中学生に有効に活かされていない。それは、小・中学生に自発的学習の習慣が身についていないことが最大の理由であるが、つきつめれば、社会や教育に問題がある。いま行われている博学連携に加えて、教員に博物館教育の研修を受けてもらい、教員が博物館活動を十分理解したうえで博物館の利用のしかたに精通することが必要と考える。科学系の博物館では、既に教員向け研修が各地で行われているが、生涯学習教育の一環として社会のシステムとして行われることが望ましい。

　博物館は研究のため図書や資料を数多く収集・保管している。展覧会の図録なども交換等により膨大な量を所持している館も多い。しかし図書室を完備して一般に開放している館はそう多くはない。経済的理由が最大の難問であるが、大阪府立弥生文化博物館では、フリーゾーンに総合図書館とは一味違う図書室が作られている。今後多くの館に作られることを望みたい。資料についてはできるだけ早くデータベース化が進められ、インターネットを通じて公開されることが期待されている。

第7章　博物館教育論

　最後に、博物館教育の担い手について述べておきたい。学芸員は研究者であり技術者である。さらに教育者であることが求められている。博物館がその機能を十分に果たすには、学芸員は博物館資料に関する高い研究能力を持ち、保存・保管や展示などについては最新の技術を身につけておかねばならない。さらに博物館活動の主要な柱となっているのが教育普及活動であるので、教育者としての資質も磨かなければならない。公立・私立を問わず博物館の財政状態が悪化し、まずは資料購入資金が減らされ、次に人件費が削られることが多い。学芸員の仕事は多種多様で量的にも拡大しているのに人員削減で負担はますます増大している。生涯教育を強力に推進するためにも学芸員の数は減らすどころか増やすべきである。一部に学芸員の不足をボランティアでカバーしようとする動きがあるが、それは本末転倒である。

［大國義一］

【資料】
博物館関連法規

1　博物館法（抄録）

（昭和二十六年十二月一日法律第二百八十五号）
最終改正：平成二十六年六月四日法律第五十一号

　　　第一章　総則
（この法律の目的）
第一条　この法律は、社会教育法（昭和二十四年法律第二百七号）の精神に基き、博物館の設置及び運営に関して必要な事項を定め、その健全な発達を図り、もつて国民の教育、学術及び文化の発展に寄与することを目的とする。
（定義）
第二条　この法律において「博物館」とは、歴史、芸術、民俗、産業、自然科学等に関する資料を収集し、保管（育成を含む。以下同じ。）し、展示して教育的配慮の下に一般公衆の利用に供し、その教養、調査研究、レクリエーション等に資するために必要な事業を行い、あわせてこれらの資料に関する調査研究をすることを目的とする機関（社会教育法による公民館及び図書館法（昭和二十五年法律第百十八号）による図書館を除く。）のうち、地方公共団体、一般社団法人若しくは一般財団法人、宗教法人又は政令で定めるその他の法人（独立行政法人（独立行政法人通則法（平成十一年法律第百三号）第二条第一項に規定する独立行政法人をいう。第二十九条において同じ。）を除く。）が設置するもので次章の規定による登録を受けたものをいう。
2　この法律において、「公立博物館」とは、地方公共団体の設置する博物館をいい、「私立博物館」とは、一般社団法人若しくは一般財団法人、宗教法人又は前項の政令で定める法人の設置する博物館をいう。
3　この法律において「博物館資料」とは、博物館が収集し、保管し、又は展示する資料（電磁的記録（電子的方式、磁気的方式その他人の知覚によつては認識することができない方式で作られた記録をいう。）を含む。）をいう。
（博物館の事業）
第三条　博物館は、前条第一項に規定する目的を達成するため、おおむね次に掲げる事業を行う。
一　実物、標本、模写、模型、文献、図表、写真、フィルム、レコード等の博物館資料を豊富に収集し、保管し、及び展示すること。
二　分館を設置し、又は博物館資料を当該博物館外で展示すること。
三　一般公衆に対して、博物館資料の利用に関し必要な説明、助言、指導等を行い、又は研究室、実験室、工作室、図書室等を設置してこれを利用させること。
四　博物館資料に関する専門的、技術的な調査研究を行うこと。
五　博物館資料の保管及び展示等に関する技術的研究を行うこと。
六　博物館資料に関する案内書、解説書、目録、図録、年報、調査研究の報告書等を作成し、及び頒布すること。
七　博物館資料に関する講演会、講習会、映写会、研究会等を主催し、及びその開催を援助すること。
八　当該博物館の所在地又はその周辺にある文化財保護法（昭和二十五年法律第二百十四号）の適用を受ける文化財について、解説書又は目録を作成する等一般公衆の当該文化財の利用の便を図ること。
九　社会教育における学習の機会を利用して行つた学習の成果を活用して行う教育活動その他の活動の機会を提供し、及びその提供を奨励すること。
十　他の博物館、博物館と同一の目的を有する国の施設等と緊密に連絡し、協力し、刊行物及び情報の交換、博物館資料の相互貸借等を行うこと。
十一　学校、図書館、研究所、公民館等の教育、学術又は文化に関する諸施設と協力し、その活動を援助すること。
2　博物館は、その事業を行うに当つては、土地の事情を考慮し、国民の実生活の向上に資し、更に学校教育を援助し得るようにも留意しなければならない。
（館長、学芸員その他の職員）
第四条　博物館に、館長を置く。
2　館長は、館務を掌理し、所属職員を監督して、博物館の任務の達成に努める。
3　博物館に、専門的職員として学芸員を置

4 学芸員は、博物館資料の収集、保管、展示及び調査研究その他これと関連する事業についての専門的事項をつかさどる。
5 博物館に、館長及び学芸員のほか、学芸員補その他の職員を置くことができる。
6 学芸員補は、学芸員の職務を助ける。
（学芸員の資格）
第五条 次の各号のいずれかに該当する者は、学芸員となる資格を有する。
一 学士の学位を有する者で、大学において文部科学省令で定める博物館に関する科目の単位を修得したもの
二 大学に二年以上在学し、前号の博物館に関する科目の単位を含めて六十二単位以上を修得した者で、三年以上学芸員補の職にあつたもの
三 文部科学大臣が、文部科学省令で定めるところにより、前二号に掲げる者と同等以上の学力及び経験を有する者と認めた者
2 前項第二号の学芸員補の職には、官公署、学校又は社会教育施設（博物館の事業に類する事業を行う施設を含む。）における職で、社会教育主事、司書その他の学芸員補の職と同等以上の職として文部科学大臣が指定するものを含むものとする。
（学芸員補の資格）
第六条 学校教育法（昭和二十二年法律第二十六号）第九十条第一項の規定により大学に入学することのできる者は、学芸員補となる資格を有する。
（学芸員及び学芸員補の研修）
第七条 文部科学大臣及び都道府県の教育委員会は、学芸員及び学芸員補に対し、その資質の向上のために必要な研修を行うよう努めるものとする。
（設置及び運営上望ましい基準）
第八条 文部科学大臣は、博物館の健全な発達を図るために、博物館の設置及び運営上望ましい基準を定め、これを公表するものとする。
（運営の状況に関する評価等）
第九条 博物館は、当該博物館の運営の状況について評価を行うとともに、その結果に基づき博物館の運営の改善を図るため必要な措置を講ずるよう努めなければならない。
（運営の状況に関する情報の提供）
第九条の二 博物館は、当該博物館の事業に関する地域住民その他の関係者の理解を深めるとともに、これらの者との連携及び協力の推進に資するため、当該博物館の運営の状況に関する情報を積極的に提供するよう努めなければならない。

第二章 登録
（登録）
第十条 博物館を設置しようとする者は、当該博物館について、当該博物館の所在する都道府県の教育委員会に備える博物館登録原簿に登録を受けるものとする。
（登録の申請）
第十一条 前条の規定による登録を受けようとする者は、設置しようとする博物館について、左に掲げる事項を記載した登録申請書を都道府県の教育委員会に提出しなければならない。
一 設置者の名称及び私立博物館にあつては設置者の住所
二 名称
三 所在地
2 前項の登録申請書には、次に掲げる書類を添付しなければならない。
一 公立博物館にあつては、設置条例の写し、館則の写し、直接博物館の用に供する建物及び土地の面積を記載した書面及びその図面、当該年度における事業計画書及び予算の歳出の見積りに関する書類、博物館資料の目録並びに館長及び学芸員の氏名を記載した書面
二 私立博物館にあつては、当該法人の定款の写し又は当該宗教法人の規則の写し、館則の写し、直接博物館の用に供する建物及び土地の面積を記載した書面及びその図面、当該年度における事業計画書及び収支の見積りに関する書類、博物館資料の目録並びに館長及び学芸員の氏名を記載した書面
（登録要件の審査）
第十二条 都道府県の教育委員会は、前条の規定による登録の申請があつた場合においては、当該申請に係る博物館が左に掲げる要件を備えているかどうかを審査し、備えていると認めたときは、同条第一項各号に掲げる事項及び登録の年月日を博物館登録原簿に登録するとともに登録した旨を当該登録申請者に

通知し、備えていないと認めたときは、登録しない旨をその理由を附記した書面で当該登録申請者に通知しなければならない。
一　第二条第一項に規定する目的を達成するために必要な博物館資料があること。
二　第二条第一項に規定する目的を達成するために必要な学芸員その他の職員を有すること。
三　第二条第一項に規定する目的を達成するために必要な建物及び土地があること。
四　一年を通じて百五十日以上開館すること。
（登録事項等の変更）
第十三条　博物館の設置者は、第十一条第一項各号に掲げる事項について変更があつたとき、又は同条第二項に規定する添付書類の記載事項について重要な変更があつたときは、その旨を都道府県の教育委員会に届け出なければならない。
2　都道府県の教育委員会は、第十一条第一項各号に掲げる事項に変更があつたことを知つたときは、当該博物館に係る登録事項の変更登録をしなければならない。
（登録の取消）
第十四条　都道府県の教育委員会は、博物館が第十二条各号に掲げる要件を欠くに至つたものと認めたとき、又は虚偽の申請に基いて登録した事実を発見したときは、当該博物館に係る登録を取り消さなければならない。但し、博物館が天災その他やむを得ない事由により要件を欠くに至つた場合においては、その要件を欠くに至つた日から二年間はこの限りでない。
2　都道府県の教育委員会は、前項の規定により登録の取消しをしたときは、当該博物館の設置者に対し、速やかにその旨を通知しなければならない。
（博物館の廃止）
第十五条　博物館の設置者は、博物館を廃止したときは、すみやかにその旨を都道府県の教育委員会に届け出なければならない。
2　都道府県の教育委員会は、博物館の設置者が当該博物館を廃止したときは、当該博物館に係る登録をまつ消しなければならない。
（規則への委任）
第十六条　この章に定めるものを除くほか、博物館の登録に関し必要な事項は、都道府県の教育委員会の規則で定める。

第十七条　削除

　　　第三章　公立博物館
（設置）
第十八条　公立博物館の設置に関する事項は、当該博物館を設置する地方公共団体の条例で定めなければならない。
（所管）
第十九条　公立博物館は、当該博物館を設置する地方公共団体の教育委員会の所管に属する。
（博物館協議会）
第二十条　公立博物館に、博物館協議会を置くことができる。
2　博物館協議会は、博物館の運営に関し館長の諮問に応ずるとともに、館長に対して意見を述べる機関とする。
第二十一条　博物館協議会の委員は、当該博物館を設置する地方公共団体の教育委員会が任命する。
第二十二条　博物館協議会の設置、その委員の定数及び任期その他博物館協議会に関し必要な事項は、当該博物館を設置する地方公共団体の条例で定めなければならない。
（入館料等）
第二十三条　公立博物館は、入館料その他博物館資料の利用に対する対価を徴収してはならない。但し、博物館の維持運営のためにやむを得ない事情のある場合は、必要な対価を徴収することができる。
（博物館の補助）
第二十四条　国は、博物館を設置する地方公共団体に対し、予算の範囲内において、博物館の施設、設備に要する経費その他必要な経費の一部を補助することができる。
2　前項の補助金の交付に関し必要な事項は、政令で定める。
第二十五条　削除
（補助金の交付中止及び補助金の返還）
第二十六条　国は、博物館を設置する地方公共団体に対し第二十四条の規定による補助金の交付をした場合において、左の各号の一に該当するときは、当該年度におけるその後の補助金の交付をやめるとともに、第一号の場合の取消が虚偽の申請に基いて登録した事実の発見に因るものである場合には、既に交付した補助金を、第三号及び第四号に該当する

場合には、既に交付した当該年度の補助金を返還させなければならない。
一　当該博物館について、第十四条の規定による登録の取消があつたとき。
二　地方公共団体が当該博物館を廃止したとき。
三　地方公共団体が補助金の交付の条件に違反したとき。
四　地方公共団体が虚偽の方法で補助金の交付を受けたとき。

　　　　第四章　私立博物館
（都道府県の教育委員会との関係）
第二十七条　都道府県の教育委員会は、博物館に関する指導資料の作成及び調査研究のために、私立博物館に対し必要な報告を求めることができる。
2　都道府県の教育委員会は、私立博物館に対し、その求めに応じて、私立博物館の設置及び運営に関して、専門的、技術的の指導又は助言を与えることができる。
（国及び地方公共団体との関係）
第二十八条　国及び地方公共団体は、私立博物館に対し、その求めに応じて、必要な物資の確保につき援助を与えることができる。

　　　　第五章　雑則
（博物館に相当する施設）
第二十九条　博物館の事業に類する事業を行う施設で、国又は独立行政法人が設置する施設にあつては文部科学大臣が、その他の施設にあつては当該施設の所在する都道府県の教育委員会が、文部科学省令で定めるところにより、博物館に相当する施設として指定したものについては、第二十七条第二項の規定を準用する。
〈附則以下省略〉

2　博物館法施行令（抄録）

（昭和二十七年三月二十日政令第四十七号）
最終改正：昭和三十四年四月三十日政令第百五十七号

（政令で定める法人）
第一条　博物館法（以下「法」という。）第二条第一項の政令で定める法人は、次に掲げるものとする。
一　日本赤十字社
二　日本放送協会
（施設、設備に要する経費の範囲）
第二条　法第二十四条第一項に規定する博物館の施設、設備に要する経費の範囲は、次に掲げるものとする。
一　施設費　施設の建築に要する本工事費、附帯工事費及び事務費
二　設備費　博物館に備え付ける博物館資料及びその利用のための器材器具の購入に要する経費
〈以下省略〉

3　博物館法施行規則（抄録）

（昭和三十年十月四日文部省令第二十四号）
最終改正：平成二十七年十月二日文部科学省令第三十四号

　　　　第一章　大学において修得すべき博物館に関する科目の単位
（博物館に関する科目の単位）
第一条　博物館法（昭和二十六年法律第二百八十五号。以下「法」という。）第五条第一項第一号の規定により大学において修得すべき博物館に関する科目の単位は、次の表に掲げるものとする。

科　目	単位数
生涯学習概論	2
博物館概論	2
博物館経営論	2
博物館資料論	2
博物館資料保存論	2
博物館展示論	2
博物館教育論	2
博物館情報・メディア論	2
博物館実習	3

2　博物館に関する科目の単位のうち、すでに大学において修得した科目の単位又は第六条第三項に規定する試験科目について合格点

を得ている科目は、これをもつて、前項の規定により修得すべき科目の単位に替えることができる。

（博物館実習）
第二条　前条に掲げる博物館実習は、博物館（法第二条第一項に規定する博物館をいう。以下同じ。）又は法第二十九条の規定に基づき文部科学大臣若しくは都道府県若しくは指定都市（地方自治法（昭和二十二年法律第六十七号）第二百五十二条の十九第一項の指定都市をいう。以下同じ。）の教育委員会の指定した博物館に相当する施設（大学においてこれに準ずると認めた施設を含む。）における実習により修得するものとする。
2　博物館実習には、大学における博物館実習に係る事前及び事後の指導を含むものとする。

第二章　学芸員の資格認定
（資格認定）
第三条　法第五条第一項第三号の規定により学芸員となる資格を有する者と同等以上の学力及び経験を有する者と認められる者は、この章に定める試験認定又は審査認定（以下「資格認定」という。）の合格者とする。
（資格認定の施行期日等）
第四条　資格認定は、毎年少なくとも各一回、文部科学大臣が行う。
2　資格認定の施行期日、場所及び出願の期限等は、あらかじめ、官報で告示する。ただし、特別の事情がある場合には、適宜な方法によつて公示するものとする。
（試験認定の受験資格）
第五条　次の各号のいずれかに該当する者は、試験認定を受けることができる。
一　学士の学位を有する者
二　大学に二年以上在学し、六十二単位以上を修得した者で二年以上学芸員補の職（法第五条第二項に規定する職を含む。以下同じ。）にあつた者
三　教育職員免許法（昭和二十四年法律第百四十七号）第二条第一項に規定する教育職員の普通免許状を有し、二年以上教育職員の職にあつた者
四　四年以上学芸員補の職にあつた者
五　その他文部科学大臣が前各号に掲げる者

と同等以上の資格を有すると認めた者
（試験認定の方法及び試験科目）
第六条　試験認定は、大学卒業の程度において、筆記の方法により行う。
2　試験認定は、二回以上にわたり、それぞれ一以上の試験科目について受けることができる。
3　試験科目は、次表に定めるとおりとする。

	試験科目	試験認定の必要科目
必須科目	生涯学習概論 博物館概論 博物館経営論 博物館資料論 博物館資料保存論 博物館展示論 博物館教育論 博物館情報・メディア論	上記科目の全科目
選択科目	文化史 美術史 考古学 民俗学 自然科学史 物理 化学 生物学 地学	上記科目のうちから受験者の選択する2科目

（試験科目の免除）
第七条　大学において前条に規定する試験科目に相当する科目の単位を修得した者又は文部科学大臣が別に定めるところにより前条に規定する試験科目に相当する学修を修了した者に対しては、その願い出により、当該科目についての試験を免除する。
第八条　削除
（審査認定の受験資格）
第九条　次の各号のいずれかに該当する者は、審査認定を受けることができる。
一　学位規則（昭和二十八年文部省令第九号）による修士若しくは博士の学位又は専門職学位を有する者であつて、二年以上学芸員補の職にあつた者
二　大学において博物館に関する科目（生涯学習概論を除く。）に関し二年以上教授、准

教授、助教又は講師の職にあつた者であつて、二年以上学芸員補の職にあつた者
三　次のいずれかに該当する者であつて、都道府県の教育委員会の推薦する者
イ　学士の学位を有する者であつて、四年以上学芸員補の職にあつた者
ロ　大学に二年以上在学し、六十二単位以上を修得した者であつて、六年以上学芸員補の職にあつた者
ハ　学校教育法（昭和二十二年法律第二十六号）第九十条第一項の規定により大学に入学することのできる者であつて、八年以上学芸員補の職にあつた者
ニ　その他十一年以上学芸員補の職にあつた者
四　その他文部科学大臣が前各号に掲げる者と同等以上の資格を有すると認めた者
（審査認定の方法）
第十条　審査認定は、次条の規定により願い出られた者について、博物館に関する学識及び業績を審査して行うものとする。
（受験の手続）
第十一条　資格認定を受けようとする者は、受験願書（別記第一号様式により作成したもの）に次に掲げる書類等を添えて、文部科学大臣に願い出なければならない。この場合において、住民基本台帳法（昭和四十二年法律第八十一号）第三十条の九の規定により機構保存本人確認情報（同法第七条第八項の二に規定する個人番号を除く。）の提供を受けて文部科学大臣が資格認定を受けようとする者の氏名、生年月日及び住所を確認することができるときは、第三号に掲げる住民票の写しを添付することを要しない。
一　受験資格を証明する書類
二　履歴書（別記第二号様式により作成したもの）
三　戸籍抄本又は住民票の写し（いずれも出願前六月以内に交付を受けたもの）
四　写真（出願前六月以内に撮影した無帽かつ正面上半身のもの）
2　前項に掲げる書類は、やむを得ない事由があると文部科学大臣が特に認めた場合においては、他の証明書をもつて代えることができる。
3　第七条の規定に基づき試験認定の試験科目の免除を願い出る者については、その免除を受ける資格を証明する書類を提出しなければならない。
4　審査認定を願い出る者については、第一項各号に掲げるもののほか、次に掲げる資料又は書類を提出しなければならない。
一　第九条第一号又は同条第二号により出願する者にあつては、博物館に関する著書、論文、報告等
二　第九条第三号により出願する者にあつては、博物館に関する著書、論文、報告等又は博物館に関する顕著な実績を証明する書類
三　第九条第四号により出願する者にあつては、前二号に準ずる資料又は書類
（試験認定合格者）
第十二条　試験科目（試験科目の免除を受けた者については、その免除を受けた科目を除く。）の全部について合格点を得た者（試験科目の全部について試験の免除を受けた者を含む。以下「筆記試験合格者」という。）であつて、一年間学芸員補の職にあつた後に文部科学大臣が認定した者を試験認定合格者とする。
2　筆記試験合格者が試験認定合格者になるためには、試験認定合格申請書（別記第三号様式によるもの）を文部科学大臣に提出しなければならない。
（審査認定合格者）
第十三条　第十条の規定による審査に合格した者を審査認定合格者とする。
（合格証書の授与等）
第十四条　試験認定合格者及び審査認定合格者に対しては、合格証書（別記第四号様式によるもの）を授与する。
2　筆記試験合格者に対しては、筆記試験合格証書（別記第五号様式によるもの）を授与する。
3　合格証書を有する者が、その氏名を変更し、又は合格証書を破損し、若しくは紛失した場合において、その事由をしるして願い出たときは、合格証書を書き換え又は再交付する。
（合格証明書の交付等）
第十五条　試験認定合格者又は審査認定合格者が、その合格の証明を願い出たときは、合格証明書（別記第六号様式によるもの）を交

付する。
2　筆記試験合格者が、その合格の証明を申請したときは、筆記試験合格証明書（別記第七号様式によるもの）を交付する。
3　一以上の試験科目について合格点を得た者（筆記試験合格者を除く。次条及び第十七条において「筆記試験科目合格者」という。）がその科目合格の証明を願い出たときは、筆記試験科目合格証明書（別記第八号様式によるもの）を交付する。

〈中略〉

　　　第三章　博物館協議会の委員の任命の基準を条例で定めるに当たつて参酌すべき基準

第十八条　法第二十二条の文部科学省令で定める基準は、学校教育及び社会教育の関係者、家庭教育の向上に資する活動を行う者並びに学識経験のある者の中から任命することとする。

　　　第四章　博物館に相当する施設の指定

（申請の手続）
第十九条　法第二十九条の規定により博物館に相当する施設として文部科学大臣又は都道府県若しくは指定都市の教育委員会の指定を受けようとする場合は、博物館相当施設指定申請書（別記第九号様式により作成したもの）に次に掲げる書類等を添えて、国立の施設にあつては当該施設の長が、独立行政法人（独立行政法人通則法（平成十一年法律第百三号）第二条第一項　に規定する独立行政法人をいう。第二十一条において同じ。）が設置する施設にあつては当該独立行政法人の長が文部科学大臣に、都道府県又は指定都市が設置する施設にあつては当該施設の長（大学に附属する施設にあつては当該大学の長）が、その他の施設にあつては当該施設を設置する者（大学に附属する施設にあつては当該大学の長）が当該施設の所在する都道府県の教育委員会（当該施設（都道府県が設置するものを除く。）が指定都市の区域内に所在する場合にあつては、当該指定都市の教育委員会。第二十一条において同じ。）に、それぞれ提出しなければならない。
一　当該施設の有する資料の目録
二　直接当該施設の用に供する建物及び土地の面積を記載した書面及び図面
三　当該年度における事業計画書及び予算の収支の見積に関する書類
四　当該施設の長及び学芸員に相当する職員の氏名を記載した書類

（指定要件の審査）
第二十条　文部科学大臣又は都道府県若しくは指定都市の教育委員会は、博物館に相当する施設として指定しようとするときは、申請に係る施設が、次の各号に掲げる要件を備えているかどうかを審査するものとする。
一　博物館の事業に類する事業を達成するために必要な資料を整備していること。
二　博物館の事業に類する事業を達成するために必要な専用の施設及び設備を有すること。
三　学芸員に相当する職員がいること。
四　一般公衆の利用のために当該施設及び設備を公開すること。
五　一年を通じて百日以上開館すること。2　前項に規定する指定の審査に当つては、必要に応じて当該施設の実地について審査するものとする。
第二十一条　文部科学大臣又は都道府県若しくは指定都市の教育委員会の指定する博物館に相当する施設（以下「博物館相当施設」という。）が第二十条第一項に規定する要件を欠くに至つたときは、直ちにその旨を、国立の施設にあつては当該施設の長が、独立行政法人が設置する施設にあつては当該独立行政法人の長が文部科学大臣に、都道府県又は指定都市が設置する施設にあつては当該施設の長（大学に附属する施設にあつては当該大学の長）が、その他の施設にあつては当該施設を設置する者（大学に附属する施設にあつては当該大学の長）が当該施設の所在する都道府県の教育委員会に、それぞれ報告しなければならない。
第二十二条　削除
第二十三条　文部科学大臣又は都道府県若しくは指定都市の教育委員会は、その指定した博物館相当施設に対し、第二十条第一項に規定する要件に関し、必要な報告を求めることができる。

博物館関連法規

（指定の取消）
第二十四条　文部科学大臣又は都道府県若しくは指定都市の教育委員会は、その指定した博物館相当施設が第二十条第一項に規定する要件を欠くに至つたものと認めたとき、又は虚偽の申請に基づいて指定した事実を発見したときは、当該指定を取り消すものとする。
〈以下省略〉

　　附　則　（平成二十一年四月三十日文部
　　　　　科学省令第二十二号）
1　この省令は、平成二十四年四月一日から施行する。
2　この省令の施行の日前に、改正前の博物館法施行規則（以下「旧規則」という。）第一条に規定する博物館に関する科目（以下「旧科目」という。）の単位の全部を修得した者は、改正後の博物館法施行規則（以下「新規則」という。）第一条に規定する博物館に関する科目（以下「新科目」という。）の単位の全部を修得したものとみなす。
3　この省令の施行の日前から引き続き大学に在学している者で、当該大学を卒業するまでに旧科目の単位の全部を修得した者は、新科目の単位の全部を修得したものとみなす。
4　この省令の施行の日前から引き続き大学に在学している者で、当該大学を卒業するまでに次の表中新科目の欄に掲げる科目の単位を修得した者は、当該科目に相当する旧科目の欄に掲げる科目の単位を修得したものとみなす。

新科目	単位数	旧科目	単位数
生涯学習概論	2	生涯学習概論	1
博物館概論	2	博物館概論	2
博物館経営論	2	博物館経営論	1
博物館資料論	2	博物館資料論	2
博物館教育論	2	教育学概論	1
博物館情報・メディア論	2	博物館情報論	1
		視聴覚教育メディア論	1
博物館実習	3	博物館実習	3
博物館概論博物館経営論博物館資料論博物館情報・メディア論	2 2 2 2	博物館学視聴覚教育メディア論	6 1
博物館経営論博物館資料論博物館情報・メディア論	2 2 2	博物館学各論視聴覚教育メディア論	4 1

5　この省令の施行の日前に、次の表中旧科目の欄に掲げる科目の単位を修得した者が、新たに学芸員となる資格を得ようとする場合には、既に修得した旧科目の単位は、当該科目に相当する新科目の単位とみなす。

旧科目	単位数	新科目	単位数
生涯学習概論	1	生涯学習概論	2
博物館概論	2	博物館概論	2
博物館経営論	1	博物館経営論	2
博物館資料論	2	博物館資料論	2
博物館情報論	1	博物館情報・メディア論	2
視聴覚教育メディア論	1		
博物館実習	3	博物館実習	3
博物館学	6	博物館概論博物館経営論博物館資料論	2 2 2
博物館学視聴覚教育メディア論	6 1	博物館概論博物館経営論博物館資料論博物館情報・メディア論	2 2 2 2
博物館学各論	4	博物館経営論博物館資料論	2 2

博物館学各論	4	博物館経営論	2
視聴覚教育		博物館資料論	2
メディア論	1	博物館情報・メディア論	2

6 この省令の施行の日前に、旧規則第六条第二項に規定する試験科目(次項において「旧試験科目」という。)の全部に合格した者は、新規則第六条第三項に規定する試験科目(次項において「新試験科目」という。)の全部に合格したものとみなす。

7 この省令の施行の日前に、次の表中旧試験科目の欄に掲げる科目に合格した者は、当該試験科目に相当する新試験科目の欄に掲げる科目に合格したものとみなす。

旧試験科目	新試験科目
生涯学習概論	生涯学習概論
博物館学	博物館概論 博物館経営論 博物館資料論
博物館学	博物館概論
視聴覚教育 メディア論	博物館経営論 博物館資料論 博物館情報・メディア論
文化史	文化史
美術史	美術史
考古学	考古学
民俗学	民俗学
自然科学史	自然科学史
物理	物理
化学	化学
生物学	生物学
地学	地学

附　則(平成二十三年十二月一日文部科学省令第四十四号)抄

(施行期日)

1 この省令は、平成二十四年四月一日から施行する。

4　博物館の設置及び運営上の望ましい基準

(平成二十三年十二月二十日文部科学省告示第百六十五号)

(趣旨)

第一条　この基準は、博物館法(昭和二十六年法律第二百八十五号)第八条の規定に基づく博物館の設置及び運営上の望ましい基準であり、博物館の健全な発達を図ることを目的とする。

2　博物館は、この基準に基づき、博物館の水準の維持及び向上を図り、もって教育、学術及び文化の発展並びに地域の活性化に貢献するよう努めるものとする。

(博物館の設置等)

第二条　都道府県は、博物館を設置し、歴史、芸術、民俗、産業、自然科学等多様な分野にわたる資料(電磁的記録を含む。以下同じ。)を扱うよう努めるものとする。

2　市(特別区を含む。以下同じ。)町村は、その規模及び能力に応じて、単独で又は他の市町村と共同して、博物館を設置するよう努めるものとする。

3　博物館の設置者が、地方自治法(昭和二十二年法律第六十七号)第二百四十四条の二第三項の規定により同項に規定する指定管理者に当該博物館の管理を行わせる場合その他当該博物館の管理を他の者に行わせる場合には、これらの設置者及び管理者は相互の緊密な連携の下に、当該博物館の事業の継続的かつ安定的な実施の確保、事業の水準の維持及び向上を図りながら、この基準に定められた事項の実施に努めるものとする。

(基本的運営方針及び事業計画)

第三条　博物館は、その設置の目的を踏まえ、資料の収集・保管・展示、調査研究、教育普及活動等の実施に関する基本的な運営の方針(以下「基本的運営方針」という。)を策定し、公表するよう努めるものとする。

2　博物館は、基本的運営方針を踏まえ、事

業年度ごとに、その事業年度の事業計画を策定し、公表するよう努めるものとする。
3　博物館は、基本的運営方針及び前項の事業計画の策定に当たっては、利用者及び地域住民の要望並びに社会の要請に十分留意するものとする。
（運営の状況に関する点検及び評価等）
第四条　博物館は、基本的運営方針に基づいた運営がなされることを確保し、その事業の水準の向上を図るため、各年度の事業計画の達成状況その他の運営の状況について、自ら点検及び評価を行うよう努めるものとする。
2　博物館は、前項の点検及び評価のほか、当該博物館の運営体制の整備の状況に応じ、博物館協議会の活用その他の方法により、学校教育又は社会教育の関係者、家庭教育の向上に資する活動を行う者、当該博物館の事業に関して学識経験のある者、当該博物館の利用者、地域住民その他の者による評価を行うよう努めるものとする。
3　博物館は、前二項の点検及び評価の結果に基づき、当該博物館の運営の改善を図るため必要な措置を講ずるよう努めるものとする。
4　博物館は、第一項及び第二項の点検及び評価の結果並びに前項の措置の内容について、インターネットその他の高度情報通信ネットワーク（以下「インターネット等」という。）を活用すること等により、積極的に公表するよう努めるものとする。
（資料の収集、保管、展示等）
第五条　博物館は、実物、標本、文献、図表、フィルム、レコード等の資料（以下「実物等資料」という。）について、その所在等の調査研究を行い、当該実物等資料に係る学術研究の状況、地域における当該実物等資料の所在状況及び当該実物等資料の展示上の効果等を考慮して、基本的運営方針に基づき、必要な数を体系的に収集し、保管（育成及び現地保存を含む。以下同じ。）し、及び展示するものとする。
2　博物館は、実物等資料について、その収集若しくは保管が困難な場合、その展示のために教育的配慮が必要な場合又はその館外への貸出し若しくは持出しが困難な場合には、必要に応じて、実物等資料を複製、模造若しくは模写した資料又は実物等資料に係る模型

（以下「複製等資料」という。）を収集し、又は製作し、当該博物館の内外で活用するものとする。その際、著作権法（昭和四十五年法律第四十八号）その他の法令に規定する権利を侵害することのないよう留意するものとする。
3　博物館は、実物等資料及び複製等資料（以下「博物館資料」という。）に関する図書、文献、調査資料その他必要な資料（以下「図書等」という。）の収集、保管及び活用に努めるものとする。
4　博物館は、その所蔵する博物館資料の補修及び更新等に努めるものとする。
5　博物館は、当該博物館の適切な管理及び運営のため、その所蔵する博物館資料及び図書等に関する情報の体系的な整理に努めるものとする。
6　博物館は、当該博物館が休止又は廃止となる場合には、その所蔵する博物館資料及び図書等を他の博物館に譲渡すること等により、当該博物館資料及び図書等が適切に保管、活用されるよう努めるものとする。
（展示方法等）
第六条　博物館は、基本的運営方針に基づき、その所蔵する博物館資料による常設的な展示を行い、又は特定の主題に基づき、その所蔵する博物館資料若しくは臨時に他の博物館等から借り受けた博物館資料による特別の展示を行うものとする。
2　博物館は、博物館資料を展示するに当たっては、当該博物館の実施する事業及び関連する学術研究等に対する利用者の関心を深め、当該博物館資料に関する知識の啓発に資するため、次に掲げる事項に留意するものとする。
一　確実な情報及び研究に基づく正確な資料を用いること。
二　展示の効果を上げるため、博物館資料の特性に応じた展示方法を工夫し、図書等又は音声、映像等を活用すること。
三　前項の常設的な展示について、必要に応じて、計画的な展示の更新を行うこと。
（調査研究）
第七条　博物館は、博物館資料の収集、保管及び展示等の活動を効果的に行うため、単独で又は他の博物館、研究機関等と共同すること等により、基本的運営方針に基づき、博物

館資料に関する専門的、技術的な調査研究並びに博物館資料の保管及び展示等の方法に関する技術的研究その他の調査研究を行うよう努めるものとする。
（学習機会の提供等）
第八条　博物館は、利用者の学習活動又は調査研究に資するため、次に掲げる業務を実施するものとする。
一　博物館資料に関する各種の講演会、研究会、説明会等（児童又は生徒を対象として体験活動その他の学習活動を行わせる催しを含む。以下「講演会等」という。）の開催、館外巡回展示の実施等の方法により学習機会を提供すること。
二　学校教育及び社会教育における博物館資料の利用その他博物館の利用に関し、学校の教職員及び社会教育指導者に対して適切な利用方法に関する助言その他の協力を行うこと。
三　利用者からの求めに応じ、博物館資料に係る説明又は助言を行うこと。
（情報の提供等）
第九条　博物館は、当該博物館の利用の便宜若しくは利用機会の拡大又は第七条の調査研究の成果の普及を図るため、次に掲げる業務を実施するものとする。
一　実施する事業の内容又は博物館資料に関する案内書、パンフレット、目録、図録等を作成するとともに、これらを閲覧に供し、頒布すること。
二　博物館資料に関する解説書、年報、調査研究の報告書等を作成するとともに、これらを閲覧に供し、頒布すること。
2　前項の業務を実施するに当たっては、インターネット等を積極的に活用するよう努めるものとする。
（利用者に対応したサービスの提供）
第十条　博物館は、事業を実施するに当たっては、高齢者、障害者、乳幼児の保護者、外国人その他特に配慮を必要とする者が当該事業を円滑に利用できるよう、介助を行う者の配置による支援、館内におけるベビーカーの貸与、外国語による解説資料等の作成及び頒布その他のサービスの提供に努めるものとする。
2　博物館は、当該博物館の特性を踏まえつつ、当該博物館の実施する事業及び関連する学術研究等に対する青少年の関心と理解を深めるため、青少年向けの解説資料等の作成及び頒布その他のサービスの提供に努めるものとする。
（学校、家庭及び地域社会との連携等）
第十一条　博物館は、事業を実施するに当たっては、学校、当該博物館と異なる種類の博物館資料を所蔵する博物館等の他の博物館、公民館、図書館等の社会教育施設その他これらに類する施設、社会教育関係団体、関係行政機関、社会教育に関する事業を行う法人、民間事業者等との緊密な連携、協力に努めるものとする。
2　博物館は、その実施する事業において、利用者及び地域住民等の学習の成果に基づく知識及び技能を生かすことができるよう、これらの者に対し、展示資料の解説、講演会等に係る企画又は実施業務の補助、博物館資料の調査又は整理その他の活動の機会の提供に努めるものとする。
（開館日等）
第十二条　博物館は、開館日及び開館時間の設定に当たっては、利用者の要望、地域の実情、博物館資料の特性、展示の更新に係る所要日数等を勘案し、日曜日その他の一般の休日における開館、夜間における開館その他の方法により、利用者の利用の便宜を図るよう努めるものとする。
（職員）
第十三条　博物館に、館長を置くとともに、基本的運営方針に基づき適切に事業を実施するために必要な数の学芸員を置くものとする。
2　博物館に、前項に規定する職員のほか、事務及び技能的業務に従事する職員を置くものとする。
3　博物館は、基本的運営方針に基づきその事業を効率的かつ効果的に実施するため、博物館資料の収集、保管又は展示に係る業務、調査研究に係る業務、学習機会の提供に係る業務その他の業務を担当する各職員の専門的な能力が適切に培われ又は専門的な能力を有する職員が適切に各業務を担当する者として配置されるよう、各業務の分担の在り方、専任の職員の配置の在り方、効果的な複数の業務の兼務の在り方等について適宜、適切な見直しを行い、その運営体制の整備に努めるものとする。

（職員の研修）
第十四条　都道府県の教育委員会は、当該都道府県内の博物館の館長、学芸員その他職員の能力及び資質の向上を図るために、研修の機会の充実に努めるものとする。
2　博物館は、その職員を、前項の規定に基づき都道府県教育委員会が主催する研修その他必要な研修に参加させるよう努めるものとする。
（施設及び設備）
第十五条　博物館は、次の各号に掲げる施設及び設備その他の当該博物館の目的を達成するために必要な施設及び設備を備えるよう努めるものとする。
一　耐火、耐震、防虫害、防水、防塵、防音、温度及び湿度の調節、日光の遮断又は調節、通風の調節並びに汚損、破壊及び盗難の防止その他のその所蔵する博物館資料を適切に保管するために必要な施設及び設備
二　青少年向けの音声による解説を行うことができる機器、傾斜路、点字及び外国語による表示、授乳施設その他の青少年、高齢者、障害者、乳幼児の保護者、外国人等の円滑な利用に資するために必要な施設及び設備
三　休憩施設その他の利用者が快適に観覧できるよう、利用環境を整備するために必要な施設及び設備
（危機管理等）
第十六条　博物館は、事故、災害その他非常の事態（動物の伝染性疾病の発生を含む。）による被害を防止するため、当該博物館の特性を考慮しつつ、想定される事態に係る危機管理に関する手引書の作成、関係機関と連携した危機管理に関する訓練の定期的な実施その他の十分な措置を講じるものとする。
2　博物館は、利用者の安全の確保のため、防災上及び衛生上必要な設備を備えるとともに、事故や災害等が発生した場合等には、必要に応じて、入場制限、立入禁止等の措置をとるものとする。
附則
この告示は、公布の日から施行する。

5　学芸員補の職に相当する職等の指定

（平成八年八月二十八日文部省告示第百五十一号）

博物館法（昭和二十六年法律第二百八十五号）第五条第二項及び博物館法施行規則（昭和三十年文部省令第二十四号）第五条第二号の規定により、学芸員補の職に相当する職又はこれと同等以上の職を次のとおり指定する。
一　博物館法（昭和二十六年法律第二百八十五号）第二十九条の規定により文部科学大臣又は都道府県の教育委員会が指定した博物館に相当する施設において同法第二条第三項に規定する博物館資料（以下「博物館資料」という。）に相当する資料の収集、保管、展示及び調査研究に関する職務に従事する職員の職
二　文部科学省組織令（平成十二年政令第二百五十一号）第百二十四条第二項に規定する国立博物館及び国立文化財研究所において文化財保護法（昭和二十五年法律第二百十四号）第二条第一項に規定する文化財の収集、保管、展示及び調査研究に関する職務に従事する職員の職
三　学校教育法（昭和二十二年法律第二十六号）第一条に規定する学校において博物館資料に相当する資料の収集、保管、展示及び調査研究に関する職務に従事する職員の職
四　地方公共団体の教育委員会（事務局及び教育機関を含む。）において博物館資料に相当する資料の収集、保管、展示及び調査研究に関する職務に従事する職員の職
五　社会教育法（昭和二十四年法律第二百七号）第九条の二に定める社会教育主事の職
六　図書館法（昭和二十五年法律第百十八号）第四条に定める司書の職
七　その他文部科学大臣が前各号に掲げるものに相当する職と認めた職

6 文化財保護法 (抄録)

(昭和二十五年五月三十日法律第二百十四号)
最終改正：平成二十六年六月十三日法律第六十九号

第一章 総則
(この法律の目的)
第一条 この法律は、文化財を保存し、且つ、その活用を図り、もつて国民の文化的向上に資するとともに、世界文化の進歩に貢献することを目的とする。
(文化財の定義)
第二条 この法律で「文化財」とは、次に掲げるものをいう。
一 建造物、絵画、彫刻、工芸品、書跡、典籍、古文書その他の有形の文化的所産で我が国にとって歴史上又は芸術上価値の高いもの（これらのものと一体をなしてその価値を形成している土地その他の物件を含む。）並びに考古資料及びその他の学術上価値の高い歴史資料（以下「有形文化財」という。）
二 演劇、音楽、工芸技術その他の無形の文化的所産で我が国にとって歴史上又は芸術上価値の高いもの（以下「無形文化財」という。）
三 衣食住、生業、信仰、年中行事等に関する風俗慣習、民俗芸能、民俗技術及びこれらに用いられる衣服、器具、家屋その他の物件で我が国民の生活の推移の理解のため欠くことのできないもの（以下「民俗文化財」という。）
四 貝づか、古墳、都城跡、城跡、旧宅その他の遺跡で我が国にとって歴史上又は学術上価値の高いもの、庭園、橋梁、峡谷、海浜、山岳その他の名勝地で我が国にとって芸術上又は観賞上価値の高いもの並びに動物（生息地、繁殖地及び渡来地を含む。）、植物（自生地を含む。）及び地質鉱物（特異な自然の現象の生じている土地を含む。）で我が国にとって学術上価値の高いもの（以下「記念物」という。）
五 地域における人々の生活又は生業及び当該地域の風土により形成された景観地で我が国民の生活又は生業の理解のため欠くことのできないもの（以下「文化的景観」という。）
六 周囲の環境と一体をなして歴史的風致を形成している伝統的な建造物群で価値の高いもの（以下「伝統的建造物群」という。）
2 この法律の規定（第二十七条から第二十九条まで、第三十七条、第五十五条第一項第四号、第百五十三条第一項第一号、第百六十五条、第百七十一条及び附則第三条の規定を除く。）中「重要文化財」には、国宝を含むものとする。
3 この法律の規定（第百九条、第百十条、第百十二条、第百二十二条、第百三十一条第一項第四号、第百五十三条第一項第七号及び第八号、第百六十五条並びに第百七十一条の規定を除く。）中「史跡名勝天然記念物」には、特別史跡名勝天然記念物を含むものとする。
(政府及び地方公共団体の任務)
第三条 政府及び地方公共団体は、文化財がわが国の歴史、文化等の正しい理解のため欠くことのできないものであり、且つ、将来の文化の向上発展の基礎をなすものであることを認識し、その保存が適切に行われるように、周到の注意をもってこの法律の趣旨の徹底に努めなければならない。
(国民、所有者等の心構)
第四条 一般国民は、政府及び地方公共団体がこの法律の目的を達成するために行う措置に誠実に協力しなければならない。
2 文化財の所有者その他の関係者は、文化財が貴重な国民的財産であることを自覚し、これを公共のために大切に保存するとともに、できるだけこれを公開する等その文化的活用に努めなければならない。
3 政府及び地方公共団体は、この法律の執行に当つて関係者の所有権その他の財産権を尊重しなければならない。

第二章 削除
第五条から第二十六条まで削除

第三章 有形文化財
第一節 重要文化財
第一款 指定
(指定)
第二十七条 文部科学大臣は、有形文化財の

うち重要なものを重要文化財に指定することができる。
2　文部科学大臣は、重要文化財のうち世界文化の見地から価値の高いもので、たぐいない国民の宝たるものを国宝に指定することができる。

（告示、通知及び指定書の交付）
第二十八条　前条の規定による指定は、その旨を官報で告示するとともに、当該国宝又は重要文化財の所有者に通知してする。
2　前条の規定による指定は、前項の規定による官報の告示があつた日からその効力を生ずる。但し、当該国宝又は重要文化財の所有者に対しては、同項の規定による通知が当該所有者に到達した時からその効力を生ずる。
3　前条の規定による指定をしたときは、文部科学大臣は、当該国宝又は重要文化財の所有者に指定書を交付しなければならない。
4　指定書に記載すべき事項その他指定書に関し必要な事項は、文部科学省令で定める。
5　第三項の規定により国宝の指定書の交付を受けたときは、所有者は、三十日以内に国宝に指定された重要文化財の指定書を文部科学大臣に返付しなければならない。

（解除）
第二十九条　国宝又は重要文化財が国宝又は重要文化財としての価値を失つた場合その他特殊の事由があるときは、文部科学大臣は、国宝又は重要文化財の指定を解除することができる。
2　前項の規定による指定の解除は、その旨を官報で告示するとともに、当該国宝又は重要文化財の所有者に通知してする。
3　第一項の規定による指定の解除には、前条第二項の規定を準用する。
4　第二項の通知を受けたときは、所有者は、三十日以内に指定書を文部科学大臣に返付しなければならない。
5　第一項の規定により国宝の指定を解除した場合において当該有形文化財につき重要文化財の指定を解除しないときは、文部科学大臣は、直ちに重要文化財の指定書を所有者に交付しなければならない。
第二款　管理

（管理方法の指示）
第三十条　文化庁長官は、重要文化財の所有者に対し、重要文化財の管理に関し必要な指示をすることができる。

（所有者の管理義務及び管理責任者）
第三十一条　重要文化財の所有者は、この法律並びにこれに基いて発する文部科学省令及び文化庁長官の指示に従い、重要文化財を管理しなければならない。
2　重要文化財の所有者は、特別の事情があるときは、適当な者をもっぱら自己に代り当該重要文化財の管理の責に任ずべき者（以下この節及び第十二章において「管理責任者」という。）に選任することができる。
3　前項の規定により管理責任者を選任したときは、重要文化財の所有者は、文部科学省令の定める事項を記載した書面をもって、当該管理責任者と連署の上二十日以内に文化庁長官に届け出なければならない。管理責任者を解任した場合も同様とする。
4　管理責任者には、前条及び第一項の規定を準用する。

〈中略〉
第三款　保護

（修理）
第三十四条の二　重要文化財の修理は、所有者が行うものとする。但し、管理団体がある場合は、管理団体が行うものとする。

（管理団体による修理）
第三十四条の三　管理団体が修理を行う場合は、管理団体は、あらかじめ、その修理の方法及び時期について当該重要文化財の所有者（所有者が判明しない場合を除く。）及び権原に基く占有者の意見を聞かなければならない。
2　管理団体が修理を行う場合には、第三十二条の二第五項及び第三十二条の四の規定を準用する。

（管理又は修理の補助）
第三十五条　重要文化財の管理又は修理につき多額の経費を要し、重要文化財の所有者又は管理団体がその負担に堪えない場合その他特別の事情がある場合には、政府は、その経費の一部に充てさせるため、重要文化財の所有者又は管理団体に対し補助金を交付することができる。
2　前項の補助金を交付する場合には、文化庁長官は、その補助の条件として管理又は修

理に関し必要な事項を指示することができる。
3　文化庁長官は、必要があると認めるときは、第一項の補助金を交付する重要文化財の管理又は修理について指揮監督することができる。
〈中略〉
（輸出の禁止）
第四十四条　重要文化財は、輸出してはならない。但し、文化庁長官が文化の国際的交流その他の事由により特に必要と認めて許可した場合は、この限りでない。
（環境保全）
第四十五条　文化庁長官は、重要文化財の保存のため必要があると認めるときは、地域を定めて一定の行為を制限し、若しくは禁止し、又は必要な施設をすることを命ずることができる。
2　前項の規定による処分によつて損失を受けた者に対しては、国は、その通常生ずべき損失を補償する。
3　前項の場合には、第四十一条第二項から第四項までの規定を準用する。
（国に対する売渡しの申出）
第四十六条　重要文化財を有償で譲り渡そうとする者は、譲渡の相手方、予定対価の額（予定対価が金銭以外のものであるときは、これを時価を基準として金銭に見積つた額。以下同じ。）その他文部科学省令で定める事項を記載した書面をもつて、まず文化庁長官に国に対する売渡しの申出をしなければならない。
2　前項の書面においては、当該相手方に対して譲り渡したい事情を記載することができる。
3　文化庁長官は、前項の規定により記載された事情を相当と認めるときは、当該申出のあつた後三十日以内に当該重要文化財を買い取らない旨の通知をするものとする。
4　第一項の規定による売渡しの申出のあつた後三十日以内に文化庁長官が当該重要文化財を国において買い取るべき旨の通知をしたときは、第一項の規定による申出書に記載された予定対価の額に相当する代金で、売買が成立したものとみなす。
5　第一項に規定する者は、前項の期間（その期間内に文化庁長官が当該重要文化財を買い取らない旨の通知をしたときは、その時までの期間）内は、当該重要文化財を譲り渡してはならない。
〈中略〉
第四款　公開
（公開）
第四十七条の二　重要文化財の公開は、所有者が行うものとする。但し、管理団体がある場合は、管理団体が行うものとする。
2　前項の規定は、所有者又は管理団体の出品に係る重要文化財を、所有者及び管理団体以外の者が、この法律の規定により行う公開の用に供することを妨げるものではない。
3　管理団体は、その管理する重要文化財を公開する場合には、当該重要文化財につき観覧料を徴収することができる。
（文化庁長官による公開）
第四十八条　文化庁長官は、重要文化財の所有者（管理団体がある場合は、その者）に対し、一年以内の期間を限つて、国立博物館（独立行政法人国立文化財機構が設置する博物館をいう。以下この条において同じ。）その他の施設において文化庁長官の行う公開の用に供するため重要文化財を出品することを勧告することができる。
2　文化庁長官は、国庫が管理又は修理につき、その費用の全部若しくは一部を負担し、又は補助金を交付した重要文化財の所有者（管理団体がある場合は、その者）に対し、一年以内の期間を限つて、国立博物館その他の施設において文化庁長官の行う公開の用に供するため当該重要文化財を出品することを命ずることができる。
3　文化庁長官は、前項の場合において必要があると認めるときは、一年以内の期間を限つて、出品の期間を更新することができる。但し、引き続き五年をこえてはならない。
4　第二項の命令又は前項の更新があつたときは、重要文化財の所有者又は管理団体は、その重要文化財を出品しなければならない。
5　前四項に規定する場合の外、文化庁長官は、重要文化財の所有者（管理団体がある場合は、その者）から国立博物館その他の施設において文化庁長官の行う公開の用に供するため重要文化財を出品したい旨の申出があつた場合において適当と認めるときは、その出

品を承認することができる。
第四十九条　文化庁長官は、前条の規定により重要文化財が出品されたときは、第百八十五条に規定する場合を除いて、文化庁の職員のうちから、その重要文化財の管理の責に任ずべき者を定めなければならない。
第五十条　第四十八条の規定による出品のために要する費用は、文部科学省令の定める基準により、国庫の負担とする。
2　政府は、第四十八条の規定により出品した所有者又は管理団体に対し、文部科学省令の定める基準により、給与金を支給する。
（所有者等による公開）
第五十一条　文化庁長官は、重要文化財の所有者又は管理団体に対し、三箇月以内の期間を限つて、重要文化財の公開を勧告することができる。
2　文化庁長官は、国庫が管理、修理又は買取りにつき、その費用の全部若しくは一部を負担し、又は補助金を交付した重要文化財の所有者又は管理団体に対し、三箇月以内の期間を限つて、その公開を命ずることができる。
3　前項の場合には、第四十八条第四項の規定を準用する。
4　文化庁長官は、重要文化財の所有者又は管理団体に対し、前三項の規定による公開及び当該公開に係る重要文化財の管理に関し必要な指示をすることができる。
5　重要文化財の所有者、管理責任者又は管理団体が前項の指示に従わない場合には、文化庁長官は、公開の停止又は中止を命ずることができる。
6　第二項及び第三項の規定による公開のために要する費用は、文部科学省令の定めるところにより、その全部又は一部を国庫の負担とすることができる。
7　前項に規定する場合のほか、重要文化財の所有者又はその所有者又は管理に係る重要文化財を公開するために要する費用は、文部科学省令で定めるところにより、その全部又は一部を国庫の負担とすることができる。
第五十一条の二　前条の規定による公開の場合を除き、重要文化財の所在の場所を変更してこれを公衆の観覧に供するため第三十四条の規定による届出があつた場合には、前条第

四項及び第五項の規定を準用する。
（損失の補償）
第五十二条　第四十八条又は第五十一条第一項、第二項若しくは第三項の規定により出品し、又は公開したことに起因して当該重要文化財が滅失したときは、又はき損したときは、国は、その重要文化財の所有者に対し、その通常生ずべき損失を補償する。ただし、重要文化財が所有者、管理責任者又は管理団体の責に帰すべき事由によつて滅失し、又はき損した場合は、この限りでない。
2　前項の場合には、第四十一条第二項から第四項までの規定を準用する。
（所有者等以外の者による公開）
第五十三条　重要文化財の所有者及び管理団体以外の者がその主催する展覧会その他の催しにおいて重要文化財を公衆の観覧に供しようとするときは、文化庁長官の許可を受けなければならない。ただし、文化庁長官以外の国の機関若しくは地方公共団体があらかじめ文化庁長官の承認を受けた博物館その他の施設（以下この項において「公開承認施設」という。）において展覧会その他の催しを主催する場合又は公開承認施設の設置者が当該公開承認施設においてこれらを主催する場合は、この限りでない。
2　前項ただし書の場合においては、同項に規定する催しを主催した者（文化庁長官を除く。）は、重要文化財を公衆の観覧に供した期間の最終日の翌日から起算して二十日以内に、文部科学省令で定める事項を記載した書面をもつて、文化庁長官に届け出るものとする。
3　文化庁長官は、第一項の許可を与える場合において、その許可の条件として、許可に係る公開及び当該公開に係る重要文化財の管理に関し必要な指示をすることができる。
4　第一項の許可を受けた者が前項の許可の条件に従わなかつたときは、文化庁長官は、許可に係る公開の停止を命じ、又は許可を取り消すことができる。
第五款　調査
（保存のための調査）
第五十四条　文化庁長官は、必要があると認めるときは、重要文化財の所有者、管理責任者又は管理団体に対し、重要文化財の現状又

は管理、修理若しくは環境保全の状況につき報告を求めることができる。
第五十五条　文化庁長官は、次の各号の一に該当する場合において、前条の報告によつてもなお重要文化財に関する状況を確認することができず、かつ、その確認のため他に方法がないと認めるときは、調査に当たる者を定め、その所在する場所に立ち入つてその現状又は管理、修理若しくは環境保全の状況につき実地調査をさせることができる。
一　重要文化財に関し現状の変更又は保存に影響を及ぼす行為につき許可の申請があつたとき。
二　重要文化財がき損しているとき又はその現状若しくは所在の場所につき変更があつたとき。
三　重要文化財が滅失し、き損し、又は盗み取られる虞のあるとき。
四　特別の事情によりあらためて国宝又は重要文化財としての価値を鑑査する必要があるとき。
2　前項の規定により立ち入り、調査する場合においては、当該調査に当る者は、その身分を証明する証票を携帯し、関係者の請求があつたときは、これを示し、且つ、その正当な意見を十分に尊重しなければならない。
3　第一項の規定による調査によつて損失を受けた者に対しては、国は、その通常生ずべき損失を補償する。
4　前項の場合には、第四十一条第二項から第四項までの規定を準用する。
〈中略〉

第二節　登録有形文化財
（有形文化財の登録）
第五十七条　文部科学大臣は、重要文化財以外の有形文化財（第百八十二条第二項に規定する指定を地方公共団体が行つているものを除く。）のうち、その文化財としての価値にかんがみ保存及び活用のための措置が特に必要とされるものを文化財登録原簿に登録することができる。
2　文部科学大臣は、前項の規定による登録をしようとするときは、あらかじめ、関係地方公共団体の意見を聴くものとする。
3　文化財登録原簿に記載すべき事項その他文化財登録原簿に関し必要な事項は、文部科学省令で定める。
（告示、通知及び登録証の交付）
第五十八条　前条第一項の規定による登録をしたときは、速やかに、その旨を官報で告示するとともに、当該登録をされた有形文化財（以下「登録有形文化財」という。）の所有者に通知する。
2　前条第一項の規定による登録は、前項の規定による官報の告示があつた日からその効力を生ずる。ただし、当該登録有形文化財の所有者に対しては、同項の規定による通知が当該所有者に到達した時からその効力を生ずる。
3　前条第一項の規定による登録をしたときは、文部科学大臣は、当該登録有形文化財の所有者に登録証を交付しなければならない。
4　登録証に記載すべき事項その他登録証に関し必要な事項は、文部科学省令で定める。
（登録有形文化財の登録の抹消）
第五十九条　文部科学大臣は、登録有形文化財について、第二十七条第一項の規定により重要文化財に指定したときは、その登録を抹消するものとする。
2　文部科学大臣は、登録有形文化財について、第百八十二条第二項に規定する指定を地方公共団体が行つたときは、その登録を抹消するものとする。ただし、当該登録有形文化財について、その保存及び活用のための措置を講ずる必要があり、かつ、その所有者の同意がある場合は、この限りでない。
3　文部科学大臣は、登録有形文化財についてその保存及び活用のための措置を講ずる必要がなくなつた場合その他特殊の事由があるときは、その登録を抹消することができる。
4　前三項の規定により登録の抹消をしたときは、速やかに、その旨を官報で告示するとともに、当該登録有形文化財の所有者に通知する。
5　第一項から第三項までの規定による登録の抹消には、前条第二項の規定を準用する。
6　第四項の通知を受けたときは、所有者は、三十日以内に登録証を文部科学大臣に返付しなければならない。
（登録有形文化財の管理）
第六十条　登録有形文化財の所有者は、この

法律及びこれに基づく文部科学省令に従い、登録有形文化財を管理しなければならない。
2 登録有形文化財の所有者は、特別の事情があるときは、適当な者を専ら自己に代わり当該登録有形文化財の管理の責めに任ずべき者（以下この節において「管理責任者」という。）に選任することができる。
3 文化庁長官は、登録有形文化財について、所有者が判明せず、又は所有者若しくは管理責任者による管理が著しく困難若しくは不適当であることが明らかである旨の関係地方公共団体の申出があつた場合には、関係地方公共団体の意見を聴いて、適当な地方公共団体その他の法人を、当該登録有形文化財の保存のため必要な管理（当該登録有形文化財の保存のため必要な施設、設備その他の物件で当該登録有形文化財の所有者の所有又は管理に属するものの管理を含む。）を行う団体（以下この節において「管理団体」という。）に指定することができる。
4 登録有形文化財の管理には、第三十一条第三項、第三十二条、第三十二条の二第二項から第五項まで、第三十二条の三及び第三十二条の四の規定を準用する。
5 登録有形文化財の管理責任者及び管理団体には、第一項の規定を準用する。
〈中略〉
　　第三節　重要文化財及び登録有形文化財以外の有形文化財
（技術的指導）
第七十条　重要文化財及び登録有形文化財以外の有形文化財の所有者は、文部科学省令の定めるところにより、文化庁長官に有形文化財の管理又は修理に関し技術的指導を求めることができる。

　　第四章　無形文化財
（重要無形文化財の指定等）
第七十一条　文部科学大臣は、無形文化財のうち重要なものを重要無形文化財に指定することができる。
2 文部科学大臣は、前項の規定による指定をするに当たつては、当該重要無形文化財の保持者又は保持団体（無形文化財を保持する者が主たる構成員となつている団体で代表者の定めのあるものをいう。以下同じ。）を認定しなければならない。
3 第一項の規定による指定は、その旨を官報で告示するとともに、当該重要無形文化財の保持者又は保持団体として認定しようとするもの（保持団体にあつては、その代表者）に通知してする。
4 文部科学大臣は、第一項の規定による指定をした後においても、当該重要無形文化財の保持者又は保持団体として認定するに足りるものがあると認めるときは、そのものを保持者又は保持団体として追加認定することができる。
5 前項の規定による追加認定には、第三項の規定を準用する。
（重要無形文化財の指定等の解除）
第七十二条　重要無形文化財が重要無形文化財としての価値を失つた場合その他特殊の事由があるときは、文部科学大臣は、重要無形文化財の指定を解除することができる。
2 保持者が心身の故障のため保持者として適当でなくなつたと認められる場合、保持団体がその構成員の異動のため保持団体として適当でなくなつたと認められる場合その他特殊の事由があるときは、文部科学大臣は、保持者又は保持団体の認定を解除することができる。
3 第一項の規定による指定の解除又は前項の規定による認定の解除は、その旨を官報で告示するとともに、当該重要無形文化財の保持者又は保持団体の代表者に通知してする。
4 保持者が死亡したとき、又は保持団体が解散したとき（消滅したときを含む。以下この条及び次条において同じ。）は、当該保持者又は保持団体の認定は解除されたものとし、保持者のすべてが死亡したとき、又は保持団体のすべてが解散したときは、重要無形文化財の指定は解除されたものとする。この場合には、文部科学大臣は、その旨を官報で告示しなければならない。
（保持者の氏名変更等）
第七十三条　保持者が氏名若しくは住所を変更し、又は死亡したとき、その他文部科学省令の定める事由があるときは、保持者又はその相続人は、文部科学省令の定める事項を記載した書面をもつて、その事由の生じた日（保持者の死亡に係る場合は、相続人がその

事実を知つた日）から二十日以内に文化庁長官に届け出なければならない。保持団体が名称、事務所の所在地若しくは代表者を変更し、構成員に異動を生じ、又は解散したときも、代表者（保持団体が解散した場合にあつては、代表者であつた者）について、同様とする。
　（重要無形文化財の保存）
第七十四条　文化庁長官は、重要無形文化財の保存のため必要があると認めるときは、重要無形文化財について自ら記録の作成、伝承者の養成その他その保存のため適当な措置を執ることができるものとし、国は、保持者、保持団体又は地方公共団体その他その保存に当たることを適当と認める者に対し、その保存に要する経費の一部を補助することができる。
2　前項の規定により補助金を交付する場合には、第三十五条第二項及び第三項の規定を準用する。
　（重要無形文化財の公開）
第七十五条　文化庁長官は、重要無形文化財の保持者又は保持団体に対し重要無形文化財の公開を、重要無形文化財の記録の所有者に対しその記録の公開を勧告することができる。
2　重要無形文化財の保持者又は保持団体が重要無形文化財を公開する場合には、第五十一条第七項の規定を準用する。
3　重要無形文化財の記録の所有者がその記録を公開する場合には、国は、その公開に要する経費の一部を補助することができる。
　（重要無形文化財の保存に関する助言又は勧告）
第七十六条　文化庁長官は、重要無形文化財の保持者若しくは保持団体又は地方公共団体その他その保存に当たることを適当と認める者に対し、重要無形文化財の保存のため必要な助言又は勧告をすることができる。
　（重要無形文化財以外の無形文化財の記録の作成等）
第七十七条　文化庁長官は、重要無形文化財以外の無形文化財のうち特に必要のあるものを選択して、自らその記録を作成し、保存し、又は公開することができるものとし、国は、適当な者に対し、当該無形文化財の公開又はその記録の作成、保存若しくは公開に要する経費の一部を補助することができる。
2　前項の規定により補助金を交付する場合には、第三十五条第二項及び第三項の規定を準用する。

　　　第五章　民俗文化財
　（重要有形民俗文化財及び重要無形民俗文化財の指定）
第七十八条　文部科学大臣は、有形の民俗文化財のうち特に重要なものを重要有形民俗文化財に、無形の民俗文化財のうち特に重要なものを重要無形民俗文化財に指定することができる。
2　前項の規定による重要有形民俗文化財の指定には、第二十八条第一項から第四項までの規定を準用する。
3　第一項の規定による重要無形民俗文化財の指定は、その旨を官報に告示してする。
　（重要有形民俗文化財及び重要無形民俗文化財の指定の解除）
第七十九条　重要有形民俗文化財又は重要無形民俗文化財が重要有形民俗文化財又は重要無形民俗文化財としての価値を失つた場合その他特殊の事由があるときは、文部科学大臣は、重要有形民俗文化財又は重要無形民俗文化財の指定を解除することができる。
2　前項の規定による重要有形民俗文化財の指定の解除には、第二十九条第二項から第四項までの規定を準用する。
3　第一項の規定による重要無形民俗文化財の指定の解除は、その旨を官報に告示してする。
　（重要有形民俗文化財の管理）
第八十条　重要有形民俗文化財の管理には、第三十条から第三十四条までの規定を準用する。
　（重要有形民俗文化財の保護）
第八十一条　重要有形民俗文化財に関しその現状を変更し、又はその保存に影響を及ぼす行為をしようとする者は、現状を変更し、又は保存に影響を及ぼす行為をしようとする日の二十日前までに、文部科学省令の定めるところにより、文化庁長官にその旨を届け出なければならない。ただし、文部科学省令の定める場合は、この限りでない。
2　重要有形民俗文化財の保護上必要があると認めるときは、文化庁長官は、前項の届出に係る重要有形民俗文化財の現状変更又は保

存に影響を及ぼす行為に関し必要な事項を指示することができる。
第八十二条　重要有形民俗文化財を輸出しようとする者は、文化庁長官の許可を受けなければならない。
第八十三条　重要有形民俗文化財の保護には、第三十四条の二から第三十六条まで、第三十七条第二項から第四項まで、第四十二条、第四十六条及び第四十七条の規定を準用する。

（**重要有形民俗文化財の公開**）
第八十四条　重要有形民俗文化財の所有者及び管理団体（第八十条で準用する第三十二条の二第一項の規定による指定を受けた地方公共団体その他の法人をいう。以下この章及び第十二章において同じ。）以外の者がその主催する展覧会その他の催しにおいて重要有形民俗文化財を公衆の観覧に供しようとするときは、文部科学省令の定める事項を記載した書面をもって、観覧に供しようとする最初の日の三十日前までに、文化庁長官に届け出なければならない。ただし、文化庁長官以外の国の機関若しくは地方公共団体があらかじめ文化庁長官から事前の届出の免除を受けた博物館その他の施設（以下この項において「公開事前届出免除施設」という。）において展覧会その他の催しを主催する場合又は公開事前届出免除施設の設置者が当該公開事前届出免除施設においてこれらを主催する場合には、重要有形民俗文化財を公衆の観覧に供した期間の最終日の翌日から起算して二十日以内に、文化庁長官に届け出ることをもって足りる。
2　前項本文の届出に係る公開には、第五十一条第四項及び第五項の規定を準用する。
第八十五条　重要有形民俗文化財の公開には、第四十七条の二から第五十二条までの規定を準用する。

〈中略〉

（**登録有形民俗文化財**）
第九十条　文部科学大臣は、重要有形民俗文化財以外の有形の民俗文化財（第百八十二条第二項に規定する指定を地方公共団体が行っているものを除く。）のうち、その文化財としての価値にかんがみ保存及び活用のための措置が特に必要とされるものを文化財登録原簿に登録することができる。
2　前項の規定による登録には、第五十七条第二項及び第三項の規定を準用する。
3　前二項の規定により登録された有形の民俗文化財（以下「登録有形民俗文化財」という。）については、第三章第二節（第五十七条の規定を除く。）の規定を準用する。この場合において、第六十四条第一項及び第六十五条第一項中「三十日前」とあるのは「二十日前」と、第六十四条第一項ただし書中「維持の措置若しくは非常災害のために必要な応急措置又は他の法令の規定による現状の変更を内容とする命令に基づく措置を執る場合」とあるのは「文部科学省令で定める場合」と読み替えるものとする。

〈中略〉

第六章　埋蔵文化財
（**調査のための発掘に関する届出、指示及び命令**）
第九十二条　土地に埋蔵されている文化財（以下「埋蔵文化財」という。）について、その調査のため土地を発掘しようとする者は、文部科学省令の定める事項を記載した書面をもって、発掘に着手しようとする日の三十日前までに文化庁長官に届け出なければならない。ただし、文部科学省令の定める場合は、この限りでない。
2　埋蔵文化財の保護上特に必要があると認めるときは、文化庁長官は、前項の届出に係る発掘に関し必要な事項及び報告書の提出を指示し、又はその発掘の禁止、停止若しくは中止を命ずることができる。

（**土木工事等のための発掘に関する届出及び指示**）
第九十三条　土木工事その他埋蔵文化財の調査以外の目的で、貝づか、古墳その他埋蔵文化財を包蔵する土地として周知されている土地（以下「周知の埋蔵文化財包蔵地」という。）を発掘しようとする場合には、前条第一項の規定を準用する。この場合において、同項中「三十日前」とあるのは、「六十日前」と読み替えるものとする。
2　埋蔵文化財の保護上特に必要があると認めるときは、文化庁長官は、前項で準用する前条第一項の届出に係る発掘に関し、当該発掘前における埋蔵文化財の記録の作成のための発掘調査の実施その他の必要な事項を指示

することができる。

（国の機関等が行う発掘に関する特例）
第九十四条　国の機関、地方公共団体又は国若しくは地方公共団体の設立に係る法人で政令の定めるもの（以下この条及び第九十七条において「国の機関等」と総称する。）が、前条第一項に規定する目的で周知の埋蔵文化財包蔵地を発掘しようとする場合においては、同条の規定を適用しないものとし、当該国の機関等は、当該発掘に係る事業計画の策定に当たつて、あらかじめ、文化庁長官にその旨を通知しなければならない。
2　文化庁長官は、前項の通知を受けた場合において、埋蔵文化財の保護上特に必要があると認めるときは、当該国の機関等に対し、当該事業計画の策定及びその実施について協議を求めるべき旨の通知をすることができる。
3　前項の通知を受けた国の機関等は、当該事業計画の策定及びその実施について、文化庁長官に協議しなければならない。
4　文化庁長官は、前二項の場合を除き、第一項の通知があつた場合において、当該通知に係る事業計画の実施に関し、埋蔵文化財の保護上必要な勧告をすることができる。
5　前各項の場合において、当該国の機関等が各省各庁の長（国有財産法（昭和二十三年法律第七十三号）第四条第二項に規定する各省各庁の長をいう。以下同じ。）であるときは、これらの規定に規定する通知、協議又は勧告は、文部科学大臣を通じて行うものとする。

（埋蔵文化財包蔵地の周知）
第九十五条　国及び地方公共団体は、周知の埋蔵文化財包蔵地について、資料の整備その他その周知の徹底を図るために必要な措置の実施に努めなければならない。
2　国は、地方公共団体が行う前項の措置に関し、指導、助言その他の必要と認められる援助をすることができる。

（遺跡の発見に関する届出、停止命令等）
第九十六条　土地の所有者又は占有者が出土品の出土等により貝づか、住居跡、古墳その他遺跡と認められるものを発見したときは、第九十二条第一項の規定による調査に当たつて発見した場合を除き、その現状を変更することなく、遅滞なく、文部科学省令の定める事項を記載した書面をもつて、その旨を文化庁長官に届け出なければならない。ただし、非常災害のために必要な応急措置を執る場合は、その限度において、その現状を変更することを妨げない。
2　文化庁長官は、前項の届出があつた場合において、当該届出に係る遺跡が重要なものであり、かつ、その保護のため調査を行う必要があると認めるときは、その土地の所有者又は占有者に対し、期間及び区域を定めて、その現状を変更することとなるような行為の停止又は禁止を命ずることができる。ただし、その期間は、三月を超えることができない。
3　文化庁長官は、前項の命令をしようとするときは、あらかじめ、関係地方公共団体の意見を聴かなければならない。
4　第二項の命令は、第一項の届出があつた日から起算して一月以内にしなければならない。
5　第二項の場合において、同項の期間内に調査が完了せず、引き続き調査を行う必要があるときは、文化庁長官は、一回に限り、当該命令に係る区域の全部又は一部について、その期間を延長することができる。ただし、当該命令の期間が、同項の期間と通算して六月を超えることとなつてはならない。
6　第二項及び前項の期間を計算する場合においては、第一項の届出があつた日から起算して第二項の命令を発した日までの期間が含まれるものとする。
7　文化庁長官は、第一項の届出がなされなかつた場合においても、第二項及び第五項に規定する措置を執ることができる。
8　文化庁長官は、第二項の措置を執つた場合を除き、第一項の届出がなされた場合には、当該遺跡の保護上必要な指示をすることができる。前項の規定により第二項の措置を執つた場合を除き、第一項の届出がなされなかつたときも、同様とする。
9　第二項の命令によつて損失を受けた者に対しては、国は、その通常生ずべき損失を補償する。
10　前項の場合には、第四十一条第二項から第四項までの規定を準用する。

（国の機関等の遺跡の発見に関する特例）
第九十七条　国の機関等が前条第一項に規定

する発見をしたときは、同条の規定を適用しないものとし、第九十二条第一項又は第九十九条第一項の規定による調査に当たつて発見した場合を除き、その現状を変更することなく、遅滞なく、その旨を文化庁長官に通知しなければならない。ただし、非常災害のために必要な応急措置を執る場合は、その限度において、その現状を変更することを妨げない。
2　文化庁長官は、前項の通知を受けた場合において、当該通知に係る遺跡が重要なものであり、かつ、その保護のため調査を行う必要があると認めるときは、当該国の機関等に対し、その調査、保存等について協議を求めるべき旨の通知をすることができる。
3　前項の通知を受けた国の機関等は、文化庁長官に協議しなければならない。
4　文化庁長官は、前二項の場合を除き、第一項の通知があつた場合において、当該遺跡の保護上必要な勧告をすることができる。
5　前各項の場合には、第九十四条第五項の規定を準用する。
（文化庁長官による発掘の施行）
第九十八条　文化庁長官は、歴史上又は学術上の価値が特に高く、かつ、その調査が技術的に困難なため国において調査する必要があると認められる埋蔵文化財については、その調査のため土地の発掘を施行することができる。
2　前項の規定により発掘を施行しようとするときは、文化庁長官は、あらかじめ、当該土地の所有者及び権原に基づく占有者に対し、発掘の目的、方法、着手の時期その他必要と認める事項を記載した令書を交付しなければならない。
3　第一項の場合には、第三十九条（同条第三項において準用する第三十二条の二第五項の規定を含む。）及び第四十一条の規定を準用する。
（地方公共団体による発掘の施行）
第九十九条　地方公共団体は、文化庁長官が前条第一項の規定により発掘を施行するものを除き、埋蔵文化財について調査する必要があると認めるときは、埋蔵文化財を包蔵すると認められる土地の発掘を施行することができる。
2　地方公共団体は、前項の発掘に関し、事業者に対し協力を求めることができる。
3　文化庁長官は、地方公共団体に対し、第一項の発掘に関し必要な指導及び助言をすることができる。
4　国は、地方公共団体に対し、第一項の発掘に要する経費の一部を補助することができる。
（返還又は通知等）
第百条　第九十八条第一項の規定による発掘により文化財を発見した場合において、文化庁長官は、当該文化財の所有者が判明しているときはこれを所有者に返還し、所有者が判明しないときは、遺失物法（平成十八年法律第七十三号）第四条第一項の規定にかかわらず、警察署長にその旨を通知することをもつて足りる。
2　前項の規定は、前条第一項の規定による発掘により都道府県又は地方自治法（昭和二十二年法律第六十七号）第二百五十二条の十九第一項の指定都市若しくは同法第二百五十二条の二十二第一項の中核市（以下「指定都市等」という。）の教育委員会が文化財を発見した場合における当該教育委員会について準用する。
3　第一項（前項において準用する場合を含む。）の通知を受けたときは、警察署長は、直ちに当該文化財につき遺失物法第七条第一項の規定による公告をしなければならない。
（提出）
第百一条　遺失物法第四条第一項の規定により、埋蔵物として提出された物件が文化財と認められるときは、警察署長は、直ちに当該物件を当該物件の発見された土地を管轄する都道府県の教育委員会（当該土地が指定都市等の区域内に存する場合にあつては、当該指定都市等の教育委員会。次条において同じ。）に提出しなければならない。ただし、所有者の判明している場合は、この限りでない。
（鑑査）
第百二条　前条の規定により物件が提出されたときは、都道府県の教育委員会は、当該物件が文化財であるかどうかを鑑査しなければならない。
2　都道府県の教育委員会は、前項の鑑査の結果当該物件を文化財と認めたときは、その

旨を警察署長に通知し、文化財でないと認めたときは、当該物件を警察署長に差し戻さなければならない。
　（引渡し）
第百三条　第百条第一項に規定する文化財又は同条第二項若しくは前条第二項に規定する文化財の所有者から、警察署長に対し、その文化財の返還の請求があつたときは、文化庁長官又は都道府県若しくは指定都市等の教育委員会は、当該警察署長にこれを引き渡さなければならない。
　（国庫帰属及び報償金）
第百四条　第百条第一項に規定する文化財又は第百二条第二項に規定する文化財（国の機関又は独立行政法人国立文化財機構が埋蔵文化財の調査のための土地の発掘により発見したものに限る。）で、その所有者が判明しないものの所有権は、国庫に帰属する。この場合においては、文化庁長官は、当該文化財の発見された土地の所有者にその旨を通知し、かつ、その価格の二分の一に相当する額の報償金を支給する。
２　前項の場合には、第四十一条第二項から第四項までの規定を準用する。
　（都道府県帰属及び報償金）
第百五条　第百条第二項に規定する文化財又は第百二条第二項に規定する文化財（前条第一項に規定するものを除く。）で、その所有者が判明しないものの所有権は、当該文化財の発見された土地を管轄する都道府県に帰属する。この場合においては、当該都道府県の教育委員会は、当該文化財の発見者及びその発見された土地の所有者にその旨を通知し、かつ、その価格に相当する額の報償金を支給する。
２　前項に規定する発見者と土地所有者とが異なるときは、前項の報償金は、折半して支給する。
３　第一項の報償金の額は、当該都道府県の教育委員会が決定する。
４　前項の規定による報償金の額については、第四十一条第三項の規定を準用する。
５　前項において準用する第四十一条第三項の規定による訴えにおいては、都道府県を被告とする。
　（譲与等）

第百六条　政府は、第百四条第一項の規定により国庫に帰属した文化財の保存のため又はその効用から見て国が保有する必要がある場合を除いて、当該文化財の発見された土地の所有者に、その者が同条の規定により受けるべき報償金の額に相当するものの範囲内でこれを譲与することができる。
２　前項の場合には、その譲与した文化財の価格に相当する金額は、第百四条に規定する報償金の額から控除するものとする。
３　政府は、第百四条第一項の規定により国庫に帰属した文化財の保存のため又はその効用から見て国が保有する必要がある場合を除いて、独立行政法人国立文化財機構又は当該文化財の発見された土地を管轄する地方公共団体に対し、その申請に基づき、当該文化財を譲与し、又は時価よりも低い対価で譲渡することができる。
第百七条　都道府県の教育委員会は、第百五条第一項の規定により当該都道府県に帰属した文化財の保存のため又はその効用から見て当該都道府県が保有する必要がある場合を除いて、当該文化財の発見者又はその発見された土地の所有者に、その者が同条の規定により受けるべき報償金の額に相当するものの範囲内でこれを譲与することができる。
２　前項の場合には、その譲与した文化財の価格に相当する金額は、第百五条に規定する報償金の額から控除するものとする。
　（遺失物法の適用）
第百八条　埋蔵文化財に関しては、この法律に特別の定めのある場合のほか、遺失物法の適用があるものとする。

　　第七章　史跡名勝天然記念物
　（指定）
第百九条　文部科学大臣は、記念物のうち重要なものを史跡、名勝又は天然記念物（以下「史跡名勝天然記念物」と総称する。）に指定することができる。
２　文部科学大臣は、前項の規定により指定された史跡名勝天然記念物のうち特に重要なものを特別史跡、特別名勝又は特別天然記念物（以下「特別史跡名勝天然記念物」と総称する。）に指定することができる。
３　前二項の規定による指定は、その旨を官

報で告示するとともに、当該特別史跡名勝天然記念物又は史跡名勝天然記念物の所有者及び権原に基づく占有者に通知してする。
4　前項の規定により通知すべき相手方が著しく多数で個別に通知し難い事情がある場合には、文部科学大臣は、同項の規定による通知に代えて、その通知すべき事項を当該特別史跡名勝天然記念物又は史跡名勝天然記念物の所在地の市（特別区を含む。以下同じ。）町村の事務所又はこれに準ずる施設の掲示場に掲示することができる。この場合においては、その掲示を始めた日から二週間を経過した時に前項の規定による通知が相手方に到達したものとみなす。
5　第一項又は第二項の規定による指定は、第三項の規定による官報の告示があつた日からその効力を生ずる。ただし、当該特別史跡名勝天然記念物又は史跡名勝天然記念物の所有者又は権原に基づく占有者に対しては、第三項の規定による通知が到達した時又は前項の規定によりその通知が到達したものとみなされる時からその効力を生ずる。
6　文部科学大臣は、第一項の規定により名勝又は天然記念物の指定をしようとする場合において、その指定に係る記念物が自然環境の保護の見地から価値の高いものであるときは、環境大臣と協議しなければならない。

（仮指定）
第百十条　前条第一項の規定による指定前において緊急の必要があると認めるときは、都道府県の教育委員会は、史跡名勝天然記念物の仮指定を行うことができる。
2　前項の規定により仮指定を行つたときは、都道府県の教育委員会は、直ちにその旨を文部科学大臣に報告しなければならない。
3　第一項の規定による仮指定には、前条第三項から第五項までの規定を準用する。

（所有権等の尊重及び他の公益との調整）
第百十一条　文部科学大臣又は都道府県の教育委員会は、第百九条第一項若しくは第二項の規定による指定又は前条第一項の規定による仮指定を行うに当たつては、特に、関係者の所有権、鉱業権その他の財産権を尊重するとともに、国土の開発その他の公益との調整に留意しなければならない。
2　文部科学大臣又は文化庁長官は、名勝又は天然記念物に係る自然環境の保護及び整備に関し必要があると認めるときは、環境大臣に対し、意見を述べることができる。この場合において、文化庁長官が意見を述べるときは、文部科学大臣を通じて行うものとする。
3　環境大臣は、自然環境の保護の見地から価値の高い名勝又は天然記念物の保存及び活用に関し必要があると認めるときは、文部科学大臣に対し、又は文部科学大臣を通じ文化庁長官に対して意見を述べることができる。

（解除）
第百十二条　特別史跡名勝天然記念物又は史跡名勝天然記念物がその価値を失つた場合その他特殊の事由のあるときは、文部科学大臣又は都道府県の教育委員会は、その指定又は仮指定を解除することができる。
2　第百十条第一項の規定により仮指定された史跡名勝天然記念物につき第百九条第一項の規定による指定があつたとき、又は仮指定があつた日から二年以内に同項の規定による指定がなかつたときは、仮指定は、その効力を失う。
3　第百十条第一項の規定による仮指定が適当でないと認めるときは、文部科学大臣は、これを解除することができる。
4　第一項又は前項の規定による指定又は仮指定の解除には、第百九条第三項から第五項までの規定を準用する。

〈中略〉

（登録記念物）
第百三十二条　文部科学大臣は、史跡名勝天然記念物（第百十条第一項に規定する仮指定を都道府県の教育委員会が行つたものを含む。）以外の記念物（第百八十二条第二項に規定する指定を地方公共団体が行つているものを除く。）のうち、その文化財としての価値にかんがみ保存及び活用のための措置が特に必要とされるものを文化財登録原簿に登録することができる。
2　前項の規定による登録には、第五十七条第二項及び第三項、第百九条第三項から第五項まで並びに第百十一条第一項の規定を準用する。
第百三十三条　前条の規定により登録された記念物（以下「登録記念物」という。）については、第五十九条第一項から第五項まで、

第六十四条、第六十八条、第百十一条第二項及び第三項並びに第百十三条から第百二十条までの規定を準用する。この場合において、第五十九条第一項中「第二十七条第一項の規定により重要文化財に指定したとき」とあるのは「第百九条第一項の規定により史跡名勝天然記念物に指定したとき（第百十条第一項に規定する仮指定を都道府県の教育委員会が行つたときを含む。）」と、同条第四項中「所有者に通知する」とあるのは「所有者及び権原に基づく占有者に通知する。ただし、通知すべき相手方が著しく多数で個別に通知し難い事情がある場合には、文部科学大臣は、当該通知に代えて、その通知すべき事項を当該登録記念物の所在地の市町村の事務所又はこれに準ずる施設の掲示場に掲示することができる。この場合においては、その掲示を始めた日から二週間を経過した時に当該通知が相手方に到達したものとみなす」と、同条第五項中「抹消には、前条第二項の規定を準用する」とあるのは「抹消は、前項の規定による官報の告示があつた日からその効力を生ずる。ただし、当該登録記念物の所有者又は権原に基づく占有者に対しては、前項の規定による通知が到達した時又は同項の規定によりその通知が到達したものとみなされる時からその効力を生ずる」と、第百十三条第一項中「不適当であると明らかに認められる場合には」とあるのは「不適当であることが明らかである旨の関係地方公共団体の申出があつた場合には、関係地方公共団体の意見を聴いて」と、第百十八条及び第百二十条中「第三十条、第三十一条第一項」とあるのは「第三十一条第一項」と、「準用する」とあるのは「準用する。この場合において、第三十一条第一項中「並びにこれに基づいて発する文部科学省令及び文化庁長官の指示に従い」とあるのは「及びこれに基づく文部科学省令に従い」と読み替えるものとする」と、第百十八条中「第三十五条及び第四十七条の規定を、管理団体が指定され、又はその指定が解除された場合には、第五十六条第三項」とあるのは「第四十七条第四項」と、第百二十条中「第三十五条及び第四十七条の規定を、所有者が変更した場合の権利義務の承継には、第五十六条第一項」とあるのは「第四十七条第

四項」と読み替えるものとする。

第八章　重要文化的景観
（重要文化的景観の選定）
第百三十四条　文部科学大臣は、都道府県又は市町村の申出に基づき、当該都道府県又は市町村が定める景観法（平成十六年法律第百十号）第八条第二項第一号に規定する景観計画区域又は同法第六十一条第一項に規定する景観地区内にある文化的景観であつて、文部科学省令で定める基準に照らして当該都道府県又は市町村がその保存のため必要な措置を講じているもののうち特に重要なものを重要文化的景観として選定することができる。
2　前項の規定による選定には、第百九条第三項から第五項までの規定を準用する。この場合において、同条第三項中「権原に基づく占有者」とあるのは、「権原に基づく占有者並びに第百三十四条第一項に規定する申出を行つた都道府県又は市町村」と読み替えるものとする。

（重要文化的景観の選定の解除）
第百三十五条　重要文化的景観がその価値を失つた場合その他特殊の事由があるときは、文部科学大臣は、その選定を解除することができる。
2　前項の場合には、前条第二項の規定を準用する。

（滅失又はき損）
第百三十六条　重要文化的景観の全部又は一部が滅失し、又はき損したときは、所有者又は権原に基づく占有者（以下この章において「所有者等」という。）は、文部科学省令の定める事項を記載した書面をもつて、その事実を知つた日から十日以内に文化庁長官に届け出なければならない。ただし、重要文化的景観の保存に著しい支障を及ぼすおそれがない場合として文部科学省令で定める場合は、この限りでない。
〈中略〉

第九章　伝統的建造物群保存地区
（伝統的建造物群保存地区）
第百四十二条　この章において「伝統的建造物群保存地区」とは、伝統的建造物群及びこれと一体をなしてその価値を形成している環

境を保存するため、次条第一項又は第二項の定めるところにより市町村が定める地区をいう。
(伝統的建造物群保存地区の決定及びその保護)
第百四十三条　市町村は、都市計画法（昭和四十三年法律第百号）第五条　又は第五条の二　の規定により指定された都市計画区域又は準都市計画区域内においては、都市計画に伝統的建造物群保存地区を定めることができる。この場合においては、市町村は、条例で、当該地区の保存のため、政令の定める基準に従い必要な現状変更の規制について定めるほか、その保存のため必要な措置を定めるものとする。
2　市町村は、前項の都市計画区域又は準都市計画区域以外の区域においては、条例の定めるところにより、伝統的建造物群保存地区を定めることができる。この場合においては、前項後段の規定を準用する。
3　都道府県知事は、第一項の伝統的建造物群保存地区に関する都市計画についての都市計画法第十九条第三項　の規定による同意に当たつては、あらかじめ、当該都道府県の教育委員会の意見を聴かなければならない。
4　市町村は、伝統的建造物群保存地区に関し、地区の決定若しくはその取消し又は条例の制定若しくはその改廃を行つた場合は、文化庁長官に対し、その旨を報告しなければならない。
5　文化庁長官又は都道府県の教育委員会は、市町村に対し、伝統的建造物群保存地区の保存に関し、必要な指導又は助言をすることができる。
(重要伝統的建造物群保存地区の選定)
第百四十四条　文部科学大臣は、市町村の申出に基づき、伝統的建造物群保存地区の区域の全部又は一部で我が国にとつてその価値が特に高いものを、重要伝統的建造物群保存地区として選定することができる。
2　前項の規定による選定は、その旨を官報で告示するとともに、当該申出に係る市町村に通知してする。
(選定の解除)
第百四十五条　文部科学大臣は、重要伝統的建造物群保存地区がその価値を失つた場合その他特殊の事由があるときは、その選定を解除することができる。
2　前項の場合には、前条第二項の規定を準用する。
(管理等に関する補助)
第百四十六条　国は、重要伝統的建造物群保存地区の保存のための当該地区内における建造物及び伝統的建造物群と一体をなす環境を保存するため特に必要と認められる物件の管理、修理、修景又は復旧について市町村が行う措置について、その経費の一部を補助することができる。

第十章　文化財の保存技術の保護
(選定保存技術の選定等)
第百四十七条　文部科学大臣は、文化財の保存のために欠くことのできない伝統的な技術又は技能で保存の措置を講ずる必要があるものを選定保存技術として選定することができる。
2　文部科学大臣は、前項の規定による選定をするに当たつては、選定保存技術の保持者又は保存団体（選定保存技術を保存することを主たる目的とする団体（財団を含む。）で代表者又は管理人の定めのあるものをいう。以下同じ。）を認定しなければならない。
3　一の選定保存技術についての前項の認定は、保持者と保存団体とを併せてすることができる。
4　第一項の規定による選定及び前二項の規定による認定には、第七十一条第三項から第五項までの規定を準用する。
(選定等の解除)
第百四十八条　文部科学大臣は、選定保存技術について保存の措置を講ずる必要がなくなつた場合その他特殊の事由があるときは、その選定を解除することができる。
2　文部科学大臣は、保持者が心身の故障のため保持者として適当でなくなつたと認められる場合、保存団体が保存団体として適当でなくなつたと認められる場合その他特殊の事由があるときは、保持者又は保存団体の認定を解除することができる。
3　前二項の場合には、第七十二条第三項の規定を準用する。
4　前条第二項の認定が保持者のみについてなされた場合にあつてはそのすべてが死亡し

たとき、同項の認定が保存団体のみについてなされた場合にあつてはそのすべてが解散したとき（消滅したときを含む。以下この項において同じ。）、同項の認定が保持者と保存団体とを併せてなされた場合にあつては保持者のすべてが死亡しかつ保存団体のすべてが解散したときは、選定保存技術の選定は、解除されたものとする。この場合には、文部科学大臣は、その旨を官報で告示しなければならない。
（保持者の氏名変更等）
第百四十九条　保持者及び保存団体には、第七十三条の規定を準用する。この場合において、同条後段中「代表者」とあるのは、「代表者又は管理人」と読み替えるものとする。
（選定保存技術の保存）
第百五十条　文化庁長官は、選定保存技術の保存のため必要があると認めるときは、選定保存技術について自ら記録を作成し、又は伝承者の養成その他選定保存技術の保存のために必要と認められるものについて適当な措置を執ることができる。
（選定保存技術の記録の公開）
第百五十一条　選定保存技術の記録の所有者には、第八十八条の規定を準用する。
（選定保存技術の保存に関する援助）
第百五十二条　国は、選定保存技術の保持者若しくは保存団体又は地方公共団体その他の保存に当たることを適当と認める者に対し、指導、助言その他の必要と認められる援助をすることができる。
〈中略〉

　　　　第十三章　罰則
第百九十三条　第四十四条の規定に違反し、文化庁長官の許可を受けないで重要文化財を輸出した者は、五年以下の懲役若しくは禁錮又は百万円以下の罰金に処する。
第百九十四条　第八十二条の規定に違反し、文化庁長官の許可を受けないで重要有形民俗文化財を輸出した者は、三年以下の懲役若しくは禁錮又は五十万円以下の罰金に処する。
第百九十五条　重要文化財を損壊し、き棄し、又は隠匿した者は、五年以下の懲役若しくは禁錮又は三十万円以下の罰金に処する。
2　前項に規定する者が当該重要文化財の所有者であるときは、二年以下の懲役若しくは禁錮又は二十万円以下の罰金若しくは科料に処する。
第百九十六条　史跡名勝天然記念物の現状を変更し、又はその保存に影響を及ぼす行為をして、これを滅失し、き損し、又は衰亡するに至らしめた者は、五年以下の懲役若しくは禁錮又は三十万円以下の罰金に処する。
2　前項に規定する者が当該史跡名勝天然記念物の所有者であるときは、二年以下の懲役若しくは禁錮又は二十万円以下の罰金若しくは科料に処する。
第百九十七条　次の各号のいずれかに該当する者は、二十万円以下の罰金に処する。
一　第四十三条又は第百二十五条の規定に違反して、許可を受けず、若しくはその許可の条件に従わないで、重要文化財若しくは史跡名勝天然記念物の現状を変更し、若しくはその保存に影響を及ぼす行為をし、又は現状の変更若しくは保存に影響を及ぼす行為の停止の命令に従わなかつた者
二　第九十六条第二項の規定に違反して、現状を変更することとなるような行為の停止又は禁止の命令に従わなかつた者
第百九十八条　次の各号のいずれかに該当する者は、十万円以下の罰金に処する。
一　第三十九条第三項（第八十六条第二項で準用する場合を含む。）で準用する第三十二条の二第五項の規定に違反して、国宝の修理又は滅失、き損若しくは盗難の防止の措置の施行を拒み、又は妨げた者
二　第九十八条第三項（第八十六条第二項で準用する場合を含む。）で準用する第三十九条第三項で準用する第三十二条の二第五項の規定に違反して、発掘の施行を拒み、又は妨げた者
三　第百二十三条第二項（第百八十六条第二項で準用する場合を含む。）で準用する第三十九条第三項で準用する第三十二条の二第五項の規定に違反して、特別史跡名勝天然記念物の復旧又は滅失、き損、衰亡若しくは盗難の防止の措置の施行を拒み、又は妨げた者
第百九十九条　法人の代表者又は法人若しくは人の代理人、使用人その他の従業者がその法人又は人の業務又は財産の管理に関して第百九十三条から前条までの違反行為をしたと

第二百条　第三十九条第一項（第四十七条第三項（第八十三条で準用する場合を含む。）、第百二十三条第二項、第八十六条第二項又は第百八十七条第二項で準用する場合を含む。）、第四十九条（第八十五条で準用する場合を含む。）又は第百八十五条第二項に規定する重要文化財、重要有形民俗文化財又は史跡名勝天然記念物の管理、修理又は復旧の施行の責めに任ずべき者が怠慢又は重大な過失によりその管理、修理又は復旧に係る重要文化財、重要有形民俗文化財又は史跡名勝天然記念物を滅失し、き損し、衰亡し、又は盗み取られるに至らしめたときは、三十万円以下の過料に処する。

第二百一条　次の各号のいずれかに該当する者は、三十万円以下の過料に処する。

一　正当な理由がなくて、第三十六条第一項（第八十三条及び第百七十二条第五項で準用する場合を含む。）又は第三十七条第一項の規定による重要文化財若しくは重要有形民俗文化財の管理又は国宝の修理に関する文化庁長官の命令に従わなかつた者

二　正当な理由がなくて、第百二十一条第一項（第百七十二条第五項で準用する場合を含む。）又は第百二十二条第一項の規定による史跡名勝天然記念物の管理又は特別史跡名勝天然記念物の復旧に関する文化庁長官の命令に従わなかつた者

三　正当な理由がなくて、第百三十七条第二項の規定による重要文化的景観の管理に関する勧告に係る措置を執るべき旨の文化庁長官の命令に従わなかつた者

第二百二条　次の各号のいずれかに該当する者は、十万円以下の過料に処する。

一　正当な理由がなくて、第四十五条第一項の規定による制限若しくは禁止又は施設の命令に違反した者

二　第四十六条（第八十三条で準用する場合を含む。）の規定に違反して、文化庁長官に国に対する売渡しの申出をせず、若しくは申出をした後第四十六条第五項（第八十三条で準用する場合を含む。）に規定する期間内に、国以外の者に重要文化財又は重要有形民俗文化財を譲り渡し、又は第四十六条第一項（第八十三条で準用する場合を含む。）の規定による売渡しの申出につき、虚偽の事実を申し立てた者

三　第四十八条第四項（第五十一条第三項（第八十五条で準用する場合を含む。）及び第八十五条で準用する場合を含む。）の規定に違反して、出品若しくは公開をせず、又は第五十一条第五項（第五十一条の二（第八十五条で準用する場合を含む。）、第八十四条第二項及び第八十五条で準用する場合を含む。）の規定に違反して、公開の停止若しくは中止の命令に従わなかつた者

四　第五十三条第一項、第三項又は第四項の規定に違反して、許可を受けず、若しくはその許可の条件に従わないで重要文化財を公開し、又は公開の停止の命令に従わなかつた者

五　第五十四条（第八十六条及び第百七十二条第五項で準用する場合を含む。）、第五十五条、第六十八条（第九十条第三項及び第百三十三条で準用する場合を含む。）、第百三十条（第百七十二条第五項で準用する場合を含む。）、第百三十一条又は第百四十条の規定に違反して、報告をせず、若しくは虚偽の報告をし、又は当該公務員の立入調査若しくは調査のための必要な措置の施行を拒み、妨げ、若しくは忌避した者

六　第九十二条第二項の規定に違反して、発掘の禁止、停止又は中止の命令に従わなかつた者

七　正当な理由がなくて、第百二十八条第一項の規定による制限若しくは禁止又は施設の命令に違反した者

第二百三条　次の各号のいずれかに該当する者は、五万円以下の過料に処する。

一　第二十八条第五項、第二十九条第四項（第七十九条第二項で準用する場合を含む。）、第五十六条第二項（第八十六条で準用する場合を含む。）又は第五十九条第六項若しくは第六十九条（これらの規定を第九十条第三項で準用する場合を含む。）の規定に違反して、重要文化財若しくは重要有形民俗文化財の指定書又は登録有形文化財若しくは登録有形民俗文化財の登録証を文部科学大臣に返付せず、又は新所有者に引き渡さなかつた者

二　第三十一条第三項（第六十条第四項（第

九十条第三項で準用する場合を含む。)、第八十条及び第百十九条第二項(第百三十三条で準用する場合を含む。)で準用する場合を含む。)、第三十二条(第六十条第四項(第九十条第三項で準用する場合を含む。)、第八十条及び第百二十条(第百三十三条で準用する場合を含む。)で準用する場合を含む。)、第三十三条(第八十条、第百十八条及び第百二十条(これらの規定を第百三十三条で準用する場合を含む。)並びに第百七十二条第五項で準用する場合を含む。)、第三十四条(第八十条及び第百七十二条第五項で準用する場合を含む。)、第四十三条の二第一項、第六十一条若しくは第六十二条(これらの規定を第九十条第三項で準用する場合を含む。)、第六十四条第一項(第九十条第三項及び第百三十三条で準用する場合を含む。)、第六十五条第一項(第九十条第三項で準用する場合を含む。)、第七十三条、第八十一条第一項、第八十四条第一項本文、第九十二条第一項、第九十六条第一項、第百十五条第二項(第百二十条、第百三十三条及び第百七十二条第五項で準用する場合を含む。)、第百二十七条第一項、第百三十六条又は第百三十九条第一項の規定に違反して、届出をせず、又は虚偽の届出をした者

三 第三十二条の二第五項(第三十四条の三第二項(第八十三条で準用する場合を含む。)、第六十条第四項及び第六十三条第二項(これらの規定を第九十条第三項で準用する場合を含む。)並びに第八十条で準用する場合を含む。)又は第百十五条第四項(第百三十三条で準用する場合を含む。)の規定に違反して、管理、修理若しくは復旧又は管理、修理若しくは復旧のため必要な措置を拒み、妨げ、又は忌避した者

〈以下省略〉

7 生物の多様性に関する条約
(抄録)

(平成五年一十二月二十一日条約第九号)
第一条 目的
この条約は、生物の多様性の保全、その構成要素の持続可能な利用及び遺伝資源の利用から生ずる利益の公正かつ衡平な配分をこの条約の関係規定に従って実現することを目的とする。この目的は、特に、遺伝資源の取得の適当な機会の提供及び関連のある技術の適当な移転(これらの提供及び移転は、当該遺伝資源及び当該関連のある技術についてのすべての権利を考慮して行う。)並びに適当な資金供与の方法により達成する。

第二条 用語
この条約の適用上、「生物の多様性」とは、すべての生物(陸上生態系、海洋その他の水界生態系、これらが複合した生態系その他生息又は生育の場のいかんを問わない。)の間の変異性をいうものとし、種内の多様性、種間の多様性及び生態系の多様性を含む。

「生物資源」には、現に利用され若しくは将来利用されることがある又は人類にとって現実の若しくは潜在的な価値を有する遺伝資源、生物又はその部分、個体群その他生態系の生物的な構成要素を含む。

「バイオテクノロジー」とは、物又は方法を特定の用途のために作り出し又は改変するため、生物システム、生物又はその派生物を利用する応用技術をいう。

「遺伝資源の原産国」とは、生息域内状況において遺伝資源を有する国をいう。

「遺伝資源の提供国」とは、生息域内の供給源(野生種の個体群であるか飼育種又は栽培種の個体群であるかを問わない。)から採取された遺伝資源又は生息域外の供給源から取り出された遺伝資源(自国が原産国であるかないかを問わない。)を提供する国をいう。

「飼育種又は栽培種」とは、人がその必要を満たすため進化の過程に影響を与えた種をいう。

「生態系」とは、植物、動物及び微生物の群集とこれらを取り巻く非生物的な環境とが相互に作用して一の機能的な単位を成す動的な複合体をいう。

「生息域外保全」とは、生物の多様性の構成要素を自然の生息地の外において保全することをいう。

「遺伝素材」とは、遺伝の機能的な単位を有する植物、動物、微生物その他に由来する素材をいう。

「遺伝資源」とは、現実の又は潜在的な価

「生息地」とは、生物の個体若しくは個体群が自然に生息し若しくは生育している場所又はその類型をいう。

「生息域内状況」とは、遺伝資源が生態系及び自然の生息地において存在している状況をいい、飼育種又は栽培種については、当該飼育種又は栽培種が特有の性質を得た環境において存在している状況をいう。

「生息域内保全」とは、生態系及び自然の生息地を保全し、並びに存続可能な種の個体群を自然の生息環境において維持し及び回復することをいい、飼育種又は栽培種については、存続可能な種の個体群を当該飼育種又は栽培種が特有の性質を得た環境において維持し及び回復することをいう。

「保護地域」とは、保全のための特定の目的を達成するために指定され又は規制され及び管理されている地理的に特定された地域をいう。

「地域的な経済統合のための機関」とは、特定の地域の主権国家によって構成される機関であって、この条約が規律する事項に関しその加盟国から権限の委譲を受け、かつ、その内部手続に従ってこの条約の署名、批准、受諾若しくは承認又はこれへの加入の正当な委任を受けたものをいう。

「持続可能な利用」とは、生物の多様性の長期的な減少をもたらさない方法及び速度で生物の多様性の構成要素を利用し、もって、現在及び将来の世代の必要及び願望を満たすように生物の多様性の可能性を維持することをいう。

「技術」には、バイオテクノロジーを含む。
〈中略〉
第八条　生息域内保全
締約国は、可能な限り、かつ、適当な場合には、次のことを行う。

(a)保護地域又は生物の多様性を保全するために特別の措置をとる必要がある地域に関する制度を確立すること。

(b)必要な場合には、保護地域又は生物の多様性を保全するために特別の措置をとる必要がある地域の選定、設定及び管理のための指針を作成すること。

(c)生物の多様性の保全のために重要な生物資源の保全及び持続可能な利用を確保するため、保護地域の内外を問わず、当該生物資源について規制を行い又は管理すること。

(d)生態系及び自然の生息地の保護並びに存続可能な種の個体群の自然の生息環境における維持を促進すること。

(e)保護地域における保護を補強するため、保護地域に隣接する地域における開発が環境上適正かつ持続可能なものとなることを促進すること。

(f)特に、計画その他管理のための戦略の作成及び実施を通じ、劣化した生態系を修復し及び復元し並びに脅威にさらされている種の回復を促進すること。

(g)バイオテクノロジーにより改変された生物であって環境上の悪影響（生物の多様性の保全及び持続可能な利用に対して及び得るもの）を与えるおそれのあるものの利用及び放出に係る危険について、人の健康に対する危険も考慮して、これを規制し、管理し又は制御するための手段を設定し又は維持すること。

(h)生態系、生息地若しくは種を脅かす外来種の導入を防止し又はそのような外来種を制御し若しくは撲滅すること。

(i)現在の利用が生物の多様性の保全及びその構成要素の持続可能な利用と両立するために必要な条件を整えるよう努力すること。

(j)自国の国内法令に従い、生物の多様性の保全及び持続可能な利用に関連する伝統的な生活様式を有する原住民の社会及び地域社会の知識、工夫及び慣行を尊重し、保存し及び維持すること、そのような知識、工夫及び慣行を有する者の承認及び参加を得てそれらの一層広い適用を促進すること並びにそれらの利用がもたらす利益の衡平な配分を奨励すること。

(k)脅威にさらされている種及び個体群を保護するために必要な法令その他の規制措置を定め又は維持すること。

(l)前条の規定により生物の多様性に対し著しい悪影響があると認められる場合には、関係する作用及び活動の種類を規制し又は管理すること。

(m)(a)から(l)までに規定する生息域内保全のための財政的な支援その他の支援（特に

開発途上国に対するもの）を行うことについて協力すること。
第九条　生息域外保全
　締約国は、可能な限り、かつ、適当な場合には、主として生息域内における措置を補完するため、次のことを行う。
　(a)生物の多様性の構成要素の生息域外保全のための措置をとること。この措置は、生物の多様性の構成要素の原産国においてとることが望ましい。
　(b)植物、動物及び微生物の生息域外保全及び研究のための施設を設置し及び維持すること。その設置及び維持は、遺伝資源の原産国において行うことが望ましい。
　(c)脅威にさらされている種を回復し及びその機能を修復するため並びに当該種を適当な条件の下で自然の生息地に再導入するための措置をとること。
　(d)(c)の規定により生息域外における特別な暫定的措置が必要とされる場合を除くほか、生態系及び生息域内における種の個体群を脅かさないようにするため、生息域外保全を目的とする自然の生息地からの生物資源の採取を規制し及び管理すること。
　(e)(a)から(d)までに規定する生息域外保全のための財政的な支援その他の支援を行うことについて並びに開発途上国における生息域外保全のための施設の設置及び維持について協力すること。
第十条　生物の多様性の構成要素の持続可能な利用
　締約国は、可能な限り、かつ、適当な場合には、次のことを行う。
　(a)生物資源の保全及び持続可能な利用についての考慮を自国の意思決定に組み入れること。
　(b)生物の多様性への悪影響を回避し又は最小にするため、生物資源の利用に関連する措置をとること。
　(c)保全又は持続可能な利用の要請と両立する伝統的な文化的慣行に沿った生物資源の利用慣行を保護し及び奨励すること。
　(d)生物の多様性が減少した地域の住民による修復のための作業の準備及び実施を支援すること。
　(e)生物資源の持続可能な利用のための方法の開発について、自国の政府機関と民間部門との間の協力を促進すること。
〈以下省略〉

8　自然環境保全法（抄録）

(昭和四十七年六月二十二日法律第八十五号)
最終改正：平成二十六年六月十三日法律第六十九号

　　　第一章　総則
（目的）
第一条　この法律は、自然公園法（昭和三十二年法律第百六十一号）その他の自然環境の保全を目的とする法律と相まって、自然環境を保全することが特に必要な区域等の生物の多様性の確保その他の自然環境の適正な保全を総合的に推進することにより、広く国民が自然環境の恵沢を享受するとともに、将来の国民にこれを継承できるようにし、もって現在及び将来の国民の健康で文化的な生活の確保に寄与することを目的とする。
〈中略〉
　　　第二節　保全
（行為の制限）
第十七条　原生自然環境保全地域内においては、次の各号に掲げる行為をしてはならない。ただし、環境大臣が学術研究その他公益上の事由により特に必要と認めて許可した場合又は非常災害のために必要な応急措置として行う場合は、この限りでない。
一　建築物その他の工作物を新築し、改築し、又は増築すること。
二　宅地を造成し、土地を開墾し、その他土地の形質を変更すること。
三　鉱物を掘採し、又は土石を採取すること。
四　水面を埋め立て、又は干拓すること。
五　河川、湖沼等の水位又は水量に増減を及ぼさせること。
六　木竹を伐採し、又は損傷すること。
七　木竹以外の植物を採取し、若しくは損傷し、又は落葉若しくは落枝を採取すること。
八　木竹を植栽すること。
九　木竹以外の植物を植栽し、又は植物の種子をまくこと。

十　動物を捕獲し、若しくは殺傷し、又は動物の卵を採取し、若しくは損傷すること。
十一　動物を放つこと（家畜の放牧を含む。）。
十二　火入れ又はたき火をすること。
十三　廃棄物を捨て、又は放置すること。
十四　屋外において物を集積し、又は貯蔵すること。
十五　車馬若しくは動力船を使用し、又は航空機を着陸させること。
十六　前各号に掲げるもののほか、原生自然環境保全地域における自然環境の保全に影響を及ぼすおそれがある行為で政令で定めるもの
〈中略〉
　　　第四章　自然環境保全地域
第一節　指定等
（指定）
第二十二条　環境大臣は、原生自然環境保全地域以外の区域で次の各号のいずれかに該当するもののうち、自然的社会的諸条件からみてその区域における自然環境を保全することが特に必要なものを自然環境保全地域として指定することができる。
一　高山性植生又は亜高山性植生が相当部分を占める森林又は草原の区域（これと一体となつて自然環境を形成している土地の区域を含む。）でその面積が政令で定める面積以上のもの（政令で定める地域にあつては、政令で定める標高以上の標高の土地の区域に限る。）
二　優れた天然林が相当部分を占める森林の区域（これと一体となつて自然環境を形成している土地の区域を含む。）でその面積が政令で定める面積以上のもの
三　地形若しくは地質が特異であり、又は特異な自然の現象が生じている土地の区域及びこれと一体となつて自然環境を形成している土地の区域でその面積が政令で定める面積以上のもの
四　その区域内に生存する動植物を含む自然環境が優れた状態を維持している海岸、湖沼、湿原又は河川の区域でその面積が政令で定める面積以上のもの
五　その海域内に生存する熱帯魚、さんご、海藻その他の動植物を含む自然環境が優れた状態を維持している海域でその面積が政令で定める面積以上のもの
六　植物の自生地、野生動物の生息地その他の政令で定める土地の区域でその区域における自然環境が前各号に掲げる区域における自然環境に相当する程度を維持しているもののうち、その面積が政令で定める面積以上のもの
〈中略〉
　　第二節　保全
（特別地区）
第二十五条　環境大臣は、自然環境保全地域に関する保全計画に基づいて、その区域内に、特別地区を指定することができる。
2　第十四条第四項及び第五項の規定は、特別地区の指定及び指定の解除並びにその区域の変更について準用する。
3　環境大臣は、特別地区を指定し、又はその区域を拡張するときは、あわせて、当該自然環境保全地域に関する保全計画に基づいて、その区域内において次項の許可を受けないで行なうことができる木竹の伐採（第十項に規定する行為に該当するものを除く。）の方法及びその限度を農林水産大臣と協議して指定するものとする。自然環境保全地域に関する保全計画で当該特別地区に係るものの変更（第二十三条第二項第三号に掲げる事項に係る変更以外の変更を除く。）をするときも、同様とする。
4　特別地区内においては、次に掲げる行為は、環境大臣の許可を受けなければ、してはならない。ただし、非常災害のために必要な応急措置として行う行為、第一号若しくは第六号に掲げる行為で森林法第二十五条第一項若しくは第二項若しくは第二十五条の二第一項若しくは第二項の規定により指定する保安林の区域若しくは同法第四十一条の規定により指定された保安施設地区（第二十八条第一項において「保安林等の区域」という。）内において同法第三十四条第二項（同法第四十四条　において準用する場合を含む。）の許可を受けた者が行う当該許可に係るもの、第二号に掲げる行為で前項の規定により環境大臣が指定する方法により当該限度内において行うもの又は第三号に掲げる行為で森林の整備及び保全を図るために行うものについては、

この限りでない。
一　第十七条第一項第一号から第五号までに掲げる行為
二　木竹を伐採すること。
三　環境大臣が指定する区域内において木竹を損傷すること。
四　環境大臣が指定する区域内において当該区域が本来の生育地でない植物で、当該区域における自然環境の保全に影響を及ぼすおそれがあるものとして環境大臣が指定するものを植栽し、又は当該植物の種子をまくこと。
五　環境大臣が指定する区域内において当該区域が本来の生息地でない動物で、当該区域における自然環境の保全に影響を及ぼすおそれがあるものとして環境大臣が指定するものを放つこと（当該指定する動物が家畜である場合における当該家畜である動物の放牧を含む。）。
六　環境大臣が指定する湖沼又は湿原及びこれらの周辺一キロメートルの区域内において当該湖沼若しくは湿原又はこれらに流水が流入する水域若しくは水路に汚水又は廃水を排水設備を設けて排出すること。
七　道路、広場、田、畑、牧場及び宅地以外の地域のうち環境大臣が指定する区域内において車馬若しくは動力船を使用し、又は航空機を着陸させること。
〈中略〉

（野生動植物保護地区）
第二十六条　環境大臣は、特別地区内における特定の野生動植物の保護のために特に必要があると認めるときは、自然環境保全地域に関する保全計画に基づいて、その区域内に、当該保護すべき野生動植物の種類ごとに、野生動植物保護地区を指定することができる。
2　第十四条第四項及び第五項の規定は、野生動植物保護地区の指定及び指定の解除並びにその区域の変更について準用する。
3　何人も、野生動植物保護地区内においては、当該野生動植物保護地区に係る野生動植物（動物の卵を含む。）を捕獲し、若しくは殺傷し、又は採取し、若しくは損傷してはならない。ただし、次の各号に掲げる場合は、この限りでない。
一　前条第四項の許可を受けた行為（第三十条において準用する第二十一条第一項後段の規定による協議に係る行為を含む。）を行うためにする場合
二　非常災害のために必要な応急措置を行うためにする場合
三　自然環境保全地域に関する保全事業を執行するためにする場合
四　認定生態系維持回復事業等を行うためにする場合
五　法令に基づいて国又は地方公共団体が行う行為のうち、自然環境保全地域における自然環境の保全に支障を及ぼすおそれがないもので環境省令で定めるものを行うためにする場合
六　通常の管理行為又は軽易な行為のうち、自然環境保全地域における自然環境の保全に支障を及ぼすおそれがないもので環境省令で定めるものを行うためにする場合
七　前各号に掲げるもののほか、環境大臣が特に必要があると認めて許可した場合
4　第十七条第二項の規定は、前項第七号の許可について準用する。

（海域特別地区）
第二十七条　環境大臣は、自然環境保全地域に関する保全計画に基づいて、その区域内に、海域特別地区を指定することができる。
2　第十四条第四項及び第五項の規定は、海域特別地区の指定及び指定の解除並びにその区域の変更について準用する。
3　海域特別地区内においては、次の各号に掲げる行為は、環境大臣の許可を受けなければ、してはならない。ただし、非常災害のために必要な応急措置として行う行為又は第一号から第三号まで、第六号及び第七号に掲げる行為で漁具の設置その他漁業を行うために必要とされるものについては、この限りでない。
一　工作物を新築し、改築し、又は増築すること。
二　海底の形質を変更すること。
三　鉱物を掘採し、又は土石を採取すること。
四　海面を埋め立て、又は干拓すること。
五　環境大臣が指定する区域内において、熱帯魚、さんご、海藻その他の動植物で、当該区域ごとに環境大臣が農林水産大臣の同意を得て指定するものを捕獲し、若しくは殺傷し、又は採取し、若しくは損傷すること。

六　物を係留すること。
〈中略〉
（普通地区）
第二十八条　自然環境保全地域の区域のうち特別地区及び海域特別地区に含まれない区域（以下「普通地区」という。）内において次の各号に掲げる行為をしようとする者は、環境大臣に対し、環境省令で定めるところにより、行為の種類、場所、施行方法及び着手予定日その他環境省令で定める事項を届け出なければならない。ただし、第一号から第三号までに掲げる行為で森林法第三十四条第二項本文の規定に該当するものを保安林等の区域内においてしようとする者及び第一号から第三号までに掲げる行為で海域内において漁具の設置その他漁業を行うために必要とされるものをしようとする者は、この限りでない。
一　その規模が環境省令で定める基準をこえる建築物その他の工作物を新築し、改築し、又は増築すること（改築又は増築後において、その規模が環境省令で定める基準をこえるものとなる場合における改築又は増築を含む。）。
二　宅地を造成し、土地を開墾し、その他土地（海底を含む。）の形質を変更すること。
三　鉱物を掘採し、又は土石を採取すること。
四　水面を埋め立て、又は干拓すること。
五　特別地区内の河川、湖沼等の水位又は水量に増減を及ぼさせること。
〈中略〉
（保全）
第四十六条　都道府県は、都道府県自然環境保全地域における自然環境を保全するため、条例で定めるところにより、その区域内に特別地区（野生動植物保護地区を含む。）を指定し、かつ、特別地区（野生動植物保護地区を含む。）内及び都道府県自然環境保全地域の区域のうち特別地区に含まれない区域内における行為につき、それぞれ自然環境保全地域の特別地区（野生動植物保護地区を含む。）又は普通地区における行為に関する第四章第二節の規定による規制の範囲内において必要な規制を定めることができる。この場合においては、当該地域に係る住民の農林漁業等の生業の安定及び福祉の向上に配慮しなければならない。
2　都道府県は、前項の規定に基づく条例で第十八条第一項の権限に相当する都道府県知事の権限を定めた場合においては、当該条例で、都道府県知事が同条第二項及び第三項の規定の例によりその職員にその権限の一部を行なわせることができる旨を定めることができる。
3　第三十二条の規定は、第一項の規定に基づく条例の規定による処分に対する不服について準用する。
〈以下省略〉

9　鳥獣の保護及び管理並びに狩猟の適正化に関する法律（抄録）

（平成十四年七月十二日法律第八十八号）
最終改正：平成二十六年五月三十日法律第四十六号

　　　第一章　総則
（目的）
第一条　この法律は、鳥獣の保護及び管理を図るための事業を実施するとともに、猟具の使用に係る危険を予防することにより、鳥獣の保護及び管理並びに狩猟の適正化を図り、もって生物の多様性の確保（生態系の保護を含む。以下同じ。）、生活環境の保全及び農林水産業の健全な発展に寄与することを通じて、自然環境の恵沢を享受できる国民生活の確保及び地域社会の健全な発展に資することを目的とする。
（定義）
第二条　この法律において「鳥獣」とは、鳥類又は哺乳類に属する野生動物をいう。
2　この法律において鳥獣について「保護」とは、生物の多様性の確保、生活環境の保全又は農林水産業の健全な発展を図る観点から、その生息数を適正な水準に増加させ、若しくはその生息地を適正な範囲に拡大させること又はその生息数の水準及びその生息地の範囲を維持することをいう。
3　この法律において鳥獣について「管理」とは、生物の多様性の確保、生活環境の保全又は農林水産業の健全な発展を図る観点から、

その生息数を適正な水準に減少させ、又はその生息地を適正な範囲に縮小させることをいう。
4 この法律において「希少鳥獣」とは、国際的又は全国的に保護を図る必要があるものとして環境省令で定める鳥獣をいう。
5 この法律において「指定管理鳥獣」とは、希少鳥獣以外の鳥獣であって、集中的かつ広域的に管理を図る必要があるものとして環境省令で定めるものをいう。
6 この法律において「法定猟法」とは、銃器（装薬銃及び空気銃（圧縮ガスを使用するものを含む。以下同じ。）をいう。以下同じ。）、網又はわなであって環境省令で定めるものを使用する猟法その他環境省令で定める猟法をいう。
7 この法律において「狩猟鳥獣」とは、希少鳥獣以外の鳥獣であって、その肉又は毛皮を利用する目的、管理をする目的その他の目的で捕獲等（捕獲又は殺傷をいう。以下同じ。）の対象となる鳥獣（鳥類のひなを除く。）であって、その捕獲等がその生息の状況に著しく影響を及ぼすおそれのないものとして環境省令で定めるものをいう。
8 この法律において「狩猟」とは、法定猟法により、狩猟鳥獣の捕獲等をすることをいう。
9 この法律において「狩猟期間」とは、毎年十月十五日（北海道にあっては、毎年九月十五日）から翌年四月十五日までの期間で狩猟鳥獣の捕獲等をすることができる期間をいう。
10 環境大臣は、第七項の環境省令を定め、又はこれを変更しようとするときは、あらかじめ、公聴会を開いて利害関係人の意見を聴いた上で、農林水産大臣に協議するとともに、中央環境審議会の意見を聴かなければならない。

第二章 基本指針等
（基本指針）
第三条 環境大臣は、鳥獣の保護及び管理を図るための事業（第三十五条第一項に規定する特定猟具使用禁止区域及び特定猟具使用制限区域並びに第六十八条第一項に規定する猟区に関する事項を含む。以下「鳥獣保護管理事業」という。）を実施するための基本的な指針（以下「基本指針」という。）を定めるものとする。
2 基本指針においては、次に掲げる事項について定めるものとする。
一 鳥獣保護管理事業の実施に関する基本的事項
二 次条第一項に規定する鳥獣保護管理事業計画において同条第二項第一号の鳥獣保護管理事業計画の計画期間を定めるに当たって遵守すべき基準その他当該鳥獣保護管理事業計画の作成に関する事項
三 希少鳥獣の保護に関する事項
四 指定管理鳥獣の管理に関する事項
五 その他鳥獣保護管理事業を実施するために必要な事項
3 環境大臣は、基本指針を定め、又はこれを変更しようとするときは、あらかじめ、農林水産大臣に協議するとともに、中央環境審議会の意見を聴かなければならない。
4 環境大臣は、基本指針を定め、又はこれを変更したときは、遅滞なく、これを公表するとともに、都道府県知事に通知しなければならない。

（鳥獣保護事業計画）
第四条 都道府県知事は、基本指針に即して、当該都道府県知事が行う鳥獣保護管理事業の実施に関する計画（以下「鳥獣保護管理事業計画」という。）を定めるものとする。
2 鳥獣保護管理事業計画においては、次に掲げる事項を定めるものとする。
一 鳥獣保護管理事業計画の計画期間
二 第二十八条第一項の規定により都道府県知事が指定する鳥獣保護区、第二十九条第一項に規定する特別保護地区及び第三十四条第一項に規定する休猟区に関する事項
三 鳥獣の人工増殖（人工的な方法により鳥獣を増殖させることをいう。以下同じ。）及び放鳥獣（鳥獣の保護のためにその生息地に当該鳥獣を解放することをいう。以下同じ。）に関する事項
四 第九条第一項の許可（鳥獣の管理の目的に係るものに限る。）に関する事項
五 第三十五条第一項に規定する特定猟具使用禁止区域及び特定猟具使用制限区域並びに第六十八条第一項に規定する猟区に関する事

項
六　第七条第一項に規定する第一種特定鳥獣保護計画を作成する場合においては、その作成に関する事項
七　第七条の二第一項に規定する第二種特定鳥獣管理計画を作成する場合においては、その作成に関する事項
八　鳥獣の生息の状況の調査に関する事項
九　鳥獣保護管理事業の実施体制に関する事項
3　鳥獣保護管理事業計画においては、前項各号に掲げる事項のほか、鳥獣保護管理事業に関する普及啓発に関する事項その他鳥獣保護管理事業を実施するために必要な事項を定めるよう努めるものとする。
4　都道府県知事は、鳥獣保護管理事業計画を定め、又はこれを変更しようとするときは、あらかじめ、自然環境保全法（昭和四十七年法律第八十五号）第五十一条の規定により置かれる審議会その他の合議制の機関（以下「合議制機関」という。）の意見を聴かなければならない。
5　都道府県知事は、鳥獣保護管理事業計画を定め、又はこれを変更したときは、遅滞なく、これを公表するよう努めるとともに、環境大臣に報告しなければならない。

〈中略〉

　　　第三章　鳥獣保護事業の実施
〈中略〉
第二節　鳥獣の飼養、販売等の規制
〈中略〉
（鳥獣等の輸出の規制）
第二十五条　鳥獣（その加工品であって環境省令で定めるものを含む。以下この条において同じ。）又は鳥類の卵であって環境省令で定めるものは、この法律に違反して捕獲又は採取をしたものではないことを証する証明書（以下「適法捕獲等証明書」という。）を添付してあるものでなければ、輸出してはならない。
2　適法捕獲等証明書の交付を受けようとする者は、環境省令で定めるところにより、環境大臣に申請をしなければならない。
3　環境大臣は、前項の申請に係る鳥獣又は鳥類の卵が違法に捕獲又は採取をされたものではないと認められるときは、環境省令で定めるところにより、適法捕獲等証明書を交付しなければならない。
4　適法捕獲等証明書の交付を受けた者は、その者が適法捕獲等証明書を亡失し、又は適法捕獲等証明書が滅失したときは、環境省令で定めるところにより、環境大臣に申請をして、適法捕獲等証明書の再交付を受けることができる。
5　適法捕獲等証明書の交付を受けた者は、次の各号のいずれかに該当することとなった場合は、環境省令で定めるところにより、その適法捕獲等証明書（第二号の場合にあっては、発見し、又は回復した適法捕獲等証明書）を、環境大臣に返納しなければならない。
一　第七項の規定により適法捕獲等証明書の効力が取り消されたとき。
二　前項の規定により適法捕獲等証明書の再交付を受けた後において亡失した適法捕獲等証明書を発見し、又は回復したとき。
6　環境大臣は、第一項の規定に違反した者に対し、同項に規定する鳥獣の保護を図るため必要があると認めるときは、当該違反に係る鳥獣を解放することその他の必要な措置をとるべきことを命ずることができる。
7　環境大臣は、適法捕獲等証明書の交付を受けた者がこの法律若しくはこの法律に基づく命令の規定又はこの法律に基づく処分に違反した場合において、前項に規定するときは、その適法捕獲等証明書の効力を取り消すことができる。
（鳥獣等の輸入等の規制）
第二十六条　鳥獣（その加工品であって環境省令で定めるものを含む。以下この条において同じ。）又は鳥類の卵であって環境省令で定めるものは、当該鳥獣又は鳥類の卵が適法に捕獲若しくは採取をされたこと又は輸出が許可されたことを証する外国の政府機関その他環境大臣が定める者により発行された証明書を添付してあるものでなければ、輸入してはならない。ただし、当該鳥獣又は鳥類の卵の捕獲若しくは採取又は輸出に関し証明する制度を有しない国又は地域として環境大臣が定める国又は地域から輸入する場合は、この限りでない。

2　前項に規定する鳥獣のうち環境省令で定めるものを輸入した者は、輸入後速やかに、当該鳥獣（以下「特定輸入鳥獣」という。）につき、環境大臣から、当該特定輸入鳥獣が同項の規定に適合して輸入されたものであることを表示する標識（以下この条において単に「標識」という。）の交付を受け、当該特定輸入鳥獣にこれを着けなければならない。
3　標識の交付を受けようとする者は、環境省令で定めるところにより、環境大臣に申請をしなければならない。
4　環境大臣は、前項の申請に係る特定輸入鳥獣が第一項の規定に適合して輸入されたものであると認められるときは、環境省令で定めるところにより、標識を交付しなければならない。
5　標識は、環境省令で定めるやむを得ない場合を除き、その標識に係る特定輸入鳥獣から取り外してはならない。
6　標識が着けられていない特定輸入鳥獣は、譲渡し等をしてはならない。
7　第三項の規定により標識の交付の申請をする者は、実費を勘案して政令で定める額の手数料を国に納めなければならない。

（違法に捕獲又は輸入した鳥獣の飼養、譲渡し等の禁止）
第二十七条　この法律に違反して、捕獲し、若しくは輸入した鳥獣（この法律に違反して、採取し、又は輸入した鳥類の卵からふ化されたもの及びこれらの加工品であって環境省令で定めるものを含む。）又は採取し、若しくは輸入した鳥類の卵は、飼養、譲渡し若しくは譲受け又は販売、加工若しくは保管のため引渡し若しくは引受けをしてはならない。

第三節　鳥獣保護区
（鳥獣保護区）
第二十八条　環境大臣又は都道府県知事は、鳥獣の種類その他鳥獣の生息の状況を勘案して当該鳥獣の保護を図るため特に必要があると認めるときは、それぞれ次に掲げる区域を鳥獣保護区として指定することができる。
一　環境大臣にあっては、国際的又は全国的な鳥獣の保護のため重要と認める区域
二　都道府県知事にあっては、当該都道府県の区域内の鳥獣の保護のため重要と認める区域であって、前号に掲げる区域以外の区域
2　前項の規定による指定又はその変更は、鳥獣保護区の名称、区域、存続期間及び当該鳥獣保護区の保護に関する指針を定めてするものとする。
3　環境大臣又は都道府県知事は、第一項の規定による指定をし、又はその変更をしようとするとき（変更にあっては、鳥獣保護区の区域を拡張するときに限る。次項から第六項までにおいて同じ。）は、あらかじめ、関係地方公共団体の意見を聴かなければならない。
4　環境大臣又は都道府県知事は、第一項の規定による指定をし、又はその変更をしようとするときは、あらかじめ、環境省令で定めるところにより、その旨を公告し、公告した日から起算して十四日（都道府県知事にあっては、その定めるおおむね十四日の期間）を経過する日までの間、当該鳥獣保護区の名称、区域、存続期間及び当該鳥獣保護区の保護に関する指針の案（次項及び第六項において「指針案」という。）を公衆の縦覧に供しなければならない。
5　前項の規定による公告があったときは、第一項の規定による指定をし、又はその変更をしようとする区域の住民及び利害関係人は、前項に規定する期間が経過する日までの間に、環境大臣又は都道府県知事に指針案についての意見書を提出することができる。
6　環境大臣又は都道府県知事は、指針案について異議がある旨の前項の意見書の提出があったとき、その他鳥獣保護区の指定又は変更に関し広く意見を聴く必要があると認めるときは、環境大臣にあっては公聴会を開催するものとし、都道府県知事にあっては公聴会の開催その他の必要な措置を講ずるものとする。
7　鳥獣保護区の存続期間は、二十年を超えることができない。ただし、二十年以内の期間を定めてこれを更新することができる。
8　環境大臣又は都道府県知事は、鳥獣の生息の状況の変化その他の事情の変化により第一項の規定による指定の必要がなくなったと認めるとき、又はその指定を継続することが適当でないと認めるときは、その指定を解除しなければならない。
9　第二項並びに第十五条第二項、第三項、

第十三項及び第十四項の規定は第七項ただし書の規定による更新について、第三条第三項の規定は第一項の規定により環境大臣が行う指定及びその変更（鳥獣保護区の区域を拡張するものに限る。）について、第四条第四項及び第十二条第四項の規定は第一項の規定により都道府県知事が行う指定及びその変更（第四条第四項の場合にあっては、鳥獣保護区の区域を拡張するものに限る。）について、第十五条第二項、第三項、第十三項及び第十四項の規定は第一項の規定による指定及びその変更について準用する。この場合において、同条第二項中「その旨並びにその名称、区域及び存続期間」とあるのは「その旨並びに鳥獣保護区の名称、区域、存続期間及び当該鳥獣保護区の保護に関する指針」と、同条第三項中「前項の規定による公示」とあるのは「第二十八条第九項において読み替えて準用する前項の規定による公示」と読み替えるものとする。

10　第十二条第四項の規定は第八項の規定により都道府県知事が行う鳥獣保護区の指定の解除について、第十五条第二項及び第三項の規定は第八項の規定による指定の解除について準用する。この場合において、同条第二項中「その旨並びにその名称、区域及び存続期間」とあるのは「その旨及び解除に係る区域」と、同条第三項中「前項の規定による公示」とあるのは「第二十八条第十項において読み替えて準用する前項の規定による公示」と読み替えるものとする。

11　鳥獣保護区の区域内の土地又は木竹に関し、所有権その他の権利を有する者は、正当な理由がない限り、環境大臣又は都道府県知事が当該土地又は木竹に鳥獣の生息及び繁殖に必要な営巣、給水、給餌等の施設を設けることを拒んではならない。

（鳥獣保護区における保全事業）

第二十八条の二　国又は都道府県は、鳥獣保護区における鳥獣の生息の状況に照らして必要があると認めるときは、国にあっては前条第一項の規定により環境大臣が指定する鳥獣保護区（以下「国指定鳥獣保護区」という。）において、都道府県にあっては同項の規定により都道府県知事が指定する鳥獣保護区（以下「都道府県指定鳥獣保護区」という。）において、保全事業（鳥獣の生息地の保護及び整備を図るための鳥獣の繁殖施設の設置その他の事業であって環境省令で定めるものをいう。以下同じ。）を実施するものとする。

2　環境大臣以外の国の機関は、国指定鳥獣保護区における保全事業を実施しようとするときは、環境大臣に協議しなければならない。

3　地方公共団体は、次に掲げる場合にあっては環境大臣に協議してその同意を得、それ以外の場合にあっては環境大臣に協議して、国指定鳥獣保護区における保全事業の一部を実施することができる。

一　当該保全事業として希少鳥獣の捕獲等又は希少鳥獣のうちの鳥類の卵の採取等をするとき。

二　当該保全事業として第九条第一項第三号の環境省令で定める網又はわなを使用して鳥獣の捕獲等をするとき。

4　都道府県以外の地方公共団体は、前項各号に掲げる場合に該当する場合にあっては都道府県知事に協議してその同意を得、それ以外の場合にあっては都道府県知事に協議して、都道府県指定鳥獣保護区における保全事業の一部を実施することができる。

5　都道府県が第一項の規定による保全事業を実施する場合において第三項各号に掲げる場合に該当するとき又は都道府県知事が前項の規定により保全事業について同意をしようとする場合は、都道府県又は都道府県知事は、環境大臣に協議し、その同意を得なければならない。

6　第一項、第三項及び第四項の規定により保全事業として実施する行為については、第八条、第十六条第一項及び第二項並びに次条第七項の規定は、適用しない。

（特別保護地区）

第二十九条　環境大臣又は都道府県知事は、それぞれ鳥獣保護区の区域内で鳥獣の保護又は鳥獣の生息地の保護を図るため特に必要があると認める区域を特別保護地区として指定することができる。

2　特別保護地区の存続期間は、当該特別保護地区が属する鳥獣保護区の存続期間の範囲内において環境大臣又は都道府県知事が定める期間とする。

3　環境大臣又は都道府県知事は、鳥獣の生息の状況の変化その他の事情の変化により第一項の規定による指定の必要がなくなったと認めるとき、又はその指定を継続することが適当でないと認めるときは、その指定を解除しなければならない。

4　第二項の規定は第一項の規定による指定の変更について、第三条第三項の規定は第一項の規定により環境大臣が行う指定及びその変更（特別保護地区の区域を拡張し、又は存続期間を延長するものに限る。）について、第四条第四項及び第十二条第四項の規定は第一項の規定により都道府県知事が行う指定及びその変更（第四条第四項の場合にあっては、特別保護地区の区域を拡張し、又は存続期間を延長するものに限る。）について、第十五条第二項、第三項、第十三項及び第十四項並びに第二十八条第二項から第六項までの規定は第一項の規定による指定及びその変更（同条第三項から第六項までの場合にあっては、特別保護地区の区域を拡張し、又は存続期間を延長するものに限る。）について準用する。この場合において、第十二条第四項中「環境大臣に届け出なければ」とあるのは「特別保護地区の存続期間の終了後引き続き当該特別保護地区の区域と同一の区域を特別保護地区として指定する場合又は特別保護地区の存続期間を延長する場合にあっては環境大臣に届け出、これら以外の場合にあっては環境大臣に協議しなければ」と、第十五条第二項中「その旨並びにその名称、区域及び存続期間」とあるのは「その旨並びに特別保護地区の名称、区域、存続期間及び当該特別保護地区の保護に関する指針」と、同条第三項中「前項の規定による公示」とあるのは「第二十九条第四項において読み替えて準用する前項の規定による公示」と読み替えるものとする。

5　第十二条第四項の規定は第三項の規定により都道府県知事が行う指定の解除について、第十五条第二項及び第三項の規定は第三項の規定による指定の解除について準用する。この場合において、第十二条第四項中「届け出なければ」とあるのは「協議しなければ」と、第十五条第二項中「その旨並びにその名称、区域及び存続期間」とあるのは「その旨及び解除に係る区域」と、同条第三項中「前項の規定による公示」とあるのは「第二十九条第五項において読み替えて準用する前項の規定による公示」と読み替えるものとする。

6　環境大臣は、第四項の規定により読み替えて準用する第十二条第四項の規定による協議を受けた場合（第一項の規定による指定の変更の場合にあっては、特別保護地区の区域を拡張するときに限る。）は、農林水産大臣に協議しなければならない。

7　特別保護地区の区域内においては、次に掲げる行為は、第一項の規定により環境大臣が指定する特別保護地区（以下「国指定特別保護地区」という。）にあっては環境大臣の、同項の規定により都道府県知事が指定する特別保護地区（以下「都道府県指定特別保護地区」という。）にあっては都道府県知事の許可を受けなければ、してはならない。ただし、鳥獣の保護に支障がないと認められる行為として国指定特別保護地区にあっては環境大臣が、都道府県指定特別保護地区にあっては都道府県知事がそれぞれ定めるものについては、この限りでない。

一　建築物その他の工作物を新築し、改築し、又は増築すること。

二　水面を埋め立て、又は干拓すること。

三　木竹を伐採すること。

四　前三号に掲げるもののほか、国指定特別保護地区にあっては環境大臣が、都道府県指定特別保護地区にあっては都道府県知事がそれぞれ指定する区域内において、鳥獣の保護に影響を及ぼすおそれがある行為として政令で定めるものを行うこと。

8　前項の許可を受けようとする者は、環境省令で定めるところにより、国指定特別保護地区にあっては環境大臣に、都道府県指定特別保護地区にあっては都道府県知事にそれぞれ許可の申請をしなければならない。

9　環境大臣又は都道府県知事は、前項の許可の申請があったときは、当該申請に係る行為が次の各号のいずれかに該当する場合を除き、第七項の許可をしなければならない。

一　当該行為が鳥獣の保護に重大な支障を及ぼすおそれがあるとき。

二　当該行為が鳥獣の生息地の保護に重大な支障を及ぼすおそれがあるとき。

10　環境大臣又は都道府県知事は、鳥獣の保護又は鳥獣の生息地の保護を図るため必要があると認めるときは、第七項の許可に条件を付することができる。
〈中略〉

　　　　第四章　狩猟の適正化

第一節　危険の予防
〈中略〉
（銃猟の制限）
第三十八条　日出前及び日没後においては、銃器を使用した鳥獣の捕獲等（以下「銃猟」という。）をしてはならない。
2　住居が集合している地域又は広場、駅その他の多数の者の集合する場所（以下「住居集合地域等」という。）においては、銃猟をしてはならない。ただし、次条第一項の許可を受けて麻酔銃を使用した鳥獣の捕獲等（以下「麻酔銃猟」という。）をする場合は、この限りでない。
3　弾丸の到達するおそれのある人、飼養若しくは保管されている動物、建物又は電車、自動車、船舶その他の乗物に向かって、銃猟をしてはならない。
〈以下省略〉

10　自然公園法（抄録）

（昭和三十二年六月一日法律第百六十一号）
最終改正：平成二十六年六月十三日法律第六十九号

　　　　第一章　総則
（目的）
第一条　この法律は、優れた自然の風景地を保護するとともに、その利用の増進を図ることにより、国民の保健、休養及び教化に資するとともに、生物の多様性の確保に寄与することを目的とする。
（定義）
第二条　この法律において、次の各号に掲げる用語の意義は、それぞれ当該各号に定めるところによる。
一　自然公園　国立公園、国定公園及び都道府県立自然公園をいう。
二　国立公園　我が国の風景を代表するに足りる傑出した自然の風景地（海域の景観地を含む。次章第六節及び第七十四条を除き、以下同じ。）であつて、環境大臣が第五条第一項の規定により指定するものをいう。
三　国定公園　国立公園に準ずる優れた自然の風景地であつて、環境大臣が第五条第二項の規定により指定するものをいう。
四　都道府県立自然公園　優れた自然の風景地であつて、都道府県が第七十二条の規定により指定するものをいう。
五　公園計画　国立公園又は国定公園の保護又は利用のための規制又は事業に関する計画をいう。
六　公園事業　公園計画に基づいて執行する事業であつて、国立公園又は国定公園の保護又は利用のための施設で政令で定めるものに関するものをいう。
七　生態系維持回復事業　公園計画に基づいて行う事業であつて、国立公園又は国定公園における生態系の維持又は回復を図るものをいう。
（国等の責務）
第三条　国、地方公共団体、事業者及び自然公園の利用者は、環境基本法（平成五年法律第九十一号）第三条から第五条までに定める環境の保全についての基本理念にのつとり、優れた自然の風景地の保護とその適正な利用が図られるように、それぞれの立場において努めなければならない。
2　国及び地方公共団体は、自然公園に生息し、又は生育する動植物の保護が自然公園の風景の保護に重要であることにかんがみ、自然公園における生態系の多様性の確保その他の生物の多様性の確保を旨として、自然公園の風景の保護に関する施策を講ずるものとする。
（財産権の尊重及び他の公益との調整）
第四条　この法律の適用に当たつては、自然環境保全法（昭和四十七年法律第八十五号）第三条で定めるところによるほか、関係者の所有権、鉱業権その他の財産権を尊重するとともに、国土の開発その他の公益との調整に留意しなければならない。

第二章　国立公園及び国定公園
第一節　指定
（指定）
第五条　国立公園は、環境大臣が、関係都道府県及び中央環境審議会（以下「審議会」という。）の意見を聴き、区域を定めて指定する。
2　国定公園は、環境大臣が、関係都道府県の申出により、審議会の意見を聴き、区域を定めて指定する。
3　環境大臣は、国立公園又は国定公園を指定する場合には、その旨及びその区域を官報で公示しなければならない。
4　国立公園又は国定公園の指定は、前項の公示によつてその効力を生ずる。
〈中略〉

第四節　保護及び利用
（特別地域）
第二十条　環境大臣は国立公園について、都道府県知事は国定公園について、当該公園の風致を維持するため、公園計画に基づいて、その区域（海域を除く。）内に、特別地域を指定することができる。
2　第五条第三項及び第四項の規定は、特別地域の指定及び指定の解除並びにその区域の変更について準用する。この場合において、同条第三項中「環境大臣」とあるのは「環境大臣又は都道府県知事」と、「官報」とあるのは「それぞれ官報又は都道府県の公報」と読み替えるものとする。
3　特別地域（特別保護地区を除く。以下この条において同じ。）内においては、次の各号に掲げる行為は、国立公園にあつては環境大臣の、国定公園にあつては都道府県知事の許可を受けなければ、してはならない。ただし、非常災害のために必要な応急措置として行う行為又は第三号に掲げる行為で森林の整備及び保全を図るために行うものは、この限りでない。
一　工作物を新築し、改築し、又は増築すること。
二　木竹を伐採すること。
三　環境大臣が指定する区域内において木竹を損傷すること。
四　鉱物を掘採し、又は土石を採取すること。
五　河川、湖沼等の水位又は水量に増減を及ぼさせること。
六　環境大臣が指定する湖沼又は湿原及びこれらの周辺一キロメートルの区域内において当該湖沼若しくは湿原又はこれらに流水が流入する水域若しくは水路に汚水又は廃水を排水設備を設けて排出すること。
七　広告物その他これに類する物を掲出し、若しくは設置し、又は広告その他これに類するものを工作物等に表示すること。
八　屋外において土石その他の環境大臣が指定する物を集積し、又は貯蔵すること。
九　水面を埋め立て、又は干拓すること。
十　土地を開墾しその他土地の形状を変更すること。
十一　高山植物その他の植物で環境大臣が指定するものを採取し、又は損傷すること。
十二　環境大臣が指定する区域内において当該区域が本来の生育地でない植物で、当該区域における風致の維持に影響を及ぼすおそれがあるものとして環境大臣が指定するものを植栽し、又は当該植物の種子をまくこと。
十三　山岳に生息する動物その他の動物で環境大臣が指定するものを捕獲し、若しくは殺傷し、又は当該動物の卵を採取し、若しくは損傷すること。
十四　環境大臣が指定する区域内において当該区域が本来の生息地でない動物で、当該区域における風致の維持に影響を及ぼすおそれがあるものとして環境大臣が指定するものを放つこと（当該指定する動物が家畜である場合における当該家畜である動物の放牧を含む。）。
十五　屋根、壁面、塀、橋、鉄塔、送水管その他これらに類するものの色彩を変更すること。
十六　湿原その他これに類する地域のうち環境大臣が指定する区域内へ当該区域ごとに指定する期間内に立ち入ること。
十七　道路、広場、田、畑、牧場及び宅地以外の地域のうち環境大臣が指定する区域内において車馬若しくは動力船を使用し、又は航空機を着陸させること。
十八　前各号に掲げるもののほか、特別地域における風致の維持に影響を及ぼすおそれがある行為で政令で定めるもの
〈中略〉

（特別保護地区）
第二十一条　環境大臣は国立公園について、都道府県知事は国定公園について、当該公園の景観を維持するため、特に必要があるときは、公園計画に基づいて、特別地域内に特別保護地区を指定することができる。
2　第五条第三項及び第四項の規定は、特別保護地区の指定及び指定の解除並びにその区域の変更について準用する。この場合において、同条第三項中「環境大臣」とあるのは「環境大臣又は都道府県知事」と、「官報」とあるのは「それぞれ官報又は都道府県の公報」と読み替えるものとする。
3　特別保護地区内においては、次の各号に掲げる行為は、国立公園にあつては環境大臣の、国定公園にあつては都道府県知事の許可を受けなければ、してはならない。ただし、非常災害のために必要な応急措置として行う行為は、この限りでない。
一　前条第三項第一号、第二号、第四号から第七号まで、第九号、第十号、第十五号及び第十六号に掲げる行為
二　木竹を損傷すること。
三　木竹を植栽すること。
四　動物を放つこと（家畜の放牧を含む。）。
五　屋外において物を集積し、又は貯蔵すること。
六　火入れ又はたき火をすること。
七　木竹以外の植物を採取し、若しくは損傷し、又は落葉若しくは落枝を採取すること。
八　木竹以外の植物を植栽し、又は植物の種子をまくこと。
九　動物を捕獲し、若しくは殺傷し、又は動物の卵を採取し、若しくは損傷すること。
十　道路及び広場以外の地域内において車馬若しくは動力船を使用し、又は航空機を着陸させること。
十一　前各号に掲げるもののほか、特別保護地区における景観の維持に影響を及ぼすおそれがある行為で政令で定めるもの
〈中略〉

（指定認定機関）
第二十五条　環境大臣は国立公園について、都道府県知事は国定公園について、その指定する者（以下「指定認定機関」という。）に、前条に規定する環境大臣又は都道府県知事の事務（以下「認定関係事務」という。）の全部又は一部を行わせることができる。
2　指定認定機関の指定（以下この条から第二十九条までにおいて単に「指定」という。）は、認定関係事務を行おうとする者の申請により行う。
3　次の各号のいずれかに該当する者は、指定を受けることができない。
一　未成年者、成年被後見人又は被保佐人
二　破産者で復権を得ないもの
三　禁錮以上の刑に処せられ、又はこの法律若しくは自然環境保全法の規定により刑に処せられ、その執行を終わり、又は執行を受けることがなくなつた日から起算して二年を経過しない者
四　第二十九条第二項又は第三項の規定により指定を取り消され、その取消しの日から起算して二年を経過しない者
五　法人であつて、その役員のうちに前各号のいずれかに該当する者があるもの
4　環境大臣又は都道府県知事は、指定をしたときは、指定に係る利用調整地区に関する認定関係事務を行わないものとする。
5　環境大臣又は都道府県知事は、指定をしたときは、その旨をそれぞれ官報又は都道府県の公報で公示しなければならない。
6　指定認定機関がその認定関係事務を行う場合における前条の規定の適用については、同条第一項及び第七項中「国立公園にあつては環境大臣の、国定公園にあつては都道府県知事」とあり、同条第二項及び第五項（これらの規定を同条第八項において準用する場合を含む。）中「国立公園にあつては環境大臣に、国定公園にあつては都道府県知事」とあり、並びに同条第三項及び第四項（これらの規定を同条第八項において準用する場合を含む。）中「環境大臣又は都道府県知事」とあるのは、「指定認定機関」とする。

（指定の基準）
第二十六条　環境大臣又は都道府県知事は、前条第二項の申請に係る利用調整地区につき他に指定認定機関の指定を受けた者がなく、かつ、当該申請が次に掲げる基準に適合していると認めるときでなければ、指定をしてはならない。
一　職員、認定関係事務の実施の方法その他

の事項についての認定関係事務の実施に関する計画が、認定関係事務の適確な実施のために適切なものであること。
二　前号の認定関係事務の実施に関する計画を適確に実施するに足りる経理的及び技術的な基礎を有するものであること。
三　認定関係事務以外の業務を行つている場合には、その業務を行うことによつて認定関係事務の公正な実施に支障を及ぼすおそれがないものであること。
四　前三号に定めるもののほか、認定関係事務を公正かつ適確に行うことができるものであること。

（指定認定機関の遵守事項）
第二十七条　指定認定機関は、その認定関係事務の開始前に、環境省令で定めるところにより、その認定関係事務の実施に関する規程を定め、環境大臣又は都道府県知事の認可を受けなければならない。これを変更しようとするときも、同様とする。
2　指定認定機関は、毎事業年度の事業計画及び収支予算を作成し、その事業年度の開始前に（指定を受けた日の属する事業年度にあつては、指定を受けた後遅滞なく）環境大臣又は都道府県知事の認可を受けなければならない。これを変更しようとするときも、同様とする。
3　指定認定機関は、毎事業年度の経過後三月以内に、その事業年度の事業報告書及び収支決算書を作成し、環境大臣又は都道府県知事に提出しなければならない。
4　指定認定機関は、環境大臣又は都道府県知事の許可を受けなければ、その認定関係事務の全部又は一部を休止し、又は廃止してはならない。
5　環境大臣又は都道府県知事は、指定認定機関が前項の許可を受けてその認定関係事務の全部若しくは一部を休止したとき、又は指定認定機関が天災その他の事由によりその認定関係事務の全部若しくは一部を実施することが困難となつた場合において必要があると認めるときは、その認定関係事務の全部又は一部を自ら行うものとする。
6　環境大臣若しくは都道府県知事が前項の規定により認定関係事務の全部若しくは一部を自ら行う場合、指定認定機関が第四項の許可を受けてその認定関係事務の全部若しくは一部を廃止する場合又は環境大臣若しくは都道府県知事が第二十九条第二項若しくは第三項の規定により指定を取り消した場合における認定関係事務の引継ぎその他の必要な事項は、環境省令で定める。
〈中略〉
（普通地域）
第三十三条　国立公園又は国定公園の区域のうち特別地域及び海域公園地区に含まれない区域（以下「普通地域」という。）内において、次に掲げる行為をしようとする者は、国立公園にあつては環境大臣に対し、国定公園にあつては都道府県知事に対し、環境省令で定めるところにより、行為の種類、場所、施行方法及び着手予定日その他環境省令で定める事項を届け出なければならない。ただし、第一号、第三号、第五号及び第七号に掲げる行為で海域内において漁具の設置その他漁業を行うために必要とされるものをしようとする者は、この限りでない。
一　その規模が環境省令で定める基準を超える工作物を新築し、改築し、又は増築すること（改築又は増築後において、その規模が環境省令で定める基準を超えるものとなる場合における改築又は増築を含む。）。
二　特別地域内の河川、湖沼等の水位又は水量に増減を及ぼさせること。
三　広告物その他これに類する物を掲出し、若しくは設置し、又は広告その他これに類するものを工作物等に表示すること。
四　水面を埋め立て、又は干拓すること。
五　鉱物を掘採し、又は土石を採取すること（海域内においては、海域公園地区の周辺一キロメートルの当該海域公園地区に接続する海域内においてする場合に限る。）。
六　土地の形状を変更すること。
七　海底の形状を変更すること（海域公園地区の周辺一キロメートルの当該海域公園地区に接続する海域内においてする場合に限る。）。
2　環境大臣は国立公園について、都道府県知事は国定公園について、当該公園の風景を保護するために必要があると認めるときは、普通地域内において前項の規定により届出を要する行為をしようとする者又はした者に対

して、その風景を保護するために必要な限度において、当該行為を禁止し、若しくは制限し、又は必要な措置を執るべき旨を命ずることができる。
3　前項の処分は、第一項の届出をした者に対しては、その届出があつた日から起算して三十日以内に限り、することができる。
4　環境大臣又は都道府県知事は、第一項の届出があつた場合において、実地の調査をする必要があるとき、その他前項の期間内に第二項の処分をすることができない合理的な理由があるときは、その理由が存続する間、前項の期間を延長することができる。この場合においては、同項の期間内に、第一項の届出をした者に対し、その旨及び期間を延長する理由を通知しなければならない。
5　第一項の届出をした者は、その届出をした日から起算して三十日を経過した後でなければ、当該届出に係る行為に着手してはならない。
6　環境大臣は国立公園について、都道府県知事は国定公園について、当該公園の風景の保護に支障を及ぼすおそれがないと認めるときは、前項の期間を短縮することができる。
7　次の各号に掲げる行為については、第一項及び第二項の規定は、適用しない。
一　公園事業の執行として行う行為
二　認定生態系維持回復事業等として行う行為
三　第四十三条第一項の規定により締結された風景地保護協定に基づいて同項第一号の風景地保護協定区域内で行う行為であつて、同項第二号又は第三号に掲げる事項に従つて行うもの
四　通常の管理行為、軽易な行為その他の行為であつて、環境省令で定めるもの
五　国立公園、国定公園若しくは海域公園地区が指定され、又はその区域が拡張された際既に着手していた行為
六　非常災害のために必要な応急措置として行う行為
〈中略〉

第六節　風景地保護協定
(風景地保護協定の締結等)
第四十三条　環境大臣若しくは地方公共団体又は第四十九条第一項の規定により指定された公園管理団体で第五十条第一号に掲げる業務のうち風景地保護協定に基づく自然の風景地の管理に関するものを行うものは、国立公園又は国定公園内の自然の風景地の保護のため必要があると認めるときは、当該公園の区域（海域を除く。）内の土地又は木竹の所有者又は使用及び収益を目的とする権利（臨時設備その他一時使用のため設定されたことが明らかなものを除く。）を有する者（以下「土地の所有者等」と総称する。）と次に掲げる事項を定めた協定（以下「風景地保護協定」という。）を締結して、当該土地の区域内の自然の風景地の管理を行うことができる。
一　風景地保護協定の目的となる土地の区域（以下「風景地保護協定区域」という。）
二　風景地保護協定区域内の自然の風景地の管理の方法に関する事項
三　風景地保護協定区域内の自然の風景地の保護に関連して必要とされる施設の整備が必要な場合にあつては、当該施設の整備に関する事項
四　風景地保護協定の有効期間
五　風景地保護協定に違反した場合の措置
2　風景地保護協定については、風景地保護協定区域内の土地の所有者等の全員の合意がなければならない。
3　風景地保護協定の内容は、次に掲げる基準に適合するものでなければならない。
一　自然の風景地の保護を図るために有効かつ適切なものであること。
二　土地及び木竹の利用を不当に制限するものでないこと。
三　第一項各号に掲げる事項について環境省令で定める基準に適合するものであること。
4　地方公共団体が風景地保護協定を締結しようとするときは、あらかじめ、国立公園にあつては環境大臣に、国定公園にあつては都道府県知事に協議し、同意を得なければならない。ただし、国定公園について都道府県が当該都道府県の区域内の土地について風景地保護協定を締結する場合は、この限りでない。
5　第一項の公園管理団体が風景地保護協定を締結しようとするときは、あらかじめ、国立公園にあつては環境大臣の、国定公園にあつては都道府県知事の認可を受けなければな

らない。
〈中略〉
第七節　公園管理団体
（指定）
第四十九条　環境大臣は国立公園について、都道府県知事は国定公園について、国立公園又は国定公園内の自然の風景地の保護とその適正な利用を図ることを目的とする一般社団法人又は一般財団法人、特定非営利活動促進法（平成十年法律第七号）第二条第二項の特定非営利活動法人その他環境省令で定める法人であつて、次条各号に掲げる業務を適正かつ確実に行うことができると認められるものを、その申請により、公園管理団体として指定することができる。
2　環境大臣又は都道府県知事は、前項の規定による指定をしたときは、当該公園管理団体の名称、住所及び事務所の所在地をそれぞれ官報又は都道府県の公報で公示しなければならない。
3　公園管理団体は、その名称、住所又は事務所の所在地を変更しようとするときは、あらかじめ、国立公園にあつては環境大臣に、国定公園にあつては都道府県知事にその旨を届け出なければならない。
4　環境大臣又は都道府県知事は、前項の規定による届出があつたときは、当該届出に係る事項をそれぞれ官報又は都道府県の公報で公示しなければならない。
（業務）
第五十条　公園管理団体は、次に掲げる業務を行うものとする。
一　風景地保護協定に基づく自然の風景地の管理その他の自然の風景地の保護に資する活動を行うこと。
二　国立公園又は国定公園内の施設の補修その他の維持管理を行うこと。
三　国立公園又は国定公園の保護とその適正な利用の推進に関する情報又は資料を収集し、及び提供すること。
四　国立公園又は国定公園の保護とその適正な利用の推進に関し必要な助言及び指導を行うこと。
五　国立公園又は国定公園の保護とその適正な利用の推進に関する調査及び研究を行うこと。
六　前各号に掲げる業務に附帯する業務を行うこと。
〈中略〉

第三章　都道府県立自然公園
（指定）
第七十二条　都道府県は、条例の定めるところにより、区域を定めて都道府県立自然公園を指定することができる。
（保護及び利用）
第七十三条　都道府県は、条例の定めるところにより、都道府県立自然公園の風致を維持するためその区域内に特別地域を、都道府県立自然公園の風致の維持とその適正な利用を図るため特別地域内に利用調整地区を指定し、かつ、特別地域内、利用調整地区内及び当該都道府県立自然公園の区域のうち特別地域に含まれない区域内における行為につき、それぞれ国立公園の特別地域、利用調整地区又は普通地域内における行為に関する前章第四節の規定による規制の範囲内において、条例で必要な規制を定めることができる。
2　都道府県は、条例で、都道府県立自然公園に関し認定関係事務の実施のため必要がある場合に、都道府県知事が第二十五条から第三十一条までの規定の例により指定認定機関を指定し、当該指定認定機関に認定関係事務を行わせることができる旨を定めることができる。
3　都道府県は、都道府県立自然公園の利用のための施設を集団的に整備するため、条例の定めるところにより、その区域内に集団施設地区を指定し、かつ、第三十七条の規定の例により、条例で、特別地域及び集団施設地区内における同条第一項各号に掲げる行為を禁止することができる。
〈中略〉
（国立公園等との関係）
第八十一条　国立公園若しくは国定公園又は自然環境保全法第十四条第一項の規定により指定された原生自然環境保全地域の区域は、都道府県立自然公園の区域に含まれないものとする。
〈以下省略〉

11 絶滅のおそれのある野生動植物の種の保存に関する法律(抄録)

(平成四年六月五日法律第七十五号)
最終改正：平成二十六年六月十三日法律第六十九号

　　　第一章　総則
（目的）
第一条　この法律は、野生動植物が、生態系の重要な構成要素であるだけでなく、自然環境の重要な一部として人類の豊かな生活に欠かすことのできないものであることにかんがみ、絶滅のおそれのある野生動植物の種の保存を図ることにより良好な自然環境を保全し、もって現在及び将来の国民の健康で文化的な生活の確保に寄与することを目的とする。
（責務）
第二条　国は、野生動植物の種（亜種又は変種がある種にあっては、その亜種又は変種とする。以下同じ。）が置かれている状況を常に把握するとともに、絶滅のおそれのある野生動植物の種の保存のための総合的な施策を策定し、及び実施するものとする。
2　地方公共団体は、その区域内の自然的社会的諸条件に応じて、絶滅のおそれのある野生動植物の種の保存のための施策を策定し、及び実施するよう努めるものとする。
3　国民は、前二項の国及び地方公共団体が行う施策に協力する等絶滅のおそれのある野生動植物の種の保存に寄与するように努めなければならない。
（財産権の尊重等）
第三条　この法律の適用に当たっては、関係者の所有権その他の財産権を尊重し、住民の生活の安定及び福祉の維持向上に配慮し、並びに国土の保全その他の公益との調整に留意しなければならない。
（定義等）
第四条　この法律において「絶滅のおそれ」とは、野生動植物の種について、種の存続に支障を来す程度にその種の個体の数が著しく少ないこと、その種の個体の数が著しく減少しつつあること、その種の個体の主要な生息地又は生育地が消滅しつつあること、その種の個体の生息又は生育の環境が著しく悪化しつつあることその他のその種の存続に支障を来す事情があることをいう。
2　この法律において「希少野生動植物種」とは、次項の国内希少野生動植物種、第四項の国際希少野生動植物種及び次条第一項の緊急指定種をいう。
3　この法律において「国内希少野生動植物種」とは、その個体が本邦に生息し又は生育する絶滅のおそれのある野生動植物の種であって、政令で定めるものをいう。
4　この法律において「国際希少野生動植物種」とは、国際的に協力して種の保存を図ることとされている絶滅のおそれのある野生動植物の種（国内希少野生動植物種を除く。）であって、政令で定めるものをいう。
5　この法律において「特定国内希少野生動植物種」とは、次に掲げる要件のいずれにも該当する国内希少野生動植物種であって、政令で定めるものをいう。
一　商業的に個体の繁殖をさせることができるものであること。
二　国際的に協力して種の保存を図ることとされているものでないこと。
6　環境大臣は、前三項の政令の制定又は改廃に当たってその立案をするときは、中央環境審議会の意見を聴かなければならない。
（緊急指定種）
第五条　環境大臣は、国内希少野生動植物種及び国際希少野生動植物種以外の野生動植物の種の保存を特に緊急に図る必要があると認めるときは、その種を緊急指定種として指定することができる。
2　環境大臣は、前項の規定による指定（以下この条において「指定」という。）をしようとするときは、あらかじめ関係行政機関の長に協議しなければならない。
3　指定の期間は、三年を超えてはならない。
4　環境大臣は、指定をするときは、その旨及び指定に係る野生動植物の種を官報で公示しなければならない。
5　指定は、前項の規定による公示の日の翌々日からその効力を生ずる。
6　環境大臣は、指定の必要がなくなったと認めるときは、指定を解除しなければならない。

7　第二項、第四項及び第五項の規定は、前項の規定による指定の解除について準用する。この場合において、第五項中「前項の規定による公示の日の翌々日から」とあるのは、「第七項において準用する前項の規定による公示によって」と読み替えるものとする。

（希少野生動植物種保存基本方針）
第六条　環境大臣は、中央環境審議会の意見を聴いて希少野生動植物種の保存のための基本方針の案を作成し、これについて閣議の決定を求めるものとする。
2　前項の基本方針（以下この条において「希少野生動植物種保存基本方針」という。）は、次に掲げる事項について定めるものとする。
一　絶滅のおそれのある野生動植物の種の保存に関する基本構想
二　希少野生動植物種の選定に関する基本的な事項
三　希少野生動植物種の個体（卵及び種子であって政令で定めるものを含む。以下同じ。）及びその器官（譲渡し等に係る規制等のこの法律に基づく種の保存のための措置を講ずる必要があり、かつ、種を容易に識別することができるものであって、政令で定めるものに限る。以下同じ。）並びにこれらの加工品（種を容易に識別することができるものであって政令で定めるものに限る。以下同じ。）の取扱いに関する基本的な事項
四　国内希少野生動植物種の個体の生息地又は生育地の保護に関する基本的な事項
五　保護増殖事業（国内希少野生動植物種の個体の繁殖の促進、その生息地又は生育地の整備その他の国内希少野生動植物種の保存を図るための事業をいう。第四章において同じ。）に関する基本的な事項
六　前各号に掲げるもののほか、絶滅のおそれのある野生動植物の種の保存に関する重要事項
3　環境大臣は、希少野生動植物種保存基本方針について第一項の閣議の決定があったときは、遅滞なくこれを公表しなければならない。
4　第一項及び前項の規定は、希少野生動植物種保存基本方針の変更について準用する。
5　この法律の規定に基づく処分その他絶滅のおそれのある野生動植物の種の保存のための施策及び事業の内容は、希少野生動植物種保存基本方針と調和するものでなければならない。

　　　第二章　個体等の取扱いに関する規制
〈中略〉
第二節　個体の捕獲及び個体等の譲渡し等の禁止
（捕獲等の禁止）
第九条　国内希少野生動植物種及び緊急指定種（以下この節及び第五十四条第二項において「国内希少野生動植物種等」という。）の生きている個体は、捕獲、採取、殺傷又は損傷（以下「捕獲等」という。）をしてはならない。ただし、次に掲げる場合は、この限りでない。
一　次条第一項の許可を受けてその許可に係る捕獲等をする場合
二　生計の維持のため特に必要があり、かつ、種の保存に支障を及ぼすおそれのない場合として環境省令で定める場合
三　人の生命又は身体の保護その他の環境省令で定めるやむを得ない事由がある場合
〈中略〉
（輸出入の禁止）
第十五条　特定国内希少野生動植物種以外の国内希少野生動植物種の個体等は、輸出し、又は輸入してはならない。ただし、その輸出又は輸入が、国際的に協力して学術研究をする目的でするものその他の特に必要なものであること、国内希少野生動植物種の本邦における保存に支障を及ぼさないものであることその他の政令で定める要件に該当するときは、この限りでない。
2　特定国内希少野生動植物種以外の希少野生動植物種の個体等を輸出し、又は輸入しようとする者は、外国為替及び外国貿易法（昭和二十四年法律第二百二十八号）第四十八条第三項　又は第五十二条 の規定により、輸出又は輸入の承認を受ける義務を課せられるものとする。
〈以下省略〉

12 絶滅のおそれのある野生動植物の種の国際取引に関する条約
(抄録)

(昭和五十五年八月二十三日条約二十五号)
平成七年外告百十六改正現在

第一条　定義
この条約の適用上、文脈によって別に解釈される場合を除くほか、
(a)「種」とは、種若しくは亜種又は種若しくは亜種に係る地理的に隔離された個体群をいう。
(b)　「標本」とは、次のものをいう。
　(i)　生死の別を問わず動物又は植物の個体
　(ii)　動物にあつては、附属書Ⅰ若しくは附属書Ⅱに掲げる種の個体の部分若しくは派生物であつて容易に識別することができるもの、又は附属書Ⅲに掲げる種の個体の部分若しくは派生物であつて容易に識別することができるもののうちそれぞれの種について附属書Ⅲにより特定されるもの
　(iii)　植物にあつては、附属書Ⅰに掲げる種の個体の部分若しくは派生物であつて容易に識別することができるもの、又は附属書Ⅱ若しくは附属書Ⅲに掲げる種の個体の部分若しくは派生物であつて容易に識別することができるもののうちそれぞれの種について附属書Ⅱ若しくは附属書Ⅲにより特定されるもの
(c)「取引」とは、輸出、再輸出、輸入又は海からの持込みをいう。
(d)「再輸出」とは、既に輸入されている標本を輸出することをいう。
(e)「海からの持込み」とは、いずれの国の管轄の下にもない海洋環境において、捕獲され又は採取された種の標本をいずれかの国へ輸送することをいう。
(f)「科学当局」とは、第九条の規定により指定される国の科学機関をいう。
(g)「管理当局」とは、第九条の規定により指定される国の管理機関をいう。
(h)「締約国」とは、その国についてこの条約が効力を生じている国をいう。
第二条　基本原則
1　附属書Ⅰには、絶滅のおそれのる種であつて取引による影響を受けており又は受けることのあるものを掲げる。これらの種の標本の取引は、これらの種の存続を更に脅かすことのないよう特に厳重に規制するものとし、取引が認められるのは、例外的な場合に限る。
2　附属書Ⅱには、次のものを掲げる。
(a)　現在必ずしも絶滅のおそれのある種ではないが、その存続を脅かすこととなる利用がされないようにするためにその標本の取引を厳重に規制しなければ絶滅のおそれのある種となるおそれのある種
(b) (a)の種以外の種であつて、(a)の種の標本の取引を効果的に取り締まるために規制しなければならない種
3　附属書Ⅲには、いずれかの締約国が、捕獲又は採取を防止し又は制限するための規制を自国の管轄内において行う必要があると認め、かつ、取引の取締りのために他の締約国の協力が必要であると認める種を掲げる。
4　締約国は、この条約に定めるところによる場合を除くほか、附属書Ⅰ、附属書Ⅱ及び附属書Ⅲに掲げる種の標本の取引を認めない。
〈以下省略〉

13 動物の愛護及び管理に関する法律 (抄録)

(昭和四十八年十月一日法律第百五号)
最終改正：平成二十三年八月三十日法律第百五号

　　第一章　総則
(目的)
第一条　この法律は、動物の虐待の防止、動物の適正な取扱いその他動物の愛護に関する事項を定めて国民の間に動物を愛護する気風を招来し、生命尊重、友愛及び平和の情操の涵養に資するとともに、動物の管理に関する事項を定めて動物による人の生命、身体及び財産に対する侵害を防止することを目的とする。

(基本原則)
第二条　動物が命あるものであることにかんがみ、何人も、動物をみだりに殺し、傷つけ、又は苦しめることのないようにするのみでな

く、人と動物の共生に配慮しつつ、その習性を考慮して適正に取り扱うようにしなければならない。
（普及啓発）
第三条　国及び地方公共団体は、動物の愛護と適正な飼養に関し、前条の趣旨にのっとり、相互に連携を図りつつ、学校、地域、家庭等における教育活動、広報活動等を通じて普及啓発を図るように努めなければならない。
〈中略〉

　　　第三章　動物の適正な取扱い
第一節　総則
（動物の所有者又は占有者の責務等）
第七条　動物の所有者又は占有者は、命あるものである動物の所有者又は占有者としての責任を十分に自覚して、その動物をその種類、習性等に応じて適正に飼養し、又は保管することにより、動物の健康及び安全を保持するように努めるとともに、動物が人の生命、身体若しくは財産に害を加え、又は人に迷惑を及ぼすことのないように努めなければならない。
2　動物の所有者又は占有者は、その所有し、又は占有する動物に起因する感染性の疾病について正しい知識を持ち、その予防のために必要な注意を払うように努めなければならない。
3　動物の所有者は、その所有する動物が自己の所有に係るものであることを明らかにするための措置として環境大臣が定めるものを講ずるように努めなければならない。
4　環境大臣は、関係行政機関の長と協議して、動物の飼養及び保管に関しよるべき基準を定めることができる。
〈以下省略〉

14　世界の文化遺産及び自然遺産の保護に関する条約（抄録）

（平成四年九月二十八日条約第七号）

　Ⅰ　文化遺産及び自然遺産の定義
第1条
この条約の適用上、「文化遺産」とは、次のものをいう。
記念工作物　建築物、記念的意義を有する彫刻及び絵画、考古学的な性質の物件及び構造物、金石文、洞穴住居並びにこれらの物件の組合せであって、歴史上、芸術上又は学術上顕著な普遍的価値を有するもの
建造物群　独立し又は連続した建造物の群であって、その建築様式、均質性又は景観内の位置のために、歴史上、芸術上又は学術上顕著な普遍的価値を有するもの
遺跡　人工の所産（自然と結合したものを含む。）及び考古学的遺跡を含む区域であって、歴史上、芸術上、民族学上又は人類学上顕著な普遍的価値を有するもの
第2条
この条約の適用上、「自然遺産」とは、次のものをいう。
無生物又は生物の生成物又は生成物群から成る特徴のある自然の地域であって、観賞上又は学術上顕著な普遍的価値を有するもの
地質学的又は地形学的形成物及び脅威にさらされている動物又は植物の種の生息地又は自生地として区域が明確に定められている地域であって、学術上又は保存上顕著な普遍的価値を有するもの
自然の風景地及び区域が明確に定められている自然の地域であって、学術上、保存上又は景観上顕著な普遍的価値を有するもの
第3条
前2条に規定する種々の物件で自国の領域内に存在するものを認定し及びその区域を定めることは、締約国の役割である。

　Ⅱ　文化遺産及び自然遺産の国内的及び国際的保護
第4条
締約国は、第1条及び第2条に規定する文化遺産及び自然遺産で自国の領域内に存在するものを認定し、保護し、保存し、整備し及び将来の世代へ伝えることを確保することが第一義的には自国に課された義務であることを認識する。このため、締約国は、自国の有するすべての能力を用いて並びに適当な場合には取得し得る国際的な援助及び協力、特に、財政上、芸術上、学術上及び技術上の援助及び協力を得て、最善を尽くすものとする。

第5条

締約国は、自国の領域内に存在する文化遺産及び自然遺産の保護、保存及び整備のための効果的かつ積極的な措置がとられることを確保するため、可能な範囲内で、かつ、自国にとって適当な場合には、次のことを行うよう努める。

文化遺産及び自然遺産に対し社会生活における役割を与え並びにこれらの遺産の保護を総合的な計画の中に組み入れるための一般的な政策をとること。

文化遺産及び自然遺産の保護、保存及び整備のための機関が存在しない場合には、適当な職員を有し、かつ、任務の遂行に必要な手段を有する一又は二以上の機関を自国の領域内に設置すること。

学術的及び技術的な研究及び調査を発展させること並びに自国の文化遺産又は自然遺産を脅かす危険に対処することを可能にする実施方法を開発すること。

文化遺産及び自然遺産の認定、保護、保存、整備及び活用のために必要な立法上、学術上、技術上、行政上及び財政上の適切な措置をとること。

文化遺産及び自然遺産の保護、保存及び整備の分野における全国的又は地域的な研修センターの設置又は発展を促進し、並びにこれらの分野における学術的調査を奨励すること。

〈以下省略〉

15 渡り鳥及び絶滅のおそれのある鳥類並びにその環境の保護に関する日本国政府とアメリカ合衆国政府との間の条約

（抄録）

（昭和四十九年九月十九日条約八）
改正：昭和四十九年外告百八十六

第三条

1 渡り鳥の捕獲及びその卵の採取は、禁止されるものとする。生死の別を問わず、不法に捕獲され若しくは採取された渡り鳥若しくは渡り鳥の卵又はそれらの加工品若しくは一部分の販売、購入及び交換も、また、禁止されるものとする。次の場合における捕獲及び採取については、各締約国の法令により、捕獲及び採取の禁止に対する例外を認めることができる。

(a) 科学、教育若しくは繁殖のため又はこの条約の目的に反しないその他の特定の目的のため

(b) 人命及び財産を保護するため

(c) 2の規定に従って設定される狩猟期間中

(d) 私設の狩猟場に関して

(e) エスキモー、インディアン及び太平洋諸島信託統治地域の原住民がその食糧及び衣料用として捕獲し又は採取する場合

2 渡り鳥の狩猟期間は、各締約国がそれぞれ決定することができる。当該狩猟期間は、主な営巣期間を避け、かつ、生息数を最適の数に維持するように設定する。

3 各締約国は、渡り鳥の保護及び管理のために保護区その他の施設を設けるように努める。

第四条

1 両締約国は、絶滅のおそれのある鳥類の種又は亜種を保存するために特別の保護が望ましいことに同意する。

2 いずれか一方の締約国が絶滅のおそれのある鳥類の種又は亜種を決定し、その捕獲を禁止した場合には、当該一方の締約国は、他方の締約国に対してその決定（その後におけるその決定の取消しを含む。）を通報する。

3 各締約国は、2の規定によって決定された鳥類の種若しくは亜種又はそれらの加工品の輸出又は輸入を規制する。

〈以下省略〉

16 特に水鳥の生息地として国際的に重要な湿地に関する条約

（抄録）

（昭和五十五年九月二十二日条約二十八）
平成六年条約一改正現在

第一条

1 この条約の適用上、湿地とは、天然のものであるか人工のものであるか、永続的なも

のであるか一時的なものであるかを問わず、更には水が滞つているか流れているか、淡水であるか汽水であるか鹹水であるかを問わず、沼沢地、湿原、泥炭地又は水域をいい、低潮時における水深が六メートルを超えない海域を含む。
2　この条約の適用上、水鳥とは、生態学上湿地に依存している鳥類をいう。
〈中略〉
第三条
1　締約国は、登録簿に掲げられている湿地の保全を促進し及びその領域内の湿地をできる限り適正に利用することを促進するため、計画を作成し、実施する。
2　各締約国は、その領域内にあり、かつ、登録簿に掲げられている湿地の生態学的特徴が技術の発達、汚染その他の人為的干渉の結果、既に変化しており、変化しつつあり又は変化するおそれがある場合には、これらの変化に関する情報をできる限り早期に入手することができるような措置をとる。これらの変化に関する情報は、遅滞なく、第八条に規定する事務局の任務について責任を有する機関又は政府に通報する。
第四条
1　各締約国は、湿地が登録簿に掲げられているかどうかにかかわらず、湿地に自然保護区を設けることにより湿地及び水鳥の保全を促進し、かつ、その自然保護区の監視を十分に行う。
2　締約国は、登録簿に掲げられている湿地の区域を緊急な国家的利益のために廃止し又は縮小する場合には、できる限り湿地資源の喪失を補うべきであり、特に、同一の又は他の地域において水鳥の従前の生息地に相当する生息地を維持するために、新たな自然保護区を創設すべきである。
3　締約国は、湿地及びその動植物に関する研究並びに湿地及びその動植物に関する資料及び刊行物の交換を奨励する。
4　締約国は、湿地の管理により、適当な湿地における水鳥の数を増加させるよう努める。
5　締約国は、湿地の研究、管理及び監視について能力を有する者の訓練を促進する。
〈以下省略〉

■執筆者一覧（執筆順、所属・職位は2012年2月現在）

芳井　敬郎(よしい たかお)／花園大学副学長
岡田　芳幸(おかだ よしゆき)／皇學館大学佐川記念神道博物館教授（学芸員）
印南　敏秀(いんなみ としひで)／愛知大学地域政策学部教授
植野　浩三(うえの こうそう)／奈良大学文学部准教授
末永　　航(すえなが こう)／広島女学院大学生活科学部長・教授
大國　義一(おおくに ぎいち)／京都女子大学名誉教授
緒方　　泉(おがた いずみ)／九州産業大学美術館学芸室長
高木　久史(たかぎ ひさし)／安田女子大学文学部講師
岩崎　竹彦(いわさき たけひこ)／熊本大学准教授
井上　一稔(いのうえ かずとし)／同志社大学文学部教授
阿部　正喜(あべ まさき)／東海大学課程資格教育センター准教授
門田　誠一(もんた せいいち)／佛教大学歴史学部教授
竹谷　俊夫(たけたに としお)／大阪大谷大学文学部准教授
西　源二郎(にし げんじろう)／東京都葛西臨海水族園園長
小倉　　宗(おぐら たかし)／大阪大谷大学文学部専任講師
宇治谷　恵(うじたに めぐむ)／中部大学民族資料博物館副館長
徳澤　啓一(とくさわ けいいち)／岡山理科大学教育開発支援機構教職・学芸員センター准教授
鐘ヶ江賢二(かねがえ けんじ)／鹿児島国際大学博物館実習施設学芸員
藪本　美孝(やぶもと よしたか)／北九州市立自然史・歴史博物館自然史課長
平野　裕子(ひらの ゆうこ)／上智大学アジア文化研究所
明珍　健二(みょうちん けんじ)／花園大学文学部教授
湯澤　　聡(ゆざわ さとし)／安田女子大学文学部准教授
皿田　琢司(さらだ たくじ)／岡山理科大学教育開発支援機構教職・学芸員センター准教授
井島　真知(いしま まち)／林原自然科学博物館展示教育部エデュケーター
小川　義和(おがわ よしかず)／国立科学博物館学習企画・調整課長
髙橋　亮雄(たかはし あきお)／岡山理科大学総合情報学部講師
高田　浩二(たかだ こうじ)／海の中道海洋生態科学館館長
丸尾　いと(まるお いと)／九州産業大学美術館主任学芸員

［関連法規編集担当］青江智洋／花園大学文学部文化遺産学科助手

新時代の博物館学
しんじだい　はくぶつかんがく

2012年 3月12日　第1刷発行
2018年 2月16日　第7刷発行

編　者
全国大学博物館学講座協議会西日本部会
ぜんこくだいがくはくぶつかんがくこうざきょうぎかいにしにほんぶかい

発行所
㈱芙蓉書房出版
（代表　平澤公裕）
〒113-0033東京都文京区本郷3-3-13
TEL 03-3813-4466　FAX 03-3813-4615
http://www.fuyoshobo.co.jp

印刷・製本／モリモト印刷

ISBN978-4-8295-0551-9

【芙蓉書房出版の本】

観光資源としての博物館
中村浩・青木豊編著　A5判 本体 2,500円

時代と地域のニーズに合った博物館のあり方を「観光資源」の視点で提言する！
多くの人を集める魅力ある施設をどう作るか。学芸員がその魅力を発信する演出者になるにはどうすればよいか。地域振興、地域創生のツールとして博物館をどう活用するか。26人の専門家が豊富な事例を紹介し、これからの博物館づくりの課題も分析する。

【目次】

第1章　博物館の歴史──日本の博物館の歩み〔中村浩〕／世界の博物館（欧、米、アジア）〔中村浩〕／明治・大正・昭和前期の博物館学の歴史〔青木豊〕

第2章　博物館の種類──博物館の種類〔中村浩〕／総合博物館〔加藤憲子〕／歴史博物館〔冨加見泰彦〕／民俗・民族博物館〔藤森寛志〕／美術館〔渡辺真衣〕／自然史博物館〔高橋亮雄〕／科学博物館〔小川義和〕／産業博物館・企業博物館〔中村浩〕／野外博物館〔大原一興〕／動物園〔黒澤弥悦〕／植物園〔蒲生康重〕／水族館〔高田浩二〕／郷土博物館・歴史民俗博物館〔中島金太郎〕／戦争と平和の博物館〔池田榮史〕／人物記念館・文学館〔吉田豊〕／大学博物館〔竹谷俊夫〕

第3章　博物館の資料とは──人文系資料〔徳澤啓一〕／自然系資料〔阿部正喜〕／生態資料〔小林秀司〕

第4章　博物館資料の保存と活用──地域資源の保存〔楊鋭〕／環境保護〔高橋信裕〕

第5章　観光資源としての博物館の活用──観光資源とは〔阿部正喜〕／博物館と観光〔阿部正喜〕／地域の振興と博物館〔和泉大樹〕／地域創生に直結する博物館〔落合知子〕／時代、地域のニーズに合った博物館経営〔下湯直樹〕／世界遺産と博物館〔中村浩〕

第6章　教育、生涯学習への博物館の活用──博物館と教育〔駒見和夫〕

第7章　博物館の展示のさまざま〔中島金太郎〕

第8章　博物館と法律──条約、関連法令〔落合広倫〕／バリアフリー、ユニバーサルデザインの考え方と実際〔奥田環〕

第9章　学芸員養成の歴史と展望〔青木豊〕

■附録・関連法規など